一位基层学者的
精彩人生

（续集）

Yiwei Jiceng Xuezhe De
Jingcai Rensheng

郭金喜　林才溪　曹荣庆 ⊙ 著

图书在版编目（CIP）数据

一位基层学者的精彩人生：续集/郭金喜，林才溪，曹荣庆著．—北京：企业管理出版社，2022.8

ISBN 978-7-5164-2673-9

Ⅰ.①一… Ⅱ.①郭…②林…③曹… Ⅲ.①张明龙—生平事迹②经济学—文集 Ⅳ.①K825.46②F0-53

中国版本图书馆 CIP 数据核字（2022）第 139048 号

书　　名：	一位基层学者的精彩人生（续集）
作　　者：	郭金喜　林才溪　曹荣庆
责任编辑：	刘一玲
书　　号：	ISBN 978-7-5164-2673-9
出版发行：	企业管理出版社
地　　址：	北京市海淀区紫竹院南路17号　邮编：100048
网　　址：	http://www.emph.cn
电　　话：	编辑部（010）68701322　发行部（010）68701816
电子信箱：	liuyiling0434@163.com
印　　刷：	北京虎彩文化传播有限公司
经　　销：	新华书店
规　　格：	710毫米×1000毫米　16开本　30.5印张　480千字
版　　次：	2022年10月第1版　2022年10月第1次印刷
定　　价：	138.00元

版权所有　翻印必究　印装有误　负责调换

前　言

　　十年前，在张明龙先生60寿辰之际，我们撰写过《一位基层学者的精彩人生》一书，旨在回顾总结其60年的人生轨迹、40年的教学生涯、30年的学术活动，为基层学者树立一个榜样，促使大城市的知识分子更加珍惜来之不易的生存机会，激励千千万万生存在基层的知识分子更加不懈地追求人生的目标。光阴荏苒，不知不觉又流逝去十年，张明龙先生即将迎来古稀之年。我们撰写人员经过多次商讨，决定以其人生轨迹为基础，增加十年年谱，同时选用其代表论文和诗词作品，撰写一部《一位基层学者的精彩人生（续集）》著作。

　　张明龙出生于1953年3月28日。父亲张小理是上海天厨味精厂技师，母亲周玉聪在家务农。母亲曾带其到上海跟父亲一起生活，由于母亲对熙熙攘攘的闹市不习惯，5岁时又把他带回乡下。自此，父母两地分居，张明龙上大学前，一直同母亲和张明彩、张明霞、张媛芝三个妹妹住在三门县海游镇下叶村，即现在的三门县城关海游街道湘山村。

　　小时候，张明龙是三门县教育局数学教研员跟踪观察的数学尖子，理科成绩一直名列前茅。1972年7月高中毕业时，由于处于"文革"期间，不能直接考大学，只得回本村参加农业生产。三个月后，应聘到海游（城关）中学代课教英语，持续四年多。1977年春天，被录取到浙江师范学院中文系学习。接着，因学校培养经济学师资的需要，尚未毕业就被提前选送到杭州大学（现为浙江大学西溪校区）政治系学习。自此，他一路求学，从金华到杭州，再到上海，最后到北京，一步步走进庄严而绚丽的经济学殿堂。

　　张明龙刚跨进杭州大学校门时，经济学知识几乎是一片空白，甚至连商品的定义都不知道。在蒋自强、王荣、吴梦蛟等教授的悉心指教下，他很快转换了思维方式，从以形象思维为主，转向以抽象思维为主，开始了经济学的最初专业训练。

杭州大学回来不久，张明龙又进入复旦大学经济系攻读硕士课程，有幸聆听蒋学模、张薰华、伍柏麟、蒋家俊、宋承先、洪远朋、尹伯成等一大批经济学界知名学者的精彩授课。经过这次较高层次的系统深造，他不仅具备了较扎实的专业理论基础和严谨认真的学术作风，而且懂得了经济研究方法论。其公开发表的第一篇经济学论文，就是由在此期间的练习作业扩充而成。

1990年9月—1992年7月，张明龙以国内访问学者身份，到中国人民大学经济系学习博士生课程。他每周按课时规定到导师宋涛教授处听课，并努力完成各项作业，以平均每周精读一本新书的速度，读完经济学博士生重点阅读书籍。他还听过卫兴华、胡钧、孟氧、何伟等教授开设的课程和讲座。这两年，他迎来学术生涯的起飞阶段，修完经济学专业博士生课程，撰写个人专著1部，发表论文20多篇，为日后的学术研究夯实了基础。

至今，张明龙主持或参与国家及省部级重要课题研究20多项。在国内权威刊物《中国社会科学》（中、英文版）等发表学术论文360多篇。数十篇论文被《新华文摘》《人大复印报刊资料》《学术界》《高等学校文科学报文摘》《青年文摘》《理论信息报》《经济学周报》《国务院发展研究中心网》《中国人事科学研究网》等全文转载或摘要介绍。已出版个人专著、合著和主笔专著56部，其中2012年4月以后出版的有35部。不难看出，张先生近十年科研精力主要集中在著述方面。

张明龙出版的著作主要由两类组成：经济管理类与科技创新信息类。其中：①经济管理理论研究著作主要有：《经济运行与调控》《社会主义市场经济导论》《经济理论与实践研究》《中国经济前沿研究》《中国经济前沿再研究》《中国经济前沿三研究》《经济学基本理论研究》《经济学新问题求解》《企业产权的演进与交易》《产业升级与创新》《走向市场经济的思索》《产业发展与创新研究》等。②经济学教学研究著作主要有：《政治经济学教学研究》《政治经济学原理及教学研究》等。③区域经济学理

前　言

论与实践研究著作主要有：《中国区域经济前沿研究》《产业集群与区域发展研究》《区域政策与自主创新》《中小企业创新与区域政策》《区域产业成长与转移》《区域产业发展前沿研究》《促进区域繁荣》《走向区域繁荣的思索》《台州制造业发展研究》等。其他主要是科技创新信息类著作，如《国外环境保护领域的创新进展》《国外纳米技术领域的创新进展》《美国电子信息领域的创新进展》《英国创新信息概述》《北欧五国创新信息概述》等。

早在1990年，张明龙就主持完成中央政策研究室的专题研究项目，提出著名的计划与市场"水乳交融"结合模式，项目成果发表在中央政策研究室内刊《参阅资料》（1990年10月25日），呈送中央政治局领导决策参考。他呈送给中央政治局领导决策参考的论文共有3篇，另外两篇分别发表在《中央政策研究室简报》和《中国社会科学》上。

此后，他继续深入研究计划与市场关系问题，进一步完善两者"水乳交融"的结合模式，先后发表相关论文20多篇，并在此基础上逐步理顺思维脉络，系统化为一本专著：《经济运行与调控——计划与市场结合模式研究》。国家学位委员会原经济学科评议组组长、著名经济学家宋涛教授对这本著作给予充分肯定和高度评价，他在《经济学动态》1994年第11期载文称赞道："张明龙撰写的《经济运行与调控》，是计划与市场结合方式研究领域一部具有开拓意义的专著。它填补了我国经济学界，对市场经济条件下计划机制与市场机制的优化组合及运用缺乏系统研究的空白。"

除了上述成果外，张明龙还提出竞争秩序论，认为社会主义竞争除了一般竞争的共性外，还有导向性、遏制性、平抑性和协调性等作用特点。在社会主义经济科学体系中，它与其他经济规律一起形成矢量合力，共同支配和推进着社会主义经济的有序运行。

提出企业无形资产显现论。认为国有企业出售、转让时，不宜对其无形资产分项评估，应以这种产权整体的获利能力和潜在收益为基础实行整体量化，进而确立国有企业无形资产整体量化标准。

提出就业制度改革新方向论。认为应该促使劳动、就业和用工三个制度在创新过程中齐头并进、协同配合，形成政府宏观调控的市场竞争就业机制和体制，从而使就业制度符合社会主义市场经济的要求。

提出区域创新政策引领论。认为应该系统审视现有的政策法规，理顺各地各部门支持创新活动的关系，优化支持创新的区域政策结构及其功能，使各种政策法规组合成统一的强大支持体系，共同发挥增强区域创新能力的引领作用。

提出科技信用管理机制创新论。认为应创设科技人员信用安全保障号码制度，建立科技人员信息评价指标体系，改进科技人员信用评价方法，完善科技人员信用数据库和信用信息共享平台系统，构建科技成果承诺保证制度，建立健全失信行为惩戒机制。

张明龙不仅专注于研究国家宏观经济运行与管理理论，在区域经济研究方面也颇有建树。

1997年，张明龙创建浙江省第一个"区域经济学"省级重点学科。不久，又成为全省第一个"区域经济学"硕士点的创始人，对浙江省区域经济学学科建设做出开创性的贡献。

在区域经济理论研究方面，提出著名的园区格局网状交织论。他以此为基础写成的省政协提案，为政府决策提供了新思路，被有关部门采纳。2002年1月24日，《中国人民政治协商会议第八届浙江省委员会常务委员会关于八届四次会议以来提案工作情况的报告》提到："省政协委员张明龙从系统、综合的角度，提出了《建议我省'十五期间'实行'网状交织发展模式'》的提案。有关部门认为这一新理念符合浙江工业化中后期的特点和要求，为决策提供了新的启示。我省将在'十五'期间推进开发区、高新技术产业园区、高教园区、特色产业园区的四大园区建设，逐步形成纵横交错的经济网络体系。"

张明龙还把理论知识应用于实践活动中，给金华市源东乡白桃拟了两句广告词："来自希望的田野，来自施光南故乡"，并重新设计了包装，结果源东白桃的销量和价格一路攀升，大受消费者欢迎。

多产高质的学术成果，为张明龙赢来了一连串荣誉：

获得全国高校经济理论教学改革研究优秀成果一等奖、浙江省政府哲学社会科学优秀成果一等奖和二等奖、省社联优秀成果一等奖、省高等学校科研成果一等奖、省优秀教学成果二等奖、华东地区优秀图书二等奖等30多项学术成果奖。1997—1998年度、1999—2000年度，连续两次获得浙江师范大学科研量化考核文科第一名。

1995年破格晋升为教授，1996年首批入选省"151人才工程"第二层次，1999年被评为浙江省有突出贡献专家，1999年获国家曾宪梓教育基金会高等师范院校优秀教师奖，2000年入选省"151人才工程"第一层次，2001年获国务院政府特殊津贴，2010年入选市终身拔尖人才，2011年晋升为省首批二级教授，2013年成为市名家工作室主持人，2020年入选中国哲学社会科学最有影响力学者排行榜。

张明龙不仅长期从事一线教师工作，高质量完成教学和科研任务，而且还担任行政职务，兼做相关管理工作。1984年9月任浙江师范大学政教系经济学教研室主任，同月任浙江师范大学党委宣传部副部长，1993年6月任浙江师范大学党委统战部部长兼联络处主任，1997年2月任浙江师范大学经济研究所首任所长，1999年11月任浙江师范大学宣传部和统战部两部部长，2002年11月起任台州学院首届和二届常务副校长，2013年5月—2017年2月，任台州学院督导委员会主任。

同时，还历任浙江省政协第七、第八届委员，浙江省哲学社会科学学科规划组成员，浙江省高等学校经济学教学指导委员会委员。中华诗词协会名誉副主席，中国高校经济理论与思政教改研究会副会长，中国区域经济学研究会常务理事，全国经济地理研究会常务理事，中国经济发展研究会理事，中国劳动学会学术委员，中国人民大学浙江校友会副会长，浙江省《资本论》与社会主义经济理论研究会副会长，台州市经济学会会长。

张明龙大学最初学的是中文专业，对格律诗词一直保持着浓厚的兴趣。长期以来，他既研究经济问题，又在吟诗填词。他说过，吟诗填词引起丰富联想，激发其对未知世界充满好奇心，促使创造性思维敏捷活跃。吟诗填词让人心情愉悦，消除其调查研究的旅途劳累，及时恢复观察和收集事实的旺盛精力。吟诗填词常用推敲方法，培养其形成思索问题的细致耐心，增强提炼经济学材料的考辨能力。吟诗填词必须字斟句酌，提高其经济学论文的语言表达水平，使之走向顺畅明快、简练生动。他在吟诗填词中回味撰写经济学论文的苦涩；他在撰写经济学论文中品尝吟诗填词的甜美。创作的诗词在增多，出版的经济学论著也在增多。

　　本书由《代表论文》《诗词释义》和《年谱续编》三篇内容组成。为了更加完整地了解张明龙的人生经历，本书专门安排第二篇两章内容收录其诗词，并对每首诗词按照注解、含义和欣赏三个部分进行解读。近十年来，他又推出一些新的诗词作品，其中两首发表后当日便被《凤凰网》转载。本书把这些新作品也集中到第二篇中进行分析，同时依据年谱通常体例，以发表时间为顺序，把它们收录在第三篇中。

郭金喜、林才溪、曹荣庆

2022 年 3 月

目 录

第一篇 代表性论文

第一章 企业产权量化与改革研究/3
第一节 国有企业无形资产的内涵、量化与保护 ……………… 3
　一、关于无形资产的内涵 ……………………………………… 4
　二、企业无形资产的构成要素 ………………………………… 6
　三、国有企业无形资产的准确量化 …………………………… 12
　四、遏制国有企业无形资产流失的措施 ……………………… 15

第二节 准确量化国有企业的资产价值 …………………………… 20
　一、确定企业资产的真正净值 ………………………………… 21
　二、确定企业运用资产获得的年利润 ………………………… 24
　三、确定企业获利能力的补偿价值及企业总价值 …………… 26

第三节 所有权与产权的区别 ……………………………………… 29
　一、所有权的内含权能 ………………………………………… 30
　二、产权的内涵与外延 ………………………………………… 31
　三、所有权与产权的区别 ……………………………………… 34

第四节 产权理论对推进企业改革的启示 ………………………… 37
　一、明确国有企业改革的方向 ………………………………… 37
　二、健全提高经营者绩效的激励机制 ………………………… 45
　三、完善降低代理成本的约束机制 …………………………… 49

第二章 计划机制与市场机制研究/53
第一节 计划机制与市场机制的水乳交融式结合 ………………… 53
　一、计划与市场结合模式若干观点的共同缺陷 ……………… 54
　二、计划机制与市场机制水乳交融结合模式的基本框架 …… 58

三、计划与市场水乳交融结合而成的机制类型及其运用 …… 61
第二节　计划与市场的要素融合和机制融合 …… 66
　　一、计划与市场的要素融合 …… 67
　　二、计划与市场的机制融合 …… 70
　　三、计划与市场融合机制内在作用力的调整 …… 71
第三节　市场压力机制 …… 73
　　一、竞争机制 …… 74
　　二、风险机制 …… 79
　　三、供求机制 …… 82
第四节　市场信号机制 …… 83
　　一、市场信号机制的功能 …… 84
　　二、市场信号机制的运行特点 …… 89
　　三、健全市场信号机制的措施 …… 92

第三章　产业集聚与产业转移研究/97

第一节　产业聚集的溢出效应分析 …… 97
　　一、企业之间的溢出效应 …… 98
　　二、家庭之间的溢出效应 …… 99
　　三、公共经济的溢出效应 …… 99
　　四、产业聚集的溢出效应 …… 101
第二节　产业集群条件下管理人员之间的溢出效应 …… 102
　　一、溢出效应研究的文献综述 …… 102
　　二、企业管理人员之间的双向溢出效应 …… 104
　　三、企业管理人员之间积极溢出对社会边际产品的影响 …… 105
　　四、企业管理人员之间积极溢出对利润率的影响 …… 107
　　五、企业管理人员之间积极溢出对节省资源的影响 …… 109
　　六、结论与建议 …… 110
第三节　产业集群生命周期分析 …… 111
　　一、基于综合竞争力的产业集群生命周期 …… 112
　　二、产业集群生命周期存在的拐点 …… 114
　　三、产业集群突破生命周期拐点的关键 …… 116

第四节　产业链式化转移与承接 … 120
一、产业转移与承接概述 … 120
二、以价值链为基础的产业转移与承接 … 122
三、以供应链为基础的产业转移与承接 … 125
四、以生产链为基础的产业转移与承接 … 129

第四章　经济区划与区域政策研究/134
第一节　杜能农业区位论研究 … 134
一、杜能农业区位论假设条件及基本命题 … 135
二、杜能农业区位论的核心内容：同心圆模式 … 138
三、杜能农业区位论的贡献与不足 … 141

第二节　经济区的内涵与划分原则 … 143
一、经济区的内涵 … 144
二、经济区的类型 … 144
三、划分综合经济区的一般原则 … 146
四、划分综合经济区的具体原则 … 148

第三节　区域发展模式比较与选择 … 150
一、区域发展模式比较 … 150
二、区域发展模式选择 … 154

第四节　西部大开发应突破资本瓶颈制约 … 157
一、铸造有理性的资本市场主体 … 157
二、充分发挥金融机构的筹资功能 … 158
三、用活社会保障基金 … 159
四、大胆采用BOT引资方式 … 160
五、吸引带有援助性质的国外长期低息贷款 … 160
六、开辟西部证券市场吸引外资 … 161
七、提高固定资本周转速度 … 162
八、提高利用外资的规模和效益 … 162

第五节　新时期多元化区域创新政策体系研究 … 162
一、新时期多元化区域创新政策的内涵 … 163
二、新时期多元化区域创新政策体系的影响因素 … 164

三、新时期多元化区域创新政策体系的构成要素 …………… 167
四、新时期多元化区域创新政策的协同机理 ………………… 170

第五章 科技信用与创新机制研究/173

第一节 我国科技信用管理制度的演进 ……………………………… 173
　一、建立科技信用管理制度的必要性 ……………………………… 174
　二、科学基金领域构筑阻挡不端行为的"三道大坝" ……………… 174
　三、科技部牵头制定规范科技人员行为的政策法规 ……………… 176
　四、提出在国家科技计划管理中建立信用管理制度 ……………… 179

第二节 进一步加强科技信用制度建设的思索 ……………………… 182
　一、界定国家重大科研项目基金信用的对象 ……………………… 182
　二、形成契约制度与道德伦理相结合的信用约束机制 …………… 183
　三、创设科技人员信用安全保障号码制度 ………………………… 184
　四、建立科技人员信用信息评价指标体系 ………………………… 185
　五、改进科技人员信用评价方法 …………………………………… 186
　六、完善科技人员信用数据库和信用信息共享平台系统 ………… 188
　七、构建科技成果承诺保证制度 …………………………………… 189
　八、建立健全失信行为惩戒机制 …………………………………… 190

第三节 瑞典高效的创新政策运行机制 ……………………………… 191
　一、建立和健全创新政策体系 ……………………………………… 192
　二、完善创新政策的实施机制 ……………………………………… 194
　三、运用政策加强科技成果的应用开发 …………………………… 197

第四节 以色列高效创新机制及其对我国的启示 …………………… 199
　一、通过首席科学家制度提高创新活动决策水平 ………………… 199
　二、通过多层次研发机构提高科技成果转化水平 ………………… 201
　三、通过科技计划导向机制提高整个社会研发水平 ……………… 204

第六章 就业政策与宏观调控研究/209

第一节 我国就业政策变迁的纵向考察 ……………………………… 209
　一、改革开放前的就业政策 ………………………………………… 210
　二、我国改革开放初期就业政策演进的四大步骤 ………………… 213
　三、社会主义市场经济条件下就业政策的变动趋势 ……………… 216

第二节　健全宏观调控的核心机制 ································ 219
一、构建以市场运行为基础的计划机制 ·························· 219
二、构建以优化信贷结构为基础的金融机制 ···················· 222
三、构建以开源增收为基础的财政机制 ·························· 225
第三节　市场经济条件下政府的宏观调控方法 ················ 226
一、制定适宜的经济政策 ··· 227
二、完善经济法规 ··· 227
三、更好地发挥计划机制的长处 ······································ 228
四、变动经济参数 ··· 228
五、加强道德规范建设 ·· 229
六、健全监督体系 ··· 230
七、提供社会公共服务，并直接参与某些经济活动 ············ 230
八、积极开展有利于市场经济发展的制度创新 ·················· 231
九、建立适应市场经济的社会保障制度 ··························· 231
十、综合运用示向性引导措施 ·· 232

第二篇　诗词释义

第七章　诗意与欣赏/237
第一节　七言绝句诗意及欣赏 ·· 237
一、桂林纪行六题 ··· 237
二、普陀山忆六题 ··· 246
三、武义山村调查纪行六题 ·· 255
四、其他七言绝句诗 ·· 263
第二节　七言律诗诗意及欣赏 ·· 274
一、吉祥喜庆诗 ·· 274
二、旅游揽胜诗 ·· 277
三、访友与考察诗 ··· 285

第八章　词意与赏析/291
第一节　平韵格词的词意及赏析 ······································· 291

— V —

一、平韵格小令词 ………………………………………… 291
　　二、平韵格中调词 ………………………………………… 300
　　三、平韵格长调词 ………………………………………… 308
　第二节　仄韵格等词的词意及赏析 …………………………… 318
　　一、仄韵格中调词 ………………………………………… 318
　　二、仄韵格长调词 ………………………………………… 320
　　三、平仄韵转换格小令词 ………………………………… 328

第三篇　年谱续编

第九章　六十岁至六十二岁/333
　第一节　二〇一二年：六十岁 ………………………………… 334
　第二节　二〇一三年：六十一岁 ……………………………… 356
　第三节　二〇一四年：六十二岁 ……………………………… 377

第十章　六十三岁至六十六岁/393
　第一节　二〇一五年：六十三岁 ……………………………… 394
　第二节　二〇一六年：六十四岁 ……………………………… 408
　第三节　二〇一七年：六十五岁 ……………………………… 420
　第四节　二〇一八年：六十六岁 ……………………………… 432

第十一章　六十七岁至七十岁/445
　第一节　二〇一九年：六十七岁 ……………………………… 446
　第二节　二〇二〇年：六十八岁 ……………………………… 455
　第三节　二〇二一年：六十九岁 ……………………………… 461
　第四节　二〇二二年：七十岁 ………………………………… 468

后　记/471

第一篇　代表性论文

本篇是从张明龙已发表的论文中精选出来的代表性论文，共计20余篇。这些论文发表后，有的被中国人民大学复印报刊资料或国务院发展研究中心网全文转载，有的被《新华文摘》《理论信息报》《理论参考》等杂志摘载，其中：有的获浙江省政府哲学社会科学优秀成果一等奖、省高等学校科研成果一等奖等学术成果奖，有的被其他学者论文多次反复引用，在学术界产生了较大影响。为了便于阅读和理解，先将这些论文进行系统化整理，再分门别类分成六章内容。每章又分为三至四节，每节大多只含一篇论文，也有少数几节由两篇论文组合而成。论文涉及企业产权量化与改革、计划机制与市场机制、产业集聚与产业转移、经济区划与区域政策、科技信用与创新机制、就业政策与宏观调控等方面。

第一章　企业产权量化与改革研究

为了防止国有企业无形资产流失，必须准确把握无形资产概念及内含要素。在国有企业出售和转让时，应通过评估无形资产的获利能力和潜在收益，对其实行整体量化。同时，还要采取有针对性的具体措施，有效保护国有无形资产。准确量化国有企业资产价值的方法是，先确定企业资产的真正净值，再确定企业运用资产获得的年利润，然后确定企业获利能力的补偿价值及企业总价值。企业资产的量化与保护都会涉及所有权与产权问题。所有权着重说明由财产所引起的人与物的关系，产权着重说明由财产所引起的人与人之间的行为关系。所有权表现为对财产归属问题的权利规定，产权则表现为以财产所有权为基础形成的社会性行为权利，是以所有权为核心的若干权利的集合体。依据产权理论推进国有企业改革，必须明确国有企业改革的方向，建立现代企业制度。同时，健全激励机制与约束机制，促使企业经营者行为规范和富有效率。

第一节　国有企业无形资产的内涵、量化与保护[①]

国有企业资产从其是否具备实物形式看，可分为有形资产（tangible assets）和无形资产（intangible assets）两大类。有形资产不管通过何种途径流失，迟早都将以账面净值减少显现出来。然而，无形资产则往往在不知不觉中失去。特别是在国有企业参与合资、合作，开展股份制改造，以及产权转让时，由于忽视资产的严格评估，由此造成国有资产的重大损

---

① 本节发表于《中国社会科学》，1996年第6期；《要报》摘载，供中央领导决策参考；中国人民大学复印报刊资料《工业企业管理》，1996年第12期全文转载。1998年获浙江省社科联第二届邓小平理论研究优秀成果一等奖；1999年获浙江省政府第八届哲学社会科学优秀成果一等奖。被朱雪忠《国有知识产权流失问题研究述评》（《科研管理》，2000年第2期）等20多篇论文引用。

失，首先是无形资产流失。因此，正确地分析和界定国有企业无形资产的产权边界，科学地量化和精确地评估无形资产价值，进一步探讨防止国有无形资产流失的对策措施，是十分必要的。

一、关于无形资产的内涵

无形资产，作为一个经济学范畴，是随着改革开放的深入发展而逐步引入我国社会主义经济研究中的。由于无形资产一词被资本主义企业簿记广泛使用，而我国经济工作者又是在"三资"企业做账时较早接触无形资产范畴的，所以改革开放初期，人们往往将它解释为资本主义国家的会计用语。党的十四大以后，为了给国有企业稳步地向现代企业制度转变创造条件，有步骤地开展清产核资、界定产权、评估资产、核实企业法人财产占用量等活动，我国经济理论界和实际工作部门对无形资产有了新的理解，普遍认为社会主义企业资产核算的内容也应包括无形资产。

（一）无形资产定义的代表性观点

目前，经济学界给无形资产下的定义，我们见过的主要有四种，它们都从无形资产是有形资产对立物的角度做本质概括，其内涵基本相似。然而，它们阐述的侧重点，以及严密性和完整程度，仍有较大差别。

定义1：企业长期使用而没有实物形态的资产，叫作无形资产

这个定义强调无形资产具有固定资产的类似性质：可供企业长期使用，并在其使用过程中保持原有的存在形式。但它的阐释过于简单，反映不出无形资产在提高企业获利能力方面的作用，更没有说明无形资产能为企业带来何种利润，以及这种利润与有形资产利润之间存在什么区别。

定义2：无形资产是指能为企业取得未来经济效益，但不具有实际形体的资产

这种定义强调无形资产可以帮助企业获得收益，表明它能在企业今后的经济活动中，通过提高经济效益带来更多利益，是企业未来的一种收入来源。然而，这个定义尚未阐明无形资产获利能力的特殊性，难以分清无形资产在创造利润中与其他资产的区别。实际上，任何一种资产都能产生未来经济效益，一个已丧失无形资产的亏本企业，如果对其投入足量的现金，现金就会带回若干利润，可能还会因此而形成新的无形资产，并产生出一些无形资产利润，但怎样区分此时的现金利润和无形资产利润，该定义是无法回答的。

定义 3：无形资产是不具备实物资产形式而有类似作用的东西，它代表企业使用有形资产创造利润的能力

不难看出，这个定义比上面两个表述得完整些、严密些。它强调无形资产是企业的一种获利能力，并表明这种获利能力不是有形资产本身固有的，而是企业在运用有形资产开展经营活动时逐步形成的。但是，这个定义也有缺陷，它只能对无形资产做定性分析，而不能做定量分析。它尽管已晓示无形资产利润来自企业运用有形资产所产生的获利能力，但没有指明这种获利能力到底可创造多少利润。这样，由无形资产利润的资本化来量化无形资产的价值就有困难了。

定义 4：无形资产即商誉，尽管它没有商品、货币和机器设备等实物形态，但能买能卖，有价值；它的价值等于出让企业所得货币超过有形资产账面价值的余额

这个定义跟其他定义的不同之处在于，它不是着眼于生产过程，而是着眼于交换过程，来揭示无形资产的本质特征。它强调无形资产是企业产权的有机组成部分，可以通过出卖而实现其价值。这意味着在经营中逐步积累而成的许多无形资产，虽然企业本身不作价入账，但企业转让时可以计价出售。它还阐明了无形资产的一种量化方法，弥补了其他定义缺乏定量分析基础的不足。

然而，这个定义存在的问题也较多：①把无形资产仅仅只等同于商誉，显然概括得不够完整，漏掉了许多其他内容。②尽管肯定无形资产有价值，但由于离开了生产领域，无法说明无形资产为什么有价值。③无形资产价值可从企业价值减去有形资产净值中求得，但用出卖企业所得货币即企业价格代替企业价值，用有形资产账面价值代替有形资产净值，其计算结果肯定是不准确的。④不是先估出无形资产价值再推算企业价值，而是先出卖企业取得收入再推算无形资产价值，颠倒了企业资产评估的顺序。

（二）对无形资产定义的修正

为了确切而简要的表述无形资产概念，我们试图尽可能吸收以上定义的长处，并努力避免它们的不足或缺陷，提出下述经过修改的无形资产定义：能为企业带来高于有形资产一般获益率的利润而没有实物形态的固定资产。

这个修正定义至少有以下特点：①阐明无形资产与有形资产一样，具备获利功能，晓示无形资产为什么可按一定价值作为产权转让；②指明无形资产获利能力的特殊性，分清无形资产与有形资产在企业创造利润中的不同作用；③表明无形资产所得利润等于企业全部利润减去有形资产利润的差数，为准确量化无形资产价值奠定基础；④说明无形资产不是以流动资产形式，而是以固定资产形式投入运行，其成本也要通过折旧的方式收回。

二、企业无形资产的构成要素

改革开放以来，国有企业的无形资产，除了依靠自己积累外，还可以设法花钱从外界购得。其构成要素主要包括以下内容。

（一）著名商标

商标意谓商品上使用的具有显著特征，能够区别商品来源的标志，它是企业形象和产品形象的象征。商标作为企业的无形资产，除了其专用权转移可以实现一定权利价值外，主要体现在它的信誉价值上。

商标信誉价值反映商标所代表的商品质量、商品市场占有率及商标使用范围等内容。商标信誉价值的基础，是企业的技术水平、管理水平和竞争能力。

同一商品，贴上不同的商标，其售价往往相差甚远，这是由商标信誉价值悬殊引起的。据报载，上海无线电三厂生产的一种小型收录机，卖给日本一家公司每台售价37元，而日本这家公司贴上自己的驰名商标后，就可卖到560元！驰名商标的信誉价值是一笔蕴含着巨额财富的无形资产。一位国外企业家曾这样坦言：烧了我的厂房、毁了我的机器不要紧，只要有我的商标在，我照样还是百万富翁。美国《金融世界》1994年公布的"价值最高的商标一览表"显示，"可口可乐"价值359.5亿美元，"万宝路"价值330.45亿美元，"雀巢"价值115.49亿美元，"柯达"价值100.2亿美元。我国尚无商标列入世界十大驰名商标之中，但经过多年努力，不少国内著名商标也在不断增值，有人估计，"健力宝""红塔山""茅台"等商标的价值都已达数十亿元人民币。

（二）专利权

它表现为独占发明创造的一种无形财产权。在国外，大约14世纪就出现了保护专门技术的专利制度的萌芽。例如，1331年英国国王爱德华三世对佛兰德斯人约翰·肯普的纺织、漂洗和染色技术授予垄断权，加以保护。

《中华人民共和国专利法》明文规定以专利保护发明、实用新型和外观设计三种工业产权。①发明是指对产品、方法或者其改进所提出的新的技术方案；②实用新型是指对产品的形状、构造或者它们的结合所提出的适于实用的新的技术方案；③外观设计是指对产品的形状、图案、色彩或者结合所做出的富有美感并适于工业上应用的新设计。

国有企业在发明、实用新型和外观设计方面提出的专利申请，一经批准，就取得了受国家法律保护的专利权。专利权是政府给予企业制造、使用、销售某种产品，或者使用某种方法的独占权利。假若某企业获得的一项专利，是一种有利可图的新化学方法，该企业可在未来15年中独家用它进行生产，显然这种专利是相当值钱的。

（三）非专利技术诀窍

非专利技术诀窍亦称非专利技术成果、技术秘密、专有技术等。它是指来自经验和技艺，能在生产过程中应用的技术知识、技术数据和技术信息。通常因不具备必要的专利条件而不能获得专利，或虽符合专利条件但企业不愿申请专利，如秘密公式、配方、设计手段、计算方法、经验数据、工艺流程、操作秘诀等。非专利技术诀窍可以成为无形资产，早已是事实。亚当·斯密对此举例说道："一个染业者，如果发现了一种制造染料的方法，其所费仅及通常方法的一半，而他又能妥善处理，他就能终生独享这发明的利益，甚至能把它传给子孙。这种额外利得……是资本的额外利润。"[①]

非专利技术诀窍是生产经营者或技术人员经过长期经验积累、不断调

[①] 亚当·斯密. 国民财富的性质和原因的研究（上卷）[M]. 郭大力，王亚南，译. 北京：商务印书馆，1972：55.

研提炼而形成的,花费了不少时间、精力和资金。它一旦运用到生产中就能转化为生产力,给企业带来较高的经济效益。其他人也愿意为取得技术诀窍而付出代价。非专利技术诀窍的一个显著特点是具有机密性,一经公开便会丧失价值。企业要保持非专利技术诀窍的无形资产功能,必须采取严格的保密措施。

（四）著作权

著作权也称版权,指著作权所有者依法对文学、艺术和科学作品享有的各项专有权利。它由人身权和财产权两方面构成,其具体内容是:①发表权,即决定作品是否公之于众的权利;②署名权,即决定在作品上是否署名,以及署真名、假名或笔名的权利;③修改权,即修改或者授权他人修改作品的权利;④保护作品完整权,即保护作品不受歪曲、篡改的权利;⑤使用权和获得报酬权,即以复制、表演、播放、展览、发行、摄制电影、电视、录像或者改编、翻译、注释、编辑等方式使用作品的权利;以及许可他人以上述方式使用作品,并由此获得报酬的权利。

著作权所带来的收入可按以下两种方法计算:一是直接法。著作权收入等于作品总收入减去成本,再减去作品总收入与正常成本利润率的乘积。二是间接法。著作权收入等于作品总收入乘上版税率减应纳所得税率之差。随着科学技术、社会文化对生产和生活的作用日益增强,人们对知识产权的重视也不断提高。作为知识产权重要组成部分的著作权,已成为一些企业的一项重要产权,在产权的界定、变动中备受关注。

（五）计算机软件

计算机软件是计算机硬件的对称,指计算机程序、方法、规则、相关文档和计算机运行时的必需数据等。它是一类受知识产权法保护的新型无形资产。

软件的生产和开发是科技人员智力活动的结果,需要投入大量资金和高质量的劳动力,是典型的高科技产品。软件的内在价值和生产效率,反映科学技术和设备工具的先进程度,反映科技人员的素质状况及生产过程的组织管理水平。

软件实物形体不明显但价值却可以很高。在现实生活中,软件产品的巨大价值及其中包含的巨大成本,往往不像实物型产品那样易被人们察觉。而且，软件产品种类繁多，面广量大，寿命周期短，更新换代快，维护代价高。所以，软件价值的确定没有固定的模式。

（六）商誉

商誉因企业的信誉名望、生产效率、营销能力、管理水平和服务质量等方面胜人一筹，在同行业中处于较为优越的地位。它是企业整体的象征，不能脱离企业整体而独立存在，属于一个综合性的无形资产项目，不像商标权、专利权那样可作为单项资产转让或出售。

商誉能为企业提供高于同行业平均资产利润率的超额利润。在企业经营中逐步积累起来的商誉，平时不作价入账，但在企业转让产权、组建中外合资企业进行股份制或公司化改造时，可按超额利润的资本化价值，或按年超额利润的若干倍，把它计入无形资产价值内。

企业要促使商誉较快增值，必须在设法提高职工素质、技术素质和管理素质的基础上，加强自身形象设计，形成独特鲜明的企业形象，并使其牢固地树立在消费者的心目中。

（七）商业秘密

商业秘密一般指不宜对外公开的企业内部情报，主要包括客户名单、公司文件、财务报表、企业档案、新产品开发研制的实验记录、有情报价值的商业信函，以及可能导致诉讼的业务关系等。商业秘密有以下两项显著作用。

（1）增强企业的竞争能力。例如，面对激烈的市场竞争，企业通过尽力满足一些客户的需求，逐步与他们建立起相互信任、相互依赖的伙伴关系，使他们成为本企业产品长期稳定的购买者。倘若企业把这些客户名单作为受保护的内部情报，严守秘密，不让竞争对手得知，就能以这些客户为后盾保持稳定的收入。

（2）减少企业的利益损失。例如，如果企业的各类文件及综合性内部手册、报表和业务往来信函等保管不慎，被竞争对手获取，可能会对企业造成许多不利的影响。

（八）优惠合同

优惠合同一般指能为企业减少费用支出，相应增加利润收入的合同。这类合同较常见的有：①付息低于市场利息率的优惠贷款合同；②付租低于市场租金率的优惠租赁合同；③付费低于通常转让费的优惠技术转让合同；④成本低于同类产品收益高于同类商品的优惠购销合同；⑤付款低于同种交易一般价格的优惠货物运输合同、优惠供用电合同、优惠供用水合同、优惠仓储保管合同等。

优惠合同可增强企业创造利润的能力，可为企业带来超过市场平均获益率的额外收益，因此它具有企业无形资产的性质。优惠合同具有节省费用增加收益的功能，在国有企业继续经营的条件下是不计价入账的，但发生产权交易时，应以其获取的额外收益为基础作价出让；购买者则以购入成本计价入账，并按优惠合同的有效期限分期摊销。

（九）土地使用权

我国《城镇国有土地使用权出让和转让暂行条例》规定："国家按照所有权与使用权分离的原则，实行城镇国有土地使用权出让、转让制度。"

土地使用权出让，表现为国家以土地所有者的身份，将土地使用权在一定年限内出让给土地使用者，土地使用者则向国家支付土地使用权出让金。土地使用者在规定时间内，可对土地进行房地产开发，也可利用土地开展生产经营活动。

土地使用权转让，就是土地使用者将土地使用权再转移的行为。土地使用权转让时，其地上的建筑物和附着物必须一同转让。土地使用权转让后，原出让合同规定的受让人的权利、义务，也全部随之转移给新的受让人。

国有企业作为土地使用者，经营土地所得的总收入减去土地使用、拆迁、安置和实际开发费用等成本后的利润，超过社会平均利润的部分，我们可以认为是由土地使用权创造出来的超额利润。国有企业转让土地使用权时，土地在最佳用途下的房地产售价，扣除按现行价格计算的房屋建筑造价，以及正常利息、利润、税金后的剩余额，我们也可以看作是由土地使用权因素所产生的超额利润。

（十）特许经营权

特许经营权指政府有关部门根据企业或个人的申请，认为其经营条件符合法律规定的要求，发给特许证，授予其在国家垄断领域专营、专卖的权利。

第一篇　代表性论文
第一章　企业产权量化与改革研究

特许经营自古就有，公元前四世纪出现的伪亚里士多德（Pseudo-Aristotle）的《经济论》记述，布札恩第温斯人为了给国家筹集货币，"他们出让了海上捕鱼权和食盐销售权，还提供了玩杂耍的人、占卜算卦的人、卖药，以及诸如此类的私人开业的地点；但他们指令这些人必须交付其利润的1/3。另外，他们还把货币兑换权卖给一所独家银行，而其他银行既不能把货币换给任何人，也不能接受任何人的货币用来兑换，违者罚款，货币没收"①。

目前，我国国家垄断经营涉及的经济领域主要有：①能够获得垄断高额利润，是国家财政收入的稳定来源，不允许自由竞争的领域；②由于自然资源稀缺或特定生产技术所限，长期供不应求的短线领域；③特定时期、特定地点受资源供给约束的少数基本生活必需品；④为保卫国家安全，加强国家宏观调控的经济职能，只能或主要由国家直接经营的领域；⑤安全性要求特别高，或需要大量稀缺资源作为原材料的产品等。

以政府特许形式存在的专营权、专卖权，可为它们的拥有者创造垄断市场，促成垄断利润的形成。如果企业获得国家垄断领域某类产品的经营特许证，有权对这类产品开展生产、收购、调运和销售活动，其所得利润超过市场通常收益率的部分，可以看作是特许经营权带来的。

（十一）供销网络

供销网络指企业专门建立起来的生产资料采购系统和产品销售系统。

倘若企业有健全的采购系统，就能保证原材料特别是短缺原材料的有效供应，保证关键性技术设备及时投入运行，保证能源、水电、通信设备和运输工具的需求得以充分满足。

倘若企业有完善的销售系统，不仅能稳固地保持原有市场份额，而且有希望在此基础上较快拓展新市场，还可以及时收到顾客对企业效率做出的客观评价和各种反馈信息，促使企业规模、产品结构与不断变化的市场需求趋向一致。

从继续经营的企业来看，若是失去了这个网络，其收益势必会大幅度下降；就产权交易后的新企业来说，倘使没有它，则需花大量资金从头建

---

① 巫宝三. 古代希腊、罗马经济思想资料选辑 [M]. 北京：商务印书馆，1990：186.

立。由此可见，供销网络是有价值的无形资产。

（十二）素质较高的职工队伍

企业职工的思想、专业、文化和身体素质如何，往往决定着企业经营管理的好坏和劳动生产率的高低。当今世界各国企业的经济竞争，集中表现在人才竞争上。对此，"得人者昌，失人者亡"的古代名言有了更深刻的现代诠释。

一个企业，尤其是专业性很强行业中的企业，建设一支具有良好政治业务素质、结构合理、相对稳定的职工队伍，不仅需要花费大量经费，而且需要完成招聘、培养、训练、选拔和调配等大量周密而细致的人事工作，还需要经过相当长的组织时间。如果企业未形成训练有素的职工队伍，显然会影响其正常经营。相反，如果企业已经拥有一支质素很高、实力雄厚的职工队伍，则可以节省大量的人员组织支出，并能为企业创造较多收益。所以说，素质较高的职工队伍同样是企业的财富，是企业无形资产的有机组成部分。

三、国有企业无形资产的准确量化

目前，评估企业无形资产的常见方法是，列出无形资产包含的项目，逐项估算价值，然后相加得出总价值。然而，这种方法实际操作效果并不理想。其原因在于：①企业中存在的无形资产，属于知识产权类的，如著名商标、专利权、非专利技术诀窍、著作权和计算机软件等，通常称作可确指的无形资产，它们单独转让时，可单独按一定程式评估；但当整个企业转让时，它们就不宜单独估价了，因为在企业的获利能力中，它们是以矢量相加的形式，跟所有资产融合在一起的。它们单独获利能力的机械总和，与它们矢量相加的整体获利能力，是两个不同的量，依不同获利能力估出的价值肯定是不一致的。就是说，无形资产是由多种要素有机组合而成的一种企业产权，把它肢解为各个内含的具体项目，其评估、作价，就无法坚持以这种产权整体的获利能力和潜在收益为基础了。②商业秘密、特许经营权、供销网络和职工队伍等无形资产的评估，目前尚缺乏公平、客观和统一的定价机制及计价标准，难以根据它们各自的质和量准确核定其价值。③各项无形资产之间，以及无形资产与有形资产之间，有着一定的相互依存性，特别是商誉等无形资产，很难离开企业其他资产进行单独买卖，因而也难以单独计价。此外，无形资产分项估价，还容易造成因漏列项目而少估价值。

针对上述情况，要准确量化国有企业的无形资产，必须把它作为一个整体，作为有机组合的一种收入来源。在经济实践中，某项本身无实际价值或难以确定其价值的收入来源，在转让、出卖时，它的价格往往表现为资本化的该项收入。例如，土地价格表现为资本化的地租，股票价格不外是资本化的股息。据此，国有企业无形资产的出让价格，也可以看作是资本化的无形资产利润。据此原理，国有企业无形资产的价值评估，可按以下步骤进行。

（一）推算企业无形资产利润

为了便于估算国有企业的无形资产价值，假定企业的全部利润都是资产的报酬。这样，只要校准企业的实际利润总额，算出有形资产的应得利润，便可确定无形资产利润。由于产权关系不明晰，国有企业收入报表上归自己名下的利润，往往小于其实际创造的利润。根据中国工业协会对14个省市193家国有工业企业的调查结果表明，国有工业企业的收益大量向税、费、利、券、派、罚等方面转移，其中税费就多达61种。这项调查的统计数字显示，假定国有企业纯利润为100元，以税、费、利、券、派等形式上缴给各级政府的大约占81.6元，借贷付息约10.2元，剩下的仅8.2元，接着乱摊派、乱集资、乱收费、乱罚款等"四乱"又要拿走2~4元，最后只留下4~6元了。这样，企业的获利能力被大大地打了折扣。在此情况下，要校准国有企业税前纯利润总额，应将收入报表纯收入项目标明的数字，加上所得税、因"四乱"失去了留利、用再分配方式被各级政府部门取走的利润，以及主管单位通过增列成本截留的待实现利润等，便是企业税前纯利润总额。

国有企业有形资产利润可按下述方法推算：①核查企业资产负债表上现金、存款、应收账款、应收借款、预付款、存货、机器设备、家具和房地产等账目，以校准资产数字。核查应付账款、应付税款、应付借款和长期债务的账目，以校准负债数字。全面核定资产和负债后，从资产中减去负债，得出企业有形资产的净值。②计算五年间货币资金的平均利息率、债券的平均债息率、股票的平均股息率、实物资产的平均报酬率、房地产的平均租金率，然后推算出企业全部有形资产的平均报酬率。③用已校准的企业有形资产净值，乘以有形资产平均报酬率，企业有形资产利润就算出来了。

把校准的企业税前纯利润总额，减去有形资产利润，其余额即为无形资产利润。

（二）确定企业无形资产补偿系数

无形资产补偿系数，也称作无形资产收益的资本化率，它直接关系到无形资产价值的大小。无形资产补偿系数可以依据计算土地、股票等价格的相同原理确定。以大家熟悉的土地例子来说明：假定某块土地每年可得地租500元，存款利率为10%，土地价格便是5000元。如果把出卖土地所得的5000元货币100%存入银行，按10%的利率取息，每年所得利息为500元（与地租相等）。此时土地的补偿系数是100%除以10%等于10，它表明土地价格相当于每年地租收入的10倍。

不难明白，若能确定某种收入来源的补偿系数，其价格计算将会便捷得多。需要指出的是，无形资产是企业资产的一部分，它与有形资产融为一体，随企业经营而获利增值或损益贬值，它不像土地那样收入比较稳定，也不像股票那样浮游于金融市场，它属于产权市场的交易对象。因此，确定无形资产价值时，如果无形资产利润已定，另一个决定因素，不宜是银行存款利息率，而应是企业投资需要的边际利润率。这意味着，出卖无形资产者所得货币不是存入银行，而是继续投资，每年所得收入跟这份无形资产利润大体相等。企业投资需要的边际利润率跟无形资产补偿系数成反比。假若企业投资需要的边际利润率为25%，无形资产补偿系数是：100%除以25%等于4。与此相似，20%的投资边际利润率导致无形资产补偿系数为5。企业投资需要的边际利润率只有10%时，无形资产补偿系数相应增大到10。

目前，我国工商企业投资需要的边际利润率，与居高不下的利息率一起竞争，出现了普遍上升的势头，促使无形资产补偿系数随之变小。现在竞争性产业中的国有企业，评估资产价值时使用大于5的无形资产补偿系数已经不多。因为无形资产补偿系数为5，意味着企业经营者满足于只有

20%的投资年利润。这个收益不会比其他投资者从效益很高公司的债券得到的债息高多少。实际上,大多数竞争性产业中的国有企业转让、出售时,无形资产补偿系数宜在2~4的范围内变动。为了提高无形资产补偿系数的精确性,可以将影响企业投资的边际利润率和无形资产价值的主要因素,如收益增长状况、行业性质、竞争程度、风险大小和商誉吸引力等分别列项评估,以求出每个项目的无形资产补偿系数,然后把它们加以平均,其值即可作为无形资产补偿系数。

(三) 求得企业无形资产价值

把企业无形资产利润乘以无形资产补偿系数,其结果便是企业无形资产价值,即出让企业无形资产产权的底价。无形资产的实际价格,应以此底价为基础,并通过产权交易市场的竞争性购买来确定。

四、遏制国有企业无形资产流失的措施

在当前新旧体制转换过程中,生产要素市场发育相对滞后,社会主义市场经济尚未建成稳固的微观基础,特别是国有企业产权管理薄弱,产权交易不规范,造成国有企业无形资产大量流失。为了有效地阻止国有企业无形资产流失,必须有针对性地采取一些切实可行的措施。

(一) 阻止组建中外合资合作企业时流失国有无形资产

吸收外商投资,嫁接改造国有企业,是盘活国有资产的一条可供选择的有效途径,但是,目前不少地方在与外商合办企业时,出现了严重损害国有资产合法权益的现象。据有关资料显示,现在每年新建的中外合资企业,中方资产应评估而未评估,以账面价值与外商合资的应占评估总数的90%左右;而经过资产评估进行中外合资的国有企业,其评估值比账面净值平均增加1倍。按此推算,近三年国有企业因未评估而造成的资产损失约达2000亿元,其中大部分为无形资产。同时,由于我国目前组建中外合资合作企业方面的法规不够健全,资产评估机制不够完善,外商提供的专利、非专利技术诀窍、海外供销网络等无形资产作价过高;中方所出的著名商标、土地使用权、优惠合同、特许经营权等无形资产作价过低,造成国有企业无形资产相对减少的现象相当严重。此外,有的合资企业还把中方某些折价投入的无形资产闲置不用,使其丧失继续增殖的能力。例如,

几年前知名度很高的"美加净"商标，当它折价1200万元投入合资企业后，立即便被洋老板打入冷宫，代之而起的是"露美庄臣"。

针对上述情况，宜采取以下主要措施。

（1）应从规范产权市场交易秩序，规范产权流动和重组行为入手，明确规定组建中外合资合作企业时，必须对双方资产进行评估，并以评估值为基础编制项目计划上报终审。主管单位要是发现中方资产应评估的未评估，或双方评估结果严重失实，应不予批准立项，已立项的也应通知其中止活动，待符合有关规定后重新上马。

（2）健全中外合资合作企业资产的评估、作价机制，建立公开、公平、公正的中外双方无形资产判断准则，提供既能反映行业资产平均利润，又能体现社会效益目标的修正参数，逐步形成操作性强的无形资产科学量化标准，防止因中外双方作价不公而使国有无形资产贬值。

（3）合资企业建成后，中外双方投入的资产融为一体。合资企业根据经营需要不管怎样使用资产都是允许的。但如果外商不是出于经营目的，而是另有他图故意贬损中方无形资产，比如借合资之机为国外母公司抢占中国市场服务，故意将中方投入的著名商标束之高阁，则是不规范行为，必须制止。为此，应进一步完善合资企业经营条例和细则，特别是增加保护著名商标等规定，避免中方能继续增殖的无形资产在合资企业经营过程中丧失增殖能力。

（二）阻止企业股份制改造过程中流失国有无形资产

国有企业采取股份制，实行公司化改造，是建立现代企业制度的有益探索。然而，这项工作在实际进行中也出现了一些使国有无形资产遭受损失的现象。主要有：①国有企业改造为股份公司时，按账面原值折股，致使大量从未入账而能给企业带来收益的国有无形资产被排除在股本之外。例如，上海市有6家企业评估后净资产重置价值16.88亿元，实际仍按基本上不含无形资产的账面原值8.27亿元折股。②仅将商标、专利、软件、优惠合同等较易折价的无形资产计入国家股，而把评估难度较大的商誉、商业秘密、特许经营权、供销网络和素质较高的职工队伍等无形资产漏掉不计，相应减少国家股总额。③设立所有权缺位的企业股，把一些国有无形资产从国家股转入它的名下，然后以名义持有形式将企业股分配给职工拿红利。

为了防止企业在进行股份制或公司化改造中流失国有无形资产，应着重做好以下工作。

(1) 严格执行国有企业改造为股份制企业的有关规定，国有资产应交给专设的评估机构评估，并按评估值为基础的净资产重置价值折股，不能以不含或少含无形资产的账面原值折股，消除对国有资产特别是无形资产不评估、低估或低价折股等不合理现象。

(2) 国有企业改造为股份制企业，应将原有资产全部投入公司。由于无形资产清产核资、界定产权，不像有形资产那样容易操作，将其分项评估作价时，漏估、低估现象在所难免。因此，应改变对无形资产列项分开评估的做法，把无形资产看成一个产权整体，并以这种产权整体的获利能力和潜在收益作为评估依据，避免一些无形资产项目因界定、作价困难或有争议而未计入国家股。

(3) 国有企业股份制改造中出现的企业股，通常是由企业税后留利形成的全部资产，以及企业用贷款进行技改和基建所形成的部分资产而折股设置的，其股份名义上属企业所有；但成立股份公司后，原有企业在法律上已不存在，这就造成所有权缺位现象。从防止国有无形资产流失角度来说，应明确划定国有无形资产与企业无形资产之间的产权边界，不让企业股侵吞国有无形资产，并成立以原有职工为基础，原企业上级主管单位代表参加的管理委员会，统一对企业股行使权利，履行义务。

(三) 阻止承包、租赁经营过程中流失国有企业无形资产

1. 承包和租赁经营过程中国有企业无形资产的流失

国有企业实行承包、租赁经营，是其转换经营机制的常见方式，并取得了一定成效。但也应看到，这儿也是流失国有企业无形资产一条不可忽视的渠道。主要表现在以下几个方面。

(1) 不少国有企业承包、租赁时没有经过规范的招标程序，对无形资产未做任何评估，无形资产的保值、增值没有列入承包、租赁的考核指标内，造成国有无形资产被承包、租赁者无偿使用，损害了国有资产所有者的权益。

(2) 承包、租赁基数没有考虑无形资产获利能力变动的影响，使得一

些承包、租赁者的大量收入，不是来自经营管理有方，而是来自某些无形资产收益激增。例如，有的国有企业在承包、租赁期间，随着城市建设的迅速发展，所处位置从僻静地段变为繁华地段，由此带来的营业额和利润量大幅度提高，为承包、租赁者带来了很大的收益，而国有企业无形资产的收益权则遭到了一定程度的侵占。

（3）有些国有商店原先通过努力创造出本企业商品信得过的形象，在消费者心目中享有较高的信誉。然而，承包后为了增加收入，将一部分柜台租给私营业主或个体户经营，结果商品质量和后续服务工作难以保证，引起企业信誉急剧下降，因而造成企业无形资产的损失。

2. 阻止承包和租赁经营过程中国有企业无形资产流失的措施

要阻止国有企业在承包、租赁经营中流失无形资产，必须进一步完善以下两种经营方式。

（1）充实和加强企业承包、租赁经营方面的专门法规，明确规定无形资产与有形资产一样应进行全面评估。承包制或租赁制企业的考核指标须包括无形资产的保值增值内容，并通过严格的法律程序签订、审计和兑现承包、租赁合同，避免承包、租赁者无偿使用国有企业无形资产。

（2）制定承包、租赁基数，应考虑无形资产的实际报酬和潜在收益。可用签订合同确定承包、租赁基数时的无形资产利润为基础，确定一个无形资产利润上下浮动的正常限度。当无形资产获利能力发生变化时，凡在正常限度内，均由承包、租赁者按合同规定自行处理；超过正常限度部分，上缴国家财政；低于正常限度部分，由承包、租赁者设法补齐。

（3）承包制国有商店出租柜台增加收益，本是无可非议的，问题在于为一时小利毁数十年之誉的做法得不偿失，应尽力避免。为了防止此类现象继续发生，必须全面增强创名店保信誉的意识，并通过加强管理监督和有关措施，促使国有商店在不损害乃至巩固、提高本店信誉的前提下，向其他厂商出租柜台。

（四）防止企业经营管理不善而流失国有无形资产

1. 企业经营管理不善造成的国有无形资产流失

近年来，由于企业内部经营管理不善而导致国有无形资产流失的现象相当严重。其主要表现在以下四方面。

（1）企业长期亏损，因而声誉下降，形象扭曲，商誉等无形资产价值也随之自然贬值。

（2）不少企业创造发明的成果，没有及时申请专利权，任由其他厂家自行仿制，或在获得专利权前早已泄露了制造和使用秘密，丧失了这部分专利产品生产及转让可得的收益。另外，因泄密造成非专利技术诀窍、软件、商业秘密等方面的损失，也相当严重。

（3）没有高度重视商标的设计和保护。许多国有企业设计的商标只有图形符号，没有与之密切相关的字体、色彩和组合形式。其画面又往往过于强调具体图像，显得复杂烦琐，不利于视觉的识别和在瞬间给人以深刻的印象，无法发挥商标标志所应有的作用。有些企业由于不注意寻求法律保护，商标被人仿冒甚至先行注册进而造成经济纠纷。还有的企业忽视著名商标将会带来的可观回报，以低价将其转让。

（4）有的国有企业主管供销的负责人，把用国家的资金建立起来的供销网络，利用自己的特殊身份私自转给家人或亲友兴办的个体企业、私营企业，侵吞国有企业供销网络的收益权。这是国有企业无形资产流失不可忽视的一条重要渠道。

2. 防止企业经营管理不善流失国有无形资产的对策

为了有效地防止企业因经营管理不善而造成国有无形资产流失，主要采取以下措施。

（1）通过深化改革，明晰产权关系，有计划、有步骤地尽快建立起适应社会化大生产发展要求的现代企业制度；建立起统一、开放、公平竞争的社会主义市场体系；建立起协调、稳定、灵活的宏观调控体系；建立起合理的个人收入分配和社会保障制度。把增强微观活力与完善市场体系、加强宏观调控结合起来，使企业真正成为自主经营、自负盈亏的法人实体和市场竞争的主体。承担国有资产保值增值责任，努力扭亏为盈，重视企业形象设计，避免因亏损而减少国有无形资产。

（2）健全创造发明成果的经营转化机制，完善对有贡献科技人员的奖励办法，促使他们在研制新产品，以及对生产技术、工艺设备和制作方法开展创新活动时，自觉做好保密工作，及时为新发明申请专利权，设法维护专利产品或专利方法的合法权利，防止发生专利侵权行为。还要努力做好非专利技术诀窍、计算机软件和企业内部情报的保密工作，尽量减少这些方面因泄密所造成的损失。

（3）创造普遍重视商标的浓厚经济氛围，推动企业不惜花大力气潜心研究和制作商标，并逐步做到：巧妙地把商标与标志合二为一，使其既能正确体现企业或产品的面貌特征，又能将图形、字体、色彩及其组合方式有机地构成一个整体。进而把商标标志作为企业形象设计的基石，运用同一符号图像代表企业和产品，并将其专用文字造型、专用色彩、专用图案灌输到包装、广告、名片、信封、信笺等一切媒介上，迅速传播和扩散出去，给消费者以统一深刻的印象，使人一看到这个商标，就知道是哪类产品、哪个企业的产品。还要促使企业注意充分运用法律武器保护商标，尤其是保护著名商标。著名商标，不仅仅是一个企业的无形资产，而往往是一个国家、一个民族的自信心与创造力的象征。我国许多有远见的企业家已深深懂得这个道理，正在为保护著名商标做出不懈努力。例如，当年驰名中外的"美加净"被"露美庄臣"一口吞下后，这家合资企业的中方总经理以"创名牌，扬国威"为口号，重返母厂，终使"美加净"东山再起，并且在国际市场上与英国、美国、法国、日本、德国的名牌齐肩。

（4）加快企业制度创新，增强企业引资融资能力，减少因资金短缺降低合同履行效率。确保企业把守信用、重合同作为基本经营原则，特别是确保企业按规定严格履行产品购销、货物运输、仓储保管、科技协作等方面的优惠合同，使它们与其他无形资产一样，能为企业带来超出有形资产利润的收益。

（5）充实、完善国有企业经营管理方面的条例细则和规章制度，加强道德规范建设，健全监督体系，综合运用经济、行政、法律、纪律和思想政治工作手段，严格禁止国有企业经营管理者运用国有无形资产谋私利。

第二节　准确量化国有企业的资产价值[①]

国有资产大量流失是当前社会普遍关注的热点问题之一。为了有效地

---

① 本节发表于《经济理论与经济管理》，1996年第2期；中国人民大学复印报刊资料《财务与会计》，1996年第5期全文转载；1998年获金华市政府第六届哲学社会科学优秀成果二等奖。

防止国有资产流失,一项重要的基础性工作是科学量化国有资产、准确估算国有企业的资产价值。近年,不少国有企业在转让、出售、重组资产时,以低于市面现价的账面价值进行计算,给流失国有资产打开了一大缺口。实际上,正常运行的国有企业,其资产全部价值包括两个部分:一是净资产的价值;二是企业运用这些资产所产生的获利能力的价值。要准确量化国有企业的资产,必须估算国有企业这两部分价值。

一、确定企业资产的真正净值

从企业的资产负债表中可以看出,净值等于资产减去负债。然而,我们必须明白,资产负债表不计量资产的价值,只标明这些资产由什么补偿。比如,固定资产的折旧费,往往不按其磨损程度提取,而是来自调整这些资产的账面价值。我们还应明白,国有企业的收入报表事实上不反映企业的真实收入。税前纯利润可能是在以税、费、利、券、派等形式上缴各级政府后计算的。因此,要准确量化国有资产,不能简单地根据资产负债表标明的企业净值来计算,也不能仅仅看到收入报表上显示的企业产生"账面"纯利润的能力,必须算出企业的实际价值,测定企业产生真正纯利润的能力。

就估算国有企业资产的真正净值来说,应在全面检查资产负债表每个项目的基础上,消除其标明的价值的误差,形成每个项目的真实数字。

(一)现金

它是最易核定的项目,一般不会有大的问题。但须清楚,会计账目中的现金不同于手持钞票,它不是随意可用的,它可能被人借走了。同时,会计在资产负债表上设立多少栏目,是没有任何硬性规定的,任由他们自主选择,有的会计可能已把现金账目分散到许多其他账目里,并表明部分现金成了需再过几个月才能到期的存款凭单。有的会计还会对现金账目做些手脚,设法增加现金的数量,其中最常见的方法是加进一笔借款。

这里需查明现金总数是多少,借出部分能否按时收回,以及现金账目中有无虚假成分。

(二)应收账

它因企业赊销产品所形成。资产负债表标明的应收款数目,表示截止编制资产负债表的日期尚未付款的赊销货物总额。以往的经验证实，国有企业很难指望从顾客、用户手中不折不扣地收回全部应收款，几乎每个企业都有一定比例的应收账变为倒账。如果把应收款的账面数字直接计入资产，往往会夸大企业的净值总额。

为了准确核定应收款，要求企业提供前五年赊销物品总额与实际倒账的数字，算出五年间应收账的平均倒账比例。同时，要求企业在提交资产负债表时附上一份应收账过期报表，按应收账过期未付的时间长度编列成细目单。

如果应收账过期未付的时间超过 6 个月，应考虑去掉它们的全部价值。如果应收账过期未付的时间在 3~6 个月内，给它减去一定百分比，比如说减掉 20%~40%。如果应收账过期未付的时间在 2~3 个月内，也要降低一定百分比，比如说减掉 10%~20%。至于过期未付时间不到 1 个月的应收账，可以全额保留。进而确定本年度应收账预期无法收回部分的总额，再将其与前五年应收账平均倒账比例做一比较，若认为是合适的，把它从应收款账面数字中减掉，得出应收账有把握收回部分的价值。

(三) 存货

1. 存货的表现形式

资产负债表上存货栏目中的数字，仅仅标明企业资产用存货补偿部分的价值是多少，它不能说明企业真正的存货有多少，不能说明存货能否卖得出去，也不能说明存货是什么东西。会计做账时一般把存货分成三类：①原料（如服装厂购进的整匹布）；②半成品（正被加工成服装的布料）；③成品（已做成的服装）。

不同形式的存货，价值是不一样的。确定企业存货的真实价值，应从核对归入每个分类科目的存货实物入手，并结合当前市场状况，对各类存货重新估价。对于待转产、出售的企业来说，存货的估价不宜高于生产它的成本，应打去若干折扣，特别是销路不佳的成品存货，若在仓库或货架上搁置的时间超过 6 个月，就不应把其价值计算在内。

2. 计算存货价值的不同方法

值得注意的是，会计可用两种不同的方法计算存货的价值。

(1) 先进先出法。假定最先买进来的原材料加工成的产品最先卖出去。这种方法表现为，耗用原材料或售出商品的成本按存货中早期进货的价格计算，而期末结存原材料、商品等则按存货中近期进货的价格计算。

（2）后进先出法。假定最后买进来的原材料加工成的产品最先卖出去。此法表现为，耗用原材料或售出商品的成本按存货中近期进货的价格计算，而期末结存原材料、商品等则按存货中早期进货的价格计算。

同一存货按照不同的会计方法计算会得出不同的结果，这将直接影响存货的价值和企业的净值，还会灵敏地影响企业利润的计算。财务报表中，企业已销售货物的成本，等于开始期存货（年初手头上有的存货）加上一年间购进存货的成本，减去结束期存货（年底手头上有的存货）的成本。这意味着，结束期存货价值较大，已销售货物的成本较低；已销售货物的成本较低，利润就较多。

在通货膨胀期间，倘若采用先进先出法，由于假定年底手头上有的存货按较高价格计算，结束期存货的价值会增加，将导致企业资产净值变大，还会因相应降低已销售货物的成本而造成企业利润增多。倘若采用后进先出法，结果正好相反。由于假定年底手头上有的存货仍如年初那样廉价，企业资产净值变小了，还会因相应提高了已销售货物的成本而引起利润减少。经验表明，在价格上涨时期，先进先出法会夸大企业的净值和利润，后进先出法会少报企业的净值和利润。

为了精确核定存货，评估人员可采用与企业会计不同的另一方法算出存货价值，再将结果对照会计提供的数字，参照现行市价，确定经校准的存货价值。

（四）固定资产

固定资产是国有企业有形资产评估中最复杂、最困难的部分。资产负债表账面上分配给固定资产的价值与固定资产的实际价值，往往差距很大。会计分类账中机器、设备、家具和生产建筑物等固定资产的总价值，是它们逐年扣除折旧费后的余额。

在我国，折旧的计算方法由国家统一规定。一般是根据固定资产的原始价值及报废时估计清理费和残值，按预计使用期限平均计算的。长期以来，我国对国有企业的固定资产特别是机器设备，只计算物质磨损的折旧费，不计算精神磨损的折旧费，致使折旧率低，折旧费提取的时间长，结果许多原本已无实际价值的机器设备仍在运转，会计账目中仍列有它们的价值。

近年，为了加速企业的技术进步，国家决定提高企业固定资产的折旧率。这一来，有的企业出于减少纳税量等动机，在固定资产有效使用年限的前几年按尽可能高的折旧率扣除大量折旧费，后几年则只有小量甚至没有任何折旧费，企业出现了一些实际磨损程度不高但已无资产账面价值的机器设备。这意味着资产负债表上的账面价值显著地压低了固定资产的实际价值。

要准确量化国有企业现存固定资产的实际价值，不能简单地采用原始价值减去历年折旧费的办法，必须联系类似物品的市价和更新费用加以综合评估。机器设备要核查其运转能力，一个较可行的方法是，测出它们在正常运转时能生产出多少符合质量标准的产品，然后对照同类型新机器新设备的生产能力，确定其物质磨损和精神磨损的实际程度及现存价值。

（五）负债

这个栏目中长期债务、应付税款、应付票据等项的账面价值，跟实际数字一般不会有很大出入。由赊购生产资料形成的应付账款，也许会存在某些悬而未决或有争议的问题，需做进一步了解。为了查明负债的真实情况，应要求企业会计提供一份详细的负债书，编列出企业所有债权人的姓名和地址，并注明每笔债务的数额，评估人员可以此为基础做仔细复核。

资产和负债经全面核定后，从资产中减去负债。这个结果是企业已校准的净值，它是有形资产的真正价值。

二、确定企业运用资产获得的年利润

企业损益报告书或收入报表显示，销售收入减去已销售货物成本等于毛利。毛利扣除人工成本、业务开支、其他开支等项便是税前纯利润。这个利润是由多种生产要素共同取得的，其中包括资产不被企业运用，本身因投入及贡献而应有的报酬。因此，要确定企业运用资产所产生的获利能力，不能光凭笼统的账面利润，需在核准税前纯利润的基础上，算出属于企业运转（资产报酬除外）每年所得的利润。如果略去利润归根到底来自工人剩余劳动的有关阐述，仅从企业运用资产角度考察企业的获利能力，可分以下三步进行。

（一）校准企业实际年利润总额

在产权关系不明晰的条件下，国有企业账面上属于自己所得的利润，跟本来应属其所得的利润之间存在着很大差距。国有企业的利润大体呈三个梯级逐步降低：①通过成本列支渠道，减少企业实现的利润；②对企业已实现的利润进行再分配，减少企业的留利；③以乱摊派、乱集资、乱收费、乱罚款即"四乱"等形式拿走企业留利的一部分，减少企业可支配的利润。

国有企业收益经过多道大闸截流，高利变微利，低利成亏损，企业获利能力被大大地打了折扣。为了精确核定国有企业运用资产所产生的获利能力，需要重新计算企业实现的利润量：取出收入报表纯收入项目标明的数字，加上所得税，因"四乱"失去的留利，再分配截走的利润，以及增列成本转移的利润等。这样所得的结果就是已校准的税前纯利润，即企业实际年利润总额。

（二）确定企业有形资产的年利润（报酬）

这一步是计算企业净资产仅仅作为一种生产要素的应得收入。在市场经济条件下，资产作为一种生产要素，不管它由个人支配，还是由企业支配，都是一种收入来源。它与劳动、管理、技术、信息等生产要素一样，可按社会能接受的标准给持有者带来一定收入。

纯粹的资产收入是对投入运行的资产的报酬，而不是对使用资产的个人或企业的报酬。按照现阶段社会分配公平原则的要求，每种生产要素的投入及其贡献应与取得的收入保持对称。倘若各种生产要素之间的收入比例不合理，比如资产与劳动、管理、技术、信息的投入及贡献大致相等时，它的收入远远高于其他生产要素的收入，或者对它分文不付，均是社会分配不公的表现。

怎样确定与资产贡献相对称的资产收入呢？可通过下述方法来进行：计算五年间货币资金的平均利息率、债券的平均债息率、股票的平均股息率、实物资产的平均报酬率、房地产的平均租金率，推算出全部资产的平均报酬率。再用已校准的企业资产净值乘上这个全部资产平均报酬率，其结果便是已校准的资产净值每年应得的收入，或者说是企业有形资产的年利润（报酬）。

（三）算出企业运用资产所得的年利润

用第一步结果即已校准的企业实际年利润总额，减去第二步结果即企业有形资产的年利润（报酬），其余额便是此步的得数。这部分利润是企业开展业务活动使用资产带来的，属于企业运行的报酬，通常也叫作无形资产年利润（报酬），它反映企业使用有形资产创造利润的能力。

企业无形资产是企业不断从事生产经营活动逐步积累而成的，它与企业声望、社会影响，以及消费者对产品所持看法密切相关。企业无形资产的内容相当广泛，前文已做详细阐述。无形资产每年带给企业的收入总额，便构成无形资产年利润（报酬）。

三、确定企业获利能力的补偿价值及企业总价值

能准确衡量企业获利能力的，不是企业每年实现的利润总额，而是除去有形资产报酬外的利润部分，即无形资产利润。显然，确定企业获利能力的补偿价值，实际上就是估算企业无形资产的价值。无形资产的估算方法很多，较常见的有两种：一是按无形资产包括的内容逐项估算价值，相加得出总值。二是综合考察企业的内部条件和外部环境，确定适当的无形资产补偿系数，再把它与无形资产年利润联系起来推算出无形资产的价值。第一种方法显而易见，不须赘述。下面阐述第二种方法。

用第二种方法评估无形资产价值，关键在于确定适当的无形资产补偿系数。无形资产补偿系数越大，无形资产价值越高；无形资产补偿系数越小，无形资产价值越低。它们成正比例关系。

无形资产补偿系数体现着被评估企业需要多大的投资边际利润率。企业投资边际利润率的高低取决于企业生存和发展的客观条件。一般说来，当市场需求不稳定、竞争日趋剧烈、风险较大时，企业投资需要较高的边际利润率；当市场需求相对稳定、产品具有一定垄断性、风险较小时，企业投资所需的边际利润率则较低。无形资产年利润相同的两个企业，倘若投资需要的边际利润率不同，就会导致不同的无形资产补偿系数，它们的无形资产价值可能会相差很多。无形资产补偿系数与企业投资需要的边际利润率成反比。如果企业投资需要的边际利润率为20%，无形资产补偿系

数是5（100%除以20%）。同理，25%的投资边际利润率，可推算出无形资产补偿系数为4。（100/3）%的投资边际利润率，相应的无形资产补偿系数为3。边际利润率是50%，无形资产补偿系数就是2。

确定无形资产补偿系数需注意的是，有些服务性国有企业无形资产利润的获得，主要依赖个别企业家的独特风险、交际技巧和业务专长，而企业一旦转让或出售，这位企业家将会离开该企业。在对有此情况的企业评估时，不能使用大于1的无形资产补偿系数。因为这种企业有个重要获利要素，即一项主要无形资产是不能转让的；购买者无法知道企业由于转让离开原企业家还能否获得成功，他需比企业出卖者承担更大风险，显然企业获利能力的补偿价值也得减少。

为了提高无形资产补偿系数的精确性，可以抓住影响企业投资边际利润率和无形资产价值的主要因素，列出具体评估项目。根据被评估企业的实际情况，在1~5之间选择每个评估项目所得的无形资产补偿系数，然后加以平均，所得的平均数便是最终确定的适用系数。这方面的评估项目主要有以下几方面。

（一）风险大小

企业的生产、经营、创新等活动，既能取得利润，也能出现亏损，甚至破产。在市场机制健全的条件下，企业获取利润与承担风险之间存在着对称的相互制约关系。企业承担的风险越大，应得的利润率越高；承担的风险越小，应得的利润率越低。投资者宁愿接受较低利率购买国库券，也不愿购买不稳定公司发行的利率较高的债券，这是因为购买国库券比购买不稳定公司的债券所承担的风险小得多。由于企业承担的风险与企业投资需要的边际利润率成正比，所以它与无形资产补偿系数成反比。该评估项目可按极高风险（1）→低风险（5）的序列评出系数。

（二）竞争类型

竞争和垄断是相互排斥的对立者。根据市场价格形成机制的差别划分，竞争—垄断有四大类型：①完全竞争。价格完全随市场竞争而定，任何企业都无力操纵价格，只能接受已经形成的价格。②不完全竞争。价格主要通过市场竞争形成，但也存在少量非价格竞争。企业一般不能操纵市场价格。③寡头竞争。价格竞争弱化，非价格竞争强化。如果某个企业占了市场上某种产品的最大份额，将形成支配性领头价格。如果少数几个企业所占市场的份额差别不大，将形成替换性领头价格。④完全垄断。价格由独占市场的企业根据利润最大化原则定出，不允许价格竞争存在。

竞争越完全，价格越不稳定，风险越大，企业投资需要的边际利润率就越高；反之亦然，这个评估项目的无形资产补偿系数，建议按此标准评出：完全竞争①→不完全竞争（②或③）→寡头竞争④→完全垄断⑤。

（三）行业性质与特点

两个有形资产价值相似的企业，如果一个是衰落萎缩的行业，另一个是蓬勃发展的行业，它们可能存在天壤之别的获利前景。两个完全相同的企业，由于坐落于不同的地点，一个属于当地主导产业的组成部分，生产所需资源和技术的密集程度较大幅度地高于全国平均水平，产品在当地生产的机会成本比其交换对方低；另一个不属于当地的主导产业，既无资源、技术和市场优势，又无较多的"前向"和"后向"关联产业，它们的获利能力显然是大不一样的。企业因行业性质不同，提高盈利的主要因素也会有差别，有的更多地依赖增加资金和技术的投入，有的更多地依赖集中使用大量劳动力，有的则更多地依赖企业领导者的经营艺术。所有这些情况都会影响企业无形资产的积累和价值的计算。行业因素对选择无形资产补偿系数的影响比较复杂，这里仅提供一种参考标准：衰落产业（1）→维持性产业（2）→成熟型非主导产业（3）→成熟型主导产业（4）→新兴产业（5）。

（四）收益增长状况

收益增长状况是衡量企业获利能力的灵敏尺度。如果企业收益年年稳定上升，其增长比例又高于同期投资增长比例，表明企业的获利能力不断加强，意味着无形资产逐年积累增多。如果企业收益不很稳定，有些年份上升，有些年份下降，若是最近五年间收益上升幅度大于下降幅度，表明无形资产仍在增值；若是收益上升幅度小于下降幅度，则可能意味着无形资产不再增值或在贬值。此外，一个多年来一直盈利颇丰的企业，与最近才建成的同规模同类型企业相比，尽管有形资产基本相似，但由于无形资产大得多，很可能会继续生产出更多的利润。从收益增长角度推断无形资产补偿系数，必须仔细检查被评估企业前五年的资产负债表和收入报表，列出经校准的纯收入及每年增长率，然后对照下述参考标准选出合适的数字：收益正在下降（1）→升降基本持平（2）→上升为主（3）→年年稳定上升（4 或 5）。

（五）商誉的吸引力

商誉是反映企业获利能力的一个综合性项目，可以说，它是顾客能直接感觉到的企业无形资产。商誉吸引力越强，通常企业无形资产包含的内容就越多，其价值也相应越大。

为了查实商誉的吸引力，要求企业提供以下材料：①专利权、商标、商品名称、发明项目、工艺程序、专门技术、制作法或贸易秘密等方面的合同、协议、商业约定或许可证、资格证书。②贷款协议、定期服务协议、抵押契据、有条件销售或保留所有权协议、担保协议、设备契约和保证书、租约或获得租借权协议。③买卖方面的合同、契约、商业约定及其他非正式协议或约定。④代理销售、按指定网点售货或联营的协议，以及为独立承包商提供服务的契约等。

以上述材料为基础，结合考虑其他影响商誉的因素，不难确定商誉吸引力的强弱程度。再按商誉无吸引力（1）→很有吸引力（5）的序列，便可从商誉方面推出无形资产的补偿系数。

在确定无形资产补偿系数时，上述五个评估项目并不都是同样重要的。为使系数更精确，可视具体企业的实际情况，将这些评估项目按重要性的差别排成一条数列，分别拟定合适的权数，以加权平均法算出最终确定无形资产补偿系数。至此，再经两步就可算出企业资产总价值。

第一步：无形资产年利润×无形资产补偿系数＝无形资产价值；

第二步：已校准的有形资产净值＋无形资产价值＝企业资产总价值——这是出让企业产权的底价。

第三节 所有权与产权的区别[①]

从古到今各类经济著作，尽管主题和论证角度千差万别，但因研究基

---

① 本节以《论所有权与产权的区别》为题，发表于《经济评论》，2002 年第 3 期，其内容收入本人专著《企业产权的演进与交易》（企业管理出版社，2012）。该书 2014 年 12 月获台州市第七届文化曙光奖。该论文被龙登高、林展、彭波的《典与清代地权交易体系》（《中国社会科学》，2013 年第 5 期）等多篇论文引用。

点是人们的利益关系，都或多或少涉及财产所有权。如果我们阅读经典著作，就会发现经典作家对财产所有权作过许多精辟的论述，就会发现马克思以资本主义特有的产权模式为核心，构建起《资本论》的严密体系。虽然马克思和恩格斯没有明确提出现代含义的"产权"范畴，但他们用大量笔墨分析过财产所有制和财产所有权。他们已经提出并使用了财产的所有权、占有权、支配权和使用权等概念，还阐述过这些概念相互之间的关系。马克思针对股份公司的产权模式指出："在股份公司内部，职能已经同资本所有权相分离，因而劳动已经完全同生产资料的所有权和剩余劳动的所有权相分离。"① 概括这种所有权与经营权相分离的理论，就是目前仍有重要影响的"两权分离"理论的基础。那么，所有权与现代产权理论中的产权，到底有何联系与区别呢？本文拟对此谈点看法。

一、所有权的内涵权能

所有权（ownership）指法定主体对财产最高的排他性的独占权。它包括以下四项权利：①占有权，是指财产所有者对财产进行实际控制或支配而形成的权利。②使用权，是指使用者按照财产的性质和功能，用来满足某种生产或生活需要的权利。③收益权，是指依靠财产获得某种经济利益的权利。收益权是所有权在经济上的实现形式。④处分权，也叫处置权是指所有者改变财产经济用途或存在状态的权利。它表明所有者有权决定自己财产的命运或去向，有权让财产按照自己的意愿运作。处分权是所有者对财产拥有的最基本的权利，在所有权中占据十分重要的位置。

财产所有权包含占有权、使用权、收益权和处分权，但这并不等于所有者任何时候都同时拥有这四项权能，都必须同时行使这四项权能。在经济活动中，有时可能而且必须使其中一项、两项甚至全部四项权能，暂时与所有者分离。然而，这并不意味着所有者丧失了所有权，恰恰相反，这正是所有者充分行使手中所有权的方式。经典作家按照所有权内含的权能差别，把所有权分为以下三类。

（1）单纯所有权，是指即脱离生产过程而直接为所有者带来经济利益

---

① 马克思恩格斯全集：第25卷 [M]．北京：人民出版社，1975：494．

的所有权。如土地所有者凭借单纯的土地所有权,不去经营土地就可直接获得地租。马克思在分析借贷资本家凭借单纯的资本所有权获得利息时说:"从质的方面看,利息是资本的单纯所有权所提供的剩余价值,是资本自身所提供的剩余价值,虽然资本的所有者一直处在再生产过程之外;因此,是资本在和自己的过程相分离的情况下提供的剩余价值。"① 他还说:"利息把单纯的资本所有权表现为占有别人劳动产品的手段。"② 也就是,借贷资本家不是通过自己运用货币资本获取收益,而是依靠单纯的货币资本所有权参与剩余价值的分割。

(2) 经济所有权,是指非所有者合法行使财产使用权和支配权带来收益的所有权。例如,职能资本家对于借来的货币资本,尽管是非所有者,没有最终所有权,但可以运用这些货币资本生产剩余价值。农业资本家对于租来的土地,尽管没有最终处置它的权利,但可以通过经营土地获得收益。职能资本家和农业资本家作为非所有者,依靠合法占有和使用别人财产取得收益的权利,称作他们的经济所有权。马克思在分析用别人资本经营的职能资本家时说:"当他使用资本的时候,是经济上的资本所有者。"③

(3) 完全所有权,是指单纯所有权与经济所有权相统一而形成的所有权。它的基本特征是,所有者把财产的占有、使用、收益和处分四项权能统统集中在自己手里,没有任何一项权利从所有者身上分离出去。例如,自耕农对于自己的那块土地拥有占有权、使用权、收益权和处分权,是一种完全所有权。恩格斯在分析这种情况时说:"完全的、自由的土地所有权,不仅意味着毫无阻碍和毫无限制的占有土地的可能性,而且意味着把它出让的可能性。"④

二、产权的内涵与外延

产权是财产权(property rights)的简称。由于人们研究的侧重点和视角不同,对它的内涵和外延存在不同理解,形成了以下几种较有代表性的观点。

---

① 马克思恩格斯全集:第25卷 [M]. 北京:人民出版社,1975:423.
② 马克思恩格斯全集:第25卷 [M]. 北京:人民出版社,1975:429.
③ 马克思恩格斯全集:第26卷 [M]. 北京:人民出版社,1975:565.
④ 马克思恩格斯选集:第4卷 [M]. 北京:人民出版社,1972:163.

科斯着重阐明，产权不仅仅表现为财产归属关系，不在于说明某人拥有某物，更重要的是，它蕴含着因财产而引起的人与人之间的行为关系。产权是人们由于财产的存在和使用所引起的相互认可的行为规范，以及相应的权利、义务和责任。科斯说："产权安排确定了每个人相对于物时的行为规范，每个人都必须遵守与他人之间的相互关系，或承担不遵守这种关系的成本。"① 菲吕博腾和配杰威齐对科斯的产权定义，做出更加清楚的说明。他们认为，科斯说的产权不是人与物之间的关系，而是由物引起的人们的行为性关系。产权分配格局规定了人们与物相关的行为规范，每个人与他人交往都必须遵守此规范，或者为违犯这些规范而付出代价。这样，社会中盛行的产权制度，便可以描述为，界定每个人利用稀缺资源地位的一组经济和社会关系。②

阿尔钦把产权看作是：人们在资源稀缺条件下使用资源的权利或规则。他指出，产权是社会强制实施的选择经济品使用的权利。③ 产权体系是授予特定个人某种"权威"的办法，利用这种权威，可从不被禁止的使用方式中，选择任意一种对特定物品的使用方式。

诺思认为，产权是人口增长压力引起的一种制度安排。诺思说："产权的出现是国家统治者的欲望与交换当事人努力降低交易费用的企图彼此合作的结果。"④ 他认为，满足人类需要的动植物资源比较充裕时，对这些资源设置产权的成本，将超过带来的收益，于是自然资源被当作部落公共财产使用。当人口持续增长，部落成员为了获得公共财产资源而展开激烈竞争时，资源就会变得日益稀缺，使取得财产的成本提高，收益减少。为此，有必要建立和行使产权，规范人们获取财产资源的行为。就产权演变的历史过程来说，它首先制定的行为规则，是不准外来者享用当地资源。然后，面向内部成员，对资源的开发程度和如何合理开发，形成限制性规定。

德姆塞茨认为，要从社会整体出发考察产权关系，把个人产权跟外部

---

①② 罗纳德·科斯，阿曼·阿尔钦，道格拉斯·诺思. 财产权利与制度变迁 [C]. 刘守英，等译. 上海：上海三联书店，1991：204.

③ 罗纳德·科斯，阿曼·阿尔钦，道格拉斯·诺思. 财产权利与制度变迁 [C]. 刘守英，等译，上海：上海三联书店，1991：166.

④ 道格拉斯·诺思. 经济史中的结构与变迁 [M]. 陈郁，罗华平，等译，上海：上海三联书店，1991：17.

第一篇 代表性论文
第一章 企业产权量化与改革研究

性效应相联结，并在资源稀缺导致竞争性需求的背景下揭示产权功能。他以加拿大东部的印第安猎人在18世纪初建立的土地私有制为例，阐述自己的观点：印第安人逐渐把土地归属给不同的家庭和部落，这一创造产权概念的过程，与欧洲皮毛商人的到来有关。在皮毛贸易没有发展起来时，印第安猎人的狩猎，只是为了满足自身消费的需要，捕获野兽的数量有限，可从森林中获得他们需要的一切。由于皮毛和肉类供应充裕，不必通过划分狩猎边界确立排他性的产权关系。但随着欧洲商人的到达和海狸毛皮交易的发展，捕猎野兽的目的变成了商业行为——为了出售赚钱。日益增长的贸易需求，引起狩猎活动剧增，野兽数量不断减少。为了保证资源的长期最优化使用，印第安人确立了排他性的产权关系，限定每个猎人只能在一定范围内狩猎。在此范围内只有他能打，别人不能打，从而使其间接获得了这块土地上野兽的所有权。他还论述道，产权是一种社会工具，其重要性在于事实上能帮助一个人与其他人进行交易时的合理预期，这些预期通过社会的法律、习俗和道德得到表达。产权的所有者拥有其同事同意他以特定的方式行事的权利。要注意的很重要的一点是，产权包括一个人或其他人受益或受损的权利。通过生产更优质的产品而使竞争者受损是被允许的，但是如果诋毁他就不行了。很显然，产权是界定人们如何受益及如何受损。[①]

巴泽尔认为，个人使他们权利的价值最大化的假设，不仅直接对分析个人行为有用，而且间接地可以作为分析组织功能基础的假设。因此，对私人产权的研究能够应用于所有的组织，实际上，可以应用于所有社会。于是，他由个人拥有的产权推导出一般产权的含义。他说，一切权利分析的基本单位是个人，组织的行为最终可以分解成个人行为的整合。个人对资产的产权由消费这些资产、从这些资产中取得收入和让渡这些资产的权利构成。运用资产取得收入和让渡资产需要通过交换；交换是权利的互相转让。个人对某项产权的有效性取决于自己为保护该产权所做的努力，他人企图分享该产权的努力，以及政府给予该产权的保护程度。所以，产权不是绝对的，而是能够通过个人的行动改变的。他还说，一般来讲，在一

---

① 罗纳德·科斯，阿曼·阿尔钦，道格拉斯·诺思. 财产权利与制度变迁[C]. 刘守英，等译. 上海：上海三联书店，1991：101-104.

个已经运转的社会中,权利的产生是一个不断发展的过程。权利是在存在政府权威的情况下产生的,它比个人运用暴力具有比较优势,并趋于阻止暴力的私人利用。当政府权威已树立时,非暴力分配机制的作用就得到极大的加强。产权是不断产生并不断放弃的。①

《新帕尔格雷夫经济学大辞典》给产权下的定义是:"产权是一种通过社会强制而实现的对某种经济物品的多种用途进行选择的权利。"② 这一定义表明,产权包括多项权利内容,人们可以根据自己的需要和实际可能选择适当的权利组合。产权的实现需要借助政府的政策、法令和社会的道德规范、监督机制,需有一系列强制性的措施。

尽管经济学界对产权的定义有不同看法,但一般来说,产权是指法定主体对财产拥有的各项权利的总和。产权的基本特征表现为,财产所有者可根据一定目的,通过使用或处置财产获取一定收益。产权及其内含的各项权利,不管怎样分解、组合或转化形式,都只能在政策、法律和道德允许的范围内进行。产权体现资源的稀缺性,具有排他性特点,需要通过社会制定行为规范来强制实行。产权的功能大体是能够确定人们和经济组织在财产运行中应当遵循的行为规则,能够确定所有者对财产未来收益或受损的合理预期,能够确定不同民事主体的权利和义务,能够确定在社会财产流转过程中谁给谁以补偿。

三、所有权与产权的区别

目前,学术界对产权含义的表述,尚有不同看法。但一般来说,产权是指法定主体对财产所拥有的各项权利的总和。它的基本运行特征表现为,财产所有者可根据一定目的,通过使用或处置财产获取一定收益。产权所含的各项权利,不管如何分解、组合或转化自身的形式,都只能在法律和道德允许的范围内行使。产权体现资源的稀缺性,具有排他性特点,需要通过社会制定行为规范来强制实行。产权的功能大体是,能够确定人

---

① 约拉姆·巴泽尔.产权的经济分析[M].费方域,段毅才,译.上海:上海三联书店,1997:2-9+87.
② 约翰·伊特维尔,默里·米尔盖特,彼得·纽曼.新帕尔格雷夫经济学大辞典:第3卷[M].陈岱孙,主译.北京:经济科学出版社,1992:1101.

们在财产流转中应当遵循的社会规范，能够确定所有者对财产未来收益或受损的合理预期，能够确定不同民事主体的权利和义务，能够确定社会财产在民事流转过程中其主体谁给谁以补偿。所有权与产权的区别主要表现在以下几方面。

（1）分析方法上的差异。所有权建立在静态分析的基础上，蕴含了经济活动当事人是完全理性的，并具有高超的计算能力和预测能力。这实际上蕴含着交易费用为零，不用考虑与所有权获取、转让和保护相关的成本。产权则建立在动态分析的基础上，认为人们不可能了解经济活动过程的一切信息，必须为产权交易支付费用。例如，经营者租赁企业，从所有权角度分析，主要说明，企业出租者保持了处分权，有权收取租费；承租者取得了占有权、使用权和收益权，需缴纳租费。它认为，出租者与承租者之间签订租赁合同，是件很简单的事，租赁合同的谈判、起草、履行和监督等费用微乎其微，可用抽象法略去不计。从产权角度分析，除了界定出租者与承租者的应有权利外，还着重指出，需要考虑为完成产权租赁本身所花费的各项开支：出租者寻找潜在承租者，或承租者寻找潜在出租者的费用，收集和传递有关企业租赁信息的费用，交易双方聚集在一起的场租费、交通费、差旅费等支出，起草、讨论和确定租赁条款过程的费用，监督租赁合同签订者遵守合同条款的开支，对租赁违约行为造成损害提起赔偿诉讼的费用，防止出租者和承租者以外人员侵权的费用等。

（2）行为关系上的差异。所有权主要反映由财产所引起的人与物的关系，它一般仅分析财产所有者怎样支配自己的财产，不考虑财产使用过程中对他人产生的后果。产权则主要反映由财产所引起的人与人之间的行为关系，它不仅考察所有者如何对自己的财产行使权利，还要分析行使这项权利会给他人带来什么影响，是否有损于其他社会成员的利益，要不要为此付出代价。以某人在村边办养猪场为例，就所有权方面来看，主要说明他建立养猪场是个人行为，各项开支属私人成本，由此形成的财产均归其所有，别人不得任意侵占。只要他愿意和财力允许，可以继续投资，扩大养猪规模。至于养猪场会给村民造成什么影响，往往不列入考察范围。就产权方面来看，除了确定养猪场归谁所有外，还得分析养猪场有没有给周围村民造成损害，是否存在外部不经济现象。如果养猪场设施简陋，离村民居住区太近，凌晨上千头饥饿的肉猪嚎叫惊人甜梦，人们用餐时猪粪的臭味扑鼻而来，猪圈里滋生的苍蝇、蚊子黑压压的往屋里钻，破坏了村民的居住环境，这是由外部不经济增加的社会成本。按照产权理论分析，为了解决这个问题，可以通过产权的明确界定，促使外部效应内部化，消除或减轻外部不经济。具体做法是，以法律制度把居住环境的质量规定为一种财产权，并把它界定给周围村民。由于周围村民非但可以在此居住，而且有权在一定舒适和卫生质量的环境中生活，所以养猪场降低环境质量，就是侵犯了村民的财产权。养猪场要么向村民赔偿由此造成的损失，要么改善场内设施或迁往别处，否则就不能继续办下去。

（3）权利界定上的差异。所有权是对财产归属做出的权利规定，集中体现在财产的终极归属权上，比较容易确立排他性的权利关系。同时，它又以假定不存在交易费用为前提，因此所有权的确立，较少考虑权利界定过程的各种成本。与所有权不同，产权做出的权利规定，集中反映在财产的收益权或剩余索取权上。它不仅涉及财产所有权及其内含的各项权利，而且还包括由这一财产派生的有形物和无形物的权利。它除了确定财产本身的权利边界外，还要确定其派生物品的权利边界。所以，产权形成排他性的权利关系，比所有权困难得多，复杂得多，必须考虑界定过程的技术成本和交易成本。产权界定的技术成本或费用主要用于确定财产的物质边界和价值边界，核算有形财产净值，评估无形财产价值，制定财产评估、作价、入市的操作规程，修改财产经营的契约款项，完善财产保护的法规条例，重新裁决财产主体的权利和义务等。产权界定的交易成本大体表现为：财产界定带来的交易行为，将改变产权结构，使某些财产主体的收益比初始权利界定时相对减少，甚至绝对减少，这会引起不同财产主体之间发生利害冲突，导致经济效率损失增加社会成本，或者为避免冲突加深而付出补偿费用。

（4）权利内容上的差异。所有权以财产关系为核心设置权利，反映由人拥有物而产生的各种现象的本质属性。就所有权来说，财产所有者处理本身的权利和义务，可以仅从人与物的角度着手寻找解决办法。相邻所有者行使各自的权利，也可以仅从人与物的角度考虑相互之间是否给予方便，是否接受限制。与此不同，产权内含各项权利的设置，除了必须考虑财产关系外，还要更多地考虑人际关系。所有者按照产权概念行使权利或承担义务，既要考虑如何对待自己拥有的财产，又要考虑如何处理由此引起的与他人之间的关系。处理相邻各方共同使用自然资源、交通设施、地下管线和建筑物等，也要同时考虑怎样处理财产关系和人际关系。实际上，产权是一种以财产所有权为基础形成的社会性行为权利，外延比所有权宽得多，是以所有权为核心的若干权利的集合体。难怪英文中，所有权（ownership）常以单数形式出现，而产权（property rights）却总以复数形式出现。

第四节 产权理论对推进企业改革的启示[①]

产权理论以特有的视角充实和丰富了委托—代理关系，对建立和完善现代企业制度提出了一系列对策措施。现代企业制度表现为适应现代市场经济需要而产生的企业组织形式，以及相应的体系结构、经营功能和运作方式。它以公司制企业为基础，尤其是以股份有限公司为重点。建立现代企业制度是我国国有企业改革的方向。本节运用产权理论的有关观点，谈谈如何推进国有企业制度改革。

一、明确国有企业改革的方向

（一）"工厂制"转变为公司制

在传统体制下，国家是唯一的产权主体，全国仿佛是一个大企业集团，分布各地的具体企业仿佛都是它的分支机构，成了只有生产加工功能的单纯工厂。在此基础上，形成了组织形式和行为准则高度单纯、高度一致的企业制度，可谓之"工厂制"。

试建现代企业制度以前，尽管改革使企业的自主权逐步增大，但因无

---

① 本节由两篇论文组合而成：一是《国有企业建成现代企业制度的标志》，发表于《贵州社会科学》，1997年第6期；被胡艳《企业制度创新研究》（《社会科学动态》，1998年第3期）等多篇论文引用。二是《对年薪制激励和约束功能的思考》发表于《中国劳动》，2002年第4期，与章庆平等合作；中国人民大学复印报刊资料《工业企业管理》，2002年第7期全文转载。被王贵卿、李和平和姜玉乾《民营企业委托—代理关系中的激励和约束机制》（《商业研究》，2005年第23期）等多篇论文引用。

法摆脱政府管理企业的体制模式，难以超越"工厂制"的功能框架，企业自主权的大小只能在生产经营权的范围内伸缩，不能延伸到资本经营权的领域。在"工厂制"条件下，不管怎样改革，生产经营仍会与资本经营脱节，因为它们分属于不同的主体。企业仅是生产主体，无权投资、融资。企业基建、扩建、改建和重大技术改造所涉及的资本经营，其决策权掌握在政府手中。政府有权投资，而对投资有何结果即形成多大的生产经营能力不承担经济责任。于是，滥上项目、重复建设和投资效益低下等现象便在所难免。

建立现代企业制度，必须抛弃单一生产功能的"工厂制"，替之以公司制形式。在公司制条件下，企业既有生产经营权，又有资本经营权。同时，企业在生产和资本经营方面的决策权限，与相应的所负责任和所得利益直接联系。

国有企业建成公司制企业，不仅以往改革一直难以全面到位的生产经营自主权可以一步到位，而且关键在于企业有了资本经营自主权。这样，企业可以根据市场商情变动趋势和本身的专长、特点，自行选择筹资、借资、引资、合资、融资和积累方式，自行确定扩建、改建和技术改造项目，自行做出资产收购、转让、典卖、抵押、联合、合并、兼并等决策，灵活自如地优化资本组合，迅速扩大企业，提高规模效益。

（二）模糊的产权关系转变为明晰的产权关系

在传统经济体制下，国家所有制等同于全民所有制，其产权的基本原则是在一国范围内的所有公民，对财产都享有平等的所有权，但任何个人都不能在法律上确认那些国有资产属于自己所有。于是，造成国有企业产权主体虚置，缺乏人格化的所有权代表，没有具体的、跟切身利益相关的出资主体来有效维护、承担和行使所有权。

国有企业产权关系模糊，出资人常与债权人相混淆。难以确定资产和负债的边界，资本额和负债量带有很大随意性，并可随时相互转化。企业又不能以自己独立的资产对其债务和经营行为承担责任，代之承担无限责任风险的是各级对口管理的政府部门，这致使许多机构和行政单位都以所有者的身份插手企业权益的处置。然而，一旦企业亏损或破产时，却搞不清楚到底该由谁来承担何种具体责任，也搞不清楚到底破了哪位出资人的产。所以，在国有企业资产所有者缺位、出资人身份不确定的情况下，不管采取何种改革措施，不管给企业多大的独立性和自主权，企业仍然无法成为真正的市场主体。

产权关系明晰，财产责任清楚，是现代企业制度的基本特征之一。国有企业改造成以公司制为典型形式的现代企业，以确定出资人为前提。国家作为出资人，跟其他任何出资人一样，是企业资产确定的所有者之一，它所出的资本额也是确定的。国有企业以往积累的资产要成为公司资产，必须先通过清产核资，界定产权，清理债权债务，评估无形资产，核实资产总量，再通过建立国有资产出资人制度确定具体的出资主体，负责承担、行使和维护这部分国有资产的所有权。这样，公司制国有企业就有明确的注册资本和相应的权益，有明确的资产和负债归属，有明确的债权债务关系。

在公司制企业里，出资人有多少，他们各自拥有多大权益，需承担多大责任，谁从企业的营运中获益或受损，都是清清楚楚的。产权关系明晰，有利于消除企业权益与责任脱节、机会与风险不对称等现象，有利于提高资产经营效率。

（三）不完整的法人转变为完整的法人

市场经济的发展，要求企业组织跟自然人一样，具有财产权利能力，实现法律上的"人格化"，成为法人。

《中华人民共和国民法通则》（以下简称《民法通则》）第3章第36条表明："法人是具有民事权利能力和民事行为能力，依法独立享有民事权利和承担民事义务的组织。"由此可知，法人必须是民事权利主体，具有民事权利能力，并依法享有民事权利。从《民法通则》第5章法人民事权利有关条款的规定看，法人的民事权利主要包括以下三项：①有形资产的财产所有权；②债权，即应收款项的财产所有权；③知识产权，以及名称权、名誉权、荣誉权等无形资产的财产所有权。不难明白，法人的民事权利，主要就是指法人的各种财产所有权。

一个企业必须是产权主体，具有财产所有权能力，并享有财产所有权，才有资格成为法人。否则，它就不是一个真正的法人，至少不是一个完整的法人。

我国全民所有制企业，依照所有权和经营权分离的原则推进改革，已取得明显成效。但由于经营权是我国法律新认可的一个特定的法律范畴，其内涵和外延的界定尚欠缜密，可以有不同的理解，致使一些国有企业尽管经过多年改革已获得经营权，但却难以成为完整的法人。经营权理解上的分歧主要表现在下述两种不同看法上。

1. 经营权是区别于财产所有权的企业经营管理权

《中华人民共和国全民所有制工业企业法》（以下简称《企业法》）第2条第二段的前半部分规定："企业的财产属于全民所有，国家依照所有权和经营权分离的原则授予企业经营管理。"《民法通则》第5章第82条也规定："全民所有制企业对国家授予它经营管理的财产依法享有经营权，受法律保护。"根据这些规定，国有企业没有自己的财产所有权，只有经营权。无法以自己的财产承担民事责任，从而不具备法人的法定资格。

然而，我国有关法律却又承认这类仅有经营权的国有企业也是法人。那么，它怎样承担民事责任呢？《民法通则》在第3章第48条明示，与集体所有制企业法人和"三资"企业法人以企业所有的财产承担民事责任情况不同，"全民所有制企业法人以国家授予它经营管理的财产承担民事责任"。这种看法仍然局限于国有企业的国家独资者为产权主体的旧框框，由此形成的企业改革思路，主张建立以国家为民事主体的承包制、租赁制企业法人。

显然，这种仅有经营权而没有财产所有权的企业法人，不同于国际上公认的现代企业法人，它的权利和义务都是不完整的。

2. 经营权是区别于出资人财产所有权的二级财产所有权，即企业法人财产所有权

《民法通则》第5章第71条给财产所有权下的法律定义是："财产所有权是指所有人依法对自己的财产享有占有、使用、收益和处分的权利。"《企业法》第2条第二段的后半部分给经营权下的法律定义与此非常相似："企业对国家授予其经营管理的财产享有占有、使用和依法处分的权利。"比较上述所有权与经营权的定义，可以发现它们稍有差别：所有权包含占有、使用、收益和处分四项权利。而经营权少了一项收益权，只包含占

有、使用和处分三项权利。

但如果全面联系《企业法》涉及经营权的有关规定和该法的实际执行情况，不难发现，经营权同样含有收益权。特别是从《全民所有制工业企业转换经营机制条例》中，可以更清楚地看到这层意思。该条例以《企业法》为基础制定，它在第2章第14条企业享有留用资金支配权，第19条企业享有工资、奖金分配权，第21条企业享有拒绝摊派权，以及第3章企业自负盈亏的责任各条款中，都十分明确地肯定经营权是包含收益权的。同时，该条例在解释企业经营权时虽然照抄了《企业法》的定义，但它在"国家授予其经营管理的财产"后，加括号说明，"以下简称企业财产"。这实际上告诉大家，可以把国家授予企业经营管理的财产，看作企业自己的财产。按此推论，企业对国家授予其经营管理的财产享有的种种权利，可以看作是企业对自己的财产所享有的种种权利。这样，不仅表明经营权与所有权包含同样的四项权利，而且表明经营权是从出资人财产所有权中分离出来的企业法人财产所有权。

对此，《国有企业财产监督管理条例》第4章第27条更加明确地指出："企业享有法人财产权，依法独立支配国家授予其经营管理的财产。政府和监督机构不得直接支配企业法人财产。"这种看法突破了国有企业以国家独资者为产权主体的旧观念，把产权主体分成了两个层级：第一层级产权主体由所有出资人组成，包括国家、集体、法人、本企业职工和其他公民等全体股东，他们握有出资人财产所有权即股东所有权。第二层级产权主体由接受投资的企业法人组成，它握有企业法人财产所有权。

以此为基础形成的改革思路，主张建立企业为民事主体的各种股份制企业，使企业具有财产所有权的民事权利能力，并能依法独立享有财产所有权的民事权利，从而有资格成为真正的完整的法人。国有企业只有循此思路推进改革，才能建成现代企业制度。

为了加快国有企业建立现代企业制度的步伐，现有的相关经济法规、条例、细则，应随着环境和条件的变化，不断给予充实完善，尽早消除内中缺陷，尤其是必须精确界定经营权的法律含义，从而使所有权和经营权的两权分离，具体化为出资人财产所有权与企业法人财产所有权的两权分离原则，使国有企业能在健全的法人制度基础上建成现代企业制度。

（四）无限责任转变为有限责任

国有企业改制前，国家类似于独资企业的企业主，对企业承担的是无限责任。因为这里国家与企业主一样是民事主体，而企业则不是民事主体。还因为国有企业尚未形成独立的法人财产，国家作为唯一的出资人，也跟独资企业的企业主相似，在企业之中和企业之外的财产均是统一于其名下的财产。

这样，企业自负盈亏的口号尽管喊得震耳欲聋，但仍然无力实现。道理很简单，负盈要以有权获取资产收益为起点，负亏要以有权用资产抵补经营损失为前提，它们都必须以拥有财产所有权为基础，这只有财产所有者才能做到。既然财产所有者不是企业，那么企业难以做到自负盈亏，也是情理之中的事。由此推论，既然国家拥有企业的全部财产，它理所当然负有无限连带的风险责任：企业资金占压由国家增拨流动资金或发放启动贷款，企业亏损由国家免税减亏或给予专项补贴，企业资不抵债由国家清偿债务并拨款扶持等。国家实际上成了全国最大的承担无限责任的企业主。

国有企业一旦建成现代企业制度，拥有企业法人财产所有权，它便成为民事主体，具有民事权利能力和民事行为能力，能以自己的法人财产对债务承担责任。企业法人所有权的具体形式可以因公司性质而异：有限责任公司、股份有限公司和股份合作有限公司，它表现为出资人所有权的集合形式；企业法人持股公司可以表现为出资人所有权的直接延伸形式；全资子公司和"一人公司"即独资有限责任公司表现为出资人所有权的有限责任形式。不管企业法人所有权的具体形式如何，它们都仅是出资人所有权的一定表现形式。

企业法人所有权是在出资人所有权基础上产生的，但两者又有明显区别：企业主要通过控制权来实现自己的所有权，而出资人即股东主要通过剩余索取权来实现自己的所有权。由于股东的剩余索取权以其所出资本额为限并与之成正比，因此股东对公司承担的风险责任，也相应地只能以其所出资本额为限并与之成正比。国家作为法人企业的股东，与任何股东一样，只能以自己所出的资本额为限，对公司承担有限责任。倘若公司破产而全部资产又不足以抵偿全部债务，作为股东的国家，损失的最大限度是丧失它对公司的全部所出资本，除此之外国家即使在别处还有亿万资产，也与这家公司的债务无关。这将大大降低国家的投资风险，还可避免大量国有资产在资不抵债企业的黑洞中流失。

（五）委派授权转变为委托—代理

委派授权模式是国有企业传统体制的典型特征。在这种模式中，政府通过任命厂长、经理，授权给特定经营者负责国有资产的营运。政府与经营者的关系，属于垂直的上下级关系。双方通过上级机关、组织部门的任命和管理文件，把领导与被领导的关系及双方的行为确定下来。政府为了实现产权目标，往往凌驾于企业之上并对企业发号施令进行干预。厂长、经理是由上级主管部门选拔、任用具有行政级别的国家干部，他们自身的经验和能力没有很强的"资产专用性"，改变职业的成本不高，可以随时根据政府需要更换职业，甚至到行政机关供职。政府对经营者建立以行政提升晋级为主要内容的激励机制，建立以上级主管部门考核检查为主要方式的约束机制。经营者通常很少承担由决策失误带来的种种风险。他们的职位升迁、岗位变动及奖励或惩罚，全由上级领导决定。所以，厂长、经理只能对上级行政主管部门负责，无须对企业的经营好坏负责。

国有企业建成现代企业制度，其资产营运模式将随之由委派授权转变为委托—代理。在委托代理模式中，产权在所有权没有发生换位的条件下实行再配置，形成出资人所有权和接受投资的企业法人所有权的外部分离。出资者享有剩余索取权为核心的一组产权，成为委托方；企业经营者拥有以控制权为核心的另一组产权，成为代理方。

在委托—代理制度下，委托人（政府）对代理人（经营者）建立以高额年薪和社会荣誉为主要内容的激励机制，建立以法人治理责任和竞争风险责任为主要内容的约束机制。

作为代理人的企业经营者，不是行政主管部门任命的干部，而是从经理市场中选聘的企业家。他们不必看"上级领导眼色"行事，可以自主地以市场供求变动为依据，安排生产经营计划。他们在企业利润最大化目标牵引下行使管理权和代理权，按照市场经济运行规律管理企业。他们自身的经验和能力因具有很强的"资产专用性"，改变职业可能会导致某些经验或能力闲置而丧失价值，所以，他们通常不愿轻易大跨度地更换职业。

代理人时时需承担由经营决策引起的各种风险，他们的前途和命运与经营好坏息息相关。他们能否加薪、晋升、提高名望和谋取更好职位，主要取决于企业经营绩效和所有者对这一绩效的评价。在激烈的经理市场竞争中，代理人一旦因经营决策失误而声誉受损，或所有者对其评价下降到一定限度时，他就不得不考虑改变职业，这将付出高昂的"企业家资产专用性"成本代价。因此，代理人为了减少改变职业的风险，必会努力提高自己的经营管理技能，充分发挥自己的拼搏力量、内在潜能和勇气，从而推动企业不断发展壮大。

（六）"数量扩张"转变为利润最大化

在传统体制下，国有企业厂长、经理的行政级别往往视企业规模而定。企业生产规模扩大，厂长、经理的行政级别会提高，权力、地位和声望会增长，物质报酬会随之增加。这使得企业经营者具有一种扩张冲动的内力，并由此导致不可满足的投资饥渴。同时，企业不怕产品质量低劣卖不出去，因为国民经济中的普遍短缺现象使产品无销路的情况几乎不会出现。企业也不怕产品成本过高造成入不敷出，因为亏损总是可以通过国家免税、补贴、价格调整或其他方法得到补偿。如此一来，企业的扩张冲动和投资饥渴，在没有亏损或破产威胁的制约下造成"数量扩张"：不讲效益的高速度，不计盈亏的产品数量和产值增长。改革开放以来，这种状态逐步改观。然而，只要国有企业尚未建成现代企业制度，就难以全面摆脱"数量扩张"的行为倾向。

国有企业建成现代企业制度，成为独立的法人实体，它须以自身的财产对企业的债务承担责任。市场竞争机制和风险机制将会通过利益机制，对企业行为发生直接影响。企业的生产、经营、投资、创新等活动，既可能取得盈利，也可能出现亏损甚至破产。经营者的个人收益特别是风险收入，跟企业收益捆在一起，经营者经验丰富、能力强，企业经济效益好，其风险收入就高；反之亦然。职工个人收益和失业压力，也跟企业收益密切相关。随着经理市场的形成，在公司制企业中，倘若一个经理因行为不当而导致公司效益下降，董事会就会到经理市场物色新人选。经理市场由公司内和公司外两部分组成，要是公司内有人能提出可使公司利润获得更大增加的计划和方案，或公司外有更高素质和更强能力的候选人，就会发生"经理替代"行为。同时,公司经营绩效不佳,会造成众多股东不满意而抛售所持股份,致使股票价格下跌,就有可能被别的公司趁机收购得多数股权,达到对该公司决策过程的控制,实施兼并。公司被兼并后,原高级职员一般都会被裁减。另外,公司内部的广大职工,为防止企业破产而导致自身失业,也会迫使他们督促经理人员为增加公司利益而勤奋工作。这样,经理们在激励机制和约束机制的双重制导下,必然会选择能使公司长期稳定发展的策略,自觉抛弃"数量扩张"的行为,设法保证设备的连续有效运用,积极拓宽原料来源和市场销路,努力开发新产品和新型服务项目,降低成本,提高效益,促使公司收益较快增长,最终实现投资者期待的利润最大化目标。

二、健全提高经营者绩效的激励机制

国有企业建立现代企业制度,将产生一个职业的支薪经理阶层,由他们负责企业经营,并由包括政府在内的股东代表组成董事会来领导,这有可能使各种生产要素实现最佳结合,并最大限度地产生效益。但是,公司制企业特别是股份公司也有自己的弱点:它采取所有者与经营者相分离的非所有权换位的产权重组。在企业运行模式中,所有者的目标是企业利润最大化,而经营者的目标是个人经营才干的效用最大化,两者的目标有差别。所有者承担的风险是资本亏损,而经营者承担的风险只是职位丧失和收益减少,两者的责任不对称,同时所有者无法精确衡量经营者工作的努力程度,以及这种努力可能带来的最大利润。由于上述原因,股份公司跟私营企业、私人合伙公司等所有者和经营者合一的业主制、合伙制企业相比,它会造成企业的效率损失。

为了减少现代公司制给企业带来的效率损失,一项重要措施是对经营者建立有效的激励机制,以提高他们的努力程度和实际绩效。借鉴西方发达国家公司制企业的通行做法,结合我国当前的实际情况,国有企业在建立规范的公司制企业过程中,必须把完善激励机制作为重要任务。有效的经营者激励机制应具有以下基本特点。

(一)设计专门针对经营者的年薪制

公司制企业在完善内部岗位设置和收入分配制度时,必须针对不同人员的特点，制订相应的激励和约束方案。对于普通员工主要可以通过调节奖金的数量，促使他们勤奋工作。而对于从事经营管理工作的人员来说，仅靠奖金是不够的，应该综合考虑他们以往取得的经营管理业绩、目前承担的经营管理任务，以及他们给企业发展带来的新收益等因素。既使他们拥有充分施展才华、发挥潜能的机会，又让其能获得与自己贡献相对称的收入。这要求设计一种与一般员工不同的年薪制，它专门针对经营管理人员，主要对象是少数高层经理。其核心内容是，设法把高层经理的个人收益和本单位的业绩牢牢捆绑在一起，使他们享有部分剩余索取权，让其一揽子年薪取决于本单位的整体绩效。同时，按照不同岗位分工与职务高低层次，形成相应经营者的年薪类型和结构。从而通过年薪制的激励和约束功能，充分激发高层经理的努力动机，并波及推进其他各层级经理的行为，促成全体经理人员尽其努力为股东谋取利益。

（二）形成激发创新创业意识的显著收入等级差别

国有企业在建立公司制企业过程中，需要通过制度创新，逐步建立内部职位的有序竞争机制，每个经营管理职位的人员，均由竞争择优选用，以既定经营管理岗位职务确定年薪。升级者按照现任职务增薪，降级者按照现任职务减薪，使薪金能够体现各等级经营者承担的不同经营管理责任及风险，并能够鼓励经营者为争取更好业绩展开竞争，进而把单位建设成适合经营者成长和生存的组织，促使各层级经营者除了根据单位分配的任务扮演规定角色外，还有强烈的创新创业意识，通过创造性地开展工作，赢得合适的经营管理岗位和丰厚的年薪。在此基础上，拉大不同等级经营管理岗位的年薪档次。例如，总经理与副总经理之间、副总经理与部门经理之间、部门经理与部门副经理之间，每一等级的年薪总额，可以相差一倍乃至数倍。另外，经营管理创新带来收益形成的奖金分配，也应按照经营管理岗位职务差别和实际贡献大小，适当拉大档次。

（三）制定适宜的经营者年薪结构标准和比例标准

目前，企业经营者的年薪内容，通常可以包括基本工资、职务津贴和福利、一般激励性报酬、长期激励性报酬，以及其他各种奖金等。如何组合各种收入，怎样确定它们在年薪中所占的比重，不同的企业有不同的做法，需要考虑的因素也存在很大差别。一般来说，应着重注意以下几点。

(1) 年薪结构与目标激励相一致。为此，公司制企业需把经营管理总目标分解为各个经营者的具体目标，按照目标完成情况，以适当的年薪形式奖励或处罚经营者。各个经营管理岗位的目标确定，要尽可能接近经营者的知识水平、实际能力和个性特点，做到高低适度。既要避免目标过高无法实现导致经营者产生畏难情绪，又要避免目标太低难以激发经营者的内在潜能。对于具有团队性质的某一层级经营者，要设法分清他们相互之间的权责利关系，努力提高经营管理团队绩效中个人贡献的可观测性和分离性，以便有针对性地设置个人年薪结构差别，从而促使这一层级所有经营者，既能通力合作完成公司下达的生产经营任务，又能获得与各自努力程度相一致的应有报酬。

(2) 年薪层级档次与经营管理职务变动状况相联系。经营者升上一级经营管理职务，除了增加个人收入，还会带来事业成功获得的种种喜悦和荣誉。不少有发展前途的经营者，首先注重的恐怕不是现有岗位的奖金多少，而是将来经营管理职务能否及时提升。经营管理职务提升的机会多少，以及经营管理职务提升所增加的报酬数量直接影响着经营者的行为。公司制企业在设置年薪制时，必须考虑现有经营管理职务及其将来的变动趋势，以及各个经营者职务提升的可能性和提升时间。对处于快速发展时期的企业来说，由于新的岗位不断涌现，经营者的提升机会多，每次提升的时间间隔短，经营管理职务提升产生的激励和约束效果明显，可以适当减少上下级职务之间的年薪差额。相反，对处于调整或收缩时期的企业来说，由于职能归并、岗位整合，管理类型和层次减少等，经营管理职务提升难度大，则应适当拉大上下等级之间的年薪差距。

(3) 年薪各个组成部分的比例体现经营者的个性特点。尽管不同企业的年薪组合内容存在一定差别，但大体上都可以分成两块：一是基本薪酬；二是激励性薪酬。激励性部分又可分为短期报酬和长期报酬等形式。年薪不同构成部分的比例，不能千篇一律、固定不变，必须根据经营者的实际情况来确定。对于不同层级的经营者来说，激励性薪酬特别是长期报酬在年薪总额中所占的比重应与级别高低成正比。经营者职位越高，其年薪中长期报酬的比重就越大，反之亦然。就同一层级的经营者来说，工作稳定性强、年龄较大、长期被公司制企业聘用的经营者，应适当提高基本薪酬在年薪构成中的比例。工作流动性强、有较大逆向选择行为可能性、跳槽次数较多的经营者，宜在年薪中较大幅度地提高长期报酬的比例。就公司制企业经营者整体来说，跟他们的努力程度和实际表现直接相关的报酬，应占年薪总额的 50%~80%，而能起长期激励作用的报酬，又应占这部分报酬的 50%~80%，经营者的年薪总额不应封顶，以便充分发挥其个人的创造力和潜能。

（四）建立以年薪制为基础的长期激励与约束机制

长期激励与约束机制的功能，主要是激发经营者产生长期努力的动机，形成长期积极行为，自觉主动地为公司的长远发展出主意、想办法、负责任，同时能长期自觉地约束自己的行为，防止出现"偷懒"动机和"搭便车"行为。运用年薪制形成长期激励与约束机制的方法，大体是：根据企业过去 3~5 年或更长时间的平均效益，给予经营者一定的项目收益分成、延期奖金、赠股和股票期权等激励性报酬。在公司各类经理人员中，职位越高，这部分报酬的比例也越大，总经理的长期激励性报酬可占其总收入的 30%~60%。在公司制企业中，把经营者所得的奖金改作股票支付，是建立、完善长期激励机制的有益探索，具体做法主要有以下几方面。

（1）把经营者的部分薪酬，如一年中所得的部分或全部奖金，按市场价格折合成公司股票发给。经营者持股后与其他股东一样成为企业的所有者，促其以所有者心态高度重视公司的长期生存和稳定增长。

（2）把经营者的奖金转化为优惠购股权。其操作办法是：确定本公司股票的市价与优惠价的差额，再确定经营者可购的优惠价股票数量，使优惠差价与可购股数的乘积，跟应得的奖金额大体相等。这跟直接把奖金转化为股票比较，同样数量的奖金，可使经营者持有更多数量的股票，可以增强长期激励机制的作用力。

（3）把经营者的奖金预留做资本金。按预留年限算出奖金延期支付的利息，合计奖金及其延期利息折合成现价股票，待预留年限到期时，再给经营者发还股票。经营者为了保证这些数年后才到手的股票能增值，或至少不会贬值，定会重视加强公司持久发展的后劲和实力。

（4）把经营者的奖金转化为股票期权。根据经营者取得的业绩和应得的奖金，授予他们在今后若干年（通常为10年）内，按照给予股票期权时的市场价格，购买一定数量本公司股票的权利，一般还规定须在获得股票期权3~5年后才能行使这项权利。倘若公司日后经营得法，股票价格不断上涨，经营者就能通过行使股票期权从既定股价与将来股价的差额，跟既定可购股数的乘积中获取可观的收益。这样，经营者为使股票期权的利益得以实现，必然会努力提高企业的长期业绩。

（5）根据经营者贡献大小分别配送一定数额的原始股。同时，规定这类股份的持有者，5年内不享受该股的分红，其红利只能用作积累扩股。5年后经公司考核，董事会讨论同意，可以享有分红权利，但还不拥有所有权。满10年后，才拥有所有权和分红权。这样，经营者为使期权的利益得以实现，自然而然会产生长期努力的动机。

（五）加强对经营者的精神激励

对经营者采取高额年薪激励的同时，给予一定的社会荣誉称号。通过提高高层经理的社区影响力、名誉声望和社会地位，进一步加强他们的事业心和责任感，使他们的人生观、幸福观和荣辱感与企业的经营成败紧紧地联结在一起，以便从精神上激发他们的拼搏力量、内在潜能和勇气。

三、完善降低代理成本的约束机制

国有企业按规范的公司制要求推进改革，不仅要建立有效的激励机制，而且要建立有力的约束机制。没有约束机制，作为代理人的经营者，就会利用身在公司了解要素信息的优势，减少自己技能或努力等企业家专有财产要素的投入，出现职务怠惰行为；或者为增大个人效用、追求豪华的办公设施和优雅的工作环境而滥用交际费用，甚至不负责任地随意决策，做出降低公司效率的行为。因此，为了降低代理成本、增加代理收益，应使约束机制与激励机制相衔接，以压力和动力矢量相加的方式促使经营者行为规范，富有效率。

依据现代公司制的规范要求，针对我国国有企业改革的已有成效和现状，应从企业内部和企业外部两方面健全约束机制。

（一）健全企业内部约束机制的主要措施

健全企业内部的约束机制，应着重做好以下四项工作。

（1）完善政府与经营者之间委托—代理契约的规定。契约内容除有完备的考核指标外，要详细载明处罚条款，对未完成指标或有违纪行为的经营人员，严格按条款规定给予处罚。

（2）对于有较大"逆向选择"可能性的代理人，应要求其缴纳风险抵押金，防止代理人通过隐瞒或者谎报来攫取自己的更大收益，降低委托风险。

（3）国家独资或国家股权比例大的企业，要防止"内部人"控制企业。所谓"内部人"控制企业是指一个企业的内部人员主要是高层经理人员，拥有对企业利润、投资等方面的实际控制权。当"内部人"并不拥有企业全部产权时，他们的利益与出资委托人的利益就会发生冲突。如果委托人不能对"内部人"的行为实施有效控制，他们就会利用手中掌握的控制权，来为自己和企业群体谋取利益，降低企业应有的经营效率，造成大量国家利益和国有资产流失。为了防止产生"内部人"控制现象，应改变公司董事会和监事会成员全由企业内部人员出任的状况。国有资产管理部门代表国有股东，要按一定比例从企业外部选派公司的董事和监事人员。外部选派的董事和监事人员，可以是经济、管理、金融、财务、会计、审计和法律等方面的专家，也可以是社会知名人士等。外部选派的董事人员应从政府领取报酬，而不在企业领取薪金，使其以利益独立为基础敢于对国家负责。

（4）严格按照公司法的要求规范公司内股东大会、董事会和监事会的权责利关系。据有关资料获悉，一些国有企业改制为股份公司后，虽然建立了股东大会、董事会和监事会，但形同虚设：董事长、总经理及董事会和监事会成员，几乎都由原厂领导成员换个职务名称而来，或由上级主管部门将要退休的老领导挂职担任。监事会的成员往往由原厂工会系统的人员组成，握不住应有的监管权利，且在行政和经济方面受制于董事会，非但发挥不了起码的监管作用，反而主体错位，受到董事长、总经理的监管。股东大会更是无法行使产权所有者的职能，它的权责利成了徒有其名的摆设。为了健全企业的约束机制，必须尽快改变上述情况，努力做到：公司的重大经营决策、人事任免，按规定程序由股东大会审批，股东大会要按法定程序召开，按"一股一票"的原则和《公司法》的规定进行表决。董事、监事（包括公司外选派者）须经股东大会选举产生，以确保董事会真正为股东大会负责，做到正确决策并精心选聘经理人员。确保监事会精心挑选审计、会计人员，认真负责对公司业务执行机构的检查和监督，促使经营管理人员自觉避免违纪行为。

（二）健全企业外部约束机制的主要对策

健全企业外部的约束机制，应着重做好以下五项工作。

（1）规范国内证券市场交易行为。确保股票价格跟公司盈利挂钩，减弱"投机题材"对股市的影响，使各公司的股票价格能随其回报率高低而升降，使股东"用脚投票"与"用手投票"密切相关且趋向一致，从而增强股市对经理人员业绩的监督、约束功能。鼓励具备条件的国有企业进入国际股市，增强国际股市竞争机制对国有企业经理人员的制约作用，促使其行为符合国际上通行的公司制规范要求。

（2）鼓励和推进企业兼并。改革实践告诉我们，必须建立优胜劣汰的企业竞争机制，让扭亏无望的国有企业破产，让优势企业实施兼并盘活死的资产。为了提高兼并对健全企业约束机制的作用，今后应明确规定企业被兼并后，其领导人由兼并企业直接处理，政府不再易地安排，促成兼并行为对现任经理构成强大压力。

（3）鼓励银行、信用社、投资公司和保险公司等金融机构持有企业股份，从事股权经营，以制约企业行为，特别是要注意发挥金融部门会计、审计专家多并了解企业资金状况的优势，加强他们对企业经营的监督。

（4）发挥会计师、审计师和律师事务所、公证和仲裁机构、计量和质量检验认证机构、信息咨询机构、资产和资信评估机构等各类中介组织对企业的监督作用。健全行业协会、商会和消费者协会等组织的制导功能，建立有权威的市场执法和监督机构，提高社会舆论的监督效果，使各种社会监督力量组合成约束企业的有效机制。

（5）加快职业经理市场化进程。建立职业经理岗位资格证书制度，职业经理必须取得相应的资格证书才能上岗。建立职业经理人才测评制度，运用国际通用的科学方法，对多层次职业经理的智商、智力、世界观、爱好、心理素质、承受力、知识面、事业心、荣誉感、道德责任等评价指标进行综合量化分析，并对职业经理过去的业绩、曾任职的成败、所握权力大小评定等级。建立职业经理选拔聘任制度：按市场规则、企业的目标需求和职业经理的实际才干，建立一套完整的聘任程序和解聘程序。建立职业经理市场准入禁入制度：凡希望成为职业经理者，需经考试并取得合格证书才能进入该市场；凡有造成企业破产或重大损失等经营劣迹者，将依其所负责任，确定为若干年或永远不得成为职业经理的"市场禁止进入者"。建立招聘经理的信息公布制度，高价聘用经理后公开登报，并议定如果经营不善下台时仍要公开登报，以对被聘着形成压力。还要建立职业经理法律保护制度、职业经理自律制度及职业经理年薪制度等。通过完善的职业经理市场和随时可能出现的"经理替代"现象，强化企业外部的约束机制。

第二章 计划机制与市场机制研究

计划机制表现为生产者、消费者与计划信号之间建立起来的有机制约关系,以及相应的调节功能、组织结构和作用方式。市场机制主要表现为生产者(供给方面)、消费者(需求方面)与市场信号之间形成的有机联系和运动。要使计划与市场从根本上消除对立关系,真正有机地结合在一起,必须采取"水乳交融"的结合方式,使计划与市场在实现要素融合的基础上,全面实现机制融合,形成浑然一体的融合制约机制,并由这种融合制约机制产生综合调节作用。市场经济是在市场机制推动下运行的。市场机制有不同系列,其中压力机制和信号机制是基本组成部分。为了确保社会主义市场经济持续健康发展,必须进一步完善竞争机制、风险机制和供求机制等市场压力机制。同时,使价格、利率、工资、汇率等市场信号能够在自变的基础上形成联动关系,并可互为因果,及时反馈,从而使价格机制、信贷利率机制、工资机制和汇率机制等市场信号机制能够在各自发挥功能的同时又共同发挥功能。

第一节 计划机制与市场机制的水乳交融式结合[①]

在社会主义经济中,计划能否与市场结合,如何与市场结合,这是自20世纪二三十年代以来一直为人们所关注的命题,特别是近年已成为我国经济体制改革讨论中的一个焦点。这个问题涉及对社会主义经济运行方式及基本特征的理解,关系到我国经济体制改革的方向和经济体制目标模式的选择,必须从理论上探讨清楚。张振斌同志在《计划与市场:结合方式

---

① 本节以《计划机制与市场机制:水乳交融式结合——兼与张振斌同志商榷》为题,发表于《中国经济问题》,1990年第5期;《高等学校文科学报文摘》,1991年第1期摘载;胡培兆的《中国社会主义商品经济思想研究》专著引用主要观点;吴敬琏主编《社会主义市场经济全书》编入重要论文目录。获金华市政府哲学社会科学1989—1990年度优秀成果二等奖。

的现实选择》（见《中国经济问题》，1989年第6期，以下简称《选择》）一文中，提出了计划与市场"二元式渗透结合"模式，对计划与市场在现实基础上选择结合方式做出了有益的探索；但这一模式仍有许多理论问题值得商榷，特别是它并没有解决计划与市场的实际对立问题。我认为，要使计划与市场从根本上消除对立关系，真正有机地结合在一起，必须采取"水乳交融"的结合方式，使计划机制与市场机制全面融合起来，形成浑然一体的融合制约机制，并由这种融合制约机制产生综合调节作用。

一、计划与市场结合模式若干观点的共同缺陷

怎样创立计划机制与市场机制有机结合起来的社会主义经济运行机制，是经济体制改革的核心内容之一，也是正在进行改革的社会主义各国所面临的共同课题。最早研究这一课题的是苏联、东欧经济学家。波兰兰格的《社会主义经济理论》、布鲁斯的《社会主义经济的运行问题》，南斯拉夫卡德尔的《南斯拉夫计划制度》、霍尔瓦特的《计划与市场》，匈牙利涅尔什·雷热的《我们的主要任务是提高经济效能》、科尔内的《理想与现实——匈牙利的改革过程》《匈牙利的改革——通往市场经济的途中》，捷克斯洛伐克奥塔·锡克的《社会主义的计划和市场》《论社会主义经济模式》、考斯塔的《社会主义的计划经济理论与实践》，民主德国米塔格的《社会主义政治经济学及其在德意志民主共和国的应用》，苏联利别尔曼的《提高社会生产效果的经济方法》、阿甘别甘扬的《根本改革的纲领》、阿巴尔金的《经济理论和改革实践》等，都是在深入研究计划与市场关系基础上形成的重要成果，它们包含着大量真知灼见，为我们解决计划与市场结合问题提供了丰富的思想材料。然而，苏联、东欧经济学家的理论不仅体现着他们本国实践的特点，而且还存在着一些始终未能找到令人信服的解决办法的问题。在苏联、东欧经济改革中，因不成熟理论导致不成功实践的教训，我们应引以为鉴，尽力避免。

在我国，十一届三中全会以来，研究计划与市场结合方式的文章在经济理论研究中占有很大比重，其主要观点综述起来，大体可归纳为以下几种：①"主从结合说"：计划处于统领、驾驭市场的主导地位，市场机制在计划手段的牵引、调整下发挥辅助作用。②"板块结合说"：把国民经

第一篇　代表性论文
第二章　计划机制与市场机制研究

济划分为两块,其中为全社会所必需的、关系到国计民生的生产和建设这一块实行计划调节,除此之外由市场调节。③"渗透结合说"或"胶体结合说":计划调节与市场调节通过相互渗透,使两者在交叉面上胶合为一体,属于交叉面上的产品既受计划调节,又受市场调节。④"消长结合说":计划调节与市场调节的关系是此长彼消的关系。社会主义经济发展的总趋势,是由商品经济过渡到产品经济,在这个发展过程中,计划调节将由少到多,由弱到强,而市场调节则由多到少,由强到弱。⑤"梯度式结合说":在社会各种产品的总量→大类→品种这一梯级序列中,计划调节的作用呈递减趋势,市场调节的作用则呈递增趋势。⑥"钟摆式结合说":从社会主义经济的实际运行过程看,计划调节过强之后必然变弱,市场调节过弱之后必然变强,两者强弱先后交替好似钟摆来回晃荡。⑦"宝塔型结合说":在国民经济调控体系中,国家、市场、企业分为上中下三个部位,呈宝塔状,处于顶部的国家运用计划;处于中部的市场输入经济参数等方式直接调节、控制市场;再通过市场间接调节、控制处于底部的企业等。

上述这些观点有不同的分析角度和侧重点,如果仅就某一方面来说,它们或许都是可以成立的,但总的来看,它们有一个共同缺陷:就是形式上解决了计划调节与市场调节的结合问题,而实际上仍把计划与市场看成是对立关系,仍然没把计划机制与市场机制看成一个实体,而是两个实体。这一缺陷的直接结果就是造成我国改革开放以来经济理论上一直存在着两种基本思路的分歧:一部分同志强调发展计划经济,他们的注意力集中在计划上,主张尽可能多地利用计划机制,以保证合理配置短缺资源;另一部分同志强调发展商品经济,他们的注意力则集中在市场上,主张尽可能多地利用市场机制,以保证我国经济发展有足够活力。理论上的分歧必然会影响到决策方案的选择,而决策是否正确,对经济体制改革和发展国民经济起着举足轻重的作用。当决策者偏爱前一种理论主张时,往往忽视市场机制的作用,这在传统体制的调控机制尚未根本改变的情况下,容易回到老路上去,造成一统就死的后果;而偏爱后一种理论主张时,则又往往忽视计划机制的作用,这在新旧体制转换期间和市场机制不健全的条件下,易造成宏观失控和经济秩序混乱。理论上的不一致终于导致了实践上左右摇摆：改革十年中先后出现了1980年、1984年和1988年三次宏观经济明显失控的现象，并由此引起三次大的经济调整，且一次比一次严重。

张振斌同志在《选择》一文中提出的计划与市场"二元式渗透结合"模式，比起"板块结合"和一般"渗透结合"等模式来，理论上向前推进了一步，内在结构相对较合理；比起"宝塔型结合"模式来，似更贴近目前我国经济现实，可行性相对较大。但是，"二元式渗透结合"模式也没有从根本上消除上述各种结合模式的共同缺陷，而且它本身还包含着不少新的难以克服的理论矛盾。

《选择》在阐释二元式渗透结合模式时说，整个经济生活中始终存在着两个相互依存和制约的部分：宏观部分以计划调节为主，同时受到市场机制的制约；微观部分以市场调节为主，同时受到计划调节的制约。这里，计划机制与市场机制，不是密不可分地融合为一个统一的机制实行调节，而是两者都有自己的调节范围。计划调节与市场调节在宏观经济中不是作为一个整体出现，而是表现为一主一从的关系；在微观经济中也不是作为一个整体出现，也有一主一从的区别，两者的对立是显而易见的。《选择》把社会主义宏观经济看成是计划调节为主的经济，把微观经济看成是市场调节为主的经济，从而把宏观经济与微观经济的关系看成是"二元"关系，这是不科学的。经济分析中，宏观是就整个经济现象而言的，微观是就个别经济现象而言的，微观经济活动的总和构成宏观经济活动，宏观经济与微观经济逻辑上是属种关系，两者只能是性质相同的一元经济形式，不可能是性质不同的二元经济形式。

《选择》把计划与市场融合机制的综合调节作用，简单、机械地区分为宏观经济以计划调节为主，微观经济以市场调节为主，倘若泛泛而论，不涉及具体经济活动，这或许还是讲得通的。但如果涉及具体经济现象，就不是这么回事了。计划与市场融合机制发挥出来的调节强制力，是由计划机制与市场机制的矢量合力组成的，它必须随着时间、地点、部门和产品的差异经常变动，才能对社会主义经济实行有效调节，因此它要求内在的计划机制与市场机制的力量对比经常改变。这使得计划机制与市场机制在融合机制的矢量合力中，尽管有强弱、主次的差别，但两者没有固定的强弱、主次位置。就宏观经济角度说，在计划与市场融合机制中，计划机制可以处于主要地位，发挥较强的调节作用；市场机制也可以处于主要地位，发挥较强的调节作用，如国家为了实现总供给与总需求平衡而采取赤字财政政策，又希望避免由此引起通货膨胀，需要向银行透支时，就必须主要依靠资金市场机制的作用力，主要通过它的调节作用筹集闲散资金，再以透支形式弥补财政赤字。就微观经济角度说，在计划与市场融合机制中，计划机制作用力与市场机制作用力的主次位置也是经常变动的，并不都是以市场调节的力量为主，如浙江普陀山每逢三伏盛夏水源严重短缺，又值避暑高峰时，为了保证全岛各个旅馆的生活用水，就只能主要依靠计划机制的作用力来调节：自来水厂按计划实行定时定量供水。

《选择》根据二元式渗透结合的设想，进一步推论计划与市场的结合部在于各项经济政策，这个看法也是值得商榷的。在社会主义经济中，计划调节主要反映社会主义基本经济规律的要求，市场调节主要反映价值规律的要求。显然，计划与市场的结合部，必须能够同时反映这两个规律的要求。它不是别的，只能是人们对这两个规律同时自觉地加以运用。计划与市场的结合部是通过必要的形式来体现的。可以说，凡是人们能够同时自觉运用社会主义基本经济规律和价值规律的手段，都能成为体现这一结合部的形式，它主要包括国家指令性计划、指导性计划、经济杠杆、经济政策和经济法规等。因此，经济政策只是体现计划与市场结合部的众多形式之一，而不是唯一形式，更不是这一结合部本身。

此外，用"渗透"一词表述计划调节与市场调节的结合方式亦嫌欠妥。"渗透"结合，只是说明计划与市场两种调节方式可以相互交叉，两者在交叉范围内有兼容关系，而这种兼容关系也只是你可渗透到我之中，我也可渗透到你之中，但你我之间的界限仍然泾渭分明，并没有将你我有机地融合为一体。在"渗透"结合的状态下，计划机制与市场机制能以兼容关系调节的，也仅限于两者交叉范围内的经济关系。两者交叉范围以外的经济关系，计划调节与市场调节是无法相互渗透的，显然它们只能保持纯粹状态下的功能和作用方式，彼此分开各自独立地进行调节。可见，计划调节与市场调节用"渗透"的方式结合，是无法解决两者实质上的对立的。

二、计划机制与市场机制水乳交融结合模式的基本框架

要消除上述计划与市场结合模式若干观点的共同缺陷，要使计划调节与市场调节不仅形式上，而且实际上都能有机地统一、结合在一起，要使计划机制与市场机制真正作为一个实体而不是作为两个实体发挥调节作用，必须采取水乳交融的结合方式，并使它们一旦融合起来，便是水在乳中，乳在水中，再分不出也不必区分哪是水、哪是乳。当然，"水"与"乳"的"比例"，可以根据不同时间、不同地区、不同部门和不同产品而有所区别。

计划与市场水乳交融结合模式，不是凭空构筑的，它基于我国现实的经济发展状况，是由社会主义商品经济的性质决定的。

（1）社会主义商品经济的运行过程，产生了计划调节与市场调节要求水乳交融结合的内在引力：从社会主义经济角度看，在我国资源普遍短缺的总背景下，它面临必须解决的首要问题是，把有限的供给按一定程序合理分配给不同的需求者，并根据国家、民族和社会的整体利益，优先安排急需发展的领域和项目。而这一问题又是存在于千变万化、参数无穷的现代商品经济活动中的。因此，为了做到尽可能及时、准确、有效地调整资源配置，就必须把计划调节建立在市场机制的基础上，通过市场调节表明的供求状况，以及与此相关的社会实际生产能力和当前消费水平，制订、实施和调整经济计划。再从商品经济角度看，它是在"不平衡——平衡——不平衡——平衡"的形式中运动的，市场机制也正是在这种运动过程中调节生产和消费、供给和需求的，它只有与计划机制有机地融为一体，才能在一定时间内减少供求不平衡出现的频率，相应增加供求平衡出现的频率，才能缩短供求不平衡经历的时间，相应延长供求平衡经历的时间；才能降低供求不平衡的强度，相应提高供求平衡的强度，才能更有效地发挥自身的调节作用，促进商品经济稳定、协调地发展。

（2）社会主义商品经济内在众多规律同时发生作用，必然会形成计划机制与市场机制水乳交融的矢量合力。一个客观现象的产生、一个客观结果的形成，不是由单个规律的作用决定的，而是由众多规律融合起来的作用决定的。例如，一根木头顺流漂浮而下，它要受到万有引力规律的作

用，要受到水对物体浮力规律的作用，要受到水的运动规律作用，还要受到风浪阻力规律的作用等。这些规律所产生的强制力，不是像同一平面上的几条平行直线，各自分开单独作用在木头上，而是以一个互相依存、互相制约、互相融合、紧密交织的运动整体共同作用于木头上。对于社会经济现象来说，也不例外。在社会主义商品经济中，社会主义基本经济规律、价值规律及其他经济规律也是作为一个运动整体发生作用的。以反映社会主义基本经济规律为主的计划机制，与反映价值规律为主的市场机制，尽管两者作用力的方向有时并不完全一致，但它们在对社会主义经济起调节作用时，从来不是独自进行的，而是以水乳交融、矢量相加的合力形式出现的。

  计划与市场水乳交融式结合的具体形式，表现为计划机制与市场机制的整体融合。计划机制指企业、市场与计划之间建立起来的有机联系和制约关系，以及相应的组织结构和功能。它是国家为了实现计划目标，通过经济计划、经济政策、经济杠杆、经济法规和物资吞吐等手段，对国民经济运动进行调节和控制而形成的。它包括财政平衡机制、物资平衡机制、信贷平衡机制、劳动力平衡机制和外汇平衡机制等内在机制。市场机制指供给方面与需求方面同市场信号的有机联系和运动，也就是市场机体内的供求、竞争、价格、信贷利率、汇率、工资等各种市场要素所形成的有机制约体系。它由价格机制、信贷利率机制、工资机制、竞争机制等内在机制组成。实行计划与市场水乳交融式结合，就是使计划机体的诸构成要素、诸内在机制，与市场机体的诸构成要素、诸内在机制全面融合起来，形成一个不分你我浑然一体的融合制约体系，并由这种融合制约体系在社会主义商品经济中产生综合调节作用。

  在水乳交融结合模式中，计划机体各种内在机制不是独立存在的，而是相互依存、相互制约的。市场机体各内在机制的状况也与此完全相同。而且，计划机体的各种构成要素同时存在于市场机体中，市场机体的各种构成要素也同时存在于计划机体中。因此，计划机体的各个内在机制不再单纯是某一计划机制，市场机体的各个内在机制也不再单纯是某一市场机制，它们彼此都与对方的构成要素一起形成新的制约关系。例如，物资平衡机制，不再单独是物资供给与需求同计划之间的有机联系，一方面，它要受到其他计划机制的制约;另一方面,它已融入竞争、价格、信贷利率、工资等市场要素,能反映商品供求同价格之间的有机运动,能反映信贷资金供求同利息率之间的相互制约关系,还能反映工资变动与劳动力供求变动之间的有机联系。又如价格机制,也不再单纯表现为商品供给与需求同价格之间的有机联系和运动,一方面,它要受到其他市场机制的影响和制约;另一方面,它已融入经济计划、体现计划意图的经济政策、经济杠杆和经济法规等计划要素,将受到财政平衡机制、物资平衡机制、信贷平衡机制和劳动力平衡机制的制约。

计划机制与市场机制水乳交融形成的融合机制,包含着来自计划方面的和来自市场方面的无数互相交错的力量。它对生产和需求发生调节作用时,各个内在机制的力量仅仅表现为整体合力的一部分。某个内在机制作用方向和强弱程度的改变,如果在基本上不变动别的机制对其制约关系的条件下,可以通过它本身构成要素的自然变动或计划与市场互融要素的调整来进行,如果在基本上不改变它本身作用力的条件下,则可以通过调整其他机制的制约力量来达到。例如,价格机制要从促进某种产品生产转向抑制这种产品生产时,在计划机制和别的市场机制对它的制约关系大体维持原状的情况下,可以通过其构成要素的自然变动,即供求对比随价格信号的改变而变化来进行,也可以通过个别或全面调整融入价格机制的供给方面、需求方面、价格信号三者中的计划要素来进行。假若此时不宜轻易改变价格信号,必须维持原有的价格水平,而当这一价格对生产者仍有较大吸引力,同时光靠调整融入此种产品供给和需求中的计划要素尚嫌不足改变价格机制的调节方向,那么可以通过调整其他机制的制约力量,扭转价格机制的作用力。如通过调整财政平衡机制,对这种产品取消财政补贴(如果原来有的话),征收消费税,变低税率为高税率;通过调整信贷平衡机制,对其收紧贷款额度,取消贴息优惠,提高贷款利率;通过调整物资平衡机制,严格控制生产这种产品的能源和统配物资供应等,使这一产品在原有价格水平上同时对生产者和消费者产生不利的经济结果,从而使价格机制改变调节方向,起到抑制其生产的作用。

与其他模式相比,水乳交融结合模式产生的综合调节功能,更适合于我国目前经济生活的实际情况,更有利于稳步推进经济体制改革,它易于解决国家运用市场机制实现计划目标时所遇到的某些关键性难题。市场机制不管具体形式如何，都表现为以特定市场信号把供给和需求联结在一起。供方与需方对同一市场信号往往采取截然相反的经济行动，因为对供方有利的信号往往对需方不利，反之亦然。但对于某一产品来说，只有当它对供需双方均有利时才能有效地增加生产，只有当它对供需双方均不利时才能有效地减少生产。如何使供需双方依据同一市场信号采取相同经济行动呢？这是其他结合模式难以解决的问题。例如，《选择》在阐释"二元式渗透结合模式"时认为，社会主义经济存在着限制性市场和非限制性市场，政府可以通过调整两者的比例，使市场运行体现宏观经济要求，并通过调整限制性市场的商品价格，进而影响非限制性市场价格的运动，从而使得市场价格的总水平处于计划调节之下。《选择》把社会主义市场区分为限制性市场和非限制性市场，实际上是计划与市场"板块式"结合理论的投影。这还不是主要的，关键在于国家仅仅通过控制、调整价格信号是无法调节限制性市场的商品供求的，当然也无法影响非限制性市场的价格及其供求变动。譬如，国家想在限制性市场通过调整价格信号促进某种产品生产，那么从供给方面看应该是提高价格，但从需求方面看则应该是降低价格，这对国家来说是一个解决不了的矛盾。国家倘若要同时既在供给方面提价，又在需求方面压价，那么国家就必须包揽商品的收购和销售，这等于在限制性市场部分保留或者恢复过时、僵化的高度集中体制。这一难题对于计划与市场水乳交融结合模式来说是容易解决的。在水乳交融结合模式中，如果国家为了实现计划目标，想通过调整价格信号促进某种产品生产的话，只要对供需双方提供相同的价格信号就行了。因为，假若调整后的价格对供方有利而对需方不利，将会产生商品供给增多而需求减少时，国家可以通过调整计划与市场融合机制的内在力量，运用除价格机制以外的其他机制的作用力，定向产生比较有利于需求者的经济结果，使得这种商品在既定价格条件下对供需双方都有利，从而保证它在供给量增多的同时需求量也随之增多。因此，水乳交融结合模式可以用同一价格信号促使某种产品向着预定计划目标稳定而迅速地发展。

三、计划与市场水乳交融结合而成的机制类型及其运用

我国区域经济的发展水平很不平衡，产业之间的技术状况相差甚远，

资源之间的短缺程度高低不一。计划机制与市场机制实行水乳交融式结合时，它们的"比例"即两者的强弱程度和主次位置，必须因时因地因物而异，不能简单划一、固定不变。只有根据具体经济现象，确定计划机制作用力与市场机制作用力水乳交融结合的适当比例，并根据各种经济条件的变化及时做出适当调整，才能使它们恰如其分地在社会主义商品经济中、在社会再生产的各个方面有机地融为一体。计划机制与市场机制，无论是调节产品，还是调节资金或劳动力，都可以有多种多样的融合"比例"，从而呈现各种类型的具体融合机制。它们主要有以下几种类型。

（一）强计划—弱市场机制（简称强计划机制）

其基本特征是市场机制的三个基本要素，即供给方面、需求方面和市场信号（商品市场之价格、资金市场之利率、外汇市场之汇率、劳动力市场之工资等），均与指令性计划融为一体。它是实现计划目标，体现计划意图最强的融合机制。它所涉及的经济领域大体包括以下几方面。

（1）由于自然资源稀缺或特定生产技术所限，长期供不应求的短线领域，如有色金属。

（2）由于投资条件和固定成本比例很高、当前收益低，若采用别的融合机制调节，非但难以形成市场均衡，甚至可能成为发育严重不足，以致引起宏观经济运行失调加剧和发展总水平低下的领域，如骨干基础设施、关键性高技术产品、大型骨干重点工程。

（3）能够获得垄断高额利润，是国家财政收入的稳定来源，不允许自由竞争的领域，如烟草、机场、海港。

（4）对增强国民经济发展的整体力量和后劲有重要作用，但本身盈利很少，甚至需要长期财政补贴的领域，如基础科学的研究开发、公用事业、环境保护。

（5）为加强国家宏观调控的经济职能，为保卫国家安全，必须由国家直接经营的领域，如银行、铁路、邮政、电信、国防、航天等部门。

在水乳交融结合模式中，作为计划机体构成要素的指令性计划，已经吸纳了市场机体的构成要素，它是在精确计算和预测市场变动趋势的基础上制订出来的。它在实施过程中，除了可以随时参照现行市场商情做适当调整外，还可以通过改变其他计划要素和市场要素对它的制约关系，使它贴近市场运行参数，它的适用范围只限于必要而又可以用现代科技手段精确计算的经济活动。在强计划机制中，由于指令性计划同时融入市场机制的三个基本要素里，因此，这一融合机制的实际调节范围，不是上述它所涉及领域的全部经济活动，而是其中的一部分，它一般限于上述领域中供给量、需求量和市场信号三者能同时精确计算的经济活动。在国家能够精确计算与合理安排生产、供应和需求的经济活动中，强计划机制是最简明、最少损失的调节方法。

受强计划机制调节的产品，大都是社会总产品中严重短缺的部分，其中不少是短线基础产品，它们的供给弹性和需求弹性往往相当小，供求状况不能随价格信号改变做出灵敏反应。在短缺没有适当缓和与产业结构失衡尚未根本扭转的情况下，它们的价格不宜轻易改变。否则，将引起后续加工产品成本激增，其价格也水涨船高，最终必然导致"比价回归"。强计划机制在调节短线基础产品的过程中，必须依照准确预测的可供量，必须根据整体利益和公平、效率原则，确定需求轻重缓急的先后次序，参照市场物流的运行路线，实行定向、定点、定量供货，把实际需求量限制在有效供给量之内，并在此基础上，让价格稳定在这样一个水平上，它能产生供方所得利益略大于需方所得利益的经济结果，以便促进生产，逐步缩小供需缺口。当然，稳定价格只是否定随意涨价，并不等于冻结价格。倘若发现价格已不能产生供方比需方更有利的经济结果，或者已造成供方所得利益远远大于需方所得利益时，就应及时校正指令性价格。

(二) 中强计划—中弱市场机制（简称中强计划机制）

其基本特征表现为在供给方面、需求方面和市场信号三个市场机制基本要素中，有一个或两个基本要素与指令性计划融合在一起。它在体现计划意图上，仅次于强计划机制。它的适用范围比强计划机制宽，在强计划机制所涉及的领域中，凡不宜采用强计划机制调节，而供给量、需求量和市场信号三者有一项或两项必须融入指令性计划，且能精确计算的经济活动都可用它来调节。中强计划机制有多种具体形式，它们因融入指令性计划的市场机制基本要素不同而不同。用它们调节产品时，可视资源的短缺程度、发展的紧迫性、优先安排某些发展的必要性及产品本身的性质、特点，做出适当选择。一般说来，以下几种情况较常见。

（1）产品的生产规模大且固定成本比例高，生产者相对集中，进入它的生产领域障碍较多，投资主要由政府决定，生产所需的原材料、能源和运输条件等大多由政府主管经济的部门负责安排并切实加以保证，但消费者人数众多，比较分散，影响消费的社会因素复杂，需求弹性较大而且经常变动，例如某些满足社会特殊需要的药品、某些高档耐用消费品等，它们可以仅在供给方面，或让供给方面和价格信号同时融入指令性计划，需求方面则可融入指导性计划，或只需与经济杠杆、经济政策结合在一起。

（2）产品的需求质上比较稳定，影响需求变动的客观自然因素及组合概率不难估计，购买者相对集中，需求批量大或批量虽小但易于控制，需求满足的合理程度对国家整体利益的影响敏感，但生产者经营规模小，分散性强，固定成本低，各个生产单位所处的具体条件和生产能力千差万别，难以对一切单位的生产能力都了如指掌，例如某些作为重要轻工业原料的农产品。它们可以仅在需求方面，或让需求方面和价格信号同时融入指令性计划；供给方面则可采取合同订货形式，要求生产者按合同规定的数量、品种和质量提供产品，或融入其他体现较强计划指导性的计划要素。

（3）产品短缺严重，倘若听凭市场局部均衡产生价格不断波动，将无法确定和实施优先发展的领域和项目，会妨碍资源的合理配置，但产品供给缺乏弹性而需求富有弹性，供给变动趋势易于了解而需求变动趋势难以精确预测，它们的价格信号通常包括供给方面应融入指令性计划，需求方面应在保证满足优先发展的领域和项目的前提下融入指导性计划。

（4）产品的交易规模大且交易固定成本比例高，进入市场障碍多，但不宜用强计划机制调节的，可在价格信号，同时依据实际情况在供求双方之一方融入指令性计划。

（5）产品交易规模小而交易场所分布有限，货物流转量、平均成本和平均利润测算方便，供给和需求都缺乏弹性，但买卖双方关系稳定，供需缺口不大，假若它们有必要采用中强计划机制调节，那么只需仅将其价格信号融入指令性计划。

（三）半计划—半市场机制（简称半计划机制）

其基本特征在于供给方面、需求方面和市场信号三个市场机制基本要素均融入指导性计划，商品的供给量、需求量和价格都有一定计划指标，但这些指标可以浮动，富有弹性，企业可根据实际情况进行修正、补充、灵活变通，同时国家将通过调整信贷利率和信贷额度，改变税种、税率，控制工资总额，给予或取消优惠政策和各种补贴，及时发布经济信息等办法，制约商品供求和价格变动，使它们朝着预定计划目标实现动态平衡，并取得较高的微观和宏观经济效益。适于采取半计划机制调节的产品，通常生产规模较大，进入生产领域和市场有一定障碍，主要由国有企业生产，市场参与者也以国有企业为主，并有少数集体企业、其他所有制企业和个人消费者。它们多数为供需缺口不大，或者虽属短缺，但不是由于自然资源稀缺和特定生产技术限制造成，能用经济杠杆诱导促成市场平衡。它们主要是加工工业产品，特别是一些次要设备、半成品、零部件和某些生活必需品。

（四）中弱计划—中强市场机制（简称中弱计划机制）

其基本特征是在供给、需求和价格信号三个市场机制基本要素中，有一个或两个基本要素融入指导性计划，另外两个或一个基本要素与方针、政策、法规、舆论等计划机体弱要素融合在一起。如果撇开市场机制基本要素与政策、法规等不同弱计划要素融合的差别，仅就怎样融入指导性计划来看，中弱计划机制包括：仅价格信号、供给和价格信号同时、需求和价格信号同时、供给和需求同时、仅供给方面、仅需求方面融入指导性计划等六种具体形式，其中前三种较为常见。中弱计划机制比半计划机制的适用范围宽，灵活性大。用它调节产品时，应先全面分析供方或需方经营活动的可控程度，生产的相对规模大小，固定成本的比例高低，进入市场的障碍多少，购买者和出卖者的分散状况以及产品本身的性质等因素，然后选定合适的具体形式。宜采用中弱计划机制调节的产品主要是消费品，尤以选购品和特殊品居多。

（五）弱计划—强市场机制（简称弱计划机制）

其基本特征表现为供给、需求和价格信号三个市场机制基本要素，全都只与方针、政策、法规、工商行政管理、舆论监督等弱计划要素融合在一起。它是计划机制作用力最弱，市场机制作用力最强的融合机制。宜于用弱计划机制调节的产品，常具下述特点：生产规模小，固定成本低，不争短缺资源，投资自由进出，生产者和消费者人数众多，分散性很强，生产条件和市场需求经常发生变化。它们主要是消费品中的非必需品和非耐用品。

通过上述分析可知，在水乳交融结合模式中，计划机体的诸构成要素与市场机体的诸构成要素实现了全面融合，无论是计划机制，还是市场机制，都同时包含着计划与市场两方面的要素。因此，这一模式有可能使计划机制与市场机制在实际运动中取长补短，变摩擦和冲突为联合和互补，有可能实现两者的最优结合。做到既能保持计划机制对资源配置的合理性，又可避免其呆板性；既能保持市场机制的灵活性，又可避免其盲目性。计划与市场水乳交融结合而成的不同类型融合机制，有不同的适用范围和调节要求，只要我们经过不断探索和反复实践，是不难发现和了解它们的。如果我们能够依据不同时间、不同区域、不同部门产品的不同性质和特点，并紧密结合产业结构调整、投资体制与计划体制改革、完善价格体系与市场体系、规范企业行为等改革步骤，选择适宜的计划—市场融合机制，实行有效调节，不去硬性划分计划调节与市场调节的绝对范围，不搞价格改革孤军深入、快速到位之类做法，就将使国民经济在"微调"中，而不是在大起大落大调整中保持良好的发展势头。

第二节　计划与市场的要素融合和机制融合[①]

从前文分析可知，要使计划与市场、计划机制与市场机制，不光在形式上，而且在实际上消除对立关系，必须让它们以"水乳交融"的方式结合起来，使其在调节经济活动时，不是以两个不同的机制形式出现，而是如同水在乳中、乳存水里那样完全融合起来，形成一个不分你我、浑然一体的融合制约机制，并由这种融合制约机制在经济运行中发挥综合调节作用。本节拟再进一步阐明计划机体的构成要素、市场机体的构成要素，以及两类不同要素的融合；阐明计划机制、市场机制，以及两类不同机制的融合；还将分析如何调整计划与市场融合机制的内在作用力。

---

① 本节以《论计划与市场的要素融合和机制融合》为题，发表于《经济理论与经济管理》，1991年第1期；获金华市政府哲学社会科学1991—1992年度优秀成果二等奖。

一、计划与市场的要素融合

计划机体的构成要素主要有：①指令性计划要素；②指导性计划要素和经济杠杆；③政策性计划要素。政策性计划要素指除前面两项外的政府干预经济活动，进行宏观调控的应有其他措施。政策性计划要素一般没有计划指标规定，也不像经济杠杆那样是特定的价值范畴，但它们体现计划意图，为计划目标服务，能对市场运行起导向作用。它们主要包括：①产业政策、投资政策、企业政策、价格政策、财政政策、金融政策、物资政策、收入分配政策、技术政策、消费政策等经济政策；②企业法、成本法、会计法、税收法、审计法、投资法、银行法、合同法、企业破产法、反垄断法、市场竞争法、产品责任法、消费者利益法等经济法规；③经济监督、行政监督、法制监督、舆论监督、群众监督等社会监督；④职业道德标准、价值观念、社会心理、民主意识和人际关系等道德规范；⑤来自宣传、新闻、出版、文艺、电视、广播等方面的舆论导向等。

市场机体的构成要素，除了竞争和风险外，主要有三个基本要素：①供给要素，如商品市场中待售商品的品种、规格、花色、款式、质量、数量，资金市场中的信贷资金供给量，外汇市场的可供外汇种类、数量等；②需求要素，如商品市场中待购商品的使用价值要素和数量，资金市场中的信贷资金需求量，外汇市场中的外汇需求种类和数量等；③市场信号，如商品市场的价格、资金市场的利率、劳动力市场的工资、外汇市场的汇率、有价证券市场的预期报酬等。

计划机体构成要素与市场机体构成要素的融合，主要通过以下形式来进行。

（一）指令性计划要素与市场机制基本要素融为一体

从指令性计划方面看，它不是主观动机和愿望的产物，而是以融入市场要素的指标及合同、契约、协定为基础的。它的制定、审批和修改是在充分发扬民主的程序、方法和制度下进行的，各个方面、各道环节有严格的责任制加以保证。它的作用和范围限制在根据国家、民族、社会的整体利益，必须用它调节，同时又能进行科学预测和精确计算的经济活动。它的实物指标和价值指标，必须反映市场供求和价格状况，必须体现实行指令性计划企业的利益要求。它在执行过程中，各项指标需以现行市场商情为参照物，一旦发现明显误差，即做适当调整，或通过改变别的计划要素对它的制约关系，及时消除误差，使它尽量贴近市场供求的变动状况。

从市场机制方面看，供给、需求和市场信号三个基本要素都可在一定条件下融入指令性计划要素，但不一定都是三者同时融入，实际上，更多的是仅在两个方面或一个方面融入指令性计划。例如，市内公共交通和邮电部门，可以仅在供给方面和价格信号中融入指令性计划，而需求方面没有必要也不可能与指令性指标融在一起，不同的市场机制融入的指令性计划指标是不一样的。就商品市场来说，供给方面可以融入品种、花色、规格、质量、数量等实物指标和产值、成本、利润等价值指标，需求方面也可能融入这些计划指标。供需双方宜融入多少或何种指标，应根据实际情况来确定，不搞一刀切。市场信号则可能融入指令性计划价格指标。

在国家能够精确计算与合理安排的生产、供应和需求的经济活动中，市场机制三个基本要素同时融入指令性计划是效率最高的调节方法。当然，要使这种方法取得预期的满意效果，首先必须妥善处理社会主义特有经济规律与商品经济共有规律的冲突和矛盾。现拿短线基础产品来说，它们的供给弹性和需求弹性往往相当小，其总供给和总需求不能随价格变动做出灵敏反应，倘若听凭商品经济共有规律自发波动来左右市场局部均衡，不仅将造成价格直线上升于远远偏离价值，而且还会导致宏观失衡更为严重，不符社会主义特有经济规律的要求。但是，倘若这些产品的供给计划、需求计划和定价机制太死，指令性计划价格长期偏低，生产者虽竭尽全力仍无取得平均利润的希望，甚至还会出现亏损，显然又违背了商品经济共有规律的要求。这可通过以下方法来实现：运用现代科技手段准确测算企业现有生产能力和增产潜力，确定可供量和弹性幅度，根据国家整体利益和公平、效率原则，列出需求轻重缓急的先后次序，参照同类商品市场交换的物流运行路线，实行定向、定点、定量供货，使社会实际需求量限制在有效供给量之内，再在此基础上结合适当的税收、财政补贴、投资或拨款、信贷额度、外汇额度等调节方法，形成这样一个价格信号：它能定向产生供方所得利益略大于需方所得利益的经济结果，以利于促进生产，逐步缩小供需缺口。

（二）指导性计划要素、经济杠杆与市场机制基本要素融为一体

指导性计划必须参照市场供给量、需求量和市场信号的现实状况和变动趋势，制定指标及其上下浮动的幅度，并选用为实现这些指标服务的适当经济杠杆。指导性计划的范围确定、指标校正和弹性调整，也以各种市场要素的变动为依据。供给方面、需求方面和市场信号三个市场基本要素可以同时融入指导性计划，也可以两个或一个融入指导性计划。各个市场要素一旦融入指导性计划指标，就得同时融入相应的经济杠杆。这里的经济杠杆是由一系列具有核算、分配、信息、均衡、制约、调节等功能的特定价值范畴组成的，它们不仅是完成指导性计划任务的重要手段，而且可通过在一定数量范围内的变动，协调指导性计划与市场要素的互融关系。通常，市场要素中的供给方面、需求方面在融入各项指导性计划实物指标和价值指标的同时，还将融入根据实际情况灵活变动的税率升降幅度、财政补贴数额、信贷额度及增长幅度、收购价格与批发价格增长率、浮动价格幅度、浮动工资和奖金与工资总额的比例等组合成的经济杠杆。市场信号在融入指导性计划指标的同时，还将融入价格总指数增长率、零售物价及职工生活费用价格指数增长率、利息率和汇率升降幅度、工资控制总额及增长率、平均工资与最低工资标准、财政收支差额等组合成的经济杠杆。

（三）政策性计划要素与市场机制基本要素融为一体

体现宏观经济调控意图的方针、政策、法规、监督、道德规范、舆论等政策性计划要素，对经济活动的计划导向作用，比起指令性计划和指导性计划来要弱得多，但它具有规范化、可操作、稳定性和适应性强等突出优点，国家用它控制市场行为，只要选用得当，效果仍是相当显著的。例如，浙江安吉在20世纪80年代曾颁布每年4月20日前不准挖笋的禁令，对稳定毛竹和毛笋产量起了重要作用。到1990年春天，该县毛笋产量预计超过历史最高水平，而出口笋合同只有1988年的一半，毛笋由俏货变为滞货，他们便及时取消了上述禁令，并通过广播宣传动员和指导笋农有计划地分期分批挖掘早期笋。由于春毛笋上市早、笋质好、售价高、销路佳，既保证出口产品的质量，又使笋农收入增加，还避免了20万担毛笋的滞销积压。政策性计划要素融入市场机体时，它们具体形式的选择、确立和完

善，要有利于发育、培养市场，要有利于维护社会主义市场的正常秩序，要有利于促进市场参与者行为的规范化，还要有利于保证市场和企业朝着社会主义经济总量平衡和结构优化的方向发展。它们必须在密切跟踪各种市场要素变化的基础上，灵活调整组合方式，以便有效地约束、规范市场行为和企业行为。政策性计划要素大多是在配合计划指标的执行过程中，与指令性计划或指导性计划一起融入各个市场要素里。当调节一般日常生活消费品时，它们可以同指导性计划并列，单独与一二个市场基本要素相融合。在不少场合，它们还可以单独融入全部市场要素中，例如，当调节生产批量小、周期短、供求变化快、投产转产容易、不争短缺资源产品时，供给方面、需求方面和价格信号均可仅仅融入某些政策性计划要素。

二、计划与市场的机制融合

计划机制表现为生产者、消费者与计划之间建立起来的有机制约关系，以及相应的调节功能、组织结构和作用方式。它是国家为实现计划目标，通过一定计划手段，对国民经济的运行过程进行调节和控制而形成的。它包括财政平衡机制、信贷平衡机制、物资平衡机制、劳动力平衡机制和外汇平衡机制等内在机制。市场机制主要表现为生产者（供给方面）、消费者（需求方面）与价格、利率、工资、汇率等市场信号之间形成的有机联系和运动，它是不同的经济当事人或不同的经济单位，为了实现各自不同的经济利益，在共同市场上相互竞争形成的。它由价格机制、信贷利率机制、工资机制、汇率机制、竞争机制、风险机制和供求机制等内在机制组成。计划机制与市场机制在要素融合的基础上，通过内部融合和相互之间融合，就可形成一个不分你我、不可分割浑然一体的融合制约机制。计划与市场的机制融合过程大体分为三步。

（一）计划机体诸内在机制形成一个相互制约的链式关系

财政、信贷、现金、外汇的计划收入与计划支出之间，形成一个彼此协调适应的资金总体平衡关系。直接调拨物资、限额分配物资、计划内合同订购物资、进出口物资和其他物资的计划供给与计划需求之间，形成一个彼此协调适应的物资总体平衡关系。城镇新增劳动力、农村剩余劳动力、待业和重新就业人员，与劳动就业计划之间形成一个彼此协调适应的劳动力供求总体平衡关系。在此基础上，形成财力、物力和人力计划供求之间相互协调适应的总体平衡关系。各个计划内在机制不是独立存在，不是孤立地对某一调节对象发生作用，而是在产生自身强制力的同时又与其他计划机制的强制力融合起来，既能发挥自身机制的调节功能，又能反映别的计划机制的调节要求。

（二）市场机体诸内在机制形成一个互相制约、彼此影响的有机整体

在市场机体中，价格机制调节商品供求，商品供求变动引起价格信号改变；利率机制调节货币资金供求，货币资金供求变动引起利率信号改变；工资机制调节劳动力供求，劳动力供求变动引起工资信号改变。每个市场内在机制都有特定的调节对象，各个市场信号变动首先起因于它们自身机制供求变动。但是，价格、利率、工资等市场信号，不是孤立地在自身机制中发挥作用，它们的变动也不是仅仅取决于自身机制，还可由别的市场机制的供求变动所引起。因此，要使市场机体诸内在机制成为一个有机整体，必须在逐步完善市场体系的过程中，加强配套改革，扫除人为障碍，使各个市场信号的变动能够互为因果，顺畅传递，及时反馈，使各个市场机制能够在各自发挥功能的同时又共同发挥功能。例如，当某个部门的产品供过于求引起价格下跌时，价格机制能使这个部门的利率降低，从而引起金融市场机制变动使资金向外流出，价格机制还能使这个部门的工资总额减少，从而引起工资机制变动使劳动力转移到其他部门。

（三）计划机制与市场机制密不可分地融为一体

计划机体诸内在机制与市场机体诸内在机制，在分别形成彼此协调适应的计划机制整体和市场机制整体的过程中，它们通过相互吸纳对方机体的构成要素，使计划机制的各种构成要素同时存在于市场机体中，使市场机制的各种构成要素也同时存在于计划机体中，它们都与对方的构成要素一起形成新的制约关系，成为计划—市场融合机制整体的一个构成部分。

三、计划与市场融合机制内在作用力的调整

计划机制与市场机制水乳交融般有机结合成的融合机制，包含着来自计划方面和来自市场方面的无数互相交错的力量，各种计划机制和各种市

场机制都或多或少会产生自身的强制力。这些强制力，方向相同者彼此加强，方向相反者彼此抵消，最终形成一个矢量相加的整体合力。在融合机制整体合力中，各种计划机制和各种市场机制的强制力难分难舍地融合在一起，它们的纯粹状态只是在理论考察的抽象概念中才存在。由于影响生产和需求的因素很多，一定调节对象在不同地区、不同部门和不同时间中供求状况很不相同，需要经常调整融合机制内含各种作用力的方向和强弱程度。融合机制的作用力，在调节产品时，多以物资平衡机制和价格机制的合力为基本合力；在调节信贷资金时，多以信贷平衡机制和利率机制的合力为基本合力；在调节劳动力时，多以劳动力平衡机制与工资机制的合力为基本合力。融合机制作用力的调整，可以通过改变基本合力来进行，也可以通过改变其他机制对基本合力的制约作用来进行，一般可根据实际情况在以下方法中灵活选择。

（一）构成融合机制基本合力的两个机制自然变动

在融合机制中，构成基本合力的双方与其他机制的相互制约关系保持不变时，融合机制作用力的调整，可以通过基本合力双方机制的自然变动来进行。先从调节产品角度来看，当某产品已由原来的短线产品发展为眼下的长线产品时，要求融合机制的作用力由促进其发展调整为抑制其发展。这可以通过物资平衡机制的自然变动来实现，如通过计划压缩该产品的基本建设投资和再生产规模，控制现有企业的关停并转迁，及时淘汰落后企业，使该产品的有效供给减少。也可以通过价格机制的自然变动，即商品供求对比随价格信号改变而改变来实现，如通过市场竞争使该产品由供不应求时的高价销售变为供过于求时的低价拍卖，从而促使生产缩减。再从调节资金角度来看，当某部门已由"朝阳工业"落入"夕阳工业"时，需将融合机制的作用力，由促进信贷资金流入该部门调整为阻止信贷资金流入。其一，可通过信贷平衡机制的自然变动来进行，如通过信贷计划对该部门削减或取消基建贷款，收紧企业流动资金的贷款额度等。其二，可通过利率机制的自然变动来进行，如随着该部门的产品由价高利大滑向价低利微，引起差别利率信号变动，促使银行企业对其减少贷款，甚至抽走原有信贷资金。

（二）调整构成融合机制基本合力的两个机制的互融要素

当融合机制基本合力的双方机制自我调整乏力，或不宜让其自然变动,而其他机制对它们的制约关系又维持原状时,融合机制作用力的调整,可以通过基本合力双方机制互融要素的调整来实现。如某产品供给与需求之间出现较大缺口,物资平衡机制已无力用增加供给计划,或减少需求计划来达到平衡,价格机制的自然变动又可能导致宏观经济效益下降,这时可以根据实际情况调整它们的互融要素来解决平衡问题。

(三) 调整其他机制对融合机制基本合力的制约关系

如果构成融合机制基本合力的两个机制自然变动有一定困难,光靠调整它们相互吸纳的对方构成要素,仍不能有效地改变融合机制的作用方向或力度,可以通过调整其他机制对基本合力的制约关系来改变融合机制的作用力。如某种供不应求的基础产品,物资平衡机制与价格机制融合起来调节的结果,对它实行了较低价格。由于产业结构失衡尚未根本扭转,若是任由价格机制自然变动来调节,必会引起后续加工产品成本激增,其价格也水涨船高,最后将导致"比价回归",因此只能暂时维持原有的价格水平,但这一价格对生产者缺乏吸引力;同时仅凭调整这一产品的供给计划指标和需求指标,也难以使融合机制发挥促进生产的作用。在这种情况下,可以通过调整财政平衡机制,减少税种,降低税率,给予或增加财政补贴;通过调整信贷平衡机制和利率机制,放宽贷款额度,降低贷款利率,给予或增加贴息优惠;通过调整外汇平衡机制,增加外汇使用额度,提高企业外汇留成比例;通过调整生产资料平衡机制,优先安排并切实保证能源、统配物资和运输工具的供应;通过调整工资机制,变动生产者的平均工资和最低工资标准等,使企业在原有价格水平上生产这一产品,也能取得平均利润甚至更高些的收入,从而使融合机制的作用由抑制生产转向促进生产。

第三节 市场压力机制[①]

市场经济运行中的压力机制是指给市场主体造成一定外部压力,并能刺激市场主体产生奋发力的经济制约机制。在传统体制下,作为经济活动

---

① 本节以《论市场压力机制》为题,发表于《贵州社会科学》,1999年第4期;中国人民大学复印报刊资料《社会主义经济理论与实践》,1999年第9期全文转载。

主体的企业，面临的压力机制主要来自上级主管部门的直接行政干预，不存在来自市场的竞争压力和风险压力；供给和销售全由计划调节，企业也感觉不到供求关系的压力。随着社会主义市场经济体制的建立，企业的外部压力将主要来自市场而不是来自政府的行政干预。市场经济制衡系统中的压力机制，主要包括竞争机制、风险机制和供求机制。

一、竞争机制

竞争机制表现为由竞争而产生的商品价值变化，与市场活动主体经济利益之间的有机联系和制约作用。竞争机制体现竞争规律的要求，竞争规律是通过竞争机制发挥具体调节作用的。研究竞争机制，可以从纵向着手，即从市场经济发展的不同历史阶段上考察，以区别不同社会市场竞争机制的差异性与特点；也可以从横向着手，即从一定历史阶段市场经济的不同运动环节上考察，以全面认识、整体把握竞争机制，充分发挥它的积极作用。这里拟从横向上分析竞争机制。社会主义市场经济的整个运动过程包括生产、分配、交换和消费四个环节，作为市场经济运动规律的竞争，必然贯穿于这四个环节之中，并相应形成四个有机制约关系：生产竞争机制、分配竞争机制、交换竞争机制和消费竞争机制，它们的有机统一，便构成了横向上的竞争机制整体。

（一）生产竞争机制

生产竞争机制表现为由竞争而产生的商品价值形成与生产者经济利益之间的有机联系和制约作用。

商品的内在矛盾决定了商品自价值形成开始就孕育、发展着竞争。竞争在生产领域即价值形成过程中的主要作用，是确立了价值的质和量两方面的最初规定。从质的方面来说，生产者的竞争，证明劳动是价值的唯一源泉，价值是无差别的一般人类劳动的凝结。从量的方面来说，生产者的竞争，使社会必要劳动时间成为社会唯一认可的衡量价值的内在尺度，排除了生产者尤其是个别劳动时间消耗多的生产者企图以个别劳动时间为价值内在尺度的打算，使价值由生产该商品的社会必要劳动时间决定，并使生产者所得的经济利益以生产中形成的价值量为基础。

生产竞争机制对社会主义市场经济的发展有着重要作用：①从微观角

度看，它使社会主义企业和职工从切身利益上关心，加强经济核算，改善经营管理，节约物化劳动和活劳动，降低生产成本和交易费用，提高劳动生产率，努力减少商品生产中个别劳动时间的消耗。②从中观角度看，它将有方向地协调一个地区不同部门、不同所有制的企业在同种商品生产上的比例，使其最大限度地发挥本地区自然、技术、社会、经济方面的综合优势，促使这一地区企业生产商品的个别劳动时间普遍减少。③从宏观角度看，它通过提高微观、中观经济效益，使个别劳动时间多于社会必要劳动时间的企业在某种商品生产中所占的比重下降，使个别劳动时间少于社会必要劳动时间的企业在某种商品生产中所占的比重提高，最终减少这一商品生产上的社会必要劳动时间。生产竞争机制上述作用的发挥，需要一系列经济条件，其中关键是国有企业必须能够"自主经营"。

（二） 分配竞争机制

分配竞争机制，是指由竞争而产生的商品价值分割与生产者经济利益之间的有机制约关系。

竞争在分配领域即价值分割过程中的主要作用，是确定了价值分配的对象和比例。①竞争迫使商品生产者一面不断地生产出新产品，一面不断地补偿已经消耗掉的生产资料，使物化劳动转移过来的价值始终不进入分配领域，而仅仅留下新生产的价值作为分配的对象。②生产者的竞争形成了活劳动创造新价值的统一计量标准，也形成了物化劳动转移旧价值的统一计量标准，进而确定了生产资料的价值补偿部分与新生产的价值部分在商品价值中的数量比例，确定了全部商品价值中所包含的新价值总和。同时，生产者之间的竞争导致等量投入趋向取得等量新价值，也就是说，生产者投入多少生产要素，就会相应地按比例获取多少新价值，实行等量分割。

分配竞争机制可以在不同方面、不同层次上促进社会主义市场经济发展，其中尤为突出的是促进按劳分配原则的贯彻。①有利于提高劳动定额的科学性。目前，衡量生产者劳动贡献大小，一般不用直接计算的办法，而以劳动定额为标准。劳动定额必须以社会必要劳动时间或价值量为基础，才能准确反映劳动的性质和数量差别。而社会必要劳动时间及它决定商品价值的要求，必须通过竞争来实现。可见，竞争可以提高劳动定额的科学性和合理性，使按劳分配中的"劳"的计量更加精确。②有利于准确计量个人消费品所包含的劳动量。在存在商品货币关系的情况下，通常以价格作为个人消费品内含劳动的计量尺度。竞争引起的供求关系变动，强制价格回归到价值这个轴心上来，使其不至于长期大幅度地偏离价值，提高了价格反映个人消费品内含劳动量的准确性，可使生产者根据其所提供的劳动量而领取的货币工资和奖金能够购买与之相当价值的个人消费品。③有利于消除传统体制下形成的平均主义和"大锅饭"等弊端。竞争把经济利益、经济责任与企业的经营状况直接结合起来。在竞争面前，企业经营得法，产品畅销，实现的价值多，就可多分配；反之则只能少分配。生产者所负的经济责任大，付出的劳动多，相应所得的个人消费品也较多；反之则较少。这样，可以拉大分配的档次和差距，克服平均主义和"大锅饭"。要使分配竞争机制在社会主义经济中充分发挥积极作用，关键是确保国有企业能够"自主分配"。

（三）交换竞争机制

交换竞争机制表现为由竞争而产生的商品价值实现与生产者经济利益之间相互制约的联系和作用。

竞争在交换领域即价值实现过程中的主要作用，是确定了价值实现的形式和原则。一个商品的价值必须由另一个商品的使用价值来表现，竞争使价值最终表现在货币上——价格，并通过价格与自己的背离及趋于一致得以实现。同时，由于生产者和消费者之间，以及他们各自内部的竞争交织在一起，结果只有等价原则能为交换双方所接受，从而确定了商品价值实现必须遵循的等价交换原则。

交换竞争是市场主体接触最频繁、认识最深刻的竞争，也是影响市场经济运行最明显的竞争，人们通常提及竞争，往往就是指交换竞争。交换竞争机制对社会主义市场经济的作用主要表现在三个方面：①以优化产品结构为起点，推进企业结构优化，迫使落后产品和落后企业在社会生产中比重趋向下降，相应提高先进产品和先进企业在社会生产中的比重，从而优化产业结构；②推动需求随生产发展而变化，及时调整需求结构，促使需求规模贴近当前的生产力水平，并与消费者的购买力基本保持一致；③有利于加强宏观调控。交换竞争引起的价格波动将给国家反馈宏观调控的信息，国家可以根据这一信息，运用经济杠杆或行政、法律手段，引导生产者改变投资方向，促使短缺产品较快增加，过剩产品较快减少，从而推动总供给与总需求达到动态平衡。要充分发挥交换竞争机制在社会主义市场经济中的作用，首先必须让国有企业能够"自主交换"，关键是能够"自主定价"。

（四）消费竞争机制

消费竞争机制，是指由竞争而产生的商品价值消失与人们经济利益之间的有机联系和制约作用。从横向考察，它是竞争机制整体的最后一个环节，是在消费领域即价值消失过程中发挥作用的竞争机体内在机制。以往人们对竞争问题的考察，除了对生产领域和分配领域的竞争顺便带到几笔之外，几乎全部集中在交换过程的竞争上，很少有笔墨涉及消费领域的竞争。消费竞争机制的功能主要体现在以下两个方面。

（1）确定商品价值的载体。商品价值是人类劳动的凝结，但并不是所有劳动都能凝结成价值。商品价值存在于一定物品形式中，它必须借助使用价值的较量才能表现出来。一个物品在加工、储藏、运输和保管过程的任何一个阶段，只要稍稍疏忽，就有可能成为废品，失去使用价值。商品一旦失去使用价值成为毫无用处的东西，没有人可以消费，它就将在消费竞争中搁浅。商品无法进入消费领域而被人们所抛弃，那么以往在它身上花去的劳动也白白浪费了，再也不能形成价值。有些商品尽管它们的内质和外貌没有任何损坏，其内含的劳动量没有因商品变残成次而减少，但随着人们消费结构、消费方式或消费行为的改变，它们已经难以适应人们当前的消费需求，或是花色过时，或是式样陈旧，或是功能不全，或是品种、规格不对路，它们也将被消费竞争拒之门外，难以进入人们的消费环节，失去体现价值的机会。同时，进入消费领域的商品，在消费竞争的作用下，人们边消费边检验，比较它们的使用价值，这不仅可以进一步确定商品的平整、光洁、色泽等外在质量，更重要的是可以准确鉴别它们的功用、性能、耐磨损和耐腐蚀程度等内在质量，并迅速产生反馈信号，与其他市场机制一起形成同类商品的质量差价，使具有平均质量水平的商品恰好能全部实现其内含的价值。可见，消费竞争机制使商品价值的存在以适需对路的使用价值为载体，而且这种载体必须具有社会平均质量。

（2）确定商品价值的社会平均损耗率。商品价值的运行始终与竞争机制为伴。它在生产竞争中产生、在分配竞争中分割、在交换竞争中实现、在消费竞争中消失。商品价值的消失过程是其载体使用价值的消费过程，商品使用价值一经消费，价值就随之开始逐渐消失。消费竞争机制把人们的经济利益与商品价值的消失紧密联结在一起。在商品效用完全相同的条件下，价值载体使用期限越长，消费者单位时间内因消费失去的价值越少，获得的消费效益越大；反之亦然。消费竞争机制可以通过人们对不同质量同类商品的消费比较，确定价值载体的统一质量标准，形成同种使用价值的社会正常使用期限。消费竞争还可以在此基础上，通过人们在一定社会经济条件下各种消费方式的比较，逐步剔除奢侈浪费性消费、特种需要消费等现象，形成以正常、合理消费为前提的使用价值平均消耗率，从而确定商品价值的社会平均消耗率。

消费竞争机制与其他竞争机制一样，是市场机体的一个基本构成要素。市场机制促进社会生产力发展和调节社会生产比例的作用，最终都得通过消费竞争机制来实现。从一定意义上说，没有消费竞争机制的有效运行，市场机体诸内在机制的功能就很难充分发挥出来。消费竞争机制可以从许多方面促进社会主义市场经济的发展，其中主要是：①提高消费品质量，改进消费品花色品种；②优化消费结构，降低恩格尔系数；③克服消费滞后，避免消费遭受不正常抑制；④防止超前消费，消除过高过热的消费现象。

保证消费竞争机制积极作用的发挥，需要一系列经济条件。这关键是要消除我国经济生活中各种垄断现象，建立开放、完整的社会主义市场体系，优化市场结构，完善市场参数，健全市场规则，规范市场行为，把旧体制下形成的外控约束型消费全面转变为与新体制相适应的自愿主导型消费，使消费者有充分的选择权、监督权、申诉权和索赔权，能够真正"自主消费"。

生产竞争机制、分配竞争机制、交换竞争机制和消费竞争机制，分别反映了因竞争而产生的商品价值生产、分割、实现和消失与人们经济利益之间的有机联系。它们互为条件，相辅相成，有机地统一为社会主义市场经济竞争整体。它们在调节经济活动时，不是独立存在、孤立地发生作用的，而是在产生自身作用力的同时又与其他竞争机制的作用力衔接在一起，形成一个相互制约的链式关系。在完整而健全的市场体系中，生产竞争机制、分配竞争机制、交换竞争机制和消费竞争机制的变动信号，能够互为因果，顺畅传递，及时反馈。它们既能发挥自身机制的功能，又能反映别的竞争机制的作用要求。

二、风险机制

市场经济运行复杂多变，参数无穷，各种影响、决定和制约要素的客观自然状态往往无法控制，甚至完全不能确定，连出现的概率也难以预测。这使市场参与者既面临发财致富的机会，又面临亏损破产的风险。市场经济中的风险机制，表现为市场主体追求利益的行为与面临风险之间的有机联系。一般说来，利益（机会）与风险是成正比例的，市场主体可能获得的利益越大，其可能承担的风险也越大；反之亦然。风险机制体现风险规律的要求，风险规律是通过风险机制对市场主体行为发挥调节作用的。

在社会主义市场经济中，风险广泛存在于社会再生产的各道环节和各个方面。与此相对应，风险机制包含着一系列内在要素，是一个由许多具体风险机制共同构成的有机复合体。按照不同特征可以区别不同种类的具体风险形式：①从企业决策角度看，有投资风险、借贷风险、采购风险、生产风险、经营风险、销售风险、储藏风险、保管风险、运输风险、进出口风险、新产品开发风险和制度创新风险等。②从市场交换客体角度看，有现货风险与期货风险，有股票风险、债券风险和黄金风险等。③从交换活动当事人角度看，有生产者风险、消费者风险、批发商风险、零售商风险、制造商代理人风险、特许代理商风险、进出口商风险，以及与交换活动相关的保险公司、银行等经营者的风险。④从行业角度看，有工业风险、农业风险、商业风险、金融业风险、交通运输业风险、房地产业风险、信息产业风险、饮食餐馆业风险、旅游业风险等。⑤从社会生产经营组织角度看，有政府经济主管机关风险、企业风险和家庭风险等。与这些具体风险相联系，并受它们制约的经济运行形式，就是各个具体风险机制。

研究风险机制可以根据不同要求选择不同角度进行考察。为了突出风险机制的层次性差别和便于纵向整体把握，宜从社会生产经营角度分析它的具体形式。

（一）政府风险机制

政府风险机制一般指参与经济活动的各级政府干部创造政绩与承担风险之间的有机联系。

在我国，政府在经济领域拥有强大的干预力。政府参与和干预经济活动的主要方法是，制订和实施经济计划，推行经济政策，颁布经济法规，加强工商行政管理，信息引导，组织协调，提供服务，检查监督，有时也直接从事一些生产经营活动。各级政府干部参与经济活动所承担的风险，主要取决于政治法律制度和民意对政绩的评价。在高度集中的传统体制下，考核和提升干部的主要标准是年资和政治表现，各级干部很少需要负担由做出经济决策而带来的政治经济风险，一些由于严重官僚主义和瞎指挥造成国家财富巨额损失和浪费的人仍然可以照样当官，政府风险机制严重扭曲。

建立社会主义市场经济新体制，必须彻底改变政府风险机制扭曲状况。今后，在加快转变政府职能、彻底实行政企分开的同时，改革现行干部选拔、任免和管理制度，建立起一整套考核、检查、监督干部行为的规章和法规，形成一个符合社会主义市场经济要求、能够有效约束干部非正当行为的政府风险机制，使各级干部依据地位高低和责任大小，承担相应等级的政治经济风险，让他们由以往对上级负责转向对既定法规和岗位职责负责，从而提高决策水平和行政效率，根绝官僚主义和不正之风的流弊。

（二）企业风险机制

企业获取盈利与承担风险之间的相互制约关系，叫作企业风险机制。

企业的生产、经营、投资、新产品开发、技术改造和制度创新等活动，既可能取得盈利，也可能出现亏损甚至破产。在风险机制的压力作用下，企业为了求生存、求发展、免遭破产，必然会改善经营管理，加强经济核算，注重组织创新和技术创新，不断提高劳动生产率和竞争力；一旦竞争失败，也能及时撤退，将资金和投资品转向别的较合适的领域。在高度集中的旧体制下，经济主体的行为与其所承担的责任和获取的利益脱节，企业因经营管理不善出现亏损时，用不着担心将引起破产倒闭的危险，因为国家会通过减免税收、增加补贴等办法对企业的亏损给予补偿，甚至会将负债企业到期应付款项一笔勾销。这样，风险机制对企业没有任何约束作用。

没有健全的企业风险机制，是不可能建成社会主义市场经济体制的。今后，要切实搞好国有大中型企业经营机制转换和产权制度创新工作，政府部门要下决心消除对企业生产经营活动的不必要干预，真正把企业推向市场，使企业真正成为自主经营、自负盈亏、自我发展和自我约束的市场主体，为形成合理的企业风险机制奠定基础。同时，要切实执行破产法，对超出破产界限的亏损企业实行破产处理，通过拍卖、兼并等形式重新组合其存留资产，确保风险机制能够对企业活动施加调节力，推动产业结构合理调整和资源优化配置，提高企业的整体素质。

（三）家庭风险机制

家庭风险机制，通常指家庭成员取得收入与承担风险之间的有机联系。家庭为社会造就劳动者，为社会提供劳动力，同时又消费社会产品。在商品生产和市场交换的条件下，劳动者个人既可能找到工作为家庭带来收入，也可能失去工作使家庭丧失收入。家庭风险主要表现为失业风险。

家庭风险机制对于提高劳动力素质、促进劳动力合理分配、节约活劳动等方面具有重要作用。在传统的集中计划经济体制下，国家对劳动就业采取统包统配的政策，保证劳动者有充分的就业机会，没有劳动力供给的市场竞争，劳动者无须承担失业风险。同时，为了维持全面就业，不得不实行平均主义的低工资制度，并以劳动政策、户籍制度和企业人事管理等办法遏制劳动力流动。

改革实践表明，没有失业等家庭风险机制的约束，是很难端正和理顺职工个人的经济行为的。为了顺利建成社会主义市场经济新体制，必须彻底改革劳动就业制度，建立劳动力供给的竞争秩序和竞争体制，使失业成为制约劳动者行为的正常风险机制。同时，抓紧建立职工失业保障制度，争取在不太长的时间内形成一个全国性的社会统一保障机构及其遍布各地的分支机构，通过保险、税收渠道和失业保障基金的股权收益等形成失业保险基金，以便让失业职工在重新就业之前，能够领取一定量的生活补助金或救济款，并通过职业介绍、培训等途径帮助劳动者获得真正的就业权利，让他们能够在风险与机会对称的条件下，凭着自己的努力替家庭取得更多的收入。

三、供求机制

在现代市场经济中，供求成了经济决策分析的重要因素。供求机制表现为，供求双方数量对比变化与经济当事人利益变化之间的有机制约关系。供求机制体现供求规律的要求，供求规律必须通过供求机制，才能对市场主体发挥具体调节作用。供求机制与竞争机制和风险机制一样，存在于所有不同类型的市场中，它们不是单独发挥作用，而是融入各类具体市场的信号机制，共同对市场主体形成压力，调节其行为。尽管供求机制一般都与市场信号结合起来，并通过市场信号发生调节作用，但就其本身来说，如果撒去市场信号，它对生产者和消费者的压力作用也是仍然存在的。

供求机制可以从多方面调节市场经济的运行，它的基本功能有以下两个方面。

（一）调节市场价值的形成过程，并迫使市场价格以市场价值为轴心上下波动

市场价值是在供求机制调节下形成的，主要有三种情况：①如果供给接近通常的供给，需求接近通常的需求，供求双方数量对比基本一致，供求机制将使市场价值取决于社会必要劳动时间。②如果需求超过通常的需求，或者供给小于通常的供给，供求相抵缺口很大，供求机制将可能迫使市场价值暂时取决于最差条件下生产的商品价值。③如果供给超过通常的供给，或者需求小于通常的需求，供求相抵尚有很大剩余，供求机制将可能迫使市场价值暂时取决于最好条件下生产的商品价值。在供给短缺而需求过旺的条件下，供求机制将会促使生产者增加供给，也会促使消费者减少需求。在供给过剩而需求不足的条件下，供求机制将会迫使生产者压缩生产，也会诱使消费者扩大需求。供求机制总是力图使供求双方数量对比趋向平衡。所以，在第二、第三种情况下形成的市场价值只是特殊的暂时现象，它们一般都会朝第一种情况发展。市场价值一旦形成，供求机制又会以

它为基础调节市场价格，即调节市场价格与市场价值的偏离。同时，市场价值也会调节供求关系，从而使自己成为拉平市场价格的中心。

(二) 调节生产者愿意继续供应的数量与消费者愿意继续购买的数量，使之趋向均衡

(1) 当生产者愿意继续提供给市场的货物数量，较大幅度地超过消费者愿意继续从市场上购买的货物数量时，由于生产者之间激烈的销售竞争，纷纷削价出卖，会对价格形成下跌的压力，迫使生产和交易成本较高的生产者退出市场，缩减市场供给数量，或者，随着价格下跌，一方面，较低的价格带来新的购买者；另一方面，每次价格的降低可以诱使该物品的每一个消费者购买更多的数量，从而使供过于求的买方市场走向供求一致的均衡市场。

(2) 当消费者愿意继续购买的某种物品数量，较大幅度地超过生产者愿意继续供应的该物品数量时，由于消费者之间激烈的购买竞争，纷纷抬价抢购，会对价格造成上涨的压力，迫使手持现金短缺或购买力不足的消费者不得不离开市场，减少市场需求数量，或者，随着价格升高，一方面，较高的价格带来新的生产者；另一方面，每次价格的上涨可以诱使该物品的每一个生产者生产更多的数量，从而使供不应求的卖方市场，逐步朝供求相等的均衡市场方向发展。

当前，我国经济发展走出短缺状态后，又面临着过剩经济的新挑战。面对这一新情况，我们应更好地发挥供求机制的调节作用，使它与宏观调控机制一起刺激消费增长，努力扩大国内有效需求，通过较快增加消费者愿意继续购买的数量，使之与生产者愿意继续供应的数量，实现动态平衡。

第四节　市场信号机制[①]

市场经济在市场机制推动下运行。市场机制大体上可分为动力机制、

[①] 本节以《论市场信号机制》为题，发表于《贵州社会科学》，1993年第5期；中国人民大学复印报刊资料《政治经济学（社会主义部分）》，1993年第10期全文转载。该论文主要内容收入本人专著《经济学新问题求解》（中国经济出版社，2007年）。该书2009年12月获浙江省政府第十五届哲学社会科学优秀成果奖二等奖。

压力机制和信号机制三大系列。信号机制表现为供给方面、需求方面与价格、利率、工资、汇率等市场信号之间形成的有机制约关系，主要包括价格机制、信贷利率机制、工资机制和汇率机制等。信号机制是市场机制的基本组成部分。正确认识和运用市场信号机制，对于促进市场经济顺利、正常运行，提高我国经济整体效益，具有十分重要的现实意义。

一、市场信号机制的功能

市场体系包括许多分类市场，各个具体的分类市场均有具体的市场信号和相应的信号机制。每个市场信号机制都有特定的调节对象，并由此形成特定的功能和作用。

（一）价格机制的功能

1. 价格机制的内涵

价格机制是商品市场的信号机制，它表现为商品供求数量增减与价格涨落之间的有机联系和运动。它可分成两个部分：①供方价格机制，即商品供给方面与价格信号相联系的一端；②需方价格机制，即商品需求方面与价格信号相联系的一端。

2. 供方价格机制可以促使产业结构合理调整

（1）促进生产同种商品的企业结构优化。在供方价格机制与竞争机制和风险机制的合力及联动作用下，生产同种商品的不同厂商，谁以最优的质量出卖同一价格的商品，或者谁以最便宜的价格出卖同一质量的商品，谁就会在市场竞争中处于有利地位。供方价格机制的这一作用，将推动商品不断朝物美价廉方向发展，从而降低生产质次价高商品的落后企业在该商品生产中所占的比重，相应提高先进企业的比重。

（2）促进生产不同种类商品的企业比例协调。供方价格机制在竞争和风险叠加压力的推动下，将决定各种商品的价格比例及其变动趋势，可给厂商发出调整生产方向和生产规模的信号，从而引导厂商在不同部门之间适度转移生产资料和劳动力，使社会劳动趋向合乎比例地分配于不同生产部门。

3. 需方价格机制可以灵敏调节需求规模和需求结构

（1）需方价格机制引起商品市场价格总水平上升，将导致购买者的购买力减弱，缩小购买者的需求规模；相反，需方价格机制引起商品市场价格总水平下跌，则会造成购买者的购买力增强，扩大购买者的需求规模。

（2）需方价格机制引起不同商品的价格比例发生变化，将给购买者发出改变需求方向的信号，这会促使购买者选择代用品，放弃购买高价商品，转向购买低价而效用相近的商品，从而改变不同商品之间的数量比例，改变需求结构。

供方价格机制与需方价格机制在实际运行过程中不是截然分开、孤立地发挥作用的，恰恰相反，它们总是彼此衔接成统一的价格机制调节市场经济活动的。

（二）信贷利率机制的功能

1. 信贷利率机制的内涵

信贷利率机制是金融市场的信号机制，是指信贷资金的供给与需求同利息率之间的有机制约关系。它由两个部分衔接而成：①存款利率机制，即信贷资金供给方面与利率信号相联系的一端；②贷款利率机制，即信贷资金需求方面与利率信号相联系的一端。

2. 存款利率机制可以灵敏调节信用资金的来源及价值构成，直接影响存款总量的增减及各类存款之间的数量比例

存款利率机制的功能主要体现在以下两个方面。

（1）调整积累基金和消费基金的比例。存款利率提高，将增强储蓄的积累功能，可以促使资本或信贷资金供方，主要是城乡居民，把一部分暂时不用的消费资金转化为储蓄存款。把这部分储蓄存款投入生产，变作生产基金，就与积累基金一样，可以扩大社会生产规模。相反，降低存款利率，则会减弱储蓄的积累功能，可以促使人们增加当前的消费需求。

（2）调节市场货币流通量。在银行自存资金、财政性存款、企业存款和储蓄存款等信贷资金中，对存款利率机制调节作用反应最敏感的是储蓄存款。储蓄存款的供方是城乡居民，也就是它来自于流通中居民手持的现金，储蓄存款与流通中现金成反比例。储蓄存款额越大，流通中现金量越小；反之亦然。当市场中流通的货币量过多时，提高存款利率，可以促使信贷资金供方推迟货币购买力，把手持现金变作银行存款，这对于回笼现金，减轻市场货币购买力对有效供给的压力有重要作用。当市场中流通的货币量偏少时,降低存款利率,可以促使信贷资金供方取出存款变作手持现金,使之逐渐符合实现商品所需的货币量。

3. 贷款利率机制可以有效地调节信用资金的使用方向和重点,它直接影响贷款规模、范围和用途

贷款利率机制对经济运行的主要作用由以下两个方面。

(1) 促使企业加速资金周转,节约使用资金。贷款利率机制,把作为信贷资金需方的企业与一定利率信号联结在一起。当贷款利率既定时,企业使用贷款数量多、期限长、周转慢,需要支付的利息量就大,这会增加企业的负担,减少企业利润。在贷款利率机制的压力下,企业必然十分注意资金使用效果,将对借款精打细算,能不借就不借,能少借就少借。已经借了的贷款也要积极采取措施,争取按期或提前偿还。

(2) 引导资金流向,调整货币资金在各部门的分配。贷款利率机制往往与价格机制形成联动关系,以合力形式调节资金运行:当某部门商品供不应求时,价格机制促使这一商品价格提高,使之获利增多;这一部门必然要求扩大生产规模,增加信贷资金投入,于是推动贷款利率机制发出超过社会平均水平的高利率信号,诱使更多信贷资金向这一部门转移。当某部门商品供过于求时,价格机制会迫使这一商品价格降低,使其获利能力随之减弱;该部门不得不缩减生产,减少贷款额,这将促使贷款利率机制发出低于社会平均水平的低利率信号,限制信贷资金流入该部门,甚至导致该部门原有的信贷资金转移到其他部门。

(三) 工资机制的功能

1. 工资机制的内涵

工资机制是劳动力市场的信号机制。表现为劳动力供给与需求跟工资之间的有机联系和相互制约作用。它可以分成两个部分:①供方工资机制,即劳动力供给方面与工资信号相联系的一端;②需方工资机制,即劳动力需求方面与工资信号之间相联系的一端。

2. 供方工资机制的作用对象是劳动者

供方工资机制的调节功能主要体现在以下两个方面。

(1) 激励劳动者勤奋劳动。供方工资机制的变动趋势表现为,劳动者所得的工资量与劳动力实际支出即劳动的消耗量成正比。影响劳动力实际支出的因素主要包括：劳动时间的多少、劳动强度的高低、劳动条件和环境的优劣。在劳动条件相同的情况下劳动时间越多，在相同的时间里劳动紧张程度越高，在井下、高空、高温、野外、低温等相对较差的劳动条件和环境中工作，劳动者实际支出的劳动力就越大，获得的工资也就越多。这会促使劳动者在生理、社会道德和法律规定允许的条件下，乐于接受艰苦、繁重的工作，并尽可能多劳动和努力劳动。

（2）促使劳动者提高劳动技能。供方工资机制变动的另一趋势是，劳动者获得的工资多少，与其劳动质量即劳动复杂程度和熟练程度成正比。如果一个人经过专门的训练，从事复杂的劳动，相对地说在同样的时间内其物化劳动较多，价值较大，相应就会得到较多的工资收入。这会促使劳动者钻研和掌握科学技术，努力提高自己的劳动技巧和熟练程度。

3. 需方工资机制对经济运行调节的主要方面

（1）调整劳动力和其他生产要素的比例。任何社会生产都需要人和物两大要素。人的要素主要是指劳动者的劳动力，物的要素由机器设备、半成品、原材料和燃料等组成。作为生产要素，劳动力和机器设备之间存在着一定的相互替代关系：生产过程的某些方面既可以由劳动者操作，也可以由机器设备替人完成。当劳动力短缺时，需方工资机制将发出高工资信号，迫使劳动力需求者把工资支出与购买机器设备费用做一仔细比较。假若发现因工资太高，不如以增添先进设备代替人工更有利，企业就会尽可能采取技术密集型的生产方法，以便减少劳动力的使用量。与此相反，当劳动力富余时，需方工资机制就会发出低工资信号，企业如果发现由于工资较低，增加人工比添置新设备有利得多，它就会尽可能采取劳动密集型的生产方法，以减少机器设备的使用量。

（2）调整劳动力在各个部门的分配。当某部门的产品供不应求时，价格就会上涨，需方工资机制接收到价格机制这一变动信息之后，很快就会通过内在的机理变换，发出超过社会平均水平的高工资信号，吸引更多的劳动力流向这一部门。当某部门的产品供过于求时，价格就会下跌，需方工资机制将随之发出低于社会平均水平的低工资信号，阻碍劳动力向该部门流入，并促使该部门原有的劳动力流向工资水平高、对劳动力有较大需求的部门。

（四）汇率机制的功能

1. 汇率机制的内涵

汇率机制是外汇市场的信号机制，是指外汇供求变动同汇率升降之间的彼此制约关系。外汇供给方面与汇率信号相联系的一端，叫作供方汇率机制；外汇需求方面与汇率信号相联系的一端，叫作需方汇率机制。

2. 供方汇率机制对于调节外汇来源、规模、结构有重要作用

供方汇率机制可以影响贸易外汇收入和吸引外资。它对侨汇和旅游业外汇收入的调节尤为灵敏。

（1）从调节侨汇看，如果供方汇率机制发出的汇率信号是以国内外货币购买力为基础，能够反映国内外物价的对比水平，海外华侨就愿意直接用外汇给生活在祖国的亲属汇款，客观上起到了鼓励侨汇收入增加的作用。相反，如果人民币汇价偏高，不符合国内外物品的正常比价，华侨就会将汇款改作就地购买物品寄回，这将减少侨汇收入。

（2）从调节旅游业外汇收入看，海外旅游者在我国使用外汇，主要用于食宿、交通等生活支出，以及购买工艺美术纪念品和其他一般商品。如果供方汇率机制发出的汇率信号比较合适，海外旅游者用外币换得的人民币在我国生活和购物，跟在自己居住的国家或地区一样方便、一样便宜，甚至更有利些。他们将愿意在我国逗留较长时间，购买较多物品，或者再次来我国旅游。这样，供方汇率机制就会起到促进旅游外汇收入增加的作用。假若人民币的汇价定得过高，就将减少我国就地出口商品的机会，不利于增加旅游外汇收入。

3. 需方汇率机制在外汇的使用过程中发生作用

需方汇率机制输出的合理汇率信号，有利于规范使用外汇的经济行为，有利于形成适宜的外汇支出方向和额度。

需方汇率机制与其他机制的合力，将促进外汇需方根据有利于技术进步、有利于增强出口创汇能力和有利于节约使用外汇的原则，合理安排进口，把有限的外汇集中用于引进先进技术和关键设备，进口国家重点生产建设所需的各类紧缺物资。

以汇率信号把外汇供求双方联结在一起的统一汇率机制，在调节外贸活动时有两种作用趋势：①在其他条件不变的情况下，本国汇率下跌，降

低本国货币对外币的汇价，将有利于出口而不利于进口；②在相同条件下，本国汇率上升，提高本国货币对外币的汇价，将有利于进口而不利于出口。可见，汇率机制变动，特别是汇率的升降，会直接影响进出口贸易。

二、市场信号机制的运行特点

在市场经济体制下，各个市场信号机制不能单独、孤立地调节经济活动，它们各自产生的调节作用力，必须融入其他市场机制的调节作用力。它们一方面循着自己的运行轨迹发挥本身固有的功能，另一方面又必须或多或少地吸纳其他市场机制的调节要求。每个市场信号机制只能是不可分割的市场机制整体的一个构成部分。健全的市场信号机制通常运行过程表现为，各个市场信号在自变的基础上形成联动关系，各个市场信号的变动能够互为因果、及时反馈，各个市场信号机制能够在各自发挥功能的同时又共同发挥功能。市场信号机制的正常运行具有下述特点。

（一）市场信号成为联结全社会各个独立商品生产者的纽带

在市场经济条件下，由于社会分工，各个生产者彼此分离，他们都为别人需要、为社会需要从事不同产品的生产。一个生产者的产出物可为许多别的生产者提供投入物。生产要素只有依据市场信号顺利交换，才能由产出物转化为投入物。能够对社会资源实行有效配置的市场信号机制，不仅在交换过程中把生产要素供给者与需求者彼此联系起来，而且表明供求比例关系，制约和调整产出物转向投入物的运行，从而使社会生产形成一个产出、投入相互衔接的链式有机整体。随着生产社会化和专业化的发展，各个商品生产者之间这种由市场信号机制联结起来的链式关系将会越来越紧密。

（二）市场信号是联系商品生产与商品消费的媒介

商品从生产领域进入消费领域，由生产者之手转到消费者之手，必须经过流通领域。商品流通只有依靠市场信号提供的经济信息，才能使自身的锁链环环紧扣。市场信号既可使卖者或生产者将其销售意愿通知给可能的买者或消费者，也可使买者或消费者将其购买意愿通知给可能的卖者或生产者，并使商品在这种由市场信号机制提供的信息联系的基础上，发生从生产者手中转到消费者手中的实际交易联系。

（三）市场信号通过横向渠道在企业之间直接传导经济信息

在市场经济条件下，生产者制作的产品只有通过市场才能销售，他们生产经营活动所需的生产资料只有在市场上才能买到，消费者所需的物品必须依赖市场的供应来解决，因而社会生产和社会需要的变动就表现为市场供求的变动，生产与消费的矛盾就表现为市场供求的矛盾。这样，国民经济各个方面和社会再生产各道环节的实际状况怎样，存在何种矛盾，必然要通过市场信号反映出来。所以，市场信号能够显示出社会经济运行中各种比例关系的协调或失调状态。市场信号是在买方之间、卖方之间，以及买卖双方之间的竞争中自然形成的，是通过生产者之间、生产者与消费者之间的直接联系和接触传输的。因此，它提供的经济信息可以被企业直接接收，不需要经过国家计划机关或政府管理部门的纵向渠道递送。

（四）价格、信贷利率、工资、汇率等市场信号本身能够灵活变动

在金融市场中，信贷利率信号的调整必须是信贷利率机制变动的结果，同时又应是促使信贷利率机制变动的原因。社会平均利率信号能随社会资金总供给和总需求的比例改变而及时调整，还能反映社会生产总供给和总需求的变动状况。差别利率信号既能反映不同部门、不同项目信贷资金需求轻重缓急的差别，又能反映信贷资金的合理流向。在一定时期内，社会信贷资金总供给超过总需求，利率就会随之下降；反之亦然。利率信号调整也能灵敏影响信贷资金供方和需方。利率升高，存款机制就会随之增强吸收社会闲散资金的功效，贷款机制则会随之削弱出借资金的功效。利率降低，存款机制吸收存款的作用力会相应变小，贷款机制出借资金的作用力则会相应变大。商品市场中的价格、劳动力市场中的工资、外汇市场中的汇率等市场信号，与信贷利率信号一样，能够随着自身机制供求对比的调整而灵敏变动，它们都同自身机制中的供方和需方联结成相互适应的有机因果链。

第一篇 代表性论文
第二章 计划机制与市场机制研究

（五）价格、信贷利率、工资、汇率等市场信号能够彼此协调运行

在市场经济条件下，某个市场信号变动，将相应引起它所在的市场机制作用力和作用方向改变。各个市场机制的调节方向及其变动趋势只有保持一致，才能有效地促进社会生产的增加或减少。否则，就会得到相反的经济结果。例如，价格机制、信贷利率机制、工资机制所产生的作用力均对生产者有利，就能有效地促进生产发展；均对生产者不利，就能有效地限制生产增加。倘若价格机制促进生产，而信贷利率机制和工资机制却遏止生产，它们的作用力相互抵消，谁也无法收到应有的调节效果。要使各个市场机制的调节方向尽可能趋于一致，首先必须使各个市场信号的变动能够相互呼应、密切配合。就价格信号来说，它的变动不仅反映商品供求的变动，而且反映资金供求和劳动力供求的变动。就信贷利率信号来说，它的变动虽以信贷资金供求为基础，但也受到商品供求和劳动力供求变动的影响。就工资信号来说，它的变动既有劳动力供求变动的内因，又有商品供求和资金供求变动的外因。这样，各个市场信号将在相互协调的关系中变动，由它们引起的市场机制作用就能趋向协调和一致。

（六）价格、信贷利率、工资、汇率等市场信号能够相互顺畅传递

各个市场机制能否形成一个统一的有机整体，能否以合力形式发挥作用，关键在于各个市场信号能否顺畅传输和及时反馈。如果市场信号相互之间不能传递，那么它们的变动只能局限于自身机制，既不能反映别的机制供方与需方的变动状况，也不能对其产生制约作用，市场机体就会被一个个孤立的机制所分割，难以成为统一整体。一个市场信号只有能把自身变动的消息传送到别的市场机制上，同时又能接收到别的市场信号的变动消息，才能使自己与其他市场信号形成彼此协调的关系。市场信号的传递是通过接力式的方法来进行的：某个市场信号变动引起自身机制的作用力调整，这个机制调整作用力的过程会引起别的市场机制中的市场信号改变。在各个市场信号能够彼此顺畅传递的市场机体中，各个市场机制就能在市场信号因果链的基础上形成联动关系。从调节生产角度看，当某个部门的产品供过于求时，会引起价格信号朝价值下方滑低，价格机制能使这个部门的利率降低，从而引起金融市场机制变动使资金向外流出，价格机制和利率机制的合力又能使这个部门的工资总额减少，从而引起工资机制变动使劳动力转移到其他部门，这个部门的生产随之缩减，直至与需求趋向一致。这样，各个市场机制就形成了一个彼此协调适应的整体。

三、健全市场信号机制的措施

我国目前市场信号机制体系尚不完善，主要表现为市场信号机制扭曲现象没有完全消失，各个市场机制的健全程度高低不一，并存在区域性不平衡，市场信号无法形成灵敏的联动关系和完整的反馈回路。这不仅弱化了市场信号机制应有的调节功能，而且还常常向企业输出失真的参数。企业在错误的市场参数引导下，出现了反常的不合理行为，影响了经济效益的提高。为此，应着重做好以下几项工作。

（一）完善价格机制

当前，影响价格机制功能有效发挥的因素主要是：原材料、能源等上游产品价格偏低，中下游加工工业产品价格偏高，导致上、中、下游产品比价不合理。下游产品缺乏必要的宏观导向，交换行为不规范，价格变动及管理秩序紊乱。特别是生产资料价格双轨制未能及时清除，其弊端已日益明显。双轨制价格使计划与市场互成抗体，在整个经济运行中相互制肘，不可避免地导致整个社会经济无序运行。

要解决这一问题，必须根据各方面的承受能力，加快推进调放结合的价格改革，积极理顺上、中、下游产品的价格关系，逐步建立以市场形成价格为主的价格机制。从完善价格机制总的趋势看，可以采取按社会成本价格为统一尺度的办法，重新衡量所有计划内商品的现行价格。低于成本价格加平均利润的调高，高于成本价格加平均利润的调低，使之基本符合该类商品的社会生产价格。在此基础上，充分考虑国家、企业和群众的承受能力及各方面的实际情况，有计划、有步骤地安排调价项目，适当分散出台时间，尽量减少连锁反应，争取在近期内中下游产品价格全面放开，按品种形成国家宏观调控的统一单轨制市场价格，并建立公平竞争、规范有序的市场交易和市场管理制度。供求基本一致，或可以借助市场力量实现自然均衡的上游产品，或采取先调后放、调放结合、以调促放的办法，逐步转向单一的市场形成价格。因自然资源稀缺或特定生产技术所限，必须由政府计划调节的上游短缺产品，可以根据不同品种，采取各种行之有效的措施，使其全部实行国家统一定价，形成统一单轨制的计划出厂价和供应价，并建立与之相适应的数量调节制度。

国家计划价格的作价、调价原则，应以同期其他上游产品及中下游产品的成本、利润和市场价格为参照系，并体现实行计划定价企业的利益要求，使上游短缺产品生产企业的资金利润率等于或略高于社会平均资金利润率，从而确保政府定价紧密联系市场运行，使统一单轨制的计划价格也能遵循、反映价值规律的要求。

（二）完善利率机制

我国金融体制存在的问题是：银行自我积累能力不强，普遍存在超负荷经营；金融调控体系不健全，难以有效地贯彻宏观货币政策；金融市场发育相对滞缓，赶不上商品市场的发展步伐。特别是它内含的各个分类市场，不仅发育程度差距悬殊，而且相互关系不够紧密，缺乏必要的整体性和相关性，无法形成金融市场体系应有的整体功能，大大削弱了信贷利率机制对经济运行的调节作用。

为了加强利率机制的作用，必须加快改革金融体制，抓紧建立银行风险机制。当前，应积极创造条件，在总结、推广分账管理试点单位经验的基础上，把现有专业银行承担的政策性业务与经营性业务分开，并制订相应的分类管理制度，按不同原则分别考核。将银行办成自主经营和自负盈亏的金融企业，使它们在自担风险、自我约束的运行过程中实现自我发展，做到资金自求平衡，使利率信号的形成、调整和变动，不仅能够反映信贷资金供求对比的变化状况，而且能够反映信贷资产盈利性、安全性和流动性的优化组合。

同时，发展多种金融机构，逐步建立与多种所有制经济形式相适应的多种金融形式，逐步形成以银行信用为主体的多种信用形式。除了花大力气办好现有的商业性银行外，应根据需要创设更多的专业银行，最终建成以中央银行为领导、国有商业银行为主体、多种金融机构分工协作的金融组织体系。尽力拓宽银行经营业务，不仅要继续鼓励居民储蓄，而且要努力实行个人金融资产多样化，开办住房储蓄和住房信贷，扩大债券和股票的发行。加快发展资金拆借市场、证券市场和贴现市场，鼓励资金融通。还要健全金融市场参数体系，使各种不同类型的利率信号之间，以及利率信号与其他市场信号之间，能够形成灵敏的联动和反馈链条。

（三）完善工资机制

目前，最紧迫的任务是为运用工资机制奠定稳固的微观基础。其中，关键是积极推进国有大中型企业的劳动人事制度和工资分配制度的改革。

1. 从国有企业劳动人事制度改革方面看

（1）在试点的基础上进一步推广劳动合同制，使企业跟职工通过平等、自愿、协商一致的办法签订劳动合同，以法律形式确定劳动关系。把竞争机制引入劳动用工制度，通过公开考核和公平竞争确定职工岗位，打破干部与工人，以及各种用工形式的界线，努力做到择优上岗，人尽其用，并依据优化组合、竞争上岗的情况拉开工资差距，劳动岗位和职责变了，职工个人收入就得随之相应增减。

（2）完善劳动立法，抓紧草拟基本的劳动就业法规和当前急需的劳动就业法规，使劳动立法能够适应社会主义市场经济发展的需要，进一步明确政府、企业和劳动者个人在劳动就业方面的权利、义务和责任，使政府管理就业和企业用工均有统一的行为规范，也使劳动者选择职业和岗位有统一的行为准则，并为全员劳动合同制提供坚实的法律基础，确保劳动争议仲裁工作有法可依。

（3）建立和健全职业介绍机构，疏通劳动力供需渠道。积极开展待业人员转业训练和富余人员转岗培训，充分发挥失业保险的作用，使之既能促进失业人员再就业，又能与企业富余人员安置工作衔接，为富余人员转岗或转业提供服务。

2. 从国有企业工资分配制度改革方面看

应在总量控制和工效挂钩的前提下，逐步建立起以岗位技能工资制为主要形式的企业内部分配制度。为此，国有企业不管经营方式如何，都得尽快具有以下权力：有权根据劳动力供求状况和生产经营条件，确定本企业的工资水平；有权根据工作岗位特点采用适当的工资形式和分配方法；有权根据各类具体劳动的实际差别和客观需要，调整本企业职工之间的工资关系；有权在国家政策和法规允许的条件下，通过增加生产、扩大经营等办法取得更多收入来增加职工的工资数量。

同时，提高劳动力市场的开放程度，排除影响劳动力市场平等竞争的人为障碍，克服各类生产要素流动或替代的困难，促进产品和劳务的比价关系合理化，使社会平均利润率得以顺利形成，从而确立劳动力再生产费用公认的社会标准，保证工资信号能够准确反映劳动力的价值和供求状况，能够准确反映劳动的性质和数量差别。

（四）完善汇率机制

为使汇率机制能够很好地发挥作用，国家必须制定和完善外汇管理的有关经济政策，特别是必须根据国内外经济形势的发展变化，制定切实可行的汇率政策，使人民币汇率能够反映国内外货币购买力的变动趋势，能够反映国内外物价对比的变动趋势。

人民币汇率既不能固定不变，也不能大起大落。为此，应从各种货币中选择我国对外贸易经常使用的若干主要国家货币，根据具体情况确定人民币对它们的汇率需要调整的限度。当这些货币汇率升降幅度尚不及我国规定的调整限度时，人民币对其汇率可以保持不变。当它们的汇率升降幅度已达到我国规定的调整限度时，就要及时调整人民币对它们的汇率。

同时，人民币的汇率调整并不能与对方国家货币同幅度浮动，而必须根据我国对外贸易的需要与国际商品市场、金融市场的情况，适度地上下调整，使之既便于在国际结算领域中使用，又有利于发展对外贸易和贯彻平等互利原则。

（五）健全市场信号的联动功能和反馈回路

目前，影响价格、利率、工资、汇率等市场信号彼此协调运行的重要原因，是市场发育不均匀，传输渠道无法有机衔接，导致各种市场信号彼此不能顺畅传递，难以在自变的基础上形成联动关系。要改变这种状况，政府和企业必须携手合作、密切配合，坚决打破条条块块的分割、封锁和垄断，共同利用环境宽松且发育相对超前的市场，支撑环境紧张、相对滞后市场的发育；共同利用市场规则体系相对健全、规范化程度较高的市场，引导运行秩序比较混乱的市场趋向规范化；共同利用对各种经济信号反映比较灵敏、竞争机制相对完善的中下游产品市场，推进上游原材料、能源市场的发育；共同利用相对宽松市场中的信号机制、风险机制和竞争机制，全面促使该领域企业的生产要素和制成品市场化。争取在不太长的时间内做到以下几点。

（1）生产要素市场的发育程度明显提高，资金市场能够比较充分地发挥聚集和融通资金的作用，技术市场能够有效地促进科学技术研究成果、经济信息及时进入生产领域转化为现实的生产力，劳动力市场能够把劳动者分送到合适的工作岗位上，并能为教育和劳动培训机构发出正确的反馈信号。

（2）依据各地各类市场的实际确定它们的合适竞争程度，建立适度规模的专营专卖垄断性市场，完善工业品批发市场，健全农副产品专门市场，发展交易会、订货会、展销会等非常设市场，搞好城乡集市贸易市场，使完全竞争性市场、完全垄断性市场与不完全竞争性市场的比例恰到好处。

（3）买方市场会自行产生遏制力迫使供给减少，卖方市场会自行产生推进力促使供给增多，它们都可依靠内在机制的作用灵活转变为均衡市场。

（4）填平本埠市场与外埠市场、城镇市场与乡村市场的鸿沟，缩小内地市场及民族地区市场同沿海地区市场的差距，实现国内市场与国际市场的平稳接轨。

第三章 产业集聚与产业转移研究

产业集聚将会形成企业、家庭和公用事业集中分布的区域格局，有利于实现集约使用生产资源的目的，并可充分共享信息、知识和技术等方面的积极溢出，从而获取更大的社会经济效益。产业集聚发展到一定程度就会形成产业集群，在产业集群条件下的管理人员之间存在着大量的经营管理积极溢出要素。充分利用管理人员之间的积极溢出，不仅能提高产业利润率，而且还可节约社会资源。产业集群具有孕育、成长、成熟和衰退的生命周期，特别是它会遇到引起夭折和衰落的拐点。产业集群突破生命周期拐点的关键，是加强技术自主创新、大力开发新产品，并使其成为未来主产品。产业转移与承接是影响产业集聚的重要因素。近年新出现的产业链式化转移与承接，主要有三种不同形式，它们分别依据价值链、供应链和生产链来实现产业的转移与承接。

第一节 产业聚集的溢出效应分析[①]

产业集聚能使企业获得节约费用的聚集经济。聚集经济（Economy of agglomeration）本质上是一种外部经济，主要来自企业在相互接触和接近时产生的积极溢出效应。现代经济研究把溢出效应作为经济增长的重要因素，罗默建立了知识溢出模型，卢卡斯设计了人力资本溢出模型。我国产业由于聚集程度偏低，空间配置分散，布局不合理，溢出效益损失严重，已在一定程度上影响了我国经济持续发展的实力和后劲。因此，深入探索产业聚集带来的溢出效应，充分利用积极溢出，及时消除消极溢出，对实

---

① 本节发表于《经济学家》，2004年第3期，其内容收入本人专著《经济学新问题求解》（中国经济出版社，2007年），该书2009年12月获浙江省政府第十五届哲学社会科学优秀成果奖二等奖。该论文被王军军、杜英、姜玲《旅游产业的集群识别及其溢出效应分析》（《晋阳学刊》，2016年第3期）等70余篇论文引用。

现增长方式的根本转变、提高国民经济的整体效益，无疑具有重要的现实意义。

一、企业之间的溢出效应

溢出效应（Spillover effect）的本意是指容器蓄水过满而涌出来所产生的影响。把它借用到经济学上，通常是比喻这样一些经济行为：某个经济活动当事人，在进行一项生产经营活动时，除了获得本身预期的效果外，还在与自己利益无关的情况下，对他人或别的经济组织产生影响。溢出效应也叫作外部效应或外部性因素。马歇尔较早关注这一经济现象。庇古对其做了清楚地阐述，他说，在一方为另一方提供某种服务的过程中，同时为第三方带来好处或损失，这种附带形成的后果，第三方作为受益者不会支付报酬，作为受害者也得不到补偿。此类受益或受损没有通过货币或市场交易反映出来，都不由发生作用的双方承担，所以是一种外部效应。对于经济主体来说，如果外部效应带来了利益，称作外部经济或积极溢出。相反，如果外部效应带来了损失，称作外部不经济或消极溢出。据此，不难明白，溢出效应的基本内涵是，在某一经济活动中，根本没有参与的人得到可察觉的利益（或蒙受可察觉的损失）。[①] 这里，先分析企业之间的溢出效应。

假定企业为 E；E_A 企业生产的产品或提供的服务为 a，E_B 企业生产的产品或提供的服务为 b，各种投入要素为 x_1，x_2，…，x_n。如果 a 的产出，完全取决于本企业的投入要素 E_{Ax}，那么，E_B 企业对 E_A 企业不存在溢出效应。如果 a 的产出，除了依靠自身的投入要素外，还受到 b 产出的影响，这说明 E_B 企业对 E_A 企业产生了溢出效应。此时，a 的生产函数为

$$a = E_A(x_1, x_2, \cdots, x_n, E_B) \qquad (3-1)$$

现用 $\partial E_A / \partial E_B$，表示 E_B 企业对 E_A 企业溢出效应的边际生产率。$\partial E_A / \partial E_B > 0$，意味着 E_B 企业的生产经营活动为 E_A 企业带来了好处，b 量的增加会引起 a 效益的提高，是一种外部经济现象。倘若 $\partial E_A / \partial E_B < 0$，则表明 E_B 企业给 E_A 企业带来一定效率损失，b 量的增加会导致 a 成本上升，造

[①] 詹姆斯·米德. 效率、公平与产权[M]. 施仁, 译. 北京: 北京经济学院出版社, 1992: 302.

成了外部不经济。

在双向溢出效应的条件下，b 的产出不仅取决于自身企业的投入要素 E_{Bx}，而且也受到 a 产出的影响，其生产函数为

$$b = E_B(x_1, x_2, \cdots, x_n, E_A) \qquad (3-2)$$

这里，$\partial E_B/\partial E_A > 0$，表明 E_A 企业会对 E_B 企业产生积极溢出，将带来外部经济的佳绩；$\partial E_B/\partial E_A < 0$，表明 E_A 企业会对 E_B 企业产生消极溢出，将造成外部不经济的不良后果。

二、家庭之间的溢出效应

家庭成员消费社会产品，并为社会提供劳动力。家庭个人消费虽然与企业生产消费不同，但它也会产生溢出现象，存在一定外部性经济问题。家庭消费的溢出效应与物品的品种及数量直接相关。一般来说，普通日用品的消费行为溢出效应较弱，而选购品和耐用品的消费过程会出现较强的溢出现象。

假定家庭为 F；F_P 家庭的消费为 p，F_Q 家庭的消费为 q，个人消费品的种类和数量为 $y_1, y_2, \cdots, y_n$。如果 F_P 家庭消费受到 F_Q 家庭消费的影响，提高或降低了消费效用，F_P 家庭的消费效用函数为

$$p = F_P(y_1, y_2, \cdots, y_n, F_Q) \qquad (3-3)$$

当 $\partial F_P/\partial F_Q > 0$ 时，F_P 家庭将会随着 F_Q 家庭的消费，增加原有消费品的功能，提高价值载体的质量，延长使用价值的使用期限，或者节能省耗，更方便、更安全。当 $\partial F_P/\partial F_Q < 0$ 时，F_P 家庭的消费，将会由于 F_Q 家庭的消费行为而减少效用，或付出更大代价。

倘若 F_P 家庭的消费效用，也能直接进入 F_Q 家庭的消费效用，并对其产生一定的溢出效应，F_Q 家庭的消费效用函数为

$$q = F_Q(y_1, y_2, \cdots, y_n, F_P) \qquad (3-4)$$

F_Q 家庭在 F_P 家庭消费溢出效应的作用下，要是 $\partial F_Q/\partial F_P > 0$，其消费效用会提高；相反，$\partial F_Q/\partial F_P < 0$，则会降低原有的效用。

三、公共经济的溢出效应

公共经济以公用事业为核心，一般指基础设施和服务设施。反映基础

设施状况的主要是铁路、公路、水运、航空和管道运输等交通运输网及交通工具，人均居住面积，供电系统与人均可用电量，给水排水系统与人均可用水量，供气系统与人均可用燃气量等。反映服务设施的状况主要是邮电、通信、计算机互联网络等信息产业网及电话机和计算机拥有量。商业和金融网点，劳动就业服务机构，科技人员拥有量与科技推广服务网，医院床位数，人均图书馆藏书，以及各类中介组织，如会计师、审计师和律师事务所、公证和仲裁机构、计量和质量检验认证机构、信息咨询机构、资产和资信评估机构等。

中心城镇或开发新区，公共经济发展到一定水平，形成比较完善的公共物品和公共服务供给，就会产生积极的溢出效应，即通过良好的外在化因素，节省交易费用，降低企业的总成本和劳动者的居住、就业成本，从而吸引企业和家庭向中心区聚集。

假定公共经济为 P_U；各种基础设施和服务设施的投入为 z_1，z_2，…，z_n，公共经济的产出效用为 u。当公共经济完全依靠自身投入，不受企业和家庭等溢出资源的外部性影响时，其效用函数表现为

$$u = P_U(z_1, z_2, \cdots, z_n) \tag{3-5}$$

公共经济一旦形成积极的溢出效应，就会通过正效果的外在化影响，为企业带来外部经济。此时，企业的产出函数吸纳了公共经济的溢出内容：$e = E(x_1, x_2, \cdots, x_n, P_U)$，且 $\partial E/\partial P_U > 0$。公共经济的积极溢出资源，也会进入个人消费过程，从而提高家庭的消费效用，这种函数关系为 $f = F(y_1, y_2, \cdots, y_n, P_U)$，且 $\partial F/\partial P_U > 0$。

与此同时，企业和家庭在中心区的合理聚集，不仅可以充分利用当地公共经济的积极溢出资源、减少公共物品的浪费，而且还能通过自身的积极溢出，提高公共经济的产出效率。当 E 企业对公共经济产生积极溢出作用时，公共经济随之降低交易成本，增大使用价值，这一函数是：$u = P_U(z_1, z_2, \cdots, z_n, E)$，且 $\partial P_U/\partial E > 0$。当 F 家庭的积极溢出融入公共经济时，公共经济的效用函数是：$u = P_U(z_1, z_2, \cdots, z_n, F)$，且 $\partial P_U/\partial F > 0$。

当然，公共经济与企业和家庭之间也会出现消极溢出现象。在一定区域内，企业过度集中超出基础设施和服务设施的承受能力时，公共经济就会溢出消极的外部性因素，造成生产经营成本提高。人口的过度稠密，也

会导致公共经济供给不足、溢出消极成分、出现居住拥挤、过度就业竞争等问题。在此情况下，$\partial E/\partial P_U$，$\partial F/\partial P_U$，$\partial P_U/\partial E$ 和 $\partial P_U/\partial F$ 的值，至少有一个甚至全部<0。

四、产业聚集的溢出效应

产业聚集具有鲜明的空间经济组织特征，它通过系统进化的结构演变，促使资本、财富和劳动力的运行密度不断提高，形成企业、家庭和公用事业集中分布的区域格局，达到集约用地的目的。一是通过推进生产要素的有机结合，增强产业之间的内聚力和关联性，产生同向合力的乘数功能，降低整体生产费用。二是通过经济要素处于相对密集的状态，以及经济活动数量上的空间扩张，促使区域内企业数目增多和企业规模扩大，减少单位产品需要分摊的固定成本。这些都包含着产业聚集产生的积极溢出作用。产业聚集以企业聚集为基础，企业聚集可以产生多方面的积极溢出，其中最明显的，恐怕要数信息、知识和技术的溢出和共享。

假定 E 企业的私有信息、知识和技术为 x_a，其他投入要素为 x_{b1}，x_{b2}，…，x_{bn}，如果 E 企业所在区域没有出现聚集现象，周围找不到相关企业，不可能产生积极溢出，也不受别的企业溢出效应的影响，它的生产函数是：$e=E(x_a; x_{b1}, x_{b2}, \cdots, x_{bn})$。倘若 E 企业与别的企业聚集在一起，形成了信息、知识和技术的积极溢出，相关企业就可免费获得这种溢出带来的利益，从而进一步提高各自的信息、知识和技术水平。假定在一定区域内，含有溢出效益的社会信息、知识和技术总水平为 X_A，企业数目为 n，那么，$X_A=x_a n$。需要指出的是，X_A 不等于企业分散时 x_a 的数量合计。因为，在分散条件下，企业拥有的 x_a 即使存在积极溢出效应，也会由于无人利用而白白浪费，很难产生外部经济。因此，X_A 总是大于 x_a 没有积极溢出效益时的简单叠加。

用 $\bar{x}_b$ 代替 x_{b1}，x_{b2}，…，x_{bn}，表示信息、知识和技术以外的其他投入要素，规模都保持不变，且没有任何溢出效应。这时，由于聚集企业单纯受 X_A 影响而形成的生产函数，将按以下路径演变为

$$e=E(x_a; x_{b1}, x_{b2}, \cdots, x_{bn}) \rightarrow =E(x_a, \bar{x}_b) \rightarrow =E(x_a, X_A, \bar{x}_b)$$

(3-6)

在 $e=E(x_a, X_A, \bar{x}_b)$ 式中，E 既是 x_a 和 $\bar{x}_b$ 的规模收益不变函数，又是 x_a 和 X_A 的收益递增函数。这里，X_A 对产出的贡献，可以衡量信息、知识和技术，因聚集造成溢出而带来的外部经济效果。如果假定 $X_A(t)$ 为社会信息、知识和技术总水平的运行轨迹，根据罗默增长模型原理，任何竞争性厂商都把 $X_A(t)$ 和价格看作是既定的。这样，对个别企业来说，信息、知识和技术的私人边际产品是 $\dfrac{\partial E(x_a, X_A)}{\partial x_a}$；而对社会所有企业来说，在聚集产生积极溢出的条件下，信息、知识和技术的社会边际产品即影子价格是 $\dfrac{\partial E(x_a, X_A)}{\partial x_a} + n \dfrac{\partial E(x_a, X_A)}{\partial X_A}$。显然，$\dfrac{\partial E(x_a, X_A)}{\partial x_a} + n \dfrac{\partial E(x_a, X_A)}{\partial X_A} > \dfrac{\partial E(x_a, X_A)}{\partial x_a}$，也就是，信息、知识和技术等生产要素，在产业聚集状态下形成的社会边际产品，大于它们分散时形成的私人边际产品。

第二节　产业集群条件下管理人员之间的溢出效应[①]

产业集聚在合适地点上发展到一定程度，就会使一群企业和其他法人机构以产业链为基础形成既独立自主，又相互关联的空间经济组织形式，孕育出产业集群。在产业集群条件下，管理人员之间会产生溢出效应。公司制企业支付薪金聘用的各级各类职业经理人员，作为管理人员，他们要应对股东的责问，要接受董事会的监管，要设法降低成本提高效益，要确保主产品及时更新换代，要开辟更宽广的原材料进货渠道，要拓展更有潜力的营销市场。这一过程不仅历练了他们的经营管理才干，同时，也会在与其他管理人员的接触中，产生更好管理企业的溢出效应。本节拟对产业集群条件下管理人员之间的溢出效应做些分析。

一、溢出效应研究的文献综述

近年，学术界对溢出效应的研究，主要集中在产业集群知识溢出效应

[①] 本节以《企业管理人员之间的溢出效应及其影响》为题，发表于《浙江师范大学学报》（社会科学版），2020 年第 1 期，与张琼妮合作。

方面。例如，郭韧和曾国祥（2007）通过考察产业集群的知识溢出途径，揭示知识溢出效应对产业集群的作用，认为这种知识溢出效应提升了企业及集群的创新能力和竞争力。[1] 姚雪萍和余成跃（2008）认为，产业集群的知识溢出能够推动其内部成员企业的技术创新和产业集群整体的技术升级，使个体及群体的竞争力都得到提升。[2] 李雪（2011）认为，产业集群的知识溢出，是指产业集群内部企业之间通过知识与信息的共享学习方式，促进技术劣势一方的技术创新绩效以达到外部规模经济的一种运行机制。[3] 黄志启（2012）认为，知识溢出是高科技产业集群中的一个突出现象，他以高科技产业集群中企业衍生为例，通过建立模型，对知识溢出、知识流失、企业研发及知识获取等要素进行分析。[4] 程璐（2012）针对高技术虚拟产业集群知识溢出效应研究展开研究，认为高技术虚拟产业集群作为一种新型的产业组织形式，逐渐成为产业集群发展的新趋势；知识溢出则是高技术虚拟产业集群内企业间重要的知识活动之一。[5] 张帆（2016）从金融产业本质特性出发，提出金融产业虚拟集聚概念，并对金融产业虚拟集群知识溢出效应展开理论探索。[6]

此外，还有针对供应链和物流领域研究溢出效应的研究成果。例如，吕君和颜光华（2006）从供应链视角探索产业集群溢出效应。[7] 何景师和陈晓忠（2013）对物流领域的溢出效应展开研究，他们把物流产业集群看作是一个动力学发展系统，进而分析物流产业集群溢出效应的控制参量和自组织机理，建立起物流产业集群协同溢出效应演进过程中的协同增长、竞争和共生模型。[8]

从检索到的已有文献看，对于溢出效应问题，近期学者的研究主要针对产业集群，而且大多侧重于知识溢出为重点进行探索，很少针对管理人

---

[1] 郭韧，曾国祥. 产业集群的知识溢出效应研究 [J]. 中国市场，2007（40）.
[2] 姚雪萍，余成跃. 产业集群知识溢出效应的博弈分析 [J]. 江西社会科学，2008（9）.
[3] 李雪. 论高技术产业集群的知识溢出效应及潜在风险 [J]. 学术交流，2011（8）.
[4] 黄志启. 高科技产业集群中知识溢出效应的模型分析 [J]. 科技进步与对策，2012（5）.
[5] 程璐. 高技术虚拟产业集群知识溢出效应研究 [J]. 科技进步与对策，2012（10）.
[6] 张帆. 金融产业虚拟集群知识溢出效应的理论研究 [J]. 科研管理，2016（1）.
[7] 吕君，颜光华. 产业集群"溢出效应"研究——供应链视角 [J]. 商业经济与管理，2006（8）.
[8] 何景师，陈晓忠. 基于协同理论的物流产业集群溢出效应分析 [J]. 物流技术，2013（5）.

员相互之间存在的溢出效应。即使提到管理人员，也只是在产业集群溢出效应的整体框架下做出简要说明，缺乏对管理人员之间溢出效应的全面性、系统性的分析。鉴于此况，有两个方面尚须深入研究：一是如何系统地衡量企业中管理人员彼此之间产生的溢出效应，以及这些溢出效应是怎样表现的；二是管理人员之间产生的积极溢出效应，对社会边际产品、平均利润率和社会资源耗费会产生什么影响。以下内容将对围绕这些问题展开分析，提出作者的浅见，以求教于学术界同仁。

二、企业管理人员之间的双向溢出效应

假定企业管理人员（Controller）用 C 表示；C_1 管理人员从事企业经营管理活动产生的业绩为 c_1，C_2 管理人员在企业经营管理过程中取得的业绩为 c_2，投入的管理智慧、经营经验、专业设备和资金等各种要素为 m_1，m_2，…，m_n。如果 c_1 产生的业绩，完全取决于 C_1 管理人员自己投入的各种要素 C_{1m}，那么，C_2 管理人员对于 C_1 管理人员来说，没有发生溢出效应。如果 c_1 的经营管理业绩，不仅是依靠 C_1 自己投入的诸多要素取得，同时也受到 c_2 业绩的影响，这就意味着，C_2 管理人员对 C_1 管理人员产生了管理效率上的溢出效应，有多余的管理智慧、经营经验或其他相关要素，悄悄地融合到对方的管理业绩中了。此时，形成 c_1 业绩的函数是：

$$c_1 = C_1（m_1，m_2，\cdots，m_n，C_2） \qquad (3-7)$$

如果 $\partial C_1/\partial C_2 > 0$，意味着 C_2 管理人员在开展企业经营管理业务活动的过程中，为 C_1 管理人员在管理谋略上、经营决策上或者其他方面提供了有益的无偿帮助，c_2 业绩的上升会引起 c_1 业绩增大，从而由外部因素引起管理效率的提高。倘若 $\partial C_1/\partial C_2 < 0$，则表明 C_2 管理人员在创造自己业绩的过程中，给 C_1 管理人员造成了一定利益损失，c_2 业绩增大，会引起 c_1 业绩缩减，导致了外部不经济。

在通常情况下，管理人员个人之间的溢出效应也是双向的，c_2 业绩也会受到 c_1 的影响。如果 c_2 业绩的形成，不只是依靠 C_2 管理人员自己投入的各类要素 C_{2m}，同时会随着 c_1 业绩的取得而起伏，那么形成 c_2 业绩的函数是：

$$c_2 = C_2（m_1，m_2，\cdots，m_n，C_1） \qquad (3-8)$$

倘若由此出现 $\partial C_2/\partial C_1 > 0$，这表明：$C_1$ 管理人员已经为 C_2 管理人员带来了积极溢出，使其提高了企业管理效率，能在等同的投入要素条件下，创造出更多的经营管理业绩；如果 $\partial C_2/\partial C_1 < 0$，则意味着 C_1 管理人员会对 C_2 管理人员造成消极溢出效应，将会降低企业运行效率，使其在等同的投入要素条件下，只能取得较少的经营管理业绩。

三、企业管理人员之间积极溢出对社会边际产品的影响

企业管理人员在企业中承担着经营管理的职能，指挥、控制并协调员工完成具体任务，其工作业绩会对企业造成很大影响，有的甚至直接关系到一个企业的成败与兴衰。现代企业管理涉及人、财、物方方面面，管理人员需要与社会上各类人员建立工作联络关系。在这些往来关系中，与其他企业管理同行的接触密度相对较高，机会也比较集中。因此，从中共享管理资源的积极溢出效应，并提高自己的经营管理效率，在客观上是一直存在的。

公司制企业在管理方面的投入要素，除了支付薪金聘用职业经理人员外，还需要配备管理人员办公用房和办公设施，以及其他用于经营管理的仪器设备等。在企业投入用于管理的各类生产要素中，能够在管理人员之间产生溢出效应的主要在于人的要素。具体来说，最有可能形成积极溢出，并能在管理人员之间共享的，是管理智慧、管理知识、经营理念、经营经验，以及管理方式与手段等。至于为管理人员提供工作或生活服务的硬件设施，大多属于日常用品，不可能产生有用的外溢现象。

这里，以能否产生溢出效应为依据，把企业投入的管理要素分成两部分：一是能够产生溢出效应的管理要素，用 C_{ma} 表示；二是不能产生溢出效应的其他各类管理要素，用 C_{mb1}，C_{mb2}，…，C_{mbn} 表示；该企业管理人员取得的经营管理业绩为 c。

如果该企业以单家独户的形式存在于某个区域，管理人员与外界企业同行没有任何联系和交往，难以吸收其他管理人员溢出的有用管理要素，他本人经营管理方面的积极溢出要素，也无法提供给其他管理人员共享。在此条件下，管理人员行使职能产生的经营管理业绩函数是：

$$c = C\ (C_{ma};\ C_{mb1},\ C_{mb2},\ \cdots,\ C_{mbn}) \tag{3-9}$$

如果该企业建立在以同类企业聚集为基础的工业园区，可以找到属于同一产业链上的纵向关联企业，也可以找到与本企业产品有配套性和补充性关系的横向关联企业。相关企业的管理人员会通过开展业务合作而共同商议经营谋略，还会通过沙龙座谈而一起探讨解决经营难题的办法，甚至会通过喝茶闲聊来交流管理方面的心得体会。这样，该企业管理人员可能为别人提供了有价值的溢出，同时，其也能大量吸收别的管理人员提供的溢出营养。

假定在一定区域范围内，整个社会可产生管理积极溢出的管理智慧、管理知识、管理方式、经营理念和经营经验等总水平为 C_{MA}，管理人员数量为 n，那么，$C_{MA}=C_{ma}n$。此处需要搞清楚的是，与上面研发要素溢出和信息要素溢出的情况一样，单个管理要素溢出 C_{ma} 的简单叠加，与全体管理要素溢出的总水平 C_{MA} 是两个不同的数值，它们是两个不同的概念。由于在企业分散的条件下，即使存在 C_{ma}，但是由于缺乏受体，没人能够吸纳和利用它，实际上并没有发挥积极溢出的作用，只能看成是零溢出。所以，管理要素积极溢出总水平 C_{MA} 的数值，总是大于由单个管理要素溢出 C_{ma} 简单叠加而成的数值。

为了方便分析，这里用 $C_{\overline{mb}}$ 代替 C_{mb1}，C_{mb2}，…，C_{mbn}。假定 $C_{\overline{mb}}$ 为代表的管理要素规模保持不变，而且它们不存在任何溢出现象。这样，一个建立在工业园区内，与相关厂商联系密切的企业，其管理人员取得的经营管理业绩，单纯受 C_{MA} 影响而形成的产出函数，将依据以下途径演进：

$$c = C\ (C_{ma};\ C_{mb1},\ C_{mb2},\ \cdots,\ C_{mbn}) \to = C\ (C_{ma},\ C_{\overline{mb}}) \to$$
$$= C\ (C_{ma},\ C_{MA},\ C_{\overline{mb}}) \tag{3-10}$$

在 $c=C\ (C_{ma},\ C_{MA},\ C_{\overline{mb}})$ 式中，C 既是 C_{ma} 和 $C_{\overline{mb}}$ 的规模收益不变函数，又是 C_{ma} 和 C_{MA} 的收益递增函数。这里，C_{MA} 带来的企业经营管理业绩增长幅度，可以衡量管理智慧、管理知识、经营理念、经营经验，以及管理方式与手段等，因企业聚集或产业聚集形成积极溢出而产生的外部经济效果。

如果假定 $C_{MA}\ (t)$ 为社会管理要素积极溢出总水平的运行轨迹，根据有关经济学原理，在所有竞争性厂商的眼里，$C_{MA}\ (t)$ 和价格都被看作是既定的。这样，对企业个别管理人员来说，管理要素积极溢出的私人边际

产品是 $\frac{\partial C(C_{ma}, C_{MA})}{\partial C_{ma}}$；而对社会所有管理人员来说，在产业聚集区使相关联企业都能形成积极溢出效应的条件下，管理要素积极溢出的社会边际产品是 $\frac{\partial C(C_{ma}, C_{MA})}{\partial C_{ma}} + n\frac{\partial C(C_{ma}, C_{MA})}{\partial C_{MA}}$。在此基础上，可推出以下公式：

$$\frac{\partial C(C_{ma}, C_{MA})}{\partial C_{ma}} + n\frac{\partial C(C_{ma}, C_{MA})}{\partial C_{MA}} > \frac{\partial C(C_{ma}, C_{MA})}{\partial C_{ma}} \qquad (3-11)$$

公式（3-11）表明：分析管理人员积极溢出对社会边际产品的影响，可以看出，体现在管理人员身上的管理智慧、管理知识、管理方式、经营理念和经营经验等企业投入的人力资源要素，在区域聚集促使相关企业加强联系的情况下，可以产生积极溢出效应，从而提高经营管理业绩，由此产出的社会边际产品，大于企业分散时形成的私人边际产品。

四、企业管理人员之间积极溢出对利润率的影响

（一）从收入报表角度分析的利润率

企业收入报表通常会显示，销售收入减去已销售货物成本等于毛利。毛利扣除各项成本支出，便是税前盈余。这个盈余可以看作是企业投入生产的物力资源要素和人力资源要素共同取得的。为了便于分析，这里把物力资源（Material resources）要素，用 M 表示；人力资源（Human resources）要素，用 H 表示。另外，如果盈余（Surplus）用 S 表示，利润（Profit）用 P 表示，假设盈余等于利润：$S = P$。如果利润率（Profit rate）用 P' 来表示，那么，可以得出以下公式：

$$P' = \frac{S}{M+H} \qquad (3-12)$$

在现代市场经济条件下，一个企业不可能长久维持高利润率，在竞争压力的作用下，很快就会在同类企业之间走向平均化，接着还会在产业内各类不同企业之间实现平均化。

产业通常是由利益相互联系的各个相关行业的企业组成，它们围绕着共同产品展开经营活动，各企业相互之间有不同分工，它们的产权制度、经营方式和流通环节有所不同。形成产业平均利润率后，竞争会继续发挥影响，促使其进一步实现全社会的平均利润率。假定以 $\bar{p}'$ 代表平均利润

率，社会投入生产的物力资源要素和人力资源要素之和，即总预付资本为 $\sum (M+H)$，社会总盈余为 $\sum S$，则平均利润率为

$$\bar{p}' = \frac{\sum S}{\sum (M+H)} \tag{3-13}$$

公式（3-13）表明：在市场经济条件下，平均利润率就是全社会每年生产的全部盈余，同社会全部预付物力和人力资源要素的比值。这样，利润成了全部预付资本的产物，资本要素投入者就可以按照相同的利润率，使等量资本取得等量利润。此时，利润转化为平均利润，利润率也转化为平均利润率。平均利润率又称一般利润率，就是社会总资本的总利润率。

将公式（3-13）的分子乘上 $\frac{M+H}{M+H}$，得

$$\bar{p}' = \frac{\sum S \left(\frac{M+H}{M+H}\right)}{\sum (M+H)} = \frac{\sum \frac{S}{M+H}}{\sum (M+H)} (M+H) = \frac{\sum p'(M+H)}{\sum (M+H)} 即$$

$$\bar{p}' = \sum p' \times \frac{M+H}{\sum (M+H)} \tag{3-14}$$

公式（3-14）表明：平均利润率等于各个不同部门单个利润率的加权平均数。它取决于两个因素：一是各部门的利润率水平（P'）；二是物力资源要素与人力资源要素比例不同的各个部门资本，在社会总资本中所占的比重 $\frac{M+H}{\sum (M+H)}$。各部门的利润率水平越高，平均利润率就越高，反之，则越低；人力资源要素比例高的部门占的比重大，平均利润率就高，反之亦然。

（二）管理人员之间积极溢出有利于提高利润率

从以下分析可知，管理人员之间溢出效应产生的正能量，有利于提高利润率。

假定管理人员相互之间形成的双向溢出效应都产生了积极结果，没有出现不经济现象，$\partial C_1/\partial C_2$ 与 $\partial C_2/\partial C_1$ 的值都大于零。两家不同企业的管理人员在接触和交流过程中，彼此取长补短，充实了经营管理的智慧和学识，提高了经营管理效率，在企业同等规模要素投入的条件下，取得了更多纯收益。这里，C_1 管理人员通过接受积极溢出而增加的盈余为 C_{s1}，C_2

管理人员通过共享溢出效应而增多的盈余为C_{s2}。假设参加积极溢出共享的全部管理人员为C_1，C_2，…，C_n，可用C表示；全体管理人员在共享积极溢出过程中，获得的全部盈余由下式组成：C_{s1}，C_{s2}，…，C_{sn}，可称其为"管理溢出盈余"，用C_s表示。

管理溢出盈余是管理人员在共享积极溢出中产生的。主要是不同企业的管理人员通过频繁往来和相互接触，实现管理智慧碰撞、经营经验交流、市场信息传递，各自由此受益，锻炼了才干，增长了学识，提高了经营管理能力和效率，从而获得更多的纯收益。管理溢出盈余是企业在没有追加生产要素投入的条件下取得的，是常规产业利润之外的纯收益。显然，它能够促使利润率和平均利润率提高。把管理溢出盈余C_s加入公式（3-12），得

$$P' = \frac{S + C_S}{M + H}$$

以此为基础可推出

$$\frac{S + C_S}{M + H} > \frac{S}{M + H} = P' \uparrow \qquad (3-15)$$

公式（3-15）表明，管理人员在从事企业经营管理活动时，通过共享积极溢出效应，吸取其他管理人员在管理智慧、专业知识、经营经验和市场信息等方面的积极溢出，提高了自己经营管理效率，并由此获得管理溢出盈余，它有利于提高产业利润率。

接着，把管理溢出盈余C_s，加入公式（3-13）平均利润率公式$\bar{p}' = \frac{\sum S}{\sum (M+H)}$，可得$\bar{p}' = \frac{\sum S + C_S}{\sum (M+H)}$，经推导可得以下公式：

$$\frac{\sum S + C_S}{\sum (M+H)} > \frac{\sum S}{\sum (M+H)} = \bar{p}' \uparrow \qquad (3-16)$$

公式（3-16）表明，管理人员通过吸收外部积极溢出而获取的管理溢出盈余，是不需要企业支付费用而得到的额外收入，它可以在提高产业利润率的同时，促使平均利润率水平提升。

五、企业管理人员之间积极溢出对节省资源的影响

如果换个视角来分析管理溢出盈余可以发现，它不仅能够促使利润率

和平均利润率的提高，而且还有节约社会资源的作用。

从公式（3-12）利润率公式 $P'=\dfrac{S}{M+H}$ 出发分析，假定其分子保持不变，即全部产业盈余或利润是既定的 S，它已包含着管理人员额外得到的管理溢出盈余 C_S。但是，获取管理溢出盈余时，企业并没有增加管理人员的要素投入，实际上是一项生产投入要素的节省。这对企业来说可以减少预付资本投入而降低成本，对社会来说是减少资源的消耗，有利于创建友好型环境。按照利润与资本的比例可以推算出，作为纯利润的管理溢出盈余大约相当于节省多少生产要素的数量。把管理溢出盈余，除以利润与预付资本的比例，所得数值就是节省的预付资本及其代表的社会资源。从全体管理人员来看，这项节省的企业投入要素或费用，由 C_{sm1}，C_{sm2}，…，C_{smn} 所组成，可用 C_{Sm} 表示。把 C_{Sm} 代入公式（3-12），可以看到利润率公式在分子保持不变的情况下，分母由于管理人员要素投入相对减少而缩小了，可用下式表示

$p'=\dfrac{S}{M+H-C_{Sm}}$，还可以推导出

$$\dfrac{S}{M+H-C_{Sm}}>\dfrac{S}{M+H}=P'\uparrow \quad (3-17)$$

公式（3-17）表明，管理人员从积极溢出现象中获得的管理溢出盈余，可以促使利润率提高。这种管理溢出盈余来自企业外部产生的积极溢出效应，它的取得并不需要追加新的生产要素，实际上是在取得等量利润的条件下，节省了社会资源耗费，或者减少了预付资本的开支，它的数量大约等于同由此节省的管理费用总和。

六、结论与建议

本节针对我国现阶段企业存在的溢出现象，建立理论模型，分析了企业管理人员之间的溢出效应。结果表明，企业管理人员通过相互接触和交流，彼此之间会产生双向溢出效应。这种溢出效应可能是积极的，会带来更多盈余；也可能是消极的，会造成利益损失。管理人员相互之间产生的积极溢出效应，可使参与者有机会共享管理智慧和经营经验，将会在等同投入要素的条件下，创造出更多的经营管理业绩。充分利用这种积极溢出

效应，可以降低企业生产成本提高经营管理效率，可以使产出的社会边际产品大于企业分散时形成的私人边际产品，还可以提高产业利润率和平均利润率，并有利于节省社会资源的耗费。

基于本节的研究结果，我们提出以下政策建议：

第一，提高对管理人员积极溢出效应的认识。当前，对溢出效应尚缺乏全面认识，有的仅仅把它看成是知识溢出，忽视了管理智慧和经营经验等方面的溢出，甚至对其视而不见，任由其自生自灭，白白浪费了企业中存在的大量积极溢出现象。今后，必须改变这种观念，并有意识、有目的地加以利用。

第二，增强管理人员积极溢出的功能。有关部门应该鼓励和帮助企业建立更加有效的学习交流平台。促使企业管理人员能够相互学习，彼此加强信息沟通，尽力利用平台共享共用机制，及时解决各自在管理方面存在的问题，提高企业管理人员的整体水平，使这种积极溢出具有更强大功能。

第三，建立管理人员积极溢出的高效利用机制。有关部门应该促使和帮助企业建立高效的生产经营运行系统，使产品制造企业，与研发单位、供应商、销售商、物流机构、中介服务组织和终端客户等有机地融为一体，能够及时把技术链管理和价值链管理各环节的积极溢出，汇聚成管理人员的整体积极溢出效应，并大胆加以利用，进而及时转化为集聚经济收益。

第三节 产业集群生命周期分析[①]

本节将从综合竞争力视角，分析产业集群的生命周期。产业集群综合

[①] 本节由两篇论文组合而成：一是《产业集群生命周期运行机理分析》，发表于《天府新论》，2007年第5期，与官仲章合作；被贺斌《基于生命周期的产业集群知识扩散演化机制分析》（《商业经济研究》，2015年第9期）等10多篇论文引用。二是《产业集群生命周期取决于技术自主创新》，发表于《经济论坛》，2008年第5期；被钟荣丙《产业集群中共生技术集成创新模式研究》（《工业技术经济》，2011年第4期）等10余篇论文引用。这两篇论文同时收入本人专著《促进区域繁荣——以浙江为例》（知识产权出版社，2010年），该书2013年5月获台州市政府第十四届哲学社会科学优秀成果奖一等奖。

竞争力主要包括集群结构、集群构成要素的各自功能、集群构成要素的矢量合力和集群整体运作能力等方面。根据产业集群综合竞争力这个综合指标，可以把它的一般生命周期划分为孕育、成长、成熟和衰退四个阶段。产业集群突破拐点使生命得以延续的关键是，加强技术自主创新，大力开发未来可成为主产品的新产品，促使龙头企业不断壮大，努力提升主导产业的竞争力。

一、基于综合竞争力的产业集群生命周期

（一）运用综合竞争力分析产业集群生命周期

1. 对产业集群生命周期的认识

产业集群是一个鲜活的生命体，有出生之日，也有衰亡之时。国外学者早已关注它的生命历程，如布诺梭把产业集群的成长分为两个阶段；范迪克提出了产业集群成长阶段理论；波特认为产业集群的成长过程存在某种生命周期形态；蒂奇、塞格列和迪尼等人，则探索了如何划分产业集群生命周期的不同阶段。

2. 产业集群综合竞争力的内涵

我们在吸收国内外有关学术成果的基础上，试图以产业集群综合竞争力为依据，描述它的生命周期运行轨迹。产业集群综合竞争力，主要包括以下四项内容。

（1）集群结构，主要考察企业所有制结构如国资、民资、外资，企业规模结构如企业职工人数、年生产能力或产量等，以及相关机构如贸易组织、企业商会、同业公会、律师事务所、会计师事务所、税务机构等。

（2）集群构成要素的各自功能，主要考察构成集群主体的企业、行业协会、政府相关部门等，对促进集群发展和提高集群竞争力所起的不同作用。

（3）集群构成要素的矢量合力，主要考察企业和企业之间的纵向关系、企业和政府、企业和相关支撑机构之间的横向关系，以及它们形成的共同竞争优势和同方向合力。

（4）集群整体运作能力，主要考察集群诸多主体各自发挥功能及相互促进作用形成的集群整体功能，如集群整体的创新能力、集群整体的营销

能力、集群整体的风险规避能力等。

(二) 产业集群生命周期四个阶段的主要特征

1. 孕育期的主要特征

孕育期是产业集群形成过程的初始阶段。它一般表现为：在一个相对集中的区域内，开始创办或通过引进，形成若干生产同类型产品的企业。这些企业相互之间，尚未出现以产业链或价值链为基础的纵向联系，它们的技术创新过程表现为发明→开发→设计→中试→生产→销售等简单的线性过程。

这一时期，由于没有形成相互配套的产业链，从严格意义上来说并没有形成产业集群，也不具备集群所具有的各种优势与特征。所以，此时区域磁场的吸引力比较弱小，生产要素由外围向极点集聚的极化效应不是很强烈。在此期间，本地企业家逐步成长起来。由于企业家的活动具有很强的外部性，成功的经济绩效很容易被当地其他的经济主体发现并被模仿。

2. 成长期的主要特征

产业集群随着孕育期的发展及企业盈利增多，它的集聚力逐步增强，使大量直接生产同种产品的企业集聚在一定空间内，形成集群的核心层。随着核心层的实力增强和规模扩大，吸引大量与本产品加工相关的企业自发地集聚在核心层外围。这意味着集群开始形成配套的产业链，标志着集群进入成长阶段。这是经济活动的地理集聚与外部经济相互推动而形成的结果。外部经济具有正反馈机制，即一旦产业集聚在某些地区，外部经济就会成为新的企业选择这一地区的推动力，从而促进产业集群的进一步发展，产生更大的外部经济，如此循环下去。

这一时期，为避免过度竞争和促使集群发展，各种社会网络组织（如行业协会）等中介机构应运而生，基于知识生产和创造的创新服务体系（如教育机构、科研机构）等集群要素也开始形成。企业间开始通过有组织的活动（如展览会、各种论坛）以及非正式的交流进行横向联系。随着各企业在本地的联系越来越紧密，同一地区的知识扩散效应也逐步增强，企业的技术创新从线性式创新逐步过渡到网络式创新。创新的主要特点表现为，不再由一个企业独立进行，而是通过组织间的互动作用，完成知识的产生、传递和积累过程，创新能力迅速提升。与此同时，政府行为和外部竞争，也开始提升集群适应环境和利用环境资源的能力。

3. 成熟期的主要特征

产业集群经过成长期后，形成比较完整和相互配套的产业链体系，开始步入成熟阶段，从而拥有较强的集群竞争力，并逐步趋于稳定。到成熟期，产业集群在一定区域内已拥有数目众多的相关企业，进入集群的企业数目增长率逐步降低，企业集聚趋于稳定。

同时，与产业链上下游各环节配套的企业，已逐渐发展成为配套的企业群，构建成一个完整的产业价值链体系。在产业价值链体系中，相关企业的劳动分工更加明确，各企业之间的联系更加密切，相关企业之间彼此既有竞争又相互合作，形成了一个坚实、稳定、紧密的本地创新网络，呈现出基于共同社会、经济、文化背景的、通过集体性组织形成的根植性特征，这种产业价值链体系在一段时间内能够维持与增强集群的竞争优势。另外，集群内的社会网络组织作用得到充分发挥，完善的创新服务体系开始形成。

4. 衰退期的主要特征

产业集群到了成熟阶段后期，受内外部多种不利因素的打击或影响，会使其步入衰退期。产业集群一旦进入衰退期，若是无法实施战略调整，它的集聚力将不断减弱，离心力则不断加强。这样，产业集群的生产规模开始萎缩，竞争力不断下降。

在此条件下，集群成员企业可能纷纷外迁，各种资产被变卖，集群内的原有人才和资本开始外流，导致区域资源出现转移现象。随着产业集群的持续衰退和成员企业的不断外迁，这一集聚区最终将出现产业空洞化，不再存在原有的集群。

二、产业集群生命周期存在的拐点

（一）产业集群存在会引起夭折和衰落的拐点

产业集群可以通过自身强大的活力和能量，推动区域经济迅速发展，也会由于陷入困境甚至败落，对区域经济造成严重影响。对于已有产业集群的区域来说，面对严峻复杂的国际经济形势，只有确保产业集群可持续发展，才能顺利实施当地发展战略，有效增强区域综合实力。

产业集群是一个不断演进的生命体,一般包含孕育、成长、成熟和衰退四个阶段。值得注意的是,它的生命周期会遇到引起夭折和衰落的拐点。为了防止或减少产业集群出现衰退现象,必须研究如何突破产业集群生命周期的拐点。

(二) 产业集群生命周期拐点的表现

1. 产业集群生命周期拐点的图示及分析

产业集群拐点,是产业集群生命周期中特殊的、关键的,甚至会发生生命性质变化的时期。准确判断生命周期拐点,可为产业集群及时巩固综合竞争力,保持旺盛生命力,合理配置区域资源,提出合理的解决方案。在产业集群的整个生命周期曲线中,通常会出现三个拐点,其中两个为重要拐点:一是成长阶段与成熟阶段间的拐点,称为巩固点;二是成熟阶段与衰退阶段间的拐点,称为控制点(见图3-1)。

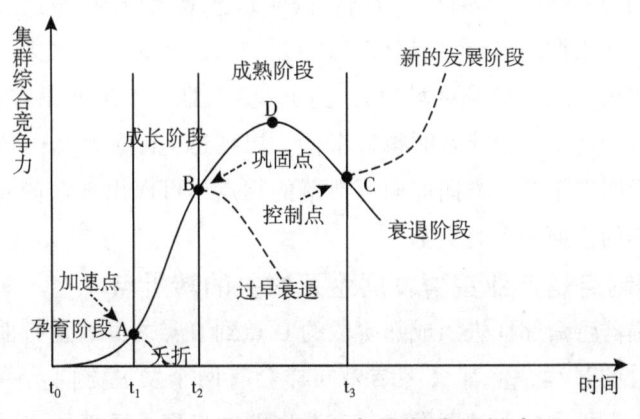

图3-1 产业集群生命周期曲线拐点

由图3-1可以看出,在产业集群的生命周期曲线中,分别有A、B、C三个拐点,相对应有t_1、t_2、t_3三个时点。在$t_0 \sim t_1$期间,产业集群处于孕育阶段,生命周期曲线是凸起的;在$t_1 \sim t_2$期间,产业集群处于发展阶段,生命周期曲线可能是凸起的,也可能是凹陷的;在$t_2 \sim t_3$期间,产业集群处于成熟阶段,生命周期曲线是凹陷的;在t_3之后,产业集群的发展逐渐衰落,处于衰退阶段,直至走向死亡。在产业集群整个生命周期曲线中,我们把成长阶段与成熟阶段间的拐点B称为巩固点,成熟阶段与衰退阶段间的拐点C称为控制点。成熟期就处于巩固点和控制点之间。

分析产业集群生命周期曲线，可以看到，从巩固点 B 进入成熟期后，有一个惯性上冲的过程，直到最高点 D。到达最高点后，由于种种原因，产业集群有一个下滑的过程，直到控制点 C。因此，成熟期又可以分为两个阶段，即上冲阶段（从 B 点到 D 点）和下滑阶段（从 D 点到 C 点）。在下滑阶段的任何一个时点上，产业集群都有可能进入第二个上冲阶段，直至经过下一个拐点进入第二个下滑阶段，以此反复。因此，一般而言，处于成熟期的产业集群都有一个反复上冲和下滑的过程，直至进入衰退期。但是，在这一阶段，稳定发展是常态。

2. 巩固点是产业集群走向盛衰的分水岭

产业集群的生命运动到达巩固点后，会有两个发展方向：一是向上突破，产生质的飞跃，进入生命周期的成熟阶段。这样，产业集群的集聚运动趋于稳定，综合竞争力还有较大的提升空间，但就总体趋势来说它已开始减速而趋向平缓。二是向下滑落，提早进入衰退阶段，乃至走向消亡。这是由于产业集群的离心力或分散力逐渐增强，并超过凝聚力，产业集群成员企业要么开始迁徙到区域以外空间，要么难以维持而出现破产现象；产业集群综合竞争力未能及时得以巩固，出现迅速减弱趋势。值得注意的是，处于巩固点第二个方向即向下滑落的拐点，可以出现在产业集群生命周期成长期的任何一个时点上。

3. 控制点是产业集群发展生死攸关的转折点

产业集群生命周期进入成熟阶段的 D 点到 C 点之间，运行曲线会有一个惯性下滑的过程，但其最终结果同样会有两个发展方向：一是停止下滑，回过头来再次向上健康发展，产业集群的集聚力重新增强并逐步趋于稳定。此时，产业集群采用新技术、新方法或新制度，提高竞争力步入新的发展期，或开始蜕变为更有竞争力的新产业集群，从而进一步走向辉煌。这种结果，可能出现在从 D 点到 C 点的任何一个时段上。二是成熟阶段后期的惯性下滑，转变为衰退阶段的常态下滑，而且这一趋势持续下去不能停止。这样，产业集群凝聚力渐渐耗尽，综合竞争力不断下降直至消失，区域出现产业空洞现象，产业集群消亡了。

三、产业集群突破生命周期拐点的关键

产业集群只有通过加强技术自主创新，才能突破主产品的技术限制，

才能开发出未来可成为主产品的新产品。只有这样，才能促使龙头企业不断壮大，促使主导产业竞争力不断提升，既可向上突破巩固点，又可从控制点起死回生。不言而喻，加强技术自主创新，是产业集群突破拐点使生命得以延续的关键。

（一）产业集群生命周期取决于主导产业生命周期

主导产业的投入产出率高，具有明显的地区比较优势，对当地未来经济成长有较强的带动作用，是整个产业集群中的主导力量和核心部分。

补充产业和相关产业，通常是因主导产业发展的需要而产生的。它们一般在产业集群生命周期的成长阶段开始形成并融入集群，孕育期起始点普遍晚于产业集群，但衰退阶段又是与产业集群相同的，所以它们的生命周期没有产业集群那么长。而且，它们的兴衰成败尽管会影响产业集群的发展，但不能决定产业集群生命周期的运行走向。

主导产业的作用则要大得多，它的生命周期曲线与产业集群不仅形状大致相同，而且运行轨迹也非常接近，在一定条件下还会出现重合。就持续时间来说，主导产业与产业集群的生命周期长度大体相当，有时它的孕育期起始点略早于产业集群。而且，主导产业具有其他非主导产业无法比拟的产业优势，能产生极化效应，引起其他经济活动向产业集群靠拢，形成区域集聚规模经济。通过增强主导产业的竞争力，可以拉动前向产业，推进后向产业，影响旁侧产业，提高补充产业，从而带动整个产业集群快速发展；反之亦然。主导产业的兴衰成败，决定产业集群的繁荣与衰落，决定产业集群生命周期的运行轨迹。

（二）主导产业生命周期取决于龙头企业生命周期

1. 产业与企业在生命周期方面的联系

产业与企业的生命周期曲线形状大致相同，但在生命周期的持续时间上，一个产业要远远长于一个企业，因为产业生命周期是由众多企业生命周期有机联结而成的。不过，在特定条件下两者的生命周期也会产生重合。生命周期运行轨迹与产业重合或接近的企业，通常是在一定区域产业部门中占统治地位起领头作用的推进型企业，即主导产业中的龙头企业。构成龙头企业的经济组织，可以是一个工厂，也可以是由若干核心企业共同组成的联合体。

2. 龙头企业的主要作用

主导产业部门的龙头企业迅速增长，造成集聚优势，促使主导产业不断壮大，从而引起其他经济活动向核心区靠拢，这一过程称作极化现象。极化现象将带来企业集聚、区位集聚和城市化集聚等集聚经济。

极化现象的直接结果就是极化效应，或叫作回流效应、倒流效应。它主要表现为生产要素由外围向龙头企业的所在地集聚，也就是在龙头企业的吸引下，腹地区域的财富包括资金、技术、人力和资源，不断流向主导产业迅速成长壮大的核心区，从而使核心区享有并保持集聚经济的优势。在极化效应的作用下，一定区域的经济活动集中于少数地点上，这些地点只要集聚经济优势尚在，即使早期龙头企业的吸引力消失了，它们仍然可以继续保持一段时间的繁荣局面。当然，极化效应不是无限的，如果核心区的工资、地租和公共服务费用，以及过度拥挤导致的开支等成本，超过集聚经济带来的利益，就会直接影响龙头企业的实力和后劲，造成主导产业对区域经济的推进力减弱，严重时甚至会导致核心区繁荣的现象消失。

龙头企业推动主导产业成长壮大，还会促使核心区不断向周围腹地产生辐射作用，释放自身能量，把产品、装备和原材料等核心区，扩散到外围地区，形成一种与极化效应引力方向相反的扩散效应。扩散效应的大小和强弱，取决于核心区的能量积累状况，实际上，主要取决于主导产业与龙头企业的创新能力、规模和素质。

3. 龙头企业决定主导产业的生命周期

前面分析可知，龙头企业是主导产业的核心部分，是推进区域产业乃至整个区域经济发展的动力来源。龙头企业不断壮大，会引起区域相关企业由分散走向集中，造成企业集聚，并促使主导产业迅速增长。不同类型企业的生命周期，对主导产业生命周期的影响是大不相同的。核心层外围单个企业消亡，可能对主导产业生命周期毫无影响，但龙头企业一旦出现衰败迹象，将会引起众多相关企业一起败落，主导产业的生命也就岌岌可危了。因此，在一定区域中，主导产业延长生命周期的一个重要方法，就是千方百计促使龙头企业兴旺发达，从而带动整个产业集群共同发展。在主导产业正常运行的情况下，它的生命周期曲线是以龙头企业为基础的一个个企业生命周期曲线的包络线。

(三) 龙头企业生命周期取决于主产品生命周期

企业与产品的生命周期曲线形状大致相同，但在持续时间上存在很大差别。企业生命周期是由一系列产品生命周期共同组成的，它要长于一个产品的生命周期，当然在特定条件下它可以与某个产品的生命周期相重合。生命周期运行轨迹与企业重合或比较接近的产品，一般是具有高利润率、高销售成长率和高市场占有率的主产品。

龙头企业可以通过扩大主产品的市场容量，延长主产品的生命周期来增强自己的活力和生命张力。一个充满活力的龙头企业，除有主产品外，必定还拥有：①目前虽不能获利但有良好发展前景，预期将来可以成为主产品的新产品；②目前仍有较高利润率但销售成长率已趋向降低的维持性产品；③已近生命尽头的疲软产品。

龙头企业的生命周期，实际上是在不断开发新产品和剔除疲软产品，从而保持足够的主产品来得以延长的。如果龙头企业产品不断走向疲软状态进入衰退阶段，而没有新产品可以补充，这时龙头企业的生命就会随产品淘汰而寿终正寝。与此不同，当一种产品处于疲软状态，生命周期走向衰退阶段时，若通过技术创新获得的新产品可以更好地替代它满足消费需求，那么龙头企业生命周期曲线将以向上攀爬的姿势继续发展。在此条件下，龙头企业生命周期曲线，是以主产品为基础一个个产品生命周期曲线的包络线。

(四) 主产品生命周期取决于技术自主创新生命周期

技术生命始于科技自主创新和开发。科技创新和开发成果表现为科学上的发现或发明通过应用研究和开发研究，形成可交给工厂制造的新产品。作为科技成果开发的新产品，是科研机构提供给厂商的样品或样机，不同于企业大批量生产用来满足社会需要的新产品。它从科研领域走向生产领域，存在于科研—生产环节中。而提供给消费者个人消费的新产品，则是从生产领域走向消费领域，存在于生产—消费环节中。

科技成果开发不仅要制造出物质形态的样品，而且关键是要研究出制造该产品的技术和工艺，它涉及产品、材料、装备、工艺流程等自主创新活动。整个技术自主创新的生命周期就是由这些创新活动共同组成的。

技术自主创新生命周期的曲线形状与主产品生命周期的曲线形状大致

相同，在特定条件下两者是可以重合的。在持续时间上，主产品生命周期的长度取决于技术自主创新生命周期的最大时限。当然，一个主产品可以通过多次技术创新，使自己的生命周期得以延长。

综上分析可得出简要结论：要确保产业集群之树常青，不断延长它的生命周期，必须努力提升主导产业的竞争力，促使龙头企业不断壮大，大力开发未来可成为主产品的新产品，加强技术自主创新，突破主产品的技术限制。

第四节 产业链式化转移与承接[①]

近年世界产业转移出现了一些新特征，逐步以链式化转移与承接，取代掏空式转移成为主导趋势。链式化转移与承接主要有三种形式：一是按价值链转移与承接，即产业依据产品自身的纵向价值链、不同产品的横向价值链，以及不同地点的价值链差异，寻找合适的转移与承接地点；二是按供应链转移与承接，表现为先进公司控制供应链的高端部位，而把其他供应环节转移出去，让相对落后的企业承接。三是按生产链转移与承接，这种产业转移主要考虑如何通过联结链条各环节获得竞争优势，而不是通过拆分链条各环节来进行，它可以在承接地点很快形成产业集群。

一、产业转移与承接概述

（一）产业转移与承接的内涵及趋势
1. 产业转移与承接的含义

（1）产业转移，是指一定区域内的企业把产品生产的全部或部分转移到其他区域。产业转移可以表现为单个企业的转移，也可以表现为企业集群甚至产业集群的转移。

（2）产业承接通常指一定区域通过某种优势吸引，并接收外部企业前

---

① 本节以《区域合作的一种可行模式：产业链式化转移与承接》为题，发表于《贵州社会科学》，2012年第7期，与张琼妮合作；《国务院发展研究中心网》"区域经济栏"，2012年8月24日全文转载；被李思纯、张东生的《论高新区与腹地经济的互动效应》(《河北学刊》，2013年第4期) 等多篇论文引用。

来落户，使其成为当地企业，或者融入当地产业集群。承接国际和国内产业转移是促进当地产业成长和产业集群培育的重要措施，嘉善的木业集群、东莞的电子信息产品集群等都是在承接国内产业转移的过程中形成的。因此，为了加快制造业发展，加强企业集群和产业集群培育，提高区域集聚经济效益，研究产业转移和承接的规律性及发展趋势，是十分必要的。

2. 产业转移与承接的发展趋势

多年来，产业转移与承接总的趋势并没有发生太大变化，仍然表现为发达国家或发达地区是转移方，发展中国家或欠发达地区是承接方；技术领先国家或地区是转移方，有成本、市场优势的国家或地区是承接方。

但是，如果我们仔细分析就会发现，现阶段产业的转移与承接，出现了一个与以往有明显区别的新特征：从转移方来说，公司转移不再采取掏空式的搬迁方式，而只是选择价值链、供应链或生产链中的某个环节，转移到合适的地点。从承接方来说，承接的只是某个公司转移过来的一个分厂、一个车间，甚至一个工段，并不是整个公司。

目前，这种链式化转移与承接现象呈现迅速发展趋势，正在逐步取代整个企业搬迁的掏空式转移或承接，并成为产业区际流动的主流。产业链式化转移与承接和传统的掏空式转移相比，更有利于实现发达地区与欠发达地区之间的合作。所以，应该把产业链式化的转移与承接，当作现阶段区域合作的一种可行模式来研究。

（二）产业链式化的转移与承接

随着产品创新和技术含量的提高，生产过程出现了更多的增值环节和供应环节，工艺工序在技术上也出现了更多的可分性。这样，产业在区域之间的转移或承接就有更多的选择方式。从链式化角度看，产业可以在分解价值链的基础上实施转移，也可以通过分解价值链来承接；可以在拆分供应链的基础上实施转移，也可以通过拆分供应链达到承接目的。同时，可以基于生产链来寻找适宜的转移区域，或在某一地点上吸引可以承接的合适产业。

这种新出现的区际间产业流动方式，实质上是以价值链、供应链和生产链为基础，进行产业结构的再次优化和调整。如果发达地区与欠发达地区之间能够按照价值链、供应链和生产链实现产业的合理转移与承接，它在本质上也就实现了不同区域之间的合作与互补。

二、以价值链为基础的产业转移与承接

（一）产业以价值链为基础的转移与承接

1. 产业存在可以拆分的价值链

产业是推动社会进步的动力源泉，一个国家或一个地区的经济实力和发展后劲，与产业的发展水平息息相关。产业的核心部分是制造业，各种制造业都有自己特有的价值链，每种不同的产品也都有一条属于自己的完整价值链。一个能与消费者见面的制造业产品需要经过几个阶段：①构思设计的研究开发阶段；②经过零部件和半成品的生产加工阶段；③经过整个产品的总体装配和集成阶段；④经过仓储运输并进入商场的阶段；⑤货物上架陈列等一系列销售服务阶段。产品在这条必经之路中，每个阶段都有一条不断增值的价值链。尽管这些价值链只是产品完整价值链的一部分，但是它们可以相互分离，拆解成一段段各自独立的价值链。这些拆解开来的价值链通常都包含有多个增值环节，每个增值环节又包含着一定量的附加值及相应的盈利量。

2. 产业按照价值链转移与承接的一般表现

一个产品在不同的阶段有不同的增值环节，以致各阶段有不同的获利能力。不同产品在同一阶段，由于增值环节存在差别，其附加值和获利水平也是不一样的。发达国家或发达地区的先进公司按照价值链实施产业转移时，作为直接转移方，它们通常把高附加值的增值环节和高利润率的价值链留下来，同时将其他部分拆解开来转移出去。对于作为承接方的欠发达地区来说，这是与发达地区合作的一次好机会，因为有些产品的生产环节，在发达地区因成本过高属于无利可图，但到了一些欠发达地区，可能因当地自然和人力资源丰富，成本随之降低，还是有较大盈利空间的。

（二）产业按照价值链转移与承接的主要类型

1. 按照纵向价值链拆分产品各个价值段

不同的产品有不同的增值环节，也有不同的价值段，它们可以拆分的价值段是多种多样的。但就通常情况看，一个产品不管具体价值增值环节

如何，从其纵向价值链考察，都含有研发、制造和销售三个价值段。

有关统计资料显示，这三个价值段在产品全部利润中所占的比重存在明显差别。对于知识和技术含量较高的产品来说，由于研究开发和设计创新需要采用大量前沿技术，这一过程决定着产品的性质、功能和效用，所以，研发价值段所得的利润一般要占产品全部利润的40%。同时，由于产品技术复杂，品牌创新、应用推广和客户服务等方面有着很高的要求，这使得销售价值段的利润也可高达40%。这样，产品全部利润，留给制造价值段的就只有20%了。

在此情况下，一些实力雄厚的跨国公司或国内跨区域大公司，为了维持高利润率，会根据价值链各个增值段的利润含量重新调整发展战略，把经营重点集中在研发、销售等利润含量高的价值段，而把利润含量相对较低的制造价值段转移出去，成为产业区际流动的转移方。根据这一规律，一些地价低、劳力资源丰富、具有成本优势的区域，抓住时机就可以成为产业区际流动的承接方，尽管这里利润量不是很大，但有机会通过接纳产品的制造价值段，顺势进入一些先进产品的生产行列。

2. 按照横向价值链取舍不同的产品

从一个产品来说，其价值链的不同价值段利润厚薄存在差别。对于不同产品来说，各个产品之间整条价值链的利润大小更是相差悬殊。虽然一条价值链含有多少利润很难用确切数字来表示，但不同价值链具有不同的获利能力，却是一种客观存在。一般来说，产品价值链中增值环节多，附加值和盈利量大，其获利能力就强；反之亦然。

如果对不同产品的整条价值链进行比较，可以发现，处于获利能力顶端的是知识密集型产品，它甚至比高新技术密集型产品还要强。而高新技术密集型产品比一般技术密集型产品强，一般技术密集型产品又比资金密集型产品强，资金密集型产品则强于资源密集型产品。处于获利能力末端的是劳动密集型产品，它甚至低于资源密集型产品。

一些能够成为产业转移方的大公司，通过不同产品价值链的横向比较，很快就明白，必须优化产品组合，把原先归属于自己门下的劳动或资源密集型产品，抓紧转移到有廉价劳动力和廉价资源的地方；把获利能力中等的资金或一般技术密集型产品也设法转移到合适的区域里，从而使自己能够集中资金和精力,加强研发知识密集型产品和高新技术密集型产品,以便牢牢控制住利润量最大的高端价值链。

有关统计资料表明,在信息产业中,计算机核心软件、中央处理器等知识密集型和高新技术密集型产品,其利润率,比常用电子元器件等资金密集型和一般技术密集型产品高1~2倍,而比简单冲压或挤压成型的计算机壳体配件等劳动密集型产品高4~5倍,甚至更高。所以,微软、英特尔、IBM等著名信息企业,牢牢掌握高利润率的计算机核心软件研制和中央处理器开发,而把其他产品,特别是属于劳动密集型的产品转移到劳动力价格低廉的国家去。

对于发展中国家或欠发达地区来说,作为产业转移的承接方能够承接某个产业的一部分,哪怕是承接劳动密集型产品的生产,也是拥有一个新产业的可喜开端,随着这个初始产品的培育,将来有可能进一步跨入资金密集型、技术密集型产品的生产。国内著名企业苏泊尔集团,创建于偏僻的海岛县玉环,最初的产品是承接一家大公司转移过来的压力锅胶木手柄,没有多少技术含量。随着企业的发展,技术和资金实力逐步增强,进而承接转移过来的整条压力锅生产线。此后,通过不断提高压力锅质量,终于创造出自己拥有的品牌。目前,它已成为我国最大的炊具研发、制造商,国家重点高新技术企业,炊具行业首家上市公司(股票代码002032)。在苏泊尔集团等企业的带动下,玉环也从一个闭塞偏远的海岛小县,一跃成为全国百强县。

3. 按照不同的地点合理配置产品价值链

产品价值链的获利能力,不仅取决于产品内含的增值环节和附加值,而且还会受到生产该产品所在地的影响。同种产品的价值链配置到不同地点,由于生产环境的差异,可以形成大不相同的利润率。

(1) 有的产品价值链内含的增值环节涉及敏感的环保政策,在民众环保意识强、政府环保政策要求高的区域很难生存下去,更不要奢望获取利润了。但在环保政策相对宽松的区域,由于环保考核指标不会过于苛求,或许它不仅可以存在,而且还有相当大的获利空间。

(2) 有的产品价值链需要耗费大量稀缺资源才能完成,在稀缺资源敞开供应的区域,它可以获得丰厚利润。但在政府严格管制的区域,无法得到稀缺资源配给份额的企业，只得关门大吉。

（3）有的产品价值链某些增值环节涉及国家安全或社会安全，在其必须由国家直接生产和经营的地方，私营企业是无法进入的。而在采取特许经营等有一定灵活性的地方，私营企业只要能够获得特许经营权就可以生产和经营这类产品，并能获得不菲的利润。

（4）有的产品价值链包含的某些增值环节，自动化或机械化水平低，需要耗费大量人工劳作，在人力资本昂贵的发达国家，已属于无利可图。然而，如果把它转移到人力资本低廉的区域，其获利能力可能还是相当强的。

作为产业转移方的大公司，会根据不同地点对自身产品价值链的影响情况，把某些产品的整条价值链或一条价值链的某些增值环节，通过转移配置到合适的区域，以便绕开各种限制，甩掉低利润部分，确保整个产品组合具有高利润率。作为承接方的一些区域，特别是欠发达地区，只要吸纳产业转移带来的综合收益大于为此付出的代价，就是一项成功的区际合作项目，因为它有利于促进当地经济的发展。

三、以供应链为基础的产业转移与承接

（一）供应链的性质与特点

1. 供应链及其内含链条

供应链表现为，从提供原材料开始到最终制成品交给消费者为止的全过程。它是由多根链条有机拧成一股绳的组合链，其中紧密相关的有人员链、货物链、信息链和资金链。

（1）人员链，由采购商、供应商、制造商、直销商、特许经销商、授权经销商、批发商、分销商、零售商及最终用户组成。

（2）货物链，包括原材料、元器件、零部件、半成品、最终产品等。

（3）信息链，包括货物名称、品牌、商标、厂商、品种、规格、色彩、价格、交货时间和地点及运输方式。

（4）资金链，含有原材料采购基金、生产加工费用、运输仓储开支、市场营销成本及购买消费品货款。

2. 现代供应链呈现立体型网络结构

在现代社会中，随着信息化的推进、产业转移与承接活动的增多，供

应链已经由原来单向线性形式，发展为网络交织状态。通常供应链以一家核心企业为基础，类似于蜘蛛织网一般向外围推进，形成不同层级网格紧密联结的立体型网络体系。

如果把核心企业作为某种产品的制造中心，从它出发向产品加工的前端分析，供应链与一级供应商的关系、二级供应商的关系、三级供应商的关系，以及一级供应商相互之间的关系、一级与二级供应商之间的关系，一级与三级供应商之间的关系，还有二级供应商相互之间的关系、二级与三级供应商之间的关系，三级供应商相互之间的关系等。

从它出发向产品消费的后端分析，供应链与一级用户的关系、二级用户的关系、三级用户的关系，以及一级用户相互之间的关系、一级与二级用户之间的关系，一级与三级用户之间的关系，还有二级用户相互之间的关系、二级与三级用户之间的关系，三级用户相互之间的关系等。

3. 非主从型供应链与主从型供应链

每个企业都可以编织出一张供应链网络，不同的供应链网络是以不同的企业为核心编织的。一个较小区间的供应链网络，可能只有一家核心企业；而一个较大区间的供应链网络，可能同时包括几家、几十家甚至成百上千家核心企业。

一个含有众多企业的供应链网络，如果各企业相互之间是平起平坐的，没有主从或隶属关系，那么它是非主从型的供应链。

如果其中有一家企业在整个供应链网络中占据主导地位，发挥起主导作用，其他企业都从属于或隶属它，受其制约或支配，那么这时的供应链是主从型的。主从型供应链网络，一般是以实力雄厚的大企业为核心编织起来的，它的范围大小与核心企业对外扩散的能量直接相关。如果主导供应链的大企业辐射能量和吸引能量可以波及整个国家，它编织的供应链网络就是全国性的。倘若其辐射和吸引的能量能够波及整个世界，那么以它为核心的供应链网络必定具有全球性的特点。

4. 产业供应链的常见组合模式

一个产业的完整供应链往往既有主从型供应链，又有非主从型供应链。对于大多数制造业来说，它们的整个供应链网络，是以单体主从型供应链为基础，形成整体非主从型供应链。例如，世界汽车产业分别由丰田、大众、通用、戴姆勒、福特、本田、日产、现代、宝马、标致雪铁龙、中国一汽、东风、雷诺、菲亚特、克莱斯勒、沃尔沃、铃木、马自达、三菱、印度塔塔等大公司，以自己为核心，编织成各自的主从型供应链。同时，这些具有不同核心企业的众多主从型供应链，它们相互之间的关系通常是平等的，不存在谁服从谁，也没有哪一家企业凌驾于所有供应链之上占据主导地位。所以，从其整体上看，它们又属于非主从型供应链。

（二）产业按照供应链进行的转移与承接

1. 以供应链为基础的产业转移

以供应链为基础实施的产业转移与承接，大多发生在主从型供应链网络系统中，这是主导供应链的大企业根据自己利润最大化原则采取的一项举措。从理论上说，大企业需要全面控制人员链、货物链、信息链和资金链，才能实现对整个供应链网络的控制。实际上，大企业要在一个供应链网络上发挥主导作用，不必全面控制供应链内含的各根链条，甚至不必把整条货物链掌控在自己手中。

在通常情况下，大企业只要掌控某些技术要求高、获利能力强的关键供应环节，就能在整个供应链网络中行使主导权。例如，一些世界著名汽车制造商，没有必须控制前向供应链的钢铁、生铁、焦炭、铁矿石等产品的生产，也没有必要控制后向供应链的运输与仓储、分销与零售、维护与修理，以及车辆报废回收等环节，甚至没有必须控制通用零部件，如齿轮、轴承、减震器、离合器、传动轴等供应环节，它只要掌控汽车研发和设计制造的核心技术，同时掌控发动机和变速器等关键部件的研制与开发，就能牢牢占据供应链网络的主导地位，并能获得丰厚利润。这样，对于它来说，没有必要直接掌控的供应环节都可以通过寻找合适的地点或企业转移出去。

2. 以供应链为基础的产业承接

对于欠发达地区或者相对落后的企业来说，这是承接产业转移的一次机会。能够与发达地区的先进企业对接，除了有机会承接产品的生产任务外，还可以顺势了解这一产业的发展趋向，顺势引入先进的管理理念和质量标准，顺势提高生产装备水平和改造工艺流程，甚至顺势实施传统产业的信息化改造。浙江台州就是依靠承接摩托车及汽车产业的转移，逐步建成全国最大的摩托车及汽车配件生产基地之一。

台州在承接产业转移前,当地没有专业的摩托车与汽车制造企业,只有几家汽车修理厂。20世纪70年代初,台州玉环县坎门镇的一些渔机修配厂,开始承接汽车配件的加工业务。1982年,台州开始承接汽车半挂改装和挂车生产业务。1984年,台州开始承接摩托车整车组装业务。至今,台州拥有全国第一家生产轿车的民营企业吉利集团,拥有销售和利润在全国同行名列前茅的钱江摩托集团,拥有国内规模最大的散装齿轮制造商浙江双环齿轮集团,拥有著名的车用冷却器制造商浙江银轮机械公司等。

目前,台州年产汽车17万辆、摩托车230万辆。汽车冷却器、齿轮、轴承、减震器、刮雨器、刹车管、方向盘、汽车电器等产品,在国内外市场均有较好的知名度和影响力。汽车用皮带轮、摩擦片、橡胶密封件、紧固件、高强度螺栓、离合器、传动轴、气门推杆、刹车泵、汽车水泵、微型车凸架总成、车内装饰件、空调压缩机等已形成较大规模,在国内汽车市场占有一定地位。另外,随着汽车整车生产企业的逐步发展,发动机、变速器、制动器、方向助力器等汽车关键部件的研发正在向纵深发展,开始形成一批具有自主知识产权的创新成果,配套范围也在不断扩大。

(三) 产业按照供应链转移产生的新现象

1. 出现产业研究开发中心与加工制造中心的分离

在主从型供应链网络体系中,一家实力雄厚的大企业只需控制拥有核心技术的某些关键供应环节,就能对整个供应链实施控制。现代产业,特别是高新技术产业,其核心技术往往具有引领产业未来发展的作用。这类技术不仅拥有前瞻性的特点,而且拥有先导性和探索性的性质,通常需要经过大量科学研究和应用开发,才能在生产过程中普遍使用。处于世界前列的大公司,为了有效地控制自己主导的供应链,一般很早就建立了专门从事科技创新的研发中心。

工业化早期阶段,一些大公司的业务往往遍布整条供应链的各个环节,投资范围涉及矿山、原材料加工、燃料来源、零部件和半成品制造、整个产品组装,直至产品的销售等。这时,尽管已经建立负责产品创新的研发中心,但其业务量在整个公司中所占比重很少,重要性也难以显现。

随着工业化进程的加快,这些大公司根据供应链各环节的获利能力,不断把低利润率的供应环节分割出来,并转移到外面去。同时,又不断增加对研发中心的投入。这样,研发中心在公司业务量中的比重持续上升,其地位也起来越重要。

到了当今的信息化时代,有的大公司通过进一步实施业务转移,几乎把投资的注意力全集中在科技创新方面,而把涉及加工制造的供应环节都转移到其他企业中去。如此一来,这家公司就成了某个产业的研究开发机构,而不再是该产业的加工制造商。这些演化为全球产业供应链中研究开发机构的大企业大多集中在发达国家。

这样,以供应链为基础的产业转移,产生了一种特有的新现象:产业的研究开发中心与产业的加工制造中心两者发生了分离。它们可以不在一个地方,甚至可以不在一个国家。一些发达国家由于集中了许多名列前茅的先进公司,可能会逐步演变为世界研究开发中心,但不再是世界加工制造中心。同时,一些大量承接产业转移的欠发达国家或地区,可能会发展为世界加工制造中心,但由于它们缺乏产业核心技术又很难成为研究开发中心。目前,全球的电子信息产业和生物制药产业等正在朝着研究开发中心与加工制造中心分离的方向发展。

2. 成为研究开发中心的大公司利用多种方法控制加工制造中心

对于大公司来说,产业按照供应链转移,发生上述两个中心的分离,不仅没有削弱自己对供应链的控制力,而且可以运用多种形式更有效地支配整条供应链的运行。例如,它可以利用研究开发中心的特有地位,通过牢牢掌握核心前沿技术,对制造过程的生产性技术进行控制。它可以通过垄断高端产品的创新技术,加强对低端产品的技术扩散和辐射。它可以通过在加工制造中心所在地物色和扶持合适的委托加工制造商,使其根据自己研发的创新技术从事制造活动。它可以通过跨国公司的组织功能调整内部业务分工,在加工制造中心所在地建立子公司。对于发达国家来说,只要国内众多先进公司能够拥有产业的核心技术,就能有效控制远在国外的加工制造中心,并使其与自己形成日益加深的依附关系。

四、以生产链为基础的产业转移与承接

产业以生产链为基础实施转移,与按照价值链转移存在明显差别,也

不同于按照供应链进行的转移。以价值链和供应链为基础的产业转移，大企业都是通过拆分链条各环节来获得更高利润率，巩固竞争优势；而按照生产链进行的产业转移则是通过集合链条各环节，使它们通过高效连接来提高利润率，增强整体竞争实力。所以，以生产链为基础的产业转移要求承接地点具有一定区位优势。比较合适的承接区域，前期应有一定工业化基础，存在同类产业的生产企业，并能提供相关产业的产品和配套产业的产品，能够通过转移和承接行为促使整条生产链更加完善。由于这种产业转移方式不是通过拆分链条各环节，而是通过集合链条各环节来进行。所以，它可以在承接区域迅速形成企业聚集，带来产业集群的集聚经济优势。

（一）按照生产链纵向环节实施的产业转移与承接

1. 以纵向生产链为基础的产业转移

一个产业包括许多生产环节，各个生产环节有特定的劳动对象，也有特定的制成品。从纵向角度看，环环紧扣的前后向各道生产环节共同构成产业的生产链；在这个生产链中，前一环节的产出品往往是后一环节的投入品，同时其自身的产出品又为更后面的环节提供投入品，如此延续下去，直至终端消费品。一个产业的整条生产链可能分布着成千上万家企业。这些企业制造的产品，有的集中在一个生产环节，有的跨越多个生产环节。其中有的企业由于产品技术含量高、投资规模大、研发实力和获利能力强，渐渐地在生产链中脱颖而出，成为整个产业的优势企业。

企业的发展除了自身因素外，还受外部环境的影响。随着产业不断发展，一定区域内的工资、地租和公共服务费用，以及过度拥挤导致的开支等成本会迅速上升，迫使优势企业重新选择合适地点，成为产业的转移方。

2. 以纵向生产链为基础的产业承接

作为承接方，如果能够形成低成本高效益的区位优势，吸引优势企业转移过来落户，并促使其获得成功，树立为榜样，那么继续通过优势企业的示范作为，可以吸引生产链前向各环节产品的制造商进入同一区域，也可以吸引生产链后向各环节的生产企业转移过来。这样承接区域接纳的不是一家企业，而是一群企业。

但这一群企业并不是杂乱无章的,它们以生产链纵向环节为基础,围绕优势企业或龙头企业,使生产链前向企业的产出品,成为生产链后向企业的投入品,从而形成上游产品与下游产品相互靠拢,具有投入产出纵向联系的企业集群,进而以此为基础形成产业集群。浙江嘉善的木业集群就是这样形成的。

嘉善从承接台资企业中兴木业公司开始,先后接纳33家台资木业企业前来落户。后来,又吸引著名的印度尼西亚"蝴蝶牌"胶合板制造商,前来创办"金泉木业"。吸引亚洲家具产业巨头"台升木业",加盟其生产链之中,它的厂房绵延1300米,单体车间达2.6万平方米,用来制造高档家具。接着,"台升木业"又以自己为榜样,把前后相关的具有先进技术的10多企业吸引到同一区域落户,使嘉善的木业生产链终端产品从胶合板向后延伸到成套家具。

2009年,嘉善全县木材加工企业达500余家,固定资产30多亿元,职工5万余人,木业产值120亿元,其中外贸出口4亿美元。到2010年,嘉善仅是胶合板就生产了350万立方米,年产值30多亿元,占了全国1/3,可装饰、装修300万套80平方米的住宅。2011年,在木业创新的带动下,嘉善经济开发区正式升级为国家级经济技术开发区,成为继长兴之后浙江省第二个拥有国家级经济技术开发区的县。这样,嘉善通过承接产业转移,在没有森林的地方崛起一个木业大县,创造了"零资源经济"的奇迹。

(二) 按照生产链横向联系进行的产业转移与承接

1. 以横向生产链为基础的产业转移与承接具有一定规律性

生产链横向联系表现为,不同产业的生产链各自在并列发展过程中产生的相互关系。发生横向联系的众多企业由于不是在同一条生产链上,它们的产品相互之间没有整齐的前后序列,也没有环环紧扣的投入产出关系。尽管如此,以生产链横向联系为基础进行的产业转移与承接,并不是杂乱无章,而是遵循一定规律来实现的。

2. 以横向生产链为基础的产业转移与承接的表现形式

在通常情况下,先由优势企业在承接其转移的区域,利用当地低成本高效益条件,迅速培育成具有推进型功能的龙头企业。在它的带动下,依据生产链纵向环节，吸引上下游产品制造商以相向靠拢的趋势转移过来，或者把当地原有的企业聚集在一起，形成具有产品投入产出纵向联系的企业集群。进而在加强整条生产链的过程中形成强大的产业集群，并最终取代本区域内原有的主导产业。

接着，围绕着这个新主导产业的生产链，以横向联系的方式吸引为其服务的配套产业转移过来，吸引附属于自己的补充产业前来落户，吸引具有资源共享愿望的旁侧产业也进入本区域内。

同时，还可以带动区域内自给性产业共同发展。这样，主导产业以生产链横向联系为基础，通过承接外来企业转移，以及就地培育原有企业等方法，促使配套产业、补充产业、旁侧产业和自给性产业与自己一起形成强大的综合性产业集群。

（三）按照生产链指向性要求实现的产业转移与承接

1. 生产链指向性要求的含义

生产链指向性要求，表现为企业由于生产过程对某种要素具有特殊的依赖性，从而被吸引到富含这种生产要素的区域内。也可以说，有的区域由于存在某种重要生产要素，更容易培育成需要这种要素的产品及企业。例如，贵州赤水河两岸，由于拥有特别适宜于酿酒微生物栖息和繁殖等条件，从而培育出以茅台酒为代表的一大批著名白酒和相应的企业。

2. 以生产链指向性要求为基础的产业转移与承接

不同产业有不同的生产链，企业总是存在于特定产业的特定生产链中。它们对技术装备、工艺流程、资本资源、人力资源、原材料、燃料来源、配套产业、生态环境、基础设施，以及销售市场等，有着自己的特殊喜好，而且这种喜好相互之间的差别是十分明显的。这使得它们在选择承接自己转移的适宜区域时，具有目标明确的指向性要求：有的看中的是承接区的装备和工艺，有的主要着眼于丰富的资本资源，有的更加关注是否存在廉价劳动力，有的首选可以获得紧缺原材料之处，有的选择具备配套产业的地方落户，还有的可能对生态环境特别敏感等。生产链指向性要求相同的企业，被特定区域利用自己的特有要素，吸引过来集中在一起继续开办，就是以生产链指向性要求为基础而实现的产业转移与承接。

生产链指向性要求是多种多样的，由此产生的产业转移与承接形式，也往往多彩纷呈。一个区域可能存在多种能够吸引企业转移的要素，同时，一个企业的转移也不仅仅取决于一种要素，可能受到多种指向性要求的制约。但是，在通常情况下，一定区域对某类企业具有最强吸引力的要素总是一目了然的。例如，北京中关村能够产生最大区域吸引力的是知识资源，当地培育得最成功的企业是知识资源指向性制造商；同时，进驻中关村的外来企业，特别是一些国外研发机构，如微软亚洲研究院、贝尔实验室等，实际上都是知识资源指向性产业转移与承接的结果。

第四章 经济区划与区域政策研究

开展经济区划工作需要区域经济学理论指导。区域经济学通常以区位论为基石,而杜能的农业区位论则是区位论的理论源头。杜能以假设条件为基础,确定基本命题,根据级差地租、运输成本和农产品差异,建立起农业生产的空间布局模式,这对后来的各类区位论甚至经济区划产生了深刻影响。做好经济区划、正确划分经济区,是确定经济发展目标和发展战略的一项基础性工作。不同类型的经济区划有不同的划分原则和依据。我国根据东、中、西三部分的区划实践,提出实施西部大开发战略。目前,西部大开发面临的最大瓶颈是启动资金短缺,为此,要不断完善资本形成机制,提高资本的生成、积累和引进能力。到了新时期,各个经济区都迎来新的发展目标和创新任务。为了促进区域创新活动,必须建立多元化区域创新政策体系,使各种具体创新政策通过相互联系与制约紧密地融合在一起,并以整体矢量合力的形式引导和调节区域创新主体的行为。

第一节 杜能农业区位论研究[①]

区位论是区域经济学的基础理论,而区位论产生于对农业生产力布局的分析。19世纪,德国农业逐步由庄园经营转向自由经营,要求经营者合理安排耕作业和畜牧业,并努力提高土地资源的利用率。正是在这样的时代背景下,德国学者杜能在1826年出版了《孤立国同农业和国民经济的关系》,这是一部区位论的经典名著。马克思指出,杜能借助观察、微分学、实用会计等方法研究经济问题,[②]特别是对农业和农业经济理论进行

[①] 本节发表于《浙江师范大学学报》(社会科学版),2014年第5期,与周剑勇和刘娜合作;被杨应科、袁子茹的《珠江东岸城市群交通创新协同思考》(《交通与运输》,2019年第S1期)等50多篇论文引用。

[②] 马克思恩格斯全集:第32卷 [M]. 北京:人民出版社,1975:525.

了许多开创性的探索。实际上,在杜能生活的时代,尚未产生区域经济学学科,因此,他通常被认为是经济地理学和农业地理学的创始人。他的农业区位论观点,是后人从其庞大的专著论述中提炼出来的。这样,不同的学者有不同的理解,存在学术争论是理所当然的。本节试图从区域经济学角度,对杜能农业区位论再做些探索,供有关方面参考。

一、杜能农业区位论假设条件及基本命题

(一) 杜能农业区位论的假设条件

杜能为了阐明农产品产地到农产品市场距离对土地利用类型产生的影响,把自己的研究对象确定为一个与外界没有贸易往来的"孤立国"。同时,为了方便研究,他对"孤立国"的模式提出一些限定条件,并做出以下假定。

1. 有一个与世隔绝的孤立国,全境的土地都是沃野平原,土壤肥力完全相等,均适于耕种

全国只有一个城市,位于平原中央。除了这个大城市外,没有别的城镇,其他地方全是农村。[①]

这里假定,地质地貌和土地肥沃程度相同,实际上是排除了土地质量对农产品生产的影响,使区位分析变得更加简明。影响土地质量的要素很多,其中主要包括土层厚度、土壤质地、土壤养分构成及含量、地质地貌条件等地表要素,直接影响土地质量的光照、温度、降雨量等自然气候要素,保持适宜光照、温度和用水量等农业保障要素,供水和排水渠道、机耕通道状况等农业基础设施,以及符合无污染、高品质要求的生态要素等。倘若把这些要素全部加以考虑并逐项进行判定,可能会使问题变得十分复杂,从而偏离区位分析的主题,应该说,为了便于理论分析,舍弃土地质量因素是合理的。

同时假定,全国只有一个位于中央地带的城市,周边是以城市为圆心的农村地带,目的是为确定单一的市场建立基础。因为全国只有一个市

[①] 约翰·冯·杜能. 孤立国同农业和国民经济的关系 [M]. 吴衡康,译. 北京:商务印书馆, 1986: 19.

场，农产品必须运送到城里市场出售，同时必须从城里市场买回农具、食盐等生产和生活用品。

2. 离城市最远的平原四周是尚未开垦的荒野，从而切断了它与外部世界的所有联系

这个假定条件主要是为了排除国际贸易对国内商品交易产生的影响。国际贸易包括把其他国家商品或服务引进到本国市场销售的进口贸易，把本国商品或服务输出到其他国家市场销售的出口贸易，还包括允许一国商品经过本国境内运送到第三国市场销售的过境贸易。进口贸易可能会减少城市对本国农产品的需求，出口贸易可能会减少本国农产品对城市的供给，过境贸易可能会打乱城市与农村之间原有的贸易秩序，这些都会增加农业区位分析的困难。如果对国际贸易不加考虑，则有利于研究结果直奔主题，所以有必要通过假定条件把它排除在外。

3. 供应整个国家所需的金属和食盐的矿山和盐场都位于城市附近

城市必须供应全国民众需要的工业制成品，而城市的食品则完全依靠四周农村提供。农村除了向城市运送农产品以外，不向其他任何市场运送任何产品。

这个假定条件表明，城里人主要依靠附近的矿山和盐场，制造满足全国需要的各种工业品，同时提供行政管理和市场贸易等服务，不从事农业生产。他们的产品除部分供给城市居民自身使用外，主要生产适合农业生产者需要的物品，以便用来交换各种农产品。

同时，这个假定条件还进一步强调市场具有单一性，它只存在于城市，农产品作为商品只能运送到城市市场出售。因为农村地区没有市场，农产品当然不会也不可能销售到其他任何市场。同时，强调农村生产的商品只有作为食品的农产品，没有工业品。因此，农村与城市生产的商品只有不同产品的相互交换关系，没有同类产品的相互竞争关系。

4. 孤立国地处中纬度的温带地区，农村具有适合动植物生长的优良天然环境

农村居住着希望获得最大利润的农业生产者，他们能够根据市场的需求，不断调整其耕作品种。按照地球气候特点划分，温带地区处于热带和

极圈之间的气候带。北半球温带地区的范围，是从北纬 23°26′ 的北回归线到北纬 66°34′ 的北极圈之间；南半球温带地区的范围，是从南纬 23°26′ 的南回归线到南纬 66°34′ 的南极圈之间。温带地区约占地球总面积的一半，其总体特征表现为冬冷夏热，气温比热带低，比寒带高；昼夜长短和四季变化明显。但各地降水量存在显著差别，据此又可分为温带海洋性气候、温带大陆性气候、温带季风性气候和地中海气候几种类型。由于温带气候分布地域广泛，类型复杂多样，从而为生物繁衍创造出良好的气候环境，形成丰富多彩的动植物品种。杜能把研究对象确定为温带地区，便于说明农村能够生产多种多样适于城里需要的农产品，同时能够根据市场变化及时调整不同的农产品结构，用以获得最大利润。

5. 孤立国没有可以通航的自然水流和人工运河，无法通过河流运送货物，马车是运输产品的唯一手段

杜能著书的 19 世纪 20 年代，欧洲大陆早已建成发达的内河航运系统。流经德国的多瑙河和莱茵河是著名的国际河流和国际航运水道，德国境内还有莱茵—美因—多瑙运河等多条人工开凿的河流。这里假定孤立国没有河流，是有意把水上运输排除在考察范围之外，使影响农产品交易的运费集中在陆上运输上。当时，陆上运输工具已有人力车、马车、牛车、雪橇等多种形式，把陆上运输工具确定为马车一种，目的是减少不同运费折算的麻烦，使生产成本和商品价格的计算变得更加简单。

6. 运输费用与运输距离成正比，运费由农业生产者承担，运价要小于农产品的销售价格

这个假定条件告诉我们，农业生产总成本由生产费用和运输费用两部分组成。同种农产品，当生产费用一定时，它在城里市场出卖的总成本将随着运费的高低而升降。距离城市越远的农村区域，农产品运费越大，总成本将随着运费增加而越高；反之亦然。同时，由于市场存在竞争关系，同类农产品在市场上只能按照相同价格出售。所以，同类农产品的获利能力会随着运输距离变远而减弱。当然，运输费用不能过高。如果它大于农产品的出卖价格，农民不仅难以获利，而且无法收回生产费用，连简单再生产也难以为继了。

（二）杜能农业区位论的基本命题

杜能认为，市场上的产品销售价格决定经营的产品种类和经营方式，而运输费用决定产品的总成本。一个经营者所期望得到的利润，等于销售的商品价格减去生产费用，再减去运输费用。不难看出，杜能农业区位论的中心思想，是阐明农业土地利用类型和农业土地经营集约化程度，不仅取决于土地的天然特性，而且更重要的是依赖于其经济状况。其中，特别取决于它到农产品市场的距离。

二、杜能农业区位论的核心内容：同心圆模式

杜能依据上述假定，提出孤立国全境的生产布局以城市为中心。运费大的产品，如笨重而体积大的物品及易于腐烂的鲜货，安排在城市近郊生产。离城市越远，产品运费越大。这样，在生产布局上形成许多有规则的界限明显的同心圈境。每个圈境都有自己的主要产品，并有自己相应的耕作制度。孤立国由内向外依次排列着六个不同的圈境。

（一）第一圈境为自由农作区

这一圈境距离市场最近，其土地主要用于生产城市需求量大、易腐烂变质和单位产出率高的蔬菜、牛奶等农产品，谷物作为商品生产处于次要位置。由于这里唯一的运输工具是马车，没有保鲜贮藏技术，所以该区只按城市的需要向外延伸，但不会延伸很远。

这里地租很高，不允许存在休耕地，更不允许存在荒地。在这个区域内，要求尽量多投入劳力和资本，以最小的土地面积获取最大农产品产量。杜能认为，该圈境只能采用自由农作制。他说，这里作物的种植将轮流交替进行，以求种植每种作物的土地上获利相等；但是人们决不会单纯为了轮作而种植从本地看比价不利的作物。这种情况也就是所谓自由农作，自由农作就是作物的更换种植不按预定的计划进行。①

杜能还把购买肥料作为限定第一圈境的一个重要因素。他在书中写道，该区域农村在城市购买肥料，离城最近的地方最便捷，费用也最低；距离越远，则费用越高。随着肥料运费的递增，直到离城较远的某一点，

---

① 约翰·冯·杜能. 孤立国同农业和国民经济的关系 [M]. 吴衡康, 译. 北京：商务印书馆，1986：22.

在城里买肥料已无利可图，农民觉得自己生产肥料比购买更有利，那个区域就是第一圈境的尽头，同时又是第二圈境的起点。

（二）第二圈境为林业区

这一圈境除了为城市提供必需的建筑木材外，主要是为居民提供取暖用的劈柴和木炭。由于产品重量和体积都较大，应尽量安排在城市近处种植，以便减少运费。但是，栽培木材的土地是需要支付地租的，而城市近处区域的地租往往较高。所以，木材在城里市场的销售价格，不仅要足够补偿生产和运费，而且还要能够偿付地租，同时还应该有正常利润。否则，该区域就会退出木材生产，改种其他市场效益更高的农作物。

这一圈境的外围边界限制取决于市场对木材的需求变化。在劈柴和木材的价格已定时，如果它们的产地距城市太远，以致运费超过其卖价，即使生产费用和地租等于零，也不可能将这些东西运往城市出售。只有在劈柴和木材的销售价格足够补偿生产成本、运费和地租支出时，这些产品才可能运往城市出售。

（三）第三圈境为谷物与饲料作物轮作区

这一圈境采用轮载作物制，主要生产集约化程度较高的谷物产品。杜能认为，轮载作物制生产有如下特点：全部耕地上都种植农作物，没有纯粹休闲的地块；所产的肥料都用于饲料作物，选择肥力最高的耕地种植饲料；谷物及饲料作物轮流种植。

这一圈境以各种麦类谷物，与马铃薯、豌豆等饲料作物的轮作为主要特色。杜能提出每一块地分六区轮作。第一区为马铃薯，第二区为大麦，第三区为苜蓿，第四区为黑麦，第五区为豌豆，第六区为黑麦。其中耕地的50%用来种植谷物。采用上述六区作物轮作制度，要求能够把上一年收成所产的肥料，全部在春天施于马铃薯和豌豆地上。

（四）第四圈境为谷草休耕轮作区

这一圈境属于农牧业混合地带，牲畜以圈养为主。农业生产采取轮作休闲制，其主要特点是：所有耕地面积轮流种植谷物和用作牧场；在农作物每次循环栽培中，都有一区不种任何东西，作为纯粹的休闲地块；所产的全部肥料用于休闲地块；谷物及豆荚作物成熟以后，耕地接种苜蓿或豌豆青饲料，不做休闲；肥力最差的谷物区则放弃耕种，转变为牧场。

杜能提出，农户的全部耕地都分成七区轮作，与第三圈境不同的是，总有一区为休闲地。其中，第一区种黑麦；第二区种大麦；第三区种燕麦；第四区、第五区、第六区为牧草；而第七区为荒芜休闲地。全部耕地的43%为谷物种植面积。

设置一区作为休闲地是为了更好地保持土地肥力。杜能以经营田庄的经验为基础，通过测算提出以下看法：肥力均等的田地，由于使用土地的方法不同，以及气候的作用，在豌豆割青之后种植黑麦，其收益只有休闲地种植黑麦收益的5/6，也就是前者收益只有后者的83%。[1] 所以，距离城市较远的区域采用轮作休闲制，是提高农产品栽培收益的有效措施。

（五）第五圈境为三圃式的三年轮作区

这一圈境是距离城市最远、最粗放的谷物生产区。它主要给城里市场提供各种经过加工的畜产品和少量谷物商品。据测算，该圈境内的全部耕地中，只有24%的面积用来种植谷物。这里，农业生产采取三圃式的轮作制，其主要特点如下：地块的一部分是永久牧场，用于养殖牛马羊等牲畜；耕地的1/3每年轮流纯粹休闲，不种任何农作物；所产的全部肥料都用于纯粹休闲地块。

杜能认为，这一圈境的农户将根据家庭居住地点的远近，把全部土地分成两部分，离家近的土地开辟为耕地，离家远的则作为永久牧场。耕地采取三圃式的三年轮流耕作制，每一块地分为三区：第一区种黑麦、第二区种大麦、第三区休闲。每区耕地三年轮流休闲一次，要求在休闲土地上，趁着其空置之机上足肥料，用来增强耕地肥力。牧场不能放任自流，需要进行翻耕，还应注意防止过度放牧。牧场翻耕大约每9年一次，采用的方法是不施肥料种植谷物数次，然后又改作牧场。牧场翻耕时种植的谷物，主要目的是为了给牧场土地增添肥料，同时避免牧场使用年头过多而造成牧草退化。所以，它不要求有多少成熟的谷物籽实收成，能够收获适量麦秸等谷物茎叶干草就可以。

（六）第六圈境为放牧区

这一圈境也称作家畜饲养区，生产以游牧形式为主。该区域离城里市

---

[1] 约翰·冯·杜能. 孤立国同农业和国民经济的关系 [M]. 吴衡康，译. 北京：商务印书馆，1986：186.

场最远，农产品运费最高，只有那些比谷物价值大而运费少的产品，才能实现有利可图。所以，这里的谷物等种植业产品是用来满足农户自己需要的，不再存在以出售为目的的栽培活动。

实际上，这里许多畜产品，如鲜奶、鲜肉、鸡蛋等也是被生产者用作自己消费的，只有少量畜产加工品送往城市出售，其中代表性的商品是黄油。杜能认为，按照同样的重量计算，运送黄油的费用并不比谷物便宜，甚至还要高一些。例如，它只能小批量发货，运输期间无法选择在农闲运费低廉之机，需要委托别人代理出售，还得花钱购买装载的专用木桶，而木桶的重量又会增加运费。但是，同样重量的黄油其价值要比谷物高出许多倍，这使得黄油的运费与黄油的价值相比是很小的。[①] 所以，生产黄油是可以赚钱的。

第六圈境以外的边缘地区，还有一些猎人散居在树林中，靠狩猎为生。他们的工作、生活方式和习俗都非常原始，同城市的唯一交往就是用兽皮交换少量的生活必需品。这里是城市向平原四周产生最后影响的区域，其空间再向外面延伸，便是荒无人烟的原野。

三、杜能农业区位论的贡献与不足

（一）杜能农业区位论的主要贡献与启示

1. 主要贡献

杜能的农业区位论，根据级差地租、运输成本和农产品的差异建立起农业生产空间的布局模式，以实现农业的集约化经营，对区位论做出了开创性的贡献，并对后来的区位论产生了深刻的影响。

2. 重要启示

杜能从假设条件出发得出农业生产布局的原则和措施。他以城市为中心，通过距离由近至远形成农业经营集约化水平依次递减的圈境。每个圈境内都有自己的主要产品，并相应形成自己独有的耕作制度。这样，可以发挥土地资源的级差优势，减少运输成本，提高特色农产品的竞争力。

---

① 约翰·冯·杜能. 孤立国同农业和国民经济的关系 [M]. 吴衡康，译. 北京：商务印书馆，1986：193.

杜能的观点告诉我们：

第一，必须考虑级差地租因素。应该以城市或工业中心为基础，依次安排经营集约化水平不同的农产品生产。城市近郊或工业中心附近耕地，由于级差地租最高，应采用最高等级的集约经营模式，不得出现休耕现象，特别是严格禁止抛荒行为。至于偏远地区，由于级差地租较低，可以采取经营集约化程度较低的耕作方式，甚至实行轮作休闲制，以便涵养耕地土壤肥力，提高单位面积的特色产品产量。

第二，必须考虑运输费用因素。蔬菜、水果、牛奶、鸡蛋，以及其他鲜活畜禽产品，由于不宜长途运输，单位产品价值中运费比例偏高，应采用接近消费地点的原则，最好做到现产现卖。但同时也告诉我们，随着现代高速公路网、高速铁路网的不断完善，以及水运、空运事业的发展，农产品产地与消费地点之间的空间距离相对缩短，数百里甚至千里之外的产品当天就可送到市场销售。而且，由于运输工具越来越先进，单位产品价值中运费含量已经大大降低。在此条件下，新鲜蔬菜和鲜活畜禽之类产品的生产区域可以拓展到更远的地方。从产地来说，只要包括运费在内的农产品总成本小于其市场销售价格，就仍然是有利可图的。

第三，必须考虑农产品差异性因素。产品差异性是培育优质特色产品的基础。在一定区域内，优质特色农产品的形成与地形、气候、水文、植被、生态等自然条件有关；与土壤类型、特性、养分状况和分布规律有关；与微量元素的有效组合及其在产品上的体现有关，更与数百年世代相传的栽培、管理和加工技术有关。我国位于中纬度温带地区，气候条件优越，土壤类型复杂，生物资源丰富，优质特色农产品培育历史悠久，品种多样，它们犹如群星般璀璨耀眼。例如，东北地区有人参、鹿茸、貂皮、大马哈鱼、乌拉草；西北地区有枸杞、葡萄、哈密瓜、香梨、棉花及肉类、毛皮；西南地区有烤烟、药用植物、花卉、高原蔬菜、猕猴桃、普洱茶等。今后，为了充分发挥区域优势，要顺天时、尽地利，要组织多学科协作攻关，加强综合性技术措施，力争全面提高现有优质特色农产品基地的单产和商品率，还要抓紧制定特色农产品系列标准，创立特色农产品区位品牌，完善特色农产品流通渠道，从而尽可能多地发展效益最佳的优质特色农产品。

（二）杜能农业区位论的不足之处

杜能在《孤立国同农业和国民经济的关系》第一卷中，采用抽象法，提出一系列假设条件，排除了许多影响农业区位的因素，旨在易于阐明农业生产布局的一些原则和规定。从学术研究角度说这种方法是可行的。但由于舍弃的因素过多，使得理论模式与现实经济相距甚远。这样得出的研究结论，肯定会较大幅度地偏离实际状况。

事实上，杜能自己也已经意识和观察到这个问题，他在该书第二卷中，又用观察法取代抽象法，放弃孤立国只有一个大城市而没有别的市镇的假设。他说："第一卷所设孤立国只有一个大城市的前提条件，这仅仅是为了便于研究问题，这个前提条件很不合理，现在必须予以废除。"[①] 在这里，他认为，孤立国除了一个大城市外，实际上还存在着许多规模较小的城市，这些城市的大小及相互之间的距离必须最有利于国计民生。与此相适应，他放弃了工业品都集中在唯一大城市生产的观点，提出工场和工厂应依据最低成本原则，就近分布在各类不同的城市中。由此可见，杜能没有以统一的逻辑思维贯穿全书，导致不少观点前后矛盾，影响了结论的科学性。

第二节 经济区的内涵与划分原则[②]

经济区划就是根据社会劳动地域分工规律，按照一定目的和指标对全国或特定区域进行分区划片。经济区划是促进国民经济发展的有力手段。科学的经济区划，有利于准确分析区域经济发展的条件、优势和制约因素；有利于合理组织劳动资源的地域配置；有利于加强区际分工与协作。为了合理划分经济区，首先必须正确认识经济区的内涵及其划分原则，并在具体划分过程中严格按照有关要求办事。

---

① 约翰·冯·杜能. 孤立国同农业和国民经济的关系［M］. 吴衡康，译. 北京：商务印书馆，1986：344-345.
② 本节发表于《贵州社会科学》，2000年第4期，《理论参考》，2004年第7期摘载3000余字；周焱、徐建刚《基于GIS的交通经济带空间边界界定方法研究——以沪宁杭高速公路经济带为例》(《世界地理研究》，2003年第2期) 等10多篇论文引用。该论文内容收入本人专著《区域发展与创新》（中国经济出版社，2010年），该书2011年11月获浙江省高等学校科研成果一等奖。

一、经济区的内涵

（一）经济区概念

经济区是在劳动地域分工基础上形成的各具特色的地域生产综合体。社会劳动分工表现为不同部门之间产品交换的部门分工，也表现为不同地区之间产品交换的地域分工。劳动分工首先以部门分工出现，但当它落实在一定空间上时便成了地域分工。地域分工反映了部门分工的性质和特点，同时决定着经济区的发展水平和成熟程度。

（二）经济区特点

不管单功能经济区，还是综合经济区，它们通常都具有以下几个主要特点。

（1）区域性。作为一种经济实体存在于一定地域空间上，表现为特定层次和自具特色的地域经济单元。

（2）层次性。经济运行的空间是由大小不等的许多圈环、层级组成的。大的经济区可以包括整个国家，甚至由几个国家共同组成的联合体；小的经济区可以仅有若干产业部门。不同等级的经济区之间呈现出有清楚级差的金字塔型结构。较高层次的经济区往往将较低层次的经济区作为子系统，而自己则又是更高层次经济区系统的一个组成部分。

（3）阶段性。社会生产的发展会引起经济区内部结构和外部联系由低级形式向高级形式演变，使经济区在同一阶段内具有相对稳定性，而在不同阶段中具有明显的性质差别，呈现出阶段性特点。

（4）自主性。经济区是一个相对独立的经济实体，拥有一定配置资源的自主权和自我发展能力，并在区际分工中承担一定专门化职能。

（5）整体性。一个国家内的不同经济区具有相互依赖、协同发展的关系。任何区域都不能完全脱离其他区域而自行发展。一个较小区域的生产经营活动和产业结构变化，会对较大区域乃至整个国家的经济发展产生影响。同时，它的发展也会受到较大区域和整个国家经济走势的影响。

二、经济区的类型

（一）单功能经济区

单功能经济区，是指为解决社会经济发展中某项特定目标，追求某一方面最大效益而形成的区域，主要有以下几种。

（1）部门经济区。为在特定区域内规划发展某个经济部门而划分的经济区，如农业区、工业区、商业区和旅游区等；这些部门可以细分为更加专门化的单一功能区，如农业区可以细分为种植业区、畜牧业区、林业区、渔业区等，种植业区还可以细分为水稻、棉花区、蔬菜区等。

（2）问题经济区。为解决某些局部地区特定的经济问题而划分的经济区，如经济贫困区、经济萧条区、人口过度密集区等。这类区域是针对经济发展过程中出现的某些特殊问题而设立的，一旦该问题得以解决，它们就不再存在。

（3）特殊政策经济区。加速发展某些特定区域需制定优惠政策而划分的经济区，如我国的经济特区、高新技术开发区、保税区等。此类特殊经济区被确认之后，通常能获得国家给予的各种优惠政策，可以促使区域经济迅速发展。

（二）多功能综合经济区

多功能综合经济区又称作综合经济区。它是为了充分发挥各地区自然、社会、经济和技术等方面的综合优势而划分的经济区。其目的是合理组织一定区域产业之间和城乡之间的经济联系，建立合理的区际分工与协作体系，选择区域最优发展模式。多功能综合经济区主要包括以下两大类。

1. 流域区

流域区是以河流为基础按分水岭划界而成的经济区。把整个河流的流域面积容纳在一个经济区内，有利于结合河流整治对全流域的经济开发进行综合规划。水系包括不同层次的多级干支流，淙淙小溪汇集成小支流，涓涓小支流汇集成大支流，滚滚大支流汇集成滔滔干流。每条支流均有自身的流域范围，彼此之间都有分水岭相隔，不同支流之间存在着明显的层次差别。如果把源头小溪的流域面积作为一级流域区，那么几条小溪汇集成的小支流流域面积是二级流域区，几条小支流汇集成的大支流流域面积是三级流域区，几条大支流汇集成的干流流域面积是四级流域区，直至整条河流的流域面积构成最高一级流域区。这样，依据多层级的水流系统，可以划分出多层级的流域经济区。

2. 综合区

综合区是以专业化分工协作为基础按综合性整体功能划分而成的经济

区。综合区的基本特征表现为：以中心城市为核心，以交通通信系统为脉络，以主导专业化部门为龙头，形成各企业、事业单位密切联系，不同等级城市相互配套，城乡有机结合的区域整体。把具有整体功能的各部门、各子区域并入一个综合经济区，目的在于合理布局生产力，推动主导产业升级，以便发挥中心地聚集优势，获取规模经济效益。

三、划分综合经济区的一般原则

对全国经济实行区划，主要目的是为了阐明各个区域在全国地域分工体系中的地位和作用，使其确立具有比较优势的主导产业、补充产业和关联产业，加强和协调本经济区内各子区域、各部门的联系，同时促进不同区域之间形成合理分工，指导区域经济朝着最有利的方向发展，并为中央政府选择宏观调控方案，为地方政府制定区域发展规划提供决策依据。不同类型的经济区划基于特定的经济发展目标，有不同的划分原则和依据。就划分综合经济区来说，首先必须坚持以下一般原则。

（一）客观性原则

经济区是社会劳动地域分工的必然产物，它的存在不以人们的主观意志为转移。经济区由形成到成熟受其内在客观规律的支配。自从出现商品交换以来，部门分工和地域分工日益深化、细化，劳动产品的生产与消费在不同部门和不同空间上相互脱离，使不同地区呈现不同的生产和消费特点。一定区域内的各种生产企业、消费单位和市场相互联系，并日益加强和完善这种经济关系，就会形成一个统一的生产综合体，出现经济区。由于社会劳动地域分工在不断发展，作为生产综合体的经济区也会随之发生变化。但在生产综合体没有发生质变的时期内，经济区具有相对的稳定性。这要求经济区划工作充分认识和遵循经济区的发展规律，依据现有生产综合体的优势和特点，采取适当的调控政策和措施，扬长避短，促使区域生产专门化和综合发展，以利于提高国民经济的整体效益。

（二）统一性原则

（1）就全国范围来说，所有经济区都统一于整个国民经济综合体中。每个经济区的生产力布局、产业结构、资源配置方式、经济成长过程等均有自身特色，并与其他区域存在显著差别。它们都以自具特色的专业化生产部门承担全国地域分工中的特定任务,发挥特定职能,为国内区际交换提供特定产品,以满足国内某方面的需要。所以,每个经济区都是全国经济整体不可分割的有机组成部分。

(2) 就一个经济区来说,它在特定的生产组织方式和资源聚集过程中形成,有自己独特的发展道路,有自己的中心城市及相应的辐射范围。一般来说,每个综合经济区都有专业化生产部门、为专业化生产配套或服务的部门、区域自给性部门等三种经济部门。区域内部各个企业和各个部门在共同发展过程中形成了千丝万缕的经济联系,正是这些联系使经济区形成一个完整的生产综合体,并以此区别于其他经济区。经济区划要正确处理各个经济区与全国整体的统一关系,不能因照顾经济区的局部利益而损害国家整体利益。还要正确处理各个经济区内部经济上的统一关系,尽量保持地域生产综合体的完整性,不使其因人为分割而造成损失。

(三) 前瞻性原则

划分经济区要以调查、分析各区域的发展现状为基础。只有充分了解它们眼下的区位特点,才能界定区域范围。但经济区划不能仅仅局限于观察区域经济现状,而必须具有远见,能够看到十年、数十年之后本区域的发展前景。要求通过对经济区发展规律的深刻认识,预见社会劳动地域分工的变动方向,以便据此推算经济区的未来走势,制定区域发展战略,确定区域发展目标,做好区域资源的长期开发与规划。经济区划具有前瞻性和预见性,可以因势利导,有效地发挥生产潜力和资源潜力,引导经济区朝有利的方向发展,尽力避免和减轻不利因素的影响。

(四) 并列性原则

经济区呈现多层次结构。如果按序列分等级,国家作为最高等级经济区,含有若干个一级经济区,一级经济区含有若干个二级经济区,二级经济区又含有若干个三级经济区。不同等级的经济区具有不同的地域范围,最高等级的国家经济区覆盖全部国土,而一级经济区可能只覆盖国内某个大区的国土,其余依此类推。值得注意是,同一等级经济区的地域范围不能出现相互交叉或重叠。各同级经济区地域范围的总和,应与上一级经济区覆盖的全部国土相一致。也就是经济区划要做到让同级经济区,以各自覆盖的国土面积为基础并列存在,从而使各级经济区都有明确的界限。

四、划分综合经济区的具体原则

划分综合经济区，除了坚持上述一般性原则外，在实际操作过程中还需把握好以下具体原则。

（一）区内相似性与区际差异性原则

区内相似性指经济区内各个组成部分，具有比较接近的自然和社会经济条件。具体表现为区内各地在经济技术发展水平、社会劳动生产率、资源开发现状与潜力、运输条件、社会体制、文化特征，以及发展目标、发展方向、战略重点和任务等方面基本相似或一致。区内相似性有利于聚集发挥当地自然、经济优势的企业，促使区内生产专门化。地区生产专门化可使当地特定产品的生产比其他地区成本低、利润高，可使这类产品迅速形成规模经济，除了满足本区的需求，还有大量外运以满足别处的消费。

区际差异性表现为不同经济区之间的自然资源和社会经济环境千差万别。一个国家的国土面积越大，自然、人文环境越复杂，不同地区生产条件的差异性就越明显。生产条件的差异性决定着各类产品的成本高低不一。如果各地都能充分利用这种差异性，集中最能发挥当地优势的生产部门，形成相对利益最大的地区主导产业群和产业体系，制造机会成本较低的产品，就能大大提高全国的经济效率。

区内相似性与区际差异性是相辅相成的两个方面。一个经济区内部的相似性体现在不同经济区之间，便是区际的差异性。经济区划只有坚持区内相似性与区际差异性原则，才能准确划定各个经济区。

（二）中心城市与腹地相结合原则

一个综合经济区不管等级高低，都必须有一个中心城市作为核心，以便组织和协调区内经济发展，把区内各部门、各所辖子经济区的经济活动凝聚成一个有机整体。起核心作用的中心城市没有固定的模式和大小，它可以是一个城市集群，也可以是一个大城市，还可以是一个中等城市或小城市。

中心城市的规模和经济实力决定了它吸引资源和辐射产品的能力，从而决定了一个综合经济区的等级和发展水平。

在多层次、立体型的综合经济区中，一个较高等级经济区通常包含若干较低等级经济区,一个较高等级、规模较大的中心城市往往以数个规模较小的中心城市及其所辖范围作为腹地,最低等级的城市则与其直接联系着的乡镇腹地共同构成经济区系统的基层组织。

因此,划分经济区必须正确认识中心城市与腹地的关系,使各类经济区尽可能保持完整的交通通信网络,保持和谐的上下级城市关系及城乡关系。

(三) 经济区划与行政区划相一致原则

在社会主义市场经济条件下,政府作为宏观调控主体,不可能对经济区的发展袖手旁观,放任自流。它的责任是运用一切允许使用的手段,为经济区的顺利发展创造必要的条件和适宜的环境。行政区中的各级政府部门可以通过制定经济政策,运用经济杠杆,变动经济参数,提供社会公共服务,直接参与某些经济活动等措施,确保经济区发展目标的实现。

如果经济区完全脱离行政区,显然是难以正常运行和顺利发展的。同时,目前各地统计资料都是按行政区汇编的。倘若经济区的界限与行政区的界限不一致,那么在探索经济区划和制定经济区发展战略时,就难以利用现有的资料。这不仅会大大增加工作量,还可能由于无法获得某些重要数据而造成损失。因此,经济区划要尽可能使各级经济区的界限与行政区的界限保持一致。

(四) 经济发展与社会稳定相统一原则

经济区是在社会劳动地域分工基础上形成的各具特色的地域生产综合体。它以一定社会经济体制为基础,是社会生产地域分工的表现形式。它作为一种社会经济有机体存在于一定地域空间上,表现为特定层次和自具特色的地域社会经济单元。经济区拥有一定配置自然资源和社会人文资源的自主权,并在区际分工中承担一定专门化社会经济职能。

经济区内的经济、社会和文化等方面具有相互依赖、协同发展的关系,无论经济方面,还是社会、文化方面都不能完全相互脱离而自行发展。经济区的形成有一个历史演变过程。经济区经过长期发展,逐步形成了与当地经济相适应的社会制度和人文环境,特别是形成了与当地经济发展和谐一致的民族、语言和宗教等文化因素,形成了与当地经济运行相协调的心理素质、家庭观念、作息制度和民风习俗。

基于这一原因,在进行经济区划时,不仅要考虑经济因素,还要考虑社会、文化因素，特别是要尊重民族感情、宗教信仰和风俗习惯，注意保持民族地区的完整性，确保各区域在社会稳定的基础上快速发展经济。

第三节 区域发展模式比较与选择[①]

我国经济理论界和实际工作者依据区域经济发展规律和国际经济变化带来的挑战和机遇，以及我国的国情特点和各地不平衡发展的现状，对进一步促使区域经济增长和发展，提出了各种理论模式和设想，现择要评述之。

一、区域发展模式比较

（一）梯度推进发展模式
1. 梯度推进发展模式的基本内容

按照区域经济非均衡发展规律的要求，从本国发展过程形成的经济技术梯度实际出发，认为我国区域经济发展应该实行东、中、西梯度推进。也就是首先促进经济技术条件较好、拥有对外开放区位优势的东部沿海地区迅速发展，然后再逐步向经济技术较差的中西部地区推进。随着梯度推进和不同区域的经济发展，将使各地区在总体经济增长的同时，逐步缩小区域之间的差距，带动中西部地区的经济增长，最终实现区域经济发展的相对平衡。梯度推进是我国改革开放以来所采用的主要区域经济发展模式。

2. 梯度推进发展模式的主要优点

梯度推进把经济效率提高作为发展目标，充分考虑了我国区域经济发

---

① 本节由两篇论文组合而成。一是《区域经济发展模式的比较与思考》，发表于《求实》，2002年第9期；二是《沿海发达地区宜实行"网状交织发展模式"》，发表于《沿海经济》，2001年第4-5期。在浙江省政协八届四次会议期间，以此文为基础写成省政协提案，受到省政府有关部门的高度重视，采纳了提案的建议，并被省政协评为优秀提案。2002年1月24日，陈昭典副主席做的《关于八届四次会议以来提案工作情况的报告》指出："省政协委员张明龙从系统、综合的角度，提出了《建议我省'十五期间'实行'网状交织发展模式'》的提案。有关部门认为这一新理念符合浙江工业化中后期的特点和要求，为决策提供了新的启示。浙江省将在'十五'期间推进开发区、高新技术产业园区、高教园区、特色产业园区的四大园区建设，逐步形成纵横交错的经济网络体系。"

展不均衡和要素资源相对不足的现状，及时抓住国际经济全球化发展带来的机遇，通过东中西梯度推进的方式布局生产力，安排国家投资，制定区域政策，实行梯度对外开放，推动了东部沿海地区经济的快速增长，也相应带动了全国各地区和总体经济的发展。

3. 梯度推进发展模式的主要不足

东中西三大梯度划分不很科学，特别是中西部地区的划分，缺乏有力的科学依据，不符实际经济发展状况，导致它们经济结构趋同性大，互补性差。同时，这一发展模式扩大了东部与中西部之间的发展差距，加剧了全国经济发展的非均衡状态。

（二）点轴渐进发展模式

1. 点轴渐进发展模式的基本内容

点轴渐进发展是以区域经济非均衡发展规律为依据，其主要特点是把佩鲁的"增长极"理论与美国经济学家沃纳·杉巴特的"生长轴"理论结合起来。这一模式认为，我国区域经济发展应在全国范围内，选择具有开发潜力和远景的重要交通干线，如铁路、陆路和水路等，作为经济的"发展轴"。再在各条发展轴上，确定重点发展的中心城市及城市集群作为"增长点"。通过加快"增长点"的经济发展，带动"发展轴"向周边延伸，进而带动全国经济的发展。

2. 点轴渐进发展模式的主要优点

点轴渐进发展充分吸收了区位理论和区域经济非均衡发展理论的精华，从动态的角度进行空间生产力的组织，既与我国地理特征及地域分布相适应，又充分考虑到区域经济发展的现实格局，所以成为我国国土开发和区域规划的主要依据。这一模式的具体应用表现为，在我国区域开发与规划中，形成以东部沿海地区和长江流域相结合的"T"形区域开发实践。

3. 点轴渐进发展模式的主要不足

点轴渐进发展以发达的交通网络为基础。我国地域辽阔，地形起伏，山地多而平原少，历史上形成东部交通发达，西部交通落后，点轴渐进发展模式的开发结果，仍然是向东部地区倾斜。同时，交通的发展需要大量资本投入，且建设周期较长。因此，这一模式推进速度较慢，难以加快中西部地区的发展。

(三) 区域经济协调发展模式
1. 区域经济协调发展模式的基本内容
区域经济协调发展构造区域之间资源互补的依托结构,充分利用东部发达地区经济的增长势头,支撑整个国民经济的发展。同时,加大宏观导向和投资力度,推动落后地区优化产业结构,使各个区域在不断增长的基础上彼此协调发展。从而通过对各区域的重点发展带动整个国民经济的发展,并兼顾总体经济效率和空间平等,尽量缩小地区之间经济发展的差距。

2. 区域经济协调发展模式的主要优点
这一模式充分应用现代区域经济发展理论,并尽力吸纳各种已采用模式的长处。从目前区域经济发展形成的格局,分层次进行了经济带、市场圈、协作区和工业基地等多种形式布局,对我国未来区域经济发展做出了综合的系统规划。

3. 区域经济协调发展模式的主要不足
区域经济协调基本上是以政府为主导的生产力布局模式,虽然考虑了已有的经济格局,但忽略了市场机制对经济中心的选择原则和趋向。同时,没有明确的区域"增长极",造成生产力重复布局。它也无法从根本上解决区域经济发展的不平衡及其相关的一系列问题。

(四) 城市圈域经济发展模式
1. 城市圈域经济发展模式的基本内容
城市圈域经济发展以比较发达的城市为中心,通过极化效应造成经济吸引,并通过扩散效应造成经济辐射,形成统一的生产和流通渠道,带动周围次级城市和农村共同繁荣。城市圈域经济发展提出,按照市场经济规律的要求,充分考虑各地经济的内在联系和自然地理特点,突破行政区划界限,在已有的经济布局基础上,以中心城市和交通要道为依托,进一步形成若干个跨省级行政区的经济区域。[1]

2. 城市圈域经济发展模式的主要优点
城市圈域发展可以充分利用大城市的聚集效应,促使我国沿海与内地、

---

[1] 高汝熹,罗明义. 城市圈域经济论 [M]. 昆明:云南大学出版社,1998:179-180.

东部与中西部寻找到各自的合适位置和特有优势,实现区域产业结构的合理化和资源的有效配置,有利于建立资源节约型的产业体系,有利于加强中心城市与腹地的联系,有利于提高区域经济的运行效率和发展水平。

3. 城市圈域经济发展模式的主要不足

城市圈域范围的界定、各级中心城市的划分缺少社会公认的统一标准,各地都在选择对自己有利的分圈、分级方法。特别是遇到跨省级行政区时,较高等级城市对较低城市及农村的经济辐射和吸引,会受到来自当地政府或多或少的干预,造成效率降低,难以收到预期的效果。

(五) 网状交织发展模式

1. 网状交织发展模式的基本内容

集中投资开发增长极,合理选择和配置增长点,加强不同极点之间的经济联系和相互作用,使它们在空间上逐步连接成发展轴。在此基础上,通过已有增长极点聚集区的产业结构升级,发展新兴产业和高新技术,向外围扩散和转移一些原有产业,促使外围形成新的增长极和新的发展轴。与此同时,在外围营造一些开发新区,通过降低土地费用、公共服务和基础设施建设成本,提高环境质量,改善运输条件等措施,形成新的经济聚集中心和相应的聚集轴线。进而以新旧增长极点的互相联系和不断扩散,推动发展轴的轴线增多,逐步形成纵横交错的经济增长网络体系,促使区域差异缩小,经济走向均衡发展。[①]

2. 网状交织发展模式的主要优点

区域内形成经纬交织网状结构的多条发展轴,每条发展轴分布着多个增长极,可使它们产生较大的同向合力乘数功能,推动周围广大地区共同繁荣。点轴网状交织发展有利于提高经济运行的关联度,促使资源、资金、技术和劳动力的合理流动,完善扩散和回流效应的传导机制。这样,一方面,可以加快中心地区向外转移过于拥挤的部分原有产业,实现内部产品更新换代和产业结构升级。另一方面,可以加快外围腹地产业结构转换,吸引新兴产业,迅速改变落后面貌,迎头赶上发达地区。

[①] 周叔莲,魏后凯.经济发展阶段与区域开发模式 [J]. 经济研究参考, 2000 (2).

3. 网状交织发展模式的所需条件

采用网状交织模式推进区域发展，可以优化产业结构，优化生产力布局，有利于加强城乡一体化建设，是比较理想的经济发展模式。但是，实行这一模式需要一系列经济条件。它要求，一个区域内前期开发的增长极和发展轴能够迅速积累能量，在较大范围发挥乘数作用，使当地形成扎实的经济技术基础，具有相当雄厚的综合实力。企业聚集、区位聚集和城市化聚集达到较高水平。可以随时招聘到高素质的劳动力。具备高效畅通的产品扩散机制和财富回流机制。基础设施日趋完善，交通通信网络已经建成。实际上，能够采用网状交织发展模式的区域，一般已进入工业化的中后期阶段。

二、区域发展模式选择

综合比较上述各种区域经济发展模式，从长远看，网状交织发展模式比较理想，主要理由有以下几点。

（一）网状交织发展模式集中了其他发展模式的长处

1. 吸收了梯度推进发展模式的优点

网状交织发展模式，是把发展目标建立在提高经济效率上，能利用具有社会、经济、技术和文化区位优势的网上触角，及时抓住国际经济全球化发展带来的机遇，并迅速在整个网络系统扩散。同时可避免梯度推进发展模式的不足，防止本区域平原地区与山区、丘陵之间的发展差距扩大，缓解区域经济发展的不均衡状态。

2. 融入了点轴渐进发展模式的长处

网状交织发展模式，是运用动态方法合理配置资源，优化生产力的空间结构与布局，符合我国地域分布的自然特征，也符合区域发展的经济特征。同时可摈弃点轴渐进发展模式的短处，使增长点和发展轴的配置不再完全取决于交通干线。

3. 既可避免区域协调发展模式的缺陷，又能体现其要求

网状交织发展模式，是通过市场手段而不是行政手段添置增长极，延长和拓宽发展轴，促使不同区域在经济快速增长的基础上，实现彼此协调发展。

4. 增强了城市圈域经济发展模式的功能

城市圈域经济的发展要以中心城市为核心。能成为一定区域中心城市的，首先必须具有高聚集状态的城市人口。例如，浙江省国内生产总值在全国名列前茅，但城市规模偏小，人口 20 万以上的大中城市只有 8 座，50 万人以上的大城市只有 3 座，最大城市杭州近来并入萧山和余杭两个区后，城市人口也才 200 多万。从单纯城市圈域经济发展模式来说，浙江省各主要城市极化效应和扩散效应较弱，难以对区域经济起到有力的辐射和带动作用。但如果采用网状交织发展模式，一定空间上不同规模和不同层次的城市，将通过网络联系实现有效组合，形成城市集群。这样，可以加快企业聚集和区位聚集，促使主导产业崛起，进而吸引其他经济活动向增长极核靠拢，迅速提高中心城市的经济势能。

（二）网状交织发展模式有利于推动核心区与外围腹地共同发展

（1）采用网状交织发展模式，区域经济中的核心区单个增长极会变成多个增长极的聚集体，单条发展轴会变成多条发展轴的组合群，为高新技术的研制、开发和引进创造有利条件。在此情况下，核心区既可以在产品创新和企业创新的基础上，通过高新技术产业化催生新兴产业，推进产业创新，用较高产业层次的新主导产业，取代由较低产业层次成长起来的旧主导产业，实现产业结构高级化。

（2）采用网状交织发展模式，可以提高区域经济运行的关联度，促使资源、资金、技术和劳动力的合理流动，完善扩散和回流效应的传导机制。这样，区域经济中的核心区，既可以通过便利的网状扩散机制迅速输出产品，又可以通过便利的网状回流机制迅速输入生产要素，加快技术创新，不断产生和吸引新兴产业，保持旺盛的增长势头，使自己的实力稳步壮大。同时，有了健全的网状扩散和回流机制，一方面，可以加快核心区向外转移过于拥挤的部分原有产业，实现内部产品更新换代和产业结构升级。另一方面，可以加快区域经济中的外围腹地产业结构转换，吸引新兴产业，迅速改变落后面貌，迎头赶上发达的核心区。

（3）采用网状交织发展模式，区域经济中的核心区将形成经纬交织网状结构的多条发展轴，每条发展轴分布着多个增长极，可使它们产生较大的同向合力乘数功能，推动周围广大地区共同繁荣，促进城乡一体化建设。

（三）不少区域已经具备实行网状交织发展模式的条件

从前面分析可知，尽管网状交织开发是比较理想的区域经济发展模式，但它不是任何地区和任何时候都能采用的，它要求区域经济已经发展到工业化的中后期阶段。改革开放以来，我国经济持续快速发展，促使沿海地区及中西部比较发达的核心区，越来越多地进入工业化的中后期阶段，基本上都已具备实行这一模式所需的经济条件。

（四）实行网状交织发展模式的措施

（1）沿海地区，以及中西部比较发达的核心区，能够形成网络交织状态的一切物质条件，如铁路、公路、水运、航空和管道运输等交通运输网，邮电、通信、计算机互联网络等信息产业网，广播电视网，科技推广服务网，供电网，给水排水网，供气网，商品流通网，金融网，劳动就业服务网，天气预报警报服务网，环境保护监测网等，都必须从区域经济网状交织发展模式的要求出发，做好长远规划，优化布局，合理配置，加强有机联结，提高建设效率。

（2）集中投资开发增长极，合理选择和配置增长点，加强沿海地区，以及中西部比较发达的核心区不同极点之间的经济联系和相互作用，使它们在空间上逐步连接成发展轴。在此基础上，通过沿海地区及中西部比较发达的核心区已有增长极点聚集区的产业结构升级，发展新兴产业和高新技术，向核心区外围扩散和转移一些原有产业，促使外围形成新的增长极和新的发展轴。

（3）在核心区外围营造一些开发新区，通过降低土地费用、公共服务和基础设施建设成本，提高环境质量，改善运输条件等措施，形成新的经济聚集中心和相应的聚集轴线。

（4）以新旧增长极点的互相联系和不断扩散，推动发展轴的轴线增多，逐步形成纵横交错的经济增长网络体系，促使区域差异缩小，经济走向均衡发展。

第四节 西部大开发应突破资本瓶颈制约[①]

实施西部大开发是加快我国经济发展的重大战略决策，是一项宏大而复杂的系统工程，必须分步骤、有重点地进行。影响经济发展的主要因素是资源、人才和资本。西部拥有煤、水、油、气兼备的综合能源带，以及拥有多品种的有色金属和非金属矿产，资源富集程度比东部高。西部按人口计算的科研机构和高等院校拥有量、每万人中的科技人员比例，不比东部沿海地区低。然而，多年来，由于西部投资收益回报率远低于东部，非但难以引入东部资本，而且还造成当地资本东流。可以说，西部大开发面临的最大瓶颈是启动资金短缺。因此，发展资本市场，健全和完善资本形成机制，增强资本生成、积累和引进能力，提高资金运行效益，便成了西部大开发的突破口。

一、铸造有理性的资本市场主体

西部大开发应有四类不同的投资主体，分别在各自适于进入的领域开展有效活动。

1. 由中央政府担当投资主体

支持基础设施建设，主要用于拓宽西部内外铁路大通道，加快建设国道和省际公路干线，新辟机场，发展石油、天然气管道运输，增加水利设施建设投入，保护和合理开发水资源等。支持西部生态环境保护和建设，特别是实施森林植被治理工程，禁止采伐长江、黄河上游的森林，做好退耕还林、还草工作。支持资源调查，加强矿产的地质勘探。支持社会服务性公共产品的发展，提高西部居民在义务教育和卫生保健等方面的享有量，使之与东部居民基本持平。支持某些国有企业转制，让其抛弃历史积淀的包袱，轻装参与市场竞争。支持扶贫制度创新，逐步形成贫困人口收入持续增长的经济机制。中央政府投资的资本来源主要是中央财政预算拨款。

[①] 本节发表于《经济学家》，2001年第2期；中国人民大学复印报刊资料《城市经济、区域经济》，2001年第8期全文转载。其内容收入本人专著《经济学新问题求解》（中国经济出版社，2007年），该书2009年12月获浙江省政府第十五届哲学社会科学优秀成果奖二等奖。

2. 由西部各级地方政府和社会公益性机构担当投资主体

此类投资主体主要负责各地科技、教育、文化、卫生、城镇建设、公用事业、环境保护等公益性项目，以及国土开发和整治农业水利、普通公路、少数难以自筹投资和自负盈亏的高技术、高风险产业等，为当地开发创造良好的社会经济环境。其资本来源主要是各级财政预算拨款、社会捐赠、其他非市场筹资和项目计划安排的政策性融资。当前，为提高西部各级财政对当地经济发展的投入、调控和支撑力度，要着力引导、规范、管理预算外资金的运行。按照"集中收、统一管、分类支、集约用"的原则，对预算外资金实行准预算管理，严格依据程序和制度办事。可考虑设立市镇建设基金、基础设施和公共工程基金、重点建设基金、资源开发基金、技术改造基金、科教文卫基金、社会保障基金、环境保护基金等预算外专项资金和相应的对口管理机构，促使预算外资金纳入西部各地财政职能的作用范围，全面提高财政资金的整体效益，加强西部地方财政对区域开发和经济增长的支持。

3. 由国有企业控股的法人单位担当投资主体

此类投资主体负责供水、供电、铁路营运、机场管理、邮政和基础电信等垄断性基础产业项目的规划和发展，为当地开发提供适宜的基础设施和必要的运行条件。其资本来源表现为，在法人投资实体拥有一定比例资本金的前提下，设法向资本市场融资，广泛吸引各种社会资本。

4. 由一般企业担当投资主体

此类投资主体负责包括可引入竞争的基础性产业在内的各种生产经营项目。其资本来源主要是企业向银行贷款，通过资本市场筹措款项，其中部分基础性项目还可用竞争方式取得政策性金融的信贷支持。注意应在间接融资为主的前提下，积极发展直接融资，不断提高直接融资比例。

二、充分发挥金融机构的筹资功能

西部各地应努力提高金融服务质量，不断扩大金融业务范围，增强金融机构吸纳、运转资本的能力。当前，宜着重做好以下工作。

（1）增强银行储蓄的积累功能，提高西部个人固定资产投资占城乡居民储蓄存款余额的比重，将更多的储蓄存款余额变作生产基金，投入生产领域。据估计，目前西部城乡个人固定资产投资大约可满足西部全社会固定资产投资需求的 24% 左右。不难看出，充分利用储蓄存款余额，对缓解西部大开发的启动资金短缺具有重要意义。

（2）努力提高城镇职工工资的直存比重，加快发展个人支票服务和信用卡业务，把更多暂时不用的消费资金转化为储蓄存款，并使银行能够更有效地对企业及个人的收支进行记录和监督。为最终建成完善的信用制度和税收机制奠定基础。

（3）大力发展居民购置个人财产的抵押贷款及相应的债券市场。现以购房为例说明其操作程序：首先，由银行向购买房产的个人提供抵押贷款。购房者将房产证抵押给银行，直到还清贷款时取回房产证。其次，由银行将房产等各种个人财产抵押贷款合同分组，并加以标准化，然后以这些抵押合同为担保发行债券。最后，开辟抵押贷款保险业务，对个人财产抵押贷款标准合同进行保险，通过保险降低信用风险，促使以个人财产抵押贷款为基础的债券二级市场健康发展，全面提高抵押贷款财产的安全性和流动性。

三、用活社会保障基金

社会保障基金是实现社会保障制度的基础条件和必备前提。努力提高社会保障基金的资本效益，使它们在适宜的经济环境中通过自己的有效运行得以不断增值，不仅是增强社会保障能力的基本手段，而且是增强西部资本形成能力和发展机制的重要措施。为了确保社会保障基金既能正常运行，又能保值增值，西部各地可以考虑将它分成以下三个部分。

（1）速动准备金，即为支付 3 个月以内出现的社会保障待遇而准备的资金。它只能以银行活期存款和现金的形式存在，不宜投入货币市场，更不能当作资本使用。其份额不宜太大，以够满足日常支付和少量突发事件为限，尽量减少其由于对通货膨胀缺乏防范能力而遭到贬值。

（2）常动准备金，即为支付 3 个月至 1 年间出现的社会保障待遇而准备的资金。它可以投入货币市场，如用于资金短期拆借，对商业票据进行贴现，购买银行可转让大额存单，或购买半年期和 1 年期国库券、债券等。它在社会保障基金的速动准备金部分支付偏紧时可迅速变现，也能获取一定利息收入。

（3）缓动准备金，即为支付 1 年以上，乃至 5 年、10 年之后出现的社会保障待遇而准备的资金。它由各类社会保障基金收支结余、留作积累的部分构成，可用作中长期投资。这是社会保障基金中获利增值能力最强的部分。应选择收益率最高而风险合理的项目进行投资，促使社会保障基金中的缓动准备金有效地转化为发展资本。

四、大胆采用 BOT 引资方式

BOT（Build-Operate-Transfer）意为建设—经营—转让，它是一种在国际上被广泛采用的引资筹资方式。其基本内容大体是，政府把本应由自己承担投资的某个重大建设项目，通过一定形式授权给企业集团或公司投资经营，使这一项目暂时由"公共物品"转变为"私有物品"。在授权特许期内（一般为 10~15 年），投资者通过对该项目的建设，享有所有权，有权进行经营管理、有权获取收益。投资者建成项目后，通常以收取服务费、通行费等形式，回收投入的资本，自行偿还用于该项目的所有款项，并赚得盈利。待到特许期满，投资者必须把这个项目的所有权无偿移交给政府，使之由暂时的"私有物品"，再转化为永久的"公共物品"。

BOT 出现时间不长，但发展迅速，已在许多国家和地区得到成功的应用。我国东部沿海地区的深圳沙头角电厂、上海延安东路黄浦江越江隧道复线工程等，都是采用 BOT 方式建成的。在西部大开发中，对于一些投资额大、建设周期和投资回收时间长的基础设施项目，如果政府缺乏足够的开发资金，可以采用 BOT 筹资方式，吸引国外大公司或承包商承担项目的设计、融资、建设和经营管理，以便缓解建设资金短缺状况，加快摆脱基础设施发展滞后局面。

五、吸引带有援助性质的国外长期低息贷款

外国政府贷款由其政府预算开支，偿还期一般为 20~30 年，长的可达 50 年，并有 10 年左右只付息不还本的宽限期，通常还含有 30% 以上无偿转让的赠予成分。外国政府贷款在使用方向上往往有一定侧重点和相应的规定。例如，德国政府贷款优先用于农业开发性生产项目；法国政府贷款优先用于通信、电话交换机设备和微波设备生产；意大利政府贷款优先用

于农业和食品、能源、原料、医疗卫生、基础设施等项目；瑞典政府贷款优先用于水电、电话设备、能源、农畜产品加工、木材加工和造纸等；比利时政府贷款优先用于火力发电、制药和玻璃制造等合作性项目；丹麦政府贷款优先用于乳品、食品冷藏、水泥制造等；奥地利政府贷款一般限于购买该国生产的电力机电设备等。

我国西部开发机构和有关企业应充分了解各国政府贷款的使用方向、贷款利率、偿还期和宽限期、支付方式、物资采购方式，并结合自己的偿还能力进行综合分析，选择自己最有利的外国政府贷款。

六、开辟西部证券市场吸引外资

在西部各主要城市增大资本中心市场或次中心市场的培育力度，逐步形成多层次、宽渠道、开放式的金融市场网络，不断增强西部地区的资本生成和积累能力，同时吸引更多的东部资本和国外资本注入西部大开发。特别是要抓紧发展区域性证券市场，提高直接融资水平。从国外证券交易的组织结构来看，美国有9家全国性主要证券交易所，还有许多地方性证券交易所；日本有东京、大阪、名古屋、京都、广岛、福冈、新潟、札幌8家证券交易所；英国有6家散布于各地的证券交易所，并以伦敦国际证券交易所为龙头，共同组成联合证券交易所；巴西有9家证券交易所，其中里约热内卢和圣保罗两家交易所的交易额约占全国的90%。

在我国证券交易日益旺盛、二级市场流动性不断增强的条件下，为使西部大开发有足够的资本来源，参照国外的一些做法，可以考虑在重庆或其他西部城市新辟一个证券交易所让其侧重于吸引外国资本，形成与上海、深圳证券交易所有不同分工的特点，并使全国证券交易所在东部、南部和西部都有较合理的布点格局。

与此同时，要求国家给予西部地区更加宽松、灵活的证券交易政策，使西部证券交易所成为吸引外资的有效渠道。例如，让西部开发机构直接向外国发行股票、债券；允许国外投资者在西部自由认购各种证券；由西部开发机构发行人民币特种股票，专供外国投资者购买；建立西部开发投资基金，让外国投资者购买基金，再由管理者把基金投向证券市场，转化为具体资本；由外国机构建立中国西部开发基金，在国外证券交易所上市吸引外国资本，再把吸引来的资本投入西部大开发。

七、提高固定资本周转速度

租赁信贷作为利用外资的一种方式，已越来越受到世界各国的重视。它表现为，一国承租人向别国租赁公司租用所需的设备，并按租赁契约规定交付租金。一般租赁期限为3~5年，某些大型设备可长达20~30年。

租赁信贷的好处在于，使承租人可以避免由于购买设备而造成资本积压，还可以避免由于科技进步而引起设备贬值，减少固定资产的无形损耗。这有利于加快资本周转速度，提高企业扩大再生产的能力。而且，采用租赁信贷引进国外现成的东西，无须为预订设备花费时间，有利于建设项目及时上马。特别是遇到出口国对某些设备限制出口但不限制租赁时，运用租赁信贷，便成了冲破限制的有效途径。

因此，应鼓励参与西部大开发的各单位积极运用租赁信贷方式，节省固定资本，提高投资回报率。

八、提高利用外资的规模和效益

西部各地应在加快城镇建设和基础设施建设的同时，着力优化投资的软环境，制定各种优惠政策和导向性措施，建立和健全中介服务体系，努力提高对外商投资企业的服务意识和服务质量，开展多种形式的招商引资活动。西部各地还要从自己经济发展的需要出发，进一步加强对利用外资的引导。招商引资要以重点国家和重点地区的机构投资者和跨国公司为重点合作对象，以高新技术产业、主导产业、支柱产业和基础产业为主要引资领域，争取外商来西部投资的项目规模和技术层次都有明显提高。

第五节　新时期多元化区域创新政策体系研究[①]

促进区域创新活动的政策是多角度、多方位、多元化的，它们由一系

[①] 本节以《"十三五"时期多元化区域创新政策体系研究》为题，发表于《发展研究》，2017年第3期，与张琼妮合作；《国务院发展研究中心网》"区域经济栏"，2017年10月18日分上下两部分全文转载。

列方针政策、发展规划和法律法规等组成。它们的整体形式便构成了多元化区域创新政策体系。在这个政策体系中，各种具体创新政策只是整体政策的一个有机组成部分，它们通过相互联系与制约紧密地融合在一起，并以多元化区域创新政策体系整体矢量合力的形式促进当地的创新活动。在多元化区域创新政策体系中，各个具体创新政策只是整体矢量合力的一个有机组成部分，它们在对创新主体发挥自身调节功能的同时，往往又要体现其他政策机制的作用要求。因此，新时期多元化区域创新政策的协调配合和结构优化是网络环境下协同创新的重要组成部分。为了加强新时期网络环境下的协同创新机制，必须深入研究多元化区域创新政策体系。

一、新时期多元化区域创新政策的内涵

（一）新时期多元化区域创新政策

这里，先着手分析政策、创新政策、多元化区域创新政策三者的概念。

政策通常指党和国家为实现一定历史时期的路线和任务而制定的行动准则。它主要包括：①党和国家根据经济社会发展需要制定的纲领和规划，如《中华人民共和国国民经济和社会发展第十三个五年（2016—2020年）规划纲要》；②政府根据经济社会运行特点和管理需要，制定的各项具体政策，如《促进生物产业加快发展的若干政策》；③政府根据特定时期的路线方针，按照立法要求，通过法定程序，颁布法律、法令、条例和规定，并相应形成各种制度和章程，如《中华人民共和国商标法》，以及根据商标法制定的《中华人民共和国商标法实施条例》等。

创新政策一般指促进企业和社会创新活动的战略方针、发展规划、政策措施和法规条例等。它含有许多具体内容，如属于纲领性创新政策的《国家中长期科学和技术发展规划纲要（2006—2020年）》，属于具体操作性创新政策的《社会力量设立科学技术奖管理办法》，属于创新法规的《中华人民共和国专利法》等。

多元化区域创新政策表现为一定区域内，以多元形式促进企业和社会创新活动的各种规划、政策和法规。它的构成内容从系统性角度分析，大体包括三个部分：①区域科技系统创新政策，由促进区域创新的推动科技进步的政策、科技信用政策和知识产权政策等组成，它们通常可以直接加

强区域创新主体的创新活动；②区域微观系统创新政策，由促进区域创新的企业政策、企业技术创新政策、产品政策、企业创新激励政策等组成，主要从微观角度提高区域创新主体的创新能力；③区域宏观系统创新政策，由促进区域创新的产业政策、地方财税政策、资金政策、固定资产折旧政策、土地政策和人才政策等组成，主要从宏观角度加强当地企业和社会的创新活动。

（二）新时期的多元化区域创新政策体系

一定区域创新政策总是针对一定区域创新主体的行为而制定的。所以，各项具体区域创新政策都有特定的调节对象，并有相应的目标和任务。由于区域创新行为庞杂繁多，相应的多元化区域创新政策也有许多具体形式。新时期各种具体区域创新政策的总和，便构成这一阶段多元化区域创新政策体系。

在实际经济生活中，区域创新政策调节创新主体的行为时，每个政策都是以政策体系合力一部分的形式产生影响，而不是一个个政策独立出来单枪匹马发生作用。在多元化区域创新政策体系中，某个具体创新政策会受到其他众多政策作用力的影响、渗透和制约，特别是受到统领性创新政策的牵引，从而融合为多元化区域创新政策体系合力的构成内容。当然，它也会对其他政策产生影响和制约作用。

二、新时期多元化区域创新政策体系的影响因素

新时期多元化区域创新政策体系，作为一个有机整体，它受到多方面因素的影响，其中较明显的影响因素来自覆盖面、时效性、调节功能和主次地位四个方面。

（一）来自覆盖面的影响因素

1. 从多元化区域创新政策体系整体来看

它作为一个有机综合体，几乎涉及影响区域创新活动的所有要素。这些要素来自财政、金融、税收、土地、人才、产品、科技等方方面面。为了增强区域创新能力和竞争能力，就必须相应形成促进区域创新活动的财政政策、金融政策、税收政策、土地政策、人才政策、产品政策、科技政策等。不难看出，这需要众多政策的协同配合，并形成合力。

2. 从某一项具体政策来看

它也有自己的覆盖范围，覆盖范围的大小决定了其作用领域和影响边界。以产品政策为例，从产品角度出发，完整的产品生命周期应包括产品的构思、构思方案筛选、确定产品概念、效益分析、设计制造和鉴定样品、市场试销、正式投产，以及产品的售前和售后服务等环节。因此，产品政策的覆盖范围不应是单纯把原料加工为成品的生产过程，而是要覆盖产品从构思设计到最终退出市场的整个生命周期。这需要同一政策在不同阶段，做到有机衔接，协同一致。

(二) 来自时差性和时效性的影响因素

1. 政策时差性因素

创新政策的时差性，是指创新政策从制定到最终对创新主体行为产生影响的间隔时间。这种时差性大体包括三个方面：①认识时差。表现为从创新活动出现问题，到人们认为应该采取政策措施进行调节的时间。②制定时差。存在于创新政策从调研、起草、制定，到正式颁布实施的时间。③作用时差。表现为创新政策从颁布实施开始，到真正对创新主体发生效应的时间。创新政策的政策时差各不相同，有长有短。一个创新政策出现的政策时差，只有通过其他相关政策来进行弥补。正是由于各个具体创新政策的政策时差长短不一，因此需要诸多创新政策协同运作，相互配合，以免出现政策调节的时滞现象。

2. 政策时效性因素

创新活动规律表明，一个创新政策促进创新活动的作用时间是有一定限度的，它不可能一成不变地保持下去。一个创新政策在执行一段时间后，其内含的某些款项和规定可能已经难以起到促进创新的作用，需要由另一个创新政策来取代，从而形成一种既有机衔接又相互交替的趋势。这是因为，任何一种创新政策的调节功能都有一定局限性，它的效用是与其所适应的创新活动状况密切联系的。所以，创新政策总是随着创新活动状况的变化而更新，旧的政策被新的政策所取代。应该明白，不管什么创新政策都不能永久不变地持续使用，否则它产生的副作用或负面影响会越来越严重，最终将导致难以实现调节目标。可见，创新政策具有一定的生命周期，旧政策寿终正寝，需要新诞生的政策来顶替，这在客观上反映了创新政策需要协同配合。

（三）来自调节功能的影响因素

各个创新政策在实际作用过程中的功能是不同的。有的创新政策具有调节资源的作用，可以从资源供给方面优先满足区域创新活动；有的创新政策具有调节资金的功能，可以促使风险投资源源不断地进入区域创新领域；有的创新政策具有调节人才的影响力，可以确保区域创新机构能够拥有一支高质量、高水平的人才队伍；有的创新政策具有调节科技成果转化的功能，可以促使研究领域形成的科技成果，迅速转变成生产领域制造的产品。

一项创新活动的开展，一个创新成果的形成，往往需要多方面的支持。光有资源优先供应，没有足够的资金投入，没有高层次研究开发人员，是无法完成创新任务的。同理，有了资金和人才，没有必需的资源保证，如果得不到必需的新材料，也是难以形成创新成果的。即使已经从实验室研制出新发明了，但是如果没有畅通的科技成果转化渠道，它也只能束之高阁，不可能转化为进入寻常百姓家的消费品。这里可以看出，区域创新活动需要具有不同功能创新政策的共同支持，说到底需要多种创新政策的协同作用。因此，在运用政策促进区域创新活动时，要特别注意使它们的功能互相配合，使其形成能发挥协同调节作用的高效机制。

（四）来自主次地位的影响因素

从横向比较角度看，多元化区域创新政策体系内含的各类政策，具有基本的和非基本的、主要的和次要的区别。决定这种差异的是各种政策有效作用力的大小。尽管各种具体创新政策都会产生自身特有的作用力，形成整体矢量合力的一部分，但是它们在矢量合力中的贡献，却存在着明显差别。正是由于这种差别，决定了各种具体创新政策在整个政策体系中有着不同的地位。

能够在多元化区域创新政策体系矢量合力中，发挥最大、最主要强制力作用的政策称作统领性政策；与其相对应就是具体性政策。统领性政策是基本的、主要的方面；具体性政策是非基本的、次要的方面。

统领性政策制约着具体性政策的实施范围和作用程度。当然，统领性政策的顺利实施，也离不开具体性政策的密切配合。由此看来，区域创新政策的主次配合，也为网络环境下的区域协同创新提供了客观基础。

三、新时期多元化区域创新政策体系的构成要素

新时期的多元化区域创新政策体系是一个内涵丰富、外延宽泛的有机体，它由众多的具体政策要素组成。这些构成要素可以按照不同标志进行归类，如上文提到，从政策系统性归属关系考察，它们包括区域科技系统创新政策、区域微观系统创新政策和区域宏观系统创新政策三类。但如果从政策主要影响因素方面考察，这些构成要素又可以通过归类，提炼出系统性政策、交替性政策、多样性政策和统领性政策等。

（一）系统性政策

在多元化区域创新政策体系中，与覆盖面影响因素相关的是系统性政策。这类政策往往针对特定创新对象而设立，并以系统分类的方式确定调节范围，同时建立相应的针对一定系统的管理体制和运行机制。系统性政策的主要特点是能够以调节对象为依据覆盖整个系统。

（1）系统性政策可以架构在部门分类基础上，形成针对一定部门为调节对象的覆盖范围。例如，《工业和信息化部行政许可实施办法》《工业和信息化部门户网站管理办法》《电信业务经营许可管理办法》《建立卫星通信网和设置使用地球站管理规定》等政策法规，就是以工业和信息化部为调节对象，同时，在该部门形成系统性的覆盖范围。

（2）系统性政策可以建立在技术或产品分类基础上，形成针对一定技术或产品为调节对象的覆盖范围。如我国颁布的《纳米材料术语》标准，规定了纳米材料一般概念的术语，以及纳米材料特性、制备与处理方法、材料种类和表征方法等方面具体概念的术语。这项规定是专门针对纳米材料的，建立在以纳米材料为调节对象的基础上，并形成覆盖整个纳米材料系统的作用范围。它涉及的是纳米材料，而不是制造纳米材料的部门。

（二）交替性政策

在多元化区域创新政策体系中，与时效性影响因素相关的是交替性政策。这类政策的形成基础是政策具有时差性和时效性，它表明需要有相应的可替换政策，用来弥补由于时差性和时效性而造成的政策漏洞。

（1）从时差性角度来看。不同政策的时差长度是有一定差别的，这主

要取决于政策调整或变动过程所需要的时间。在我国，促进创新活动的财政政策与促进创新活动的货币政策相比，其制定的时差往往要长许多。因为在财政政策调整时，先得由政府提出调整措施，再提交人大常委会批准执行，这一过程往往需要较长时间。而货币政策调整可以由中国人民银行在请示国务院后获得批准，所需时间相对较短。

（2）从时效性角度来看。一个政策能够维持多长时间是由经济发展和运行的实际需要决定的。特别是经济发展的周期性波动，往往会引起一些关系密切的政策发生周期性替换。经济发展规律表明，随着时间的推移，经济发展会周期性地出现繁荣—衰退的波动现象。斯蒂格利茨指出："所有的现代经济都有经济活动水平的上升和下降。在增长较快和就业较高的阶段以后，接踵而来的是增长的缓慢阶段。"[1] 这样，与繁荣阶段相适应的偏松的经济政策，到了衰退阶段，就必然要替换成偏紧的经济政策。

（三）多样性政策

在多元化区域创新政策体系中，与调节功能影响因素相关的是多样性政策。一般来说，一个具体的创新政策只能针对一个调节对象，实现某项预定目标。例如，针对资金的创新政策可能难以调节人才，针对人才的创新政策可能无法解决紧缺原材料的供应，针对现代技术产业创新的政策，往往不能兼顾传统技术产业的创新。然而，一个区域的创新活动通常是多结构、多层次、多类型的，需要有多种多样的创新政策给予多方面的支持。

（1）从区域创新活动的单个创新项目分析。一个创新项目往往就是一个系统工程，需要多方面的协同配合才能完成。它需要科技人员承担研发任务，需要投入大量风险资金，需要使用各种先进的研究仪器和实验设备，需要耗费紧缺的新材料，需要自行设计新工艺，需要引进新技术等。在这一过程中，一旦某个环节出现问题，就可能会导致整个创新过程半途而废。为此，要有多样性的创新政策，能够保证在人财物等方面同时支持这一项目。

（2）从区域创新活动整体分析。一个区域的创新活动可能涉及许多领

---

[1] 斯蒂格利茨. 经济学（下册）[M]. 姚开建，刘凤良，吴汉洪，等译. 北京：中国人民大学出版社，1997：341.

域，有来自工业部门的，有来自农业部门的，有来自交通运输业部门的，有来自商贸业部门的，还有来自其他许多部门的。这些创新活动在产品、技术、工艺和装备等方面存在很大差别，不可能用同一标尺来进行衡量和调节。因此，必须根据不同类型、不同技术要求的产业及其创新活动，制定多样性政策，使创新政策具有更强的针对性，便于它们能够更有效地促进区域创新活动。

（四）统领性政策

在多元化区域创新政策体系中，与主次地位影响因素相关的是统领性政策。统领性政策在区域创新政策体系中处于核心地位，指引区域创新政策体系的运行方向和调节对象，发挥着主导和决定的作用。

马克思在分析社会化大生产客观上要求有指挥和管理时说："一切规模较大的直接社会劳动或共同劳动，都或多或少地需要指挥，以协调个人的活动，并执行生产总体的运动……一个单独的提琴手是自己指挥自己，一个乐队就需要一个指挥。"[1] 实际上，多元化区域创新政策体系在产生和调整导向性强制力时也有类似情况。它是一个由诸多政策融合在一起的整体，内含的各种政策都会产生自身的强制力，这些强制力最终经过政策体系内部协调之后，以矢量合力形式对调节对象产生影响。在政策体系矢量合力形成和调整过程中，需要统领性政策发挥指挥功能，以协调单个具体政策的强制力，并按照政策体系总体的要求发生作用。如果一个区域创新政策体系中缺少统领性政策，就如同缺少灵魂和主帅的团队，使得单个具体性政策的制定和执行没有统一的指导方向。

总之，多元化区域创新政策体系是由众多政策共同组成的复合体。从影响因素方面考察，它含有系统性政策、交替性政策、多样性政策和统领性政策等。这些具体政策由于存在系统性、时差和时效性、调节功能和主次地位等方面的差别，会对政策体系的矢量合力产生影响，使其或多或少偏离预先确定的调节目标。为了确保多元化区域创新政策体系始终具有正确的导向性，并具有强大的矢量合力，必须进一步完善各类政策在网络环境下的协同关系，不断加强它们在政策体系中的系统配合、交替配合、功

---

[1] 马克思恩格斯全集：第23卷[M]. 北京：人民出版社，1975：367.

能配合和主辅配合。

四、新时期多元化区域创新政策的协同机理

(一) 多元化区域创新政策体系的合力机制

在新时期多元化区域创新政策体系的合力机制中，各个具体政策都在一定范围内、一定过程中发挥着一定的作用，它们都会产生自身运动的强制力。当然，这些具体政策的强制力并不完全等同，它们存在高低不同的层次差别，存在大小不等的范围差别，还存在长短不一的作用过程差别。

在新时期多元化区域创新政策体系中，各个具体政策不是同一平面上的几条直线，而是一个互相配合、互相交错的运动立体，一个互相依存、互相制约的有机整体。也就是说，在整个多元化区域创新政策体系运行机制内，"有无数互相交错的力量，有无数个力的平行四边形"[1]。

一个创新现象的出现，一个创新项目的实施，一个创新成果的取得，往往取决于众多创新政策的矢量合力。在运用某个政策促进区域创新活动时，不能从单一过程和孤立角度，而必须从彼此联系、相互制约的角度去把握，不能只考虑这一创新政策本身的要求和作用，更要考虑它与其他创新政策协同形成矢量合力的要求和作用。

(二) 多元化区域创新政策体系的作用特点

在新时期的网络环境下，健全的多元化区域创新政策体系可以自行利用众多的信息点、便捷的沟通渠道，以及功能强大的公共平台，及时调整其内含的各类政策要素，使它们形成强大的矢量合力和导向机制，促使创新主体积极开发研发活动，并取得预期的创新成果。它具有以下几个主要特点。

(1) 导向性。对于急需发展的高技术产品和新兴行业，多元化区域创新政策体系将通过整合内含政策，聚集方向相同的作用力，定向产生特别有利于高技术产品研发者、新兴产业创办人的经济结果，促使这些高技术产品和新兴产业向着预定目标稳定而迅速地发展。

(2) 遏制性。对于应限制发展的低技术产品和落后行业，多元化区域

---

[1] 马克思恩格斯选集：第4卷 [M]. 北京：人民出版社，1972：478.

创新政策体系也会通过整合内含政策强制力，发挥遏制性功能，在适当范围内适时适度地造成不利于低技术产品生产者，不利于落后行业从业者的经济结果，从而及时淘汰一些落后产品和落后企业。

（3）协调性。有的原料产地、投资场所或销售市场，由于某些特殊条件，比较有利于开展创新活动。它们往往会吸引不同区域、不同部门、不同所有制的创新主体一起涌入，可能会因此造成无序竞争。这时，政府可以通过运用各种宏观调控对策，促使多元化区域创新政策体系合理调整作用力，从而形成有方向地协调各种经济成分的创新比例，使之趋向最佳创新组合，获取最佳创新效益。

（三）健全多元化区域创新政策体系的基本要求

1. 各个具体政策的差异

在多元化区域创新政策体系中，内含的各个政策都有特定的调节对象。它们存在着许多差别：①在功能上，有的属于鼓励性的，有的则是限制性的；②在效果上，有的以扩张形式表现出来，有的则通过收缩来完成任务；③在时间上，出台顺序有先有后，所需的时间有长有短；④在范围上，有的对整个区域发挥作用，有的作用范围仅仅局限于某个企业甚至某个产品；⑤在依存条件上，有的是存在于区域经济稳定持续发展状态中，有的却存在于区域经济剧烈波动出现下滑状态中。

2. 多元化区域创新政策体系的运作机制

在多元化区域创新政策体系内，各个政策在调节自己的特定对象时，不是以孤立的形式，而是以整个政策体系构成部分的形式发生作用。它在产生自身强制力的同时，又与其他政策的强制力融合起来，既体现自身政策机制的调节功能，又反映别的政策机制的调节要求。所以，各项政策总是以合力形式发挥调节作用。在政策合力形成的过程中，只有方向一致的作用力，才能通过矢量相加产生更大的合力。如果它们的作用力方向相反，其矢量相加的结果，只能产生较小的力量，甚至由于完全抵消而没有任何效果。例如，对于某项创新活动，如果有些政策是鼓励的，而另外一些政策是限制的，那么它们的作用力就会相互抵消，既无法产生预定的鼓励效果，也难以收到应有的限制作用。

3. 健全多元化区域创新政策体系的基本要求和思路

健全多元化区域创新政策体系，不是一项简单的工作，而是一个系统工程。①必须根据促进区域创新活动的具体要求，制定、充实和完善各个单项政策；②在单项政策的基础上，分别理顺区域科技系统创新政策体系、区域微观系统创新政策体系和区域宏观系统创新政策体系；③三大系统政策通过系统内部各种政策要素融合，形成系统内统一的政策机制；④通过各个系统政策机制之间的相互融合，形成一个浑然一体的区域创新政策体系融合制约机制，并由这种融合制约机制对创新主体的行为产生综合调节作用。

  为此，新时期应该根据一定区域的实际需要，制定促进区域创新活动的统领性政策，使其能够对整个区域创新活动，发挥总控制、总协调的作用。制定促进区域创新活动的系统性政策，努力通过系统载体扩大政策的作用范围，使其能够覆盖区域内各个系统的创新活动。制定促进区域创新活动的多样性政策，不断提高政策调节机制的针对性，使不同类型的创新主体都能加强创新活动。制定促进区域创新活动的互补性政策，充实和完善不同系统、不同范围和不同时差创新政策，使它们能够发挥更好的调节效果。制定促进区域创新活动的交替性政策，抓紧推出体现新目标的新政策，及时取代已经过时的旧政策，使政策具有强烈的时代性特点，能够按照时代要求促进区域的创新活动。

第五章 科技信用与创新机制研究

建设创新型国家，必须加强科技信用制度建设。科技信用通常是指科技活动当事人遵守诺言和实践成约的行为。它要求人们从事科技活动时，遵守科技界公认的行为准则和道德规范。为了阻挡和消除科技信用缺失行为，增强科技信用观念，我国制定了一系列规范科技人员信用行为的政策法规，并明确提出"科技信用"概念，对科技信用制度建设进行了卓有成效的探索。今后，还要进一步推进科技信用制度建设，营造有利于科技事业健康发展的环境，从而有效增强我国的自主创新能力和核心竞争力。推进创新型国家建设，不仅要加强国内科技信用制度建设，而且还要积极学习和借鉴国外建设创新型国家的成功经验。本章以瑞典和以色列两个创新型国家为考察对象，着重研究其创新管理制度、运行机制及创新政策等问题，旨在为我国增强创新能力、提高创新水平、提供国际经验和决策参考。

第一节 我国科技信用管理制度的演进[①]

我国现阶段科技发展基础不断改善，科技投入逐步加大，人们的创新意识也越来越强。在此条件下，科技信用缺失对自主创新能力提高的影响日益凸显出来。科技信用缺失产生的种种不端行为，腐蚀了科学实验报告和技术文件记录的可靠性，降低了科技项目研究成果的质量，败坏了科学道德风尚，影响了科学的纯洁形象和科技界的社会信誉，特别是腐蚀了科学共同体的肌体，从根本上危及自主创新能力的形成和增强。以前面分析可知，面对信用缺失给社会经济造成的严重危害，我国提出标本兼治，严

[①] 本节核心内容以《科技信用制度建设的回顾与展望》为题，发表于《科技进步与对策》，2005年第11期。这篇论文收入本人专著《区域政策与自主创新》（中国经济出版社，2009年），该书2010年12月获浙江省高等学校科研成果一等奖。

厉打击各种扰乱社会秩序的失信行为，加强全社会的信用教育，强化政府信用，重塑企业信用，构建个人信用，着力推进信用制度创新，建立符合国际惯例、比较完善的社会诚信体系。与此相适应，我国迅速推进科技信用管理制度的建设，提出了一系列行之有效的措施。

一、建立科技信用管理制度的必要性

为了增强创新能力和核心竞争力，国家投入大量资金资助科技项目研究和开发。目前，我国有三大国家主体科技计划项目，即 863 计划、科技攻关计划和基础研究计划项目，它们归口科技部管理，通常称作国家科技计划项目。我国还有国家自然科学基金、国家社会科学基金、国家杰出青年科学基金。设立国家科技计划项目和科学基金，是我国政府科技投入的主要方式。此外，科技部还主管各类产业化科技计划项目，如星火计划、火炬计划、新产品计划、成果推广计划、中小企业创新基金和农业成果转化基金等项目。各省科技厅也有一批科技计划项目。

从各类科技计划和科学基金的实施过程看，总的来说是规范有序的，并已取得明显的社会经济效益。但也出现了一些不守承诺、违背科技职业道德的失信行为。例如，出现实验报告、技术文件、情报文献造假，出现技术鉴定、经济评价的做假，还有以假冒的高科技产品行骗，泄露或侵占他人的关键技术资料等。不言而喻，加强科技信用管理是十分必要的。

二、科学基金领域构筑阻挡不端行为的"三道大坝"

在提出科技信用概念前，针对科技领域存在的信用缺失行为，科技部和国家自然科学基金委员会等单位，从加强国家科技计划项目和科学基金的管理入手，制定了一系列规范科技人员行为的政策法规。自 20 世纪 90 年代开始，国家自然科学基金委员会监督委员会连续颁发了三个文件，在科学基金领域为阻挡不端行为构筑起"三道大坝"。

1999 年 8 月 4 日，国家自然科学基金委员会监督委员会办公会议通过了一个重要文件《国家自然科学基金委员会监督委员会监督检查暂行办法》。该文件规定，将本着"依靠专家、发扬民主、择优支持、公正合理"的评审原则及现行科学基金管理制度和办法，对国家自然科学基金项目展开监督检查。监督检查的主要对象是国家自然科学基金项目评审、资助工作及科学基金的管理、使用情况。检查重点是科学基金管理和使用的公正性、合法性及效益性。还规定监督检查小组的主要任务是：了解被检查单位执行科学基金管理规定等情况，对有关单位或人员做出检查评价，其结果以书面形式向监委会报告。监督检查的方式可结合审计联合开展或单独开展，根据需要实施综合检查或专项检查。

同一天，国家自然科学基金委员会监督委员会办公会议通过了另一个重要文件《国家自然科学基金委员会监督委员会受理投诉和举报暂行办法》。该文件提出，倡导实事求是、不断创新的科学精神，反对科学研究和科学基金工作中的不正之风，促进科学基金事业健康发展。文件确定了以下投诉和举报的范围：

（1）在科学基金项目受理、评审和管理过程中，违反有关规定，有失客观、公正、合理的行为。

（2）在科学基金项目申请、执行和结题等环节上，弄虚作假、捏造数据、剽窃成果等违反科学道德的行为。

（3）因受资助单位管理不善等原因，致使科学基金项目未按有关规定执行并造成损失的。

（4）在使用科学基金项目经费中违反专款专用等原则，甚至存在严重的截留、挪用和弄虚作假等行为。

（5）其他违反国家自然科学基金有关规定的行为。

文件还规定了以下具体的处理办法：

（1）被投诉和举报者违反有关科学基金管理办法和规定，经调查核实，事实确凿的，按有关规定处理。

（2）由于工作失误等原因，致使确有创新的项目或应资助的项目未获资助的，经核实后，监委会建议有关部门组织项目复议。

（3）投诉和举报内容不实，属于错告的，应澄清事实；属于诬告的，按有关规定处理。

（4）在做出结论前，应尊重被投诉和举报者的人格名誉，不得扩散有关内容。

（5）对办结的投诉和举报，监委会将处理结果告知投诉和举报者，并将有关材料归档。

（6）对触犯国家法律或违反党纪的移交有关部门处理。

2001年6月12日，国家自然科学基金委员会监督委员会委务会议通过了《国家杰出青年科学基金异议期试行办法》。该文件规定，国家自然科学基金委员会通过互联网及有关媒体，向社会公布评审确定的国家杰出青年科学基金候选人名单。候选人名单（含有关内容）公布后，其所在单位应同时将候选人申请书的主要内容，在候选人所在基层单位（一般为二级单位：大学为本系，研究院所为本研究室）范围内予以公布，便于了解其情况的科技工作者提出异议。提出异议期限为自国家杰出青年科学基金候选人名单公布之日起一个月内，而且还确定了以下受理异议的范围：

（1）有关单位和个人在国家杰出青年科学基金项目受理和评审过程中，违反有关规定，有失客观、公正、合理的行为。

（2）在申请国家杰出青年科学基金项目过程中，有弄虚作假、虚报浮夸、捏造数据、剽窃等违反科学道德的行为。

（3）其他违反国家杰出青年科学基金项目有关管理规定的行为。

三、科技部牵头制定规范科技人员行为的政策法规

2002年5月13日，科技部发布《国家科技计划项目承担人员管理的暂行办法》。该文件明确提出，国家科技计划项目负责人必须具备的资格：原则上应为该项目主体研究思路的提出者和实际主持研究的科技人员。中央和地方各级政府的公务人员（包括行使科技计划管理职能的其他人员）不得作为项目的负责人（战略性软科学项目除外），退休人员不得作为项目负责人。规定项目负责人必须有足够的时间投入科研工作，要求他们把自身实际工作量一半以上的时间和精力投入到所主持项目的研究上。项目负责人在项目实施阶段无正当原因离岗不得超过半年。若有特殊原因确需出国或离岗超过半年以上的，应事先提出申请，报计划管理部门批准。规定项目负责人以外的主要研究人员，需在本课题研究中投入其实际工作时间的25%以上。还规定项目负责人同期主持的国家科技计划项目数原则上不得超过一项，作为主要参加人员同期参与承担的国家科技计划项目数（含负责主持的项目数）不得超过两项。同时，该文件阐明计划管理部门、

第一篇 代表性论文
第五章 科技信用与创新机制研究

项目负责人所在单位、项目负责人及主要研究人员的各自职责和义务。特别是，该文件对违规行为提出五条处理意见，指出要严肃查处弄虚作假等不端现象。其中明确规定：对在填写国家科技计划项目有关材料时弄虚作假的，一经发现并核实后，计划管理部门将中止其在研国家科技计划项目，追回已拨经费，取消其3~5年申报国家科技计划项目资格，并予以公开通报，列入专家信用系统备案。对国家科技计划项目负责人违反规定，未经批准擅离岗位或出国超过半年以上的，计划管理部门有权中止其承担国家科技计划项目的资格，并根据情节轻重取消其1~5年国家科研项目的申请资格。

2002年6月11日，科技部、教育部、中国科学院、中国工程院和国家自然科学基金委员会联合颁发《关于进一步增强原始性创新能力的意见》。提出鼓励冒险，宽容失败，勇于创新，敢为人先，营造有利于原始性创新的文化环境；鼓励学术民主，倡导创新文化，保障不同学术观点的公开发表和充分讨论。提出继续推进科技管理制度改革，以人事制度和分配制度改革为重点，探索建立适应原始性创新要求的科研机构管理制度。形成理事会决策制、院所长负责制、科学技术委员会咨询制和职工代表大会监督制的现代科研机构管理制度。推行固定岗位和流动岗位相结合的用人制度，实行专业技术职务聘任与岗位聘用并轨。坚持课题负责人负责制，使课题负责人在批准的计划任务和预算范围内享有充分的自主权，减少管理环节与管理层次。建立灵活有效的激励分配机制，探索技术与知识作为生产要素参与分配的实现形式。该文件专门安排一节内容详细阐述如何改进评价体系，指出要优化立项评价指标与标准。简化评估内容、优化评估程序、改进评价方法。要尽可能地压缩合并同内容、不同层次的评估活动。要建立基础研究评估共享资料平台，为各种评估活动提供权威性通用资料信息。要使评价体系进一步科学化、合理化，不同类型的基础研究工作应有不同的评价指标体系和侧重点。注重对于科技人员个人或团队素质、能力和研究水平的评价，注重研究人员对创新实际贡献的评价，改变现行奖励制度中按照科研人员排序进行奖励的做法，以利于推动形成研究团队，促进科学家之间的协作。加强对评估过程的监督，提高评估的公开性、公正性。探索建立评审专家信誉制度，扩大评估活动的公开化程度和被评审人的知情范围。实行严格的回避制度，减少各种不正之风和非学术因素的干扰。促进国际同行评议专家库的共享，鼓励聘请国外专家参加项目评估和研究成果的评价。

2003年1月29日，科技部颁布《国家科技计划项目评审行为准则与督查办法》。该文件首先阐明了项目评估和项目评审的含义，认为项目评估是指科技部各专项科技计划主管部门按照公开、公平和竞争的原则，择优遴选具有科技评估能力的评估机构，按照规定的程序、办法和标准，对项目进行的专业化咨询和评判活动。项目评审是指科技部各专项科技计划主管部门组织或者委托有关单位组织科技、经济、管理等方面的专家，按照规定的程序、办法和标准，对项目进行的咨询和评判活动。该文件指出，项目评估或评审活动要按照国家有关法律、法规、规章和政策的要求，坚持独立、客观、公正的原则，并自觉接受有关方面的监督。评估机构的项目评估报告或者评审专家的项目评审意见是科技部管理决策的重要参考依据。接着，分别对项目评估评审活动的组织者和承担者、项目评估人员和评审专家，以及项目推荐者和项目申请者各自必须遵守的行为准则，做出具体规定。同时，确定由科技部法制工作机构、综合计划管理机构、科技经费管理机构和驻科技部监察机构依据有关规定，负责对项目评估评审活动进行监督检查。对于督查中发现的弄虚作假、徇私舞弊、滥用职权或玩忽职守等违规行为，按照其情节轻重，给予警告、通报批评，直至追究刑事责任的处分。

2003年5月15日，科技部、教育部、中国科学院、中国工程院和国家自然科学基金委员会等五部委为了规范科技评价工作，建立健全科技评价机制，正确引导科技工作健康发展，进一步增强我国的科技持续创新能力，提高我国科学技术的实力和水平，联合发布《关于改进科学技术评价工作的决定》。提出加强对科学技术评价工作的宏观指导，明确其职能定位，做到"目标导向、分类实施、客观公正、注重实效"。区别不同评价对象，确定不同的评价目标、内容和标准，采用不同的评价方法和指标，完善各类评价体系。坚持"公平、公正、公开"的评价原则，建立与国际接轨的评价制度，规范科学技术评价行为。倡导质量第一，克服浮躁、急功近利等短期行为，坚决反对浮夸作风。指出要加强对科技成果评价工作的管理，改进现行成果评价方式，采用国际通行的同行评议和专家推荐制。科技评奖应以是否具有重大科技创新、重大技术进步，阐明自然现象、特征和规律，做出重大科学发现，以及在相应领域、学科内产生影响等实质性的内容作为重要指标，避免滥用不切实际的"国际领先""国内领先"等夸大之词，坚决抵制和反对虚假评价。要制定严格的监督机制和责任制度，一旦发生虚假评价的情况，要追究评价机构及相关人员的责任。提倡务实评价，营造宽松的创新环境，避免过繁过重的科学技术评价活动。加强科学道德建设，营造良好的创新文化，坚决反对任何形式的学术不端行为。

2003年9月20日，科技部根据《关于改进科学技术评价工作的决定》和国家有关法律法规，制定《科学技术评价办法》（试行）。这一文件先阐明科学技术评价工作的主要内容和涉及对象，提出科学技术评价工作应当遵循"目标导向、分类实施、客观公正、注重实效"的要求，必须有利于鼓励原始性创新，有利于促进科学技术成果转化和产业化，有利于发现和培育优秀人才，有利于营造宽松的创新环境，有利于防止和惩治学术不端行为。接着界定委托方、受托方及被评价方等科学技术评价工作的行为主体，确定他们的相应职责及评价的基本程序和要求。还专门设立一章阐述如何进行评价专家的遴选，提出专家遴选遵循随机、回避和定期换届原则，建立专家信誉制度，明确专家应负的法律责任，充分体现了"以人为本、以德为先、以法为据"的专家路线。进而针对科学技术计划、科学技术项目、研究与发展机构、研究与发展人员、科学技术成果的评价做出一系列具体规定。最后，以"法律责任"为题，指出怎样处理各种违规行为。

四、提出在国家科技计划管理中建立信用管理制度

前面提到的文件及相应的政策法规，从不同角度界定了科技计划项目和科学基金的申请者、评审者的职责与义务，进一步明确了他们必须遵守的行为准则和道德规范，为预防和治理科技领域失信现象做出制度安排，也为形成科技信用概念奠定理论基础。

这些文件尽管已经大量涉及科技领域的信用问题，甚至提到了"专家

信誉制度"等科技领域专有信用概念,但是,它们都没有明确提出"科技信用"一词。第一次以国家文件形式阐述科技信用概念的是科技部在2004年9月2日颁发的《关于在国家科技计划管理中建立信用管理制度的决定》。该文件本着"让守信者得到鼓励、让失信者付出代价"的目的,为科技计划信用管理制度设计出基本框架。它阐明了国家科技计划信用制度建设的意义,信用管理的对象、依据、原则、范围、内容、组织实施方法、信用信息使用、信用管理在计划管理中的位置与作用等。从此,科技信用以自己特有的内涵,为信用家族增添了一个新成员。该文件由以下六部分组成。

(1) 阐述科技领域引入信用机制的必要性和重要性。认为建立和健全社会信用制度是社会主义市场经济发展的内在要求,也是社会主义市场经济条件下政府职能转变的必然要求。加强科技信用管理,建立和健全科技信用制度体系,是国家科技创新体系建设的重要组成部分,是在市场经济条件下深化科技体制改革、完善国家科技计划管理的客观需要。加强科技计划的信用管理,可以提高国家科技计划的整体管理水平,提高政府科技资源分配的公正性和有效性,还可以强化制度约束,规范科技计划相关主体的行为,从源头上预防和遏制腐败行为。

(2) 阐述国家科技计划信用管理的基本原则。提出应坚持实事求是的原则,要以事实为基本依据,做到客观记录和公正评价。应充分尊重科技活动自身规律,有利于形成科技界自我约束与自我调节的机制,保护科技创新的积极性和信用管理对象的合法权益。

(3) 界定国家科技计划信用管理的对象是国家科技计划的执行者、评价者和管理者。阐明信用管理的依据是项目合同、计划任务书与委托协议书、项目预算书等正式承诺、国家科技计划相关管理制度与政策法规,以及科技界公认行为准则等。

(4) 提出建立国家科技计划信用信息评价指标体系,逐步建成国家科技计划信用信息共享平台系统。

(5) 强调要重视国家科技计划信用信息的收集、记录与使用,把科技信用作为国家科技计划管理和决策的重要依据之一。

(6) 对如何推进国家科技计划信用制度建设做出部署。提出要积极推进、分步骤实施，要以提高失信成本为基本出发点稳步推进科技信用制度的规范化建设。既要发挥政府的主导作用，又要鼓励专业机构参与。既要坚持依法行政，又要加强道德建设和科技信用宣传。

此后，我国又制定了许多有利于推进和完善科技信用制度的文件及政策法规。

（1）2005年，国务院颁布了《国家中长期科学和技术发展规划纲要（2006—2020年）》（简称《纲要》），在《纲要》第七部分谈到推进科技管理体制改革时，进一步强调推进科技信用管理制度建设，提出：一要建立健全国家科技决策机制。二要建立健全国家科技宏观协调机制。三要改革科技评审与评估制度。科技项目的评审要体现公正、公平、公开和鼓励创新的原则，完善同行专家评审机制，建立评审专家信用制度，建立国际同行专家参与评议的机制，加强对评审过程的监督，扩大评审活动的公开化程度和被评审人的知情范围。四要改革科技成果评价和奖励制度。完善科研评价制度和指标体系。建立适应不同性质科技工作的人才评价体系。

2006年2月6日，国务院颁发《全民科学素质行动计划纲要（2006—2010—2020年）》（简称《科学素质纲要》）认为，科学素质是公民素质的重要组成部分。提出集成国内外科普信息资源，建立全国科普信息资源共享和交流平台，为社会和公众提供资源支持和公共科普服务。制定相关法规、规章和标准，充分保护知识产权，创造公共科普信息资源公平使用的法制环境。这些措施，有利于提高信用信息管理技术、有利于建立和完善信用信息共享平台系统。还提出，制定《中国公民科学素质基准》，建立公民科学素质状况和《科学素质纲要》实施的监测指标体系，并纳入国家社会发展指标体系。同时，委托有关机构对公民科学素质等进行监测评估。这些做法有利于建立科技人员信用信息评价指标体系，有利于运用指标量化确定科技人员的信用等级。

2007年1月23日，国务院办公厅转发了发展改革委、科技部、教育部编制的《国家自主创新基础能力建设"十一五"规划》。提出坚持以科学发展观为指导，贯彻"自主创新、重点跨越、支撑发展、引领未来"的科技发展方针。按照"需求导向，资源共享"的原则，在整合部门、地方科技资源、理顺管理体制的基础上，突出公益性、基础性、公共性的特点，重点围绕自然资源保护和高效利用、知识产权保护和科技信息共享、科学普及等重大问题，构建跨地区、跨学科、多层次、布局合理、体系完备的科技公共服务体系。加强统筹规划，在国家层面上做好科技资源共享的顶层设计。结合我国各类科技资源的特点，借鉴国际相关标准和规范，制订法规规章、技术标准和管理制度，确保在不同部门、地方和单位间实现共享科技条件资源。建立公开透明、科学合理的政府投资项目审理制度，促进建设项目的合理布局、高效运行，切实提高建设资金的使用效益。这些措施对加强科技信用管理制度建设，无疑是十分有利的。

第二节　进一步加强科技信用制度建设的思索[①]

从前面分析可知，针对科研领域存在的信用缺失行为，科技部和国家自然科学基金委员会等单位，从加强国家科技计划项目和科学基金的管理入手，积极探索建立科研诚信的长效机制，制定了一系列规范科技人员行为的政策法规。自20世纪90年代开始，有关部门连续颁发三个文件，在科学基金领域为阻挡不端行为构筑起"三道大坝"。2004年9月，科技部颁发了《关于在国家科技计划管理中建立信用管理制度的决定》，为科技计划信用管理制度设计出一个基本框架。接着，我国又推出许多完善科技信用管理制度建设的对策和措施。今后，在此基础上，还要进一步加强科技信用制度建设，本节拟对这方面的具体做法做了探索。

一、界定国家重大科研项目基金信用的对象

国家重大科研项目基金信用涉及的对象，由信用主体和信用客体两类

[①] 本节由两篇论文组合而成：一是《科技项目的失信行为与治理对策》，发表于《科学管理研究》，2006年第3期，中国人民大学复印报刊资料《科技管理》，2006年第9期全文转载；该论文被王明明、朱军和赵宝元《科技项目立项中的信用缺失及其应对机制研究》（《科学学与科学技术管理》，2008年第5期）等10多篇论文引用。二是《加强科技信用制度建设的思索》发表于《浙江树人大学学报》，2007年第5期，与张琼妮、杨剑合作；中国人民大学复印报刊资料《科技管理》，2008年第1期全文转载。该论文被陈宇山、熊小满和吕亮雯《广东科技计划信用管理框架体系构建》（《科技管理研究》，2016年第18期）等多篇论文引用。

组成。

（一）信用主体

信用主体主要包括科技计划和科学基金项目的执行者、评价者和管理者。执行者主要是指项目承担单位，以及项目申请者、投标者、主持人或负责人、主要研究人员、参与研制者、开发者和成果转让者等。评价者主要是指参与项目立项、招投标、检查、鉴定、验收等活动的评估机构、评估人员和评审专家。管理者主要是指科技部和国家自然科学基金委员会、省级科技行政管理部门，以及其他接受委托履行管理职能的机构与管理人员。[①]

（二）信用客体

信用客体主要包括863计划、科技攻关计划和基础研究计划三大国家主体科技计划项目，国家自然科学基金、国家哲学社会科学基金、国家杰出青年科学基金等科学基金项目，科技部主管的各类产业化科技计划项目，省级自然科学和哲学社会科学基金项目，省级重大高新技术、重大科技攻关、重点科研和一般科研等科技计划项目，省级重大高新技术产业化、火炬计划、星火计划、新产品计划、科技成果推广计划、中小企业创新基金等产业化科技计划项目，以及其他应列入信用管理的科研项目。

二、形成契约制度与道德伦理相结合的信用约束机制

吸收西方国家运用制度强化信用观念的做法，增强契约条款和规章制度对信用主体行为的约束。同时，发扬我国优秀传统文化的长处，运用道德义理的力量，促使人们自觉抑制失信动机。

（1）实行项目全过程契约化管理。项目从立项开始，到编制预算，直至成果鉴定、验收等各道环节，涉及的项目执行者、评价者和管理者等各方面人员，凡是需要形成正式书面承诺的都应通过项目合同、计划任务书、项目预算书、委托协议书、代理协议书等形式，根据权利和义务相对称的原则，把发生信用关系各方需要承担的责任和义务明确地载入契约条

---

① 关于印发《关于在国家科技计划管理中建立信用管理制度的决定》的通知［Z］. 国科发计字〔2004〕225号，2004-09-02.

款，对违约者做何处理也以条文形式明确规定。[①]

（2）进一步明确科技计划和科学基金项目的分类方法、评价准则及监督机制，调整、充实相关的政策法规，加强信用管理的制度基础。

（3）广泛宣传科技工作者"献身、创新、求实、协作"的精神，大力弘扬"坚持真理、诚实劳动、亲贤爱才、密切合作"的科技职业道德，促使信用主体自觉遵守科技界公认的行为准则，自觉抛弃失信行为。

三、创设科技人员信用安全保障号码制度

（一）设计科技人员信用安全保障号码

建议有关部门规定，凡希望承担科技计划和科学基金项目，从事科技成果研制、开发、交易和评估评审的人员，必须先申请获得个人信用安全保障号码。这种个人信用号码，每人只能有一个，并且随所有者终身不变，个人的信用资料将被全部储存在这一号码下的信息数据库中。科技人员进行项目申请、与别人合作联营、科技成果转让、向银行要求贷款，以及参与评估评审等活动时，如果对方需要查询他的信用资料，他只要出示个人信用号码，对方即可查到所需的内容。

（二）建立以信用号码为基础的个人基本账户

尽可能使个人信用号码与个人基本账户号码、身份证号码、社会保障保险号码等相一致、相兼容，或者统一在个人信用号码内。这项工作宜分步实施，可以先把个人基本账户号码建立在个人信用号码基础上。具体做法是，科技人员申请到个人信用号码后，可根据自己的需要，选择一家合适的银行，开设一个与个人信用号码相同的个人基本账户，进而视实际需要和可能，可在其他金融机构开设分账户。所有分账户都将汇总在基本账户内。同时，要求科研经费统统归口入账，也就是科技人员获得的项目经费，不管它来自政府部门的纵向渠道，还是来自企业方面的横向联合，所有款项一律进入基本账户。

（三）逐步扩大基本账户的覆盖范围

随着科技信用制度的建立和完善，为了更好地发挥基本账户的作用，

---

① 国家科技计划项目评审行为准则与督查办法［Z］. 科学技术部令第7号，2003-01-29.

使它除了容纳科研项目经费外,还将逐步纳入工资、奖金、津贴等个人劳动收入,纳入出租私有房产、购买债券、股票、提供贷款而获得的租金、利息、股息、红利等个人资产收入,纳入社会保险、社会福利和优抚安置等个人福利收入,纳入租赁、承包企业或自办公司所得等个人其他合法收入,也就是尽可能把各种收入来源都归口于基本账户之下。同时,使基本账户能反映科研项目经费的支付情况,能反映个人收入的支出变动状态,还要把个人所得税账户并入其内,使之能反映科技人员的纳税信息。

四、建立科技人员信用信息评价指标体系

科技人员信用信息是科技信用制度的基本构成要素。要实施科技信用管理,首先应掌握必需的信用信息。科技人员信用信息评价指标是专门用于科技领域的个人信用信息评价标准。科技人员信用信息,一般包括基本信息、不良行为记录信息和良好行为记录信息三类。与此相关,其信用信息评价指标也分为三类。

(一) 科技人员信用基本信息评价指标

信用基本信息主要包括科技人员的基本素质、科研能力和经济实力等方面的综合信息。它的评价指标包括以下三个方面。

(1) 科技人员基本素质评价指标。主要用于衡量科技人员的世界观、价值观、智商、情绪、性格、个人偏好、心理承受能力、知识面、事业心、荣誉感、道德责任。

(2) 科技人员科研能力评价指标。主要用于衡量学历、学位、职称、所学专业、现从事专业及其与申请项目的密切程度、过去的科研业绩和贡献、曾主持项目的成败、担任过何种重要专业职务,以及创新潜能。

(3) 科技人员经济实力评价指标。主要用于衡量个人收入、个人掌握的科研项目经费和其他基金、个人社会保险和商业保险、个人储蓄和债务、个人纳税情况、个人经济诉讼记录、个人信用历史、家庭收入、家庭资产。

(二) 科技人员不良行为记录评价指标

不良行为记录信息是指科技人员在从事科技项目研究、评价和管理过程中出现失信行为,以及受到处理的情况。其评价指标主要有以下几点。

(1) 项目执行者不良行为记录评价指标。主要用于衡量科技人员作为

项目申请者、投标者、主持人、主要研究人员、参与研制者、开发者和成果转让者时，出现弄虚作假等违反信用规范的行为，这种行为造成的社会经济损失、所受惩罚的性质和等级。

（2）项目评价者不良行为记录评价指标。主要用于衡量科技人员作为评估人员和评审专家，在参与项目立项、招投标、检查、鉴定、验收等评估评审活动中，出现徇私舞弊等信用缺失行为、这种行为带来的负面影响、浪费和损失，以及所受处罚。

（3）项目管理者不良行为记录评价指标。主要用于衡量管理者在组织项目评审、检查、验收等过程中，没有执行有关规定的规则、程序和办法，出现严重失职等失信行为、这种行为造成的不良后果、受到惩处的情况。

（三）科技人员良好行为记录评价指标

良好行为记录信息，是指科技人员在从事科技活动中，坚守承诺，实践成约，科技项目研究、评价和管理的业绩及贡献突出，主持完成的项目社会经济效益显著，获得各种科技工作的奖励和荣誉。它的评价指标主要分为以下三类。

（1）项目执行者良好行为记录评价指标。主要用于衡量科技人员在项目申请立项、完成科研合同任务、接受检查评估等活动中，严格遵守项目执行者信用规范的行为，以及取得的突出业绩和贡献、显著社会经济效益、科技奖励和荣誉。

（2）项目评价者良好行为记录评价指标。主要用于衡量科技人员作为评价者在参与项目评估评审活动中，严格遵守项目评价者信用规范的行为，以及取得的良好业绩、奖励和荣誉。

（3）项目管理者良好行为记录评价指标。主要用于衡量管理者在组织项目评估评审活动中，严格执行项目管理者信用规范，以及由此带来的突出管理业绩、获取的奖励和荣誉。

五、改进科技人员信用评价方法

（一）运用指标量化评定科技人员信用等级

由于科技人员信用评价指标有不同类型，它们在信用等级中所占的权重是不一样的。为此，应根据项目性质、评估评审和监督管理的要求，对不同评价指标按照权重差别给予不同的分值，进行综合性量化处理。然后，用它对项目执行者的科研能力和创新预期、评价者的评估评审能力、管理者的组织监督能力，以及他们的个人信用状况等做出综合评价，再依据这一评价所得的分数确定其信用等级。

（二）校正指标量化评价可能出现的误差

科技人员信用等级采用指标进行量化评价时，制定的指标标准会随着社会经济的发展而有误差；各指标之间的权重安排和分值确定，也会因时间、地点变化而出现不合理之处。为此，可结合使用主观评价方法加以检验性校正。具体做法是，邀请若干具有精湛专业知识和丰富评价经验的同行专家，采取背靠背独立完成的方式，运用专家个人经验判断能力，分别评价科技信用主体（项目执行者、评价者和管理者）的信用状况，再综合专家意见确定他们的信用等级。然后，把专家评价与指标量化评价两种结果进行比较，消除其中误差，提高科技人员信用评级的精确性。

（三）信用评级与科研活动挂钩

管理部门可以根据科技人员不同的信用等级，以适当方式开展分类指导，建议他们从事适宜的科研活动，并促使他们提高信用层次。同时，把信用等级作为申报科研项目、技术职务升降、参与评估评审活动和评选荣誉称号的重要依据。担任科研领导工作或主持重大科研项目的科技工作者，必须具有良好的信用记录。对科技人员申请的项目应依据信用等级差别，实施不同的评审程序。项目经费的管理也可依据信用评价的差别，采取多种不同方式。

（四）设置科技人员信用评议网

设置科技人员信用评议网是通过网络媒体加强信用评价机制的作用，其具体做法是：科技人员作为项目执行者、评价者和管理者，在项目立项、检查、验收的评估评审活动中，赢得信用方面的良好行为记录，应在他的信用号码中记下每次良好信用的得分，使其逐步提升自己拥有的信用等级。当科技人员获得较高信用等级时，可以将其事迹推荐到信用评议网上公开宣传，通过社会赞誉来表彰他的守信行为。与此相反，科技人员没有严守承诺，出现信用缺失现象，有了不良信用行为记录，应视实际情况降低信用等级,并由管理部门提供相关资料刊登公告,通过信用评议网予以曝光,把其失信行为公诸社会。

六、完善科技人员信用数据库和信用信息共享平台系统

(一) 制定科技信用数据库统一标准

目前,我国尚未建立全国性的征信系统,各地已建立或正在建立的征信机构,有的是政府管理部门组织的,有的是社团法人性质的,有的采取区域性会员制形式,信用数据库缺乏统一的设计标准。

为了避免不同征信机构之间出现科技信用信息传递和交流的困难,建议有关部门按照科技信用信息收集、记录、整理、使用的要求,研究信用信息共享平台系统总体方案,构建总体框架,设计出科技信用数据库全国统一标准。再按照统一标准,规范各类科技计划和科学基金信用数据库,以及各征信机构科技信用数据库,同时规范科技信用信息的采集内容和服务范围,规范科技信用信息数据的查询和管理办法。进而以统一规范的信用数据库为基础,逐步建成全国科技信用信息共享平台系统,方便科技信用数据的维护、查询和管理,为实现科技信用管理提供物质和技术保障。

(二) 加强科技信用信息收集工作

由科技管理部门或科技工作者协会出面,组织科技人员信用信息征集管理机构。这个机构具有独立的法人资格,属于一个非营利性单位,给予它征集科研单位和科技人员信用信息的专门权利,并给予必要的政策扶持,使其逐步成为科技领域权威的征信机构。它的主要职能是真实、完整、准确地记录项目执行者、评价者和管理者,在参与科技计划和科学基金项目活动中的信用状况,同时,通过广泛采集科研单位和科技人员的其他信用信息,掌握科技信用状态,并把它们整理和加工成各种信用资料,归类在个人或单位固定的信用号码内,形成一个可随时查阅的信用信息数据库,为科技管理部门进行科研项目监督管理和制定有关政策提供决策依据,为防范项目基金风险提供资信服务。

(三) 促使科技信用信息采集、传递系统现代化

加速科研单位和其他企业的电子化工程,提高网络化水平,完善电话、电报、光缆、卫星通信和网络等通信设备,扩大电子数据交换系统、

传真存储转发系统、电子信箱系统等数据通信网覆盖面，形成四通八达的科技信用信息传递和反馈网络，不断提高信用信息共享平台系统的运行效率。

（四）重视科技信用信息的使用

科技计划和科学基金的管理部门，应把信用信息作为管理和决策的重要依据之一，确保信用管理贯穿于项目管理的全过程。在项目立项、招投标、预算、检查、鉴定、验收等环节中，充分发挥信用信息共享平台系统的作用，仔细查询相关机构和个人的信用信息，准确评定其信用等级，然后有针对性地加强管理措施。

七、构建科技成果承诺保证制度

（一）建立科技成果研究过程的承诺保证制度

通过制定和完善科研管理规程等形式，要求科技人员对自己提供的创新知识、实验报告、技术文件和情报文献等做出没有虚假成分的承诺。保证基本观点和创新见解属于自己研究所得，没有掠人之美。例证和论据有事实基础，没有凭空编造的东西。保证观测报告、考察报告和试验报告都是真实可靠的，它们来自实验过程的具体操作、来自从事实践活动的经验总结。保证技术文件真实记录了样品现场测试的质量数据，没有隐瞒新产品的缺陷，也没有隐瞒新产品生产工艺的缺陷。保证科技情报反映的专利信息、非专利技术成果是客观真实的，科技进展专题动态报告和科技发展预测报告也是以事实为基础的。

（二）建立科技成果开发过程的承诺保证制度

（1）改进技术鉴定方法。制定鉴定专家工作守则，要求专家做到客观公正、实事求是。保证小试鉴定时，认真对照科技开发标准，评议初样成果是否符合要求，决不看面子轻易放过不合格的初样成果。保证中试鉴定时，仔细认真审查样机的设计和工艺技术，不让没有达到设计定型要求的产品转入工厂生产。

（2）提高经济评价的科学性。要求科研单位以书面形式做出保证，做到综合运用客观数据计算和主观经验评估等手段，尽可能准确分析科技成果将带来的经济效益，防止人为夸大科技成果的推广应用价值。

（三）建立科技成果转让过程的承诺保证制度

设计更加严密的技术成果转让契约，增加承诺保证条款。要求转让科技成果的单位和个人以契约条款形式，保证在转让科技开发成果、科研产品、设计图纸和提供技术咨询服务等过程中，不会出现失信行为。

（四）建立科技成果承诺保证违约惩罚制度

针对科技成果研究、开发和转让的不同情况，根据承诺保证的性质和特点，以及造成保证失效当事人的责任，分别制订相应的违约处罚规定，并把它作为合同条款的内容之一，与承诺保证一起写进契约协议中。一旦发现有承诺保证违约行为，依据契约条款的规定予以严肃处理。

八、建立健全失信行为惩戒机制

科技信用制度的规范化建设，将以提高失信成本为基本出发点，要求运用惩戒机制遏制失信行为。为此，要拓宽投诉和举报渠道，使科技计划和科学基金项目便于监督，易于揭露科技失信行为。要完善调查方法和程序，便于科学、客观、准确地认定科技失信行为。特别是，要采取道德谴责与法律追究相结合的方法，使失信者得到应有的惩处。科技项目失信行为惩戒机制的主要形式有以下几种。

（一）项目执行者失信行为惩戒机制

（1）项目执行者违反项目负责人资格信用规范，一经查实，管理部门取消或中止其主持科技计划和科学基金项目的资格，并根据情节轻重取消其1~5年申请资格。①

（2）项目执行者违反评估评审资料信用规范，一经查实，管理部门中止其在研科技计划和科学基金项目，追回已拨经费，取消其3~8年申报资格，进行公开通报批评，载入不良信用信息库存查。构成违纪的，建议有关部门给予纪律处分。属于违法行为的，依照有关法律规定处理。如剽窃、抄袭他人作品的，可依照《著作权法》第四十六条规定："应当根据情况，承担停止侵害、消除影响、公开赔礼道歉、赔偿损失等民事责任，并可以由著作权行政管理部门给予没收非法所得、罚款等行政处罚。"

---

① 科技部．国家科技计划项目承担人员管理的暂行办法［Z］．2002-05-13．

（3）项目执行者违反项目任务合同信用规范时，对于没有完成创新指标、技术指标和经济指标的，按照合同条款规定进行处罚。对于因非不可抗原因没有按时完成项目任务的，管理部门有权追回专项拨款，中止其继续申报或承担科技计划和科学基金项目资格，对其做出公开通报批评，降低信用等级，列入不良信用行为信息库备案。

（4）项目执行者违反接受评估评审行为的信用规范时，管理部门可以区别情况责令其改正、记录不良信用、给予警告、公开通报批评、取消项目立项资格、终止项目合同、追回已拨经费，直至一定时限内取消其申报或承担科技计划和科学基金项目的资格，降低信用等级，并列入不良信用行为信息库备案。构成违纪的，建议有关部门给予纪律处分。触犯刑律的，移送司法机关依法追究刑事责任。

（二）项目评价者失信行为惩戒机制

项目评价者违背科学道德，弄虚作假，徇私舞弊，或违反其他项目评价者信用规范的，管理部门可以区别情况责令改正、或记录不良信用、给予警告、公开通报批评、宣布评估评审意见无效，直至取消其参加评估评审活动的资格、降低信用等级、列入信用缺失者名单。属于违纪行为的，建议有关部门给予纪律处分。属于犯罪行为的，移送司法机关依法追究刑事责任。

（三）项目管理者失信行为惩戒机制

项目管理者滥用职权或者玩忽职守，在项目立项、检查、验收过程中，发现重大情况隐匿不报，造成严重后果，或违反其他项目管理者信用规范的，根据问题严重程度，对主要负责人或直接责任人降低信用等级，给予纪律处分。构成犯罪的，移送司法机关依法追究刑事责任。

第三节 瑞典高效的创新政策运行机制[①]

瑞典位于北欧斯堪的纳维亚半岛东半部。国土狭长，地势自西北向东

[①] 本节以《瑞典高效的创新政策运行机制揭秘》为题，发表于《科技管理研究》，2010年第6期；中国人民大学复印报刊资料《管理科学》，2010年第7期全文转载。被檀慧玲《世界主要创新型国家教育创新政策的特点及启示》（《内蒙古大学学报》，2014年第1期）等多篇论文引用。

南倾斜。北部为诺尔兰高原，南部及沿海多为平原或丘陵。面积45万平方千米，人口920万。瑞典虽然只是偏居北欧一角的小国，但其科技创新能力却誉满全球。瑞典诞生了阿弗雷德·诺贝尔、卡尔·林奈、欧鲁夫·鲁德贝克、安德斯·摄尔西乌斯等世界知名科学家。发明了红磷火柴、雷管和炸药、汽车安全带、电脑鼠标、防滑机车、高压发电机、网络电话软件、心电图记录仪、治疗肿瘤的伽马刀等影响深远的创新产品。培育了爱立信、沃尔沃、ABB、伊莱克斯、萨博等享誉全球的大企业。欧盟委员会在2008年2月14日公布的一项研究报告显示，瑞典是最具创新能力的国家，它的表现不仅超过其他欧盟成员国，也优于美国、日本和以色列等创新型国家。瑞典促使创新能力不断增强的方法很多，其中一项重要措施，是建立高效的创新政策体系和运行机制。

一、建立和健全创新政策体系

在瑞典创新型国家体制中，议会与政府负责制定国家创新政策。政府向议会递交的科技政策提案由教科部负责起草，并由教科部全面协调各类相配套的政策。议会中设立科技顾问委员会，主要成员由学者、专家、科技人员和企业代表组成，教科部长任主席。其中一名科技顾问负责科普工作，主要职责是促使社会成员关心科技事业，提高科学研究的社会影响力。同时，议会与政府负责分配国家提供的科研经费，政府通过顺畅的运转渠道和科研机构下拨科研经费，科研人员对获得的政府资助经费拥有自主支配的权利。近年，瑞典议会颁布的主要创新政策有以下几方面。

（一）《研究政策法案》

2000年9月由瑞典议会通过的《研究政策法案》，是目前开展创新活动的主要政策依据。它针对高等院校科研人员新老交替问题，提出加强基础研究和研究生教育。针对专业和学科分类过细、研究力量太分散问题，提出鼓励开展跨专业、多学科的联合研究，特别是集中力量加强生物、信息、材料、环境等重点领域的研究。为此，提出通过组织结构创新，成立国家创新局，进一步完善国家创新政策的运行机制与管理体系。

（二）《创新体系中研究开发与合作》

2001年9月获得瑞典议会批准的《创新体系中研究开发与合作》政策

文件，重点是确立国家创新局、半公立性质的工业研究所在瑞典国家创新体系中的地位和作用，阐明它们各自的功能及活动范围。该文件规定，国家创新局是政府部门内最主要的一个科研资助机构，面向全社会，接收来自科研院所、高等院校和企业设置的研究机构，以及其他非营利研究机构等提交的项目申请，通过评定审核给予一定经费资助。它也为半公立的工业研究所提供部分资助款项。同时，该文件要求重组原有的半公立工业研究所，让其获得产业界的支持，改造成高效、灵活、具有一定国际竞争力的科研机构。还要求把生物技术、信息技术、微电子和材料技术作为重组半公立工业研究所的优先领域。

(三)《瑞典增长和复兴政策》

2001年10月由瑞典议会批准实施《瑞典增长和复兴政策》。它是一个针对区域发展问题的政策文件，目的是通过制定统一规范，推动各省区建立协调的政策体系。该文件规定，各省区必须依据中央政府的要求制定相应的发展战略，确定对当地重点领域的经费投入，同时合理划分当地政府与中央政府在推动经济发展方面的职责。该文件还规定，从2003年开始，各省区都要建立一个专门的行政机构，让其有权处置政府的区域发展资金，推进地区的基础设施建设，并要求它编制出省区的发展计划。在这个省区域发展计划中，如何推进和完善地区创新体系建设，是其重要的组成部分。

(四)《创新瑞典战略》

2004年5月，瑞典工贸部和教科部共同制定了一个重要政策文件《创新瑞典战略》，提出把瑞典建设成欧洲最具竞争力、最有活力及以知识为基础的经济体。其主要内容是：①创新知识基础，力争瑞典的教育和研究保持世界先进水平；②创新贸易与产业，提高科研成果和创意的商业化水平；③创新公共投资，促进公共事业的重组并提高其效率；④创新人群，最大限度地激发人的潜能并利用其知识和技能。

此外，瑞典在2005年发布了"为了更美好的生活"为主题的创新政策。瑞典在2006—2008年期间，其创新政策走向主要表现为：依据《创新瑞典战略》，以及"为了更好的生活"的创新政策，安排各年度的科研预算，推动全社会整体的科技进步。其创新政策的重点是，加强支柱产业的科技创新活动，制定地区创新发展战略，推出摆脱石油依赖的能源新对策。

二、完善创新政策的实施机制

瑞典议会与政府制定的创新政策由高等教育部门与其他承担科研任务的机构负责组织实施。高等教育部门根据国家创新政策的要求，制定科技创新规划，提出自己在自然科学、工程科学、医学、人文和社会科学等方面能够承担的科技创新项目，以及在科学研究和用于研究生教育等方面的所需经费，并通过政府向议会提出执行国家创新政策的可行性方案。获批准后，高等教育部门可以获得与承担创新任务相一致的研究经费，并在各研究领域自行分配政府下拨的科研经费。其他实施国家创新政策的机构，主要包括负责基础研究的研究理事会、部门科研资助机构和研究基金会等。这些机构按照国家创新政策精神制定本系统的发展规划和实施方案，组织下属科研单位或相关机构申请研究项目。政府组织项目审定，再依据确立的研究项目拨给科研经费。

（一）政府划拨科研经费的高等教育部门

瑞典政府把高等教育部门作为推行国家创新政策的中坚力量，大力支持各类大学的科研活动。1997年，瑞典政府做出决定，除了继续拨出固定专款支持名牌大学开展科研工作外，还开始给中小规模的地方大学划拨固定的科研经费，并把这项决定看作是瑞典发展地区科技和经济的一项战略性措施。自此以来，瑞典所有高等院校都能得到政府固定的经费支持，用于科学研究和研究生培养。

目前，瑞典高等院校研发经费总额的一半以上，来自政府的科学研究拨款以及其他直接拨款，其余来自高等教育部门以外的各种研究基金会资助。多年来，在瑞典高校研发经费总额中，投向医学、工程科学和自然科学领域的占70%以上。瑞典高校具有雄厚的教学和科研实力，许多重要科技创新任务由它们承担。近年，承担国家科研项目较多的高校主要有：乌普萨拉大学、隆德大学、卡罗林斯卡医学院、斯德哥尔摩大学、哥德堡大学、查尔姆斯理工大学、瑞典皇家理工学院、于默奥大学、林雪平大学、瑞典农业大学、卡尔斯塔德大学、马尔默大学、梅拉达伦大学、厄勒布鲁大学、卡尔马大学、吕勒奥理工大学、布京理工学院等。

(二) 负责基础研究的研究理事会

瑞典国家层面的研究理事会主要负责评审和资助各类基础研究项目。研究理事会成员由学术界代表和社会公众代表两部分组成，学术界代表按规定程序由选举产生，在理事会中占大多数。对于一些重大基础研究项目，为了确保评审过程客观公正，同时又能达到国际先进水平，理事会常常邀请国外同行专家参与审核。从2000年开始，政府对研究理事会实施改革，通过建立一些新的政府研究资助机构，强化政府在基础项目评估和经费分配中的统筹协调能力，加强战略研究，提高创新活动效能。这些新研究资助机构主要有三家。

(1) 国家科学理事会。它由合并原属于教育科技部的自然科学、工程科学、医学、人文和社会科学、研究规划与协调等五个研究理事会而形成的，是所有新研究资助机构中最重要的一个，它负责评审和资助各类重大自然科学和社会科学项目。

(2) 社会与劳动生活研究理事会。它是通过组合原来的社会研究理事会、劳动生活研究理事会而建立起来的。着重资助探索社会生活与经济发展、劳动者生活、劳动力市场等问题，并对老弱病残人员的社会状况、移民与伦理道德关系等方面的研究进行规划和协调。

(3) 环境、农业和社区规划研究理事会。它是把原来的建筑研究理事会、农林研究理事会、国家环保局研究资助机构，通过合并以后而建立的一个新组织，主要负责资助环境保护、农业资源开发与利用、生态可持续发展、社区发展与规划等领域的研究项目。

(三) 政府部门的科研资助机构

瑞典政府的财政部、环境部、司法部、外交部、贸易部、农业部、卫生部、社会保障部、教育部、文化部、工商部、国防部，以及国家空间局、交通运输局、国家工业与技术发展局等部门，通常都设立一个专门的科研资助机构，负责促进本部门涉及领域的科学研究与创新活动。2001年，瑞典政府根据《研究政策法案》成立了国家创新局，把原先分散在各部门的某些职能集中起来，资助对瑞典有战略意义的重点领域的应用开发。

国家创新局成立不久,就颁布了一个战略创新规划,提出把创新作为持续增长的基础,通过构建高效的创新系统,开展以问题为中心的研究,要注重商业、科技、政策三者之间的相互作用,提高国家研发投入的回报。它还确定了以下重点研究领域:通信系统、微米与纳米、软件生产、电子政务、家庭保健 IT 技术、经验工业、制药与诊断、生物技术、生物医疗工程、食品创新、合成与装配产品、木材加工、智能与功能包装、轻型材料与轻量化设计、新材料设计含纳米材料、可再生的绿色材料、不同运输方式的车辆及系统创新、物流和货物运输系统创新。国家创新局的另一个重要举措是,在全国主要大学里陆续建成 25 个"优秀创新中心",每个中心的建设期为 10 年,政府、大学、产业部门每年投入 2000 万瑞典克朗。这些中心主要分布在生物医药、信息通信、交通、材料等重点发展的产业领域。

(四) 提供专项科研资助的研究基金会

作为完善创新政策实施机制的一项举措,瑞典成立了许多叫作研究基金会的科研资助机构,负责专门资助某些领域的创新活动。它们大体分为以下两类。

(1) 科研资助资金的主要来源是社会公共积累,具有一定政府职能的研究基金会。例如,瑞典战略研究基金会主要为自然科学、工程技术、医学生物等领域的科技创新提供经费资助。它从 2000 年开始,实施 4 年一期的"未来科研带头人"的个人基金计划,用来资助潜力很大的年轻学者,使其成为瑞典科研院所、高等院校和产业界的科技创新带头人。这类研究基金会知名度较高的还有:瑞典知识与能力发展基金会、瑞典创新体系基金会署、瑞典战略环境研究基金会、瑞典研究与高等教育国际合作基金会、瑞典环境、农业科学和空间规划研究基金会、瑞典卫生保健科学与过敏研究基金会等。

(2) 科研资助款项主要来自民间资金,属于非营利的私人基金会。它们主要有:瑞典瓦伦堡基金会,拥有的资产总值约为 450 亿瑞典克郎,每年为瑞典科学研究和艺术界提供 10 亿瑞典克郎的资助,其中资助的科研经费主要用于购置基础研究领域的大型昂贵设备。瑞典小企业研究基金会不仅拥有大量经费可以资助各类研发活动,还拥有 15 所大学的 50 多位专家,直接从事中小企业发展和企业家培养等方面的研究。瑞典癌症研究基金会是专门为研究癌症预防与治疗提供资助的民间机构，近来每年提供的经费为3亿瑞典克朗左右。瑞典银行三百年基金会主要以人类学、神学、社会科学和医学领域的研究项目为资助对象，它自1965年成立以来，资助经费已超过70亿瑞典克朗。

三、运用政策加强科技成果的应用开发

在瑞典，根据创新政策的规定，科研经费的分配方案为，除了政府直接划拨给各类高等院校外，其他由研究理事会、部门科研资助机构和研究基金会等组织分别根据各自涉及的研究领域和申报对象，经过评审确定资助项目。获得科研经费、承担科技创新任务的主要是大学和学院的科研机构、政府举办的民用研究所、SEMKO瑞典国家实验室、各类独立的工业研究所，以及企业设置的研究机构和其他非营利研究单位等。这些科研机构完成研究任务形成的创新成果，只有很少一部分可以直接上市供消费者使用，而绝大部分需要经过应用性开发才能转化为市场新商品。瑞典政府不仅重视科学上的发现或发明，而且重视应用研究与开发研究，重视发明创造的科技成果向市场商品的转化。他们积极采取各种倾斜政策，直接或间接的支持创新技术的产业化，发明创造的商品化。

（一）运用财政政策加强应用技术的开发研究

（1）通过公共财政支出，在给高等院校提供的研究经费中，除了直接拨款支持必需的基础研究外，特意切出一块主要用于大学特别是理工类院校的产品研发项目，鼓励高校科研机构面向市场进行应用性技术和产品的开发。

（2）政府面向社会的各种科研资助经费优先资助大学、科研院所与企业的合作研发项目，促使各类科研机构的一些创新成果，能够直接转化成为企业服务的技术或产品。

（二）运用优惠税收政策促进创新成果的市场化

为了鼓励高新技术企业成长，使其能及时把实验室的发明创造推向市场实现产业化，开发成适销对路的产品，瑞典政府先后推出各种优惠税收政策。规定资助高新技术企业开展研发活动的基金会，其获得的收入可以

免除资本所得税。规定高新技术企业的设备折旧年限最长为5年，计算机等更新换代快的设备折旧年限为3年。这样，高新技术企业的平均折旧年限，还不到普通企业的一半，由此可以减少相当数量的收入所得税。规定非营利研发机构从事创新成果开发，以及创新技术的转让、咨询、服务、承包、入股、合资联营等方式取得的收入，全部免征所得税。

（三）运用投入政策推动中小企业加强应用开发

瑞典政府通过投入少量扶持资金，促使中小企业与大学和科研院所结成互动合作关系。这样，中小企业遇到的技术难题可以及时请求科研机构帮助解决，科研机构也可以根据企业要求推进技术创新，同时还可以把自己的新发现或新发明，委托企业进行应用研究和开发研究，形成能交给制造商的新产品。

（四）运用产业政策支持高新技术产业的应用开发

瑞典是世界上人均拥有发明专利和专利申请最多的国家之一，这些专利大多数产生于高新技术的研究与开发，从而使其成为世界上最重要的高新技术研发国家之一。瑞典高新技术的迅猛发展与政府的产业政策密切相关。多年来，瑞典政府颁布产业政策，确定信息通信、生命科学、汽车、清洁能源和环保等为重点产业领域。然后，围绕这些重点产业，编制规划和发展目标，实施高强度和多渠道的投资计划，完善风险资本市场机制，保障种子基金的资金供给，积极引导、促进和推动它们的技术创新和产品开发。在此条件下，瑞典的通信设备、通信软件、汽车电子通信、计算机、光电技术、嵌入式系统芯片、生物技术、生物药品、医疗器械、诊断设备、重型汽车、汽车发动机、汽车安全带、安全气囊、垃圾焚烧发电技术、生物能源技术、污水处理、废气排放控制、固体垃圾回收与处理技术等高新技术或创新产品，如雨后春笋般涌现出来。

（五）借助欧盟科技框架计划实现创新成果向国际扩散

欧盟科技框架计划，是当今世界上规模最大的官方综合性研发计划之一。这项计划从1984年开始实施，至今已进入第七期。每期计划时间长短不一，长的达6年，短的仅为3年，大多是4年；资助经费和研究主题也会根据计划要求做些调整，但基本内容不会变化。目前正在执行过程的第七框架计划是2007年启动的，预计到2013年完成，投入经费总额501.82

亿欧元，将资助国家合作、科学思路创新、人才、能力建设、合作研究中心、欧州原子研究6个领域。瑞典是参与欧盟科技框架计划的主要国家，几乎所有领域都承担了研究任务。特别是本期国家合作领域的10个主题中，瑞典在食品、农业与生物技术、信息通信技术、纳米技术、材料科学和新生产技术、能源、环境和气候变化，以及空间科学等方面，占有较大的研发份额，这对推动本国创新成果向世界各地扩散，发挥了重要的桥梁作用。

第四节 以色列高效创新机制及其对我国的启示[①]

以色列是一个时见硝烟弥漫的沙漠小国，却创造了许多令人瞩目的世界第一：国家教育投入占GDP的比重在世界各国中是属于最高的，每万人中科学家和工程师的比例居世界首位，以色列的研发经费在GDP所占比重全球第一。目前，以色列在生命科学、医学、化学、数学、天体物理学、微电子学、光机电学、农学等学科拥有雄厚的科研力量，取得了许多重要的科技创新成果，涌现出一批世界领先的产品。在出口到国外的货物中，高科技产品占60%以上。在纳斯达克上市的以色列高科技企业是仅次于美国的第二大企业板块。以色列高效的创新活动运行机制在许多方面值得我们借鉴和学习。

一、通过首席科学家制度提高创新活动决策水平

（一）奠定高效创新体系的法律基础

以色列虽没有为创新制定一个专门的政策法规，但建设高效创新体系的步伐却从未停歇过。自中华人民共和国成立以来，国家领导人的讲话、内阁制定的文件，以及各个专门委员会的报告和建议，随处可见促进科技发展、鼓励研发活动的内容。特别是通过制定《投资鼓励法》《专利法》

[①] 本节以《以色列高效创新机制对我国的启示》为题，发表于《经济理论与经济管理》，2011年第2期，与张琼妮合作。中国人民大学复印报刊资料《管理科学》，2011年第5期全文转载；《国务院发展研究中心网》宏观经济的"国际政策探讨栏"，2011年7月21日分上下两部分全文转载。被张彩云、毕诚《以色列创新人才培养战略及其启示》(《中国教育学刊》，2013年第12期）等10多篇论文引用。

《工业研究与发展促进法》《投资促进法》《以色列科学院法》《2000—2010年生物技术产业规划》《纳米技术：以色列的国家战略》《以色列国家研究与开发理事会法》等政策法规，有效地促进了经济和科技的发展，同时它们有着大量鼓励创新的措施，为建立高效创新体系提供了法律依据。

（二）建立提高创新决策水平的首席科学家制度

目前，以色列成立了部际科技委员会，通过政府各部门通力合作，共同组成国家科技决策和创新活动管理机构，整合全国各方力量，全面推进科技创新活动。就宏观层面来看，以色列通过专家提高创新活动决策水平的做法富有特色，很值得我们学习。其具体措施有以下两点。

（1）实行首席科学家负责制。为此，政府各部设立首席科学家办公室，目前共有 13 个，它们的总部设在工贸部内。首席科学家办公室是以色列国家创新体系的一个特色建制。通常这个办公室下设各种委员会，由各个领域的科学家组成。首席科学家任期 4 年，由该办公室所在部的部长提名。他们一般是科技创新领域、风险投资领域的领导人物，甚至有不少富豪。他们一旦受聘用，必须在这个岗位上全职工作，薪水并不多，但荣誉很高，影响很大。首席科学家办公室的主要任务是代表政府帮助社会和企业开展商业性的研究与开发，促进高新技术的发展，为科技人员实现从创新成果到产品产业化提供风险资助。

（2）成立首席科学家论坛。由科技部长担任论坛主席，政府各部门聘任的首席科学家作为论坛成员。其主要职责是探索完善国家创新体系的主要措施，商讨科技创新政策的重大问题，防止各部门在实施创新活动过程中各行其是，克服多头管理可能引起的弊端，避免科技项目重复立项或被遗漏。

（三）首席科学家制度对我国创新活动的启示

我国推进创新活动的一个重要步骤，是制定一系列推动科技进步的政策法规。我国自 20 世纪 50 年代中期开始，就制定和实施中长期科技发展规划，先后形成 8 个全国科学技术发展规划纲要，牢牢把握我国科技发展的战略方向和发展重点，并运用科技发展专项计划，确保完成中长期科技发展规划任务，从而大大增强了科技创新能力。同时，制定、修订科学技术进步法，完善科学技术奖励制度，并使它们与科技发展中长期规划和专项计划一起，共同推动全社会的科技进步。

我国中长期科技发展规划的任务与目标，是通过具体的科技发展专项计划来实施的。从20世纪80年代初期开始，我国先后制订和实施过多种科技发展专项计划，目的在于紧跟世界科技前沿，促进我国的科技创新活动，推动科技成果及时转化为现实的生产力。我国实施的科技发展专项计划主要有：国家科技攻关计划、国家高技术研究发展计划（863计划）、国家重点基础研究发展计划（973计划）、国家星火计划、国家火炬计划、国家重大科学工程项目计划、国家重点实验室建设计划、国家自然科学基金和国家社会科学基金等。

我国科技计划和国家基金项目的立项、招投标、检查、鉴定、验收等活动也是通过专家评价来进行的，但与以色列比较存在明显差别。我国的项目评价专家是临时从专家库中抽取名单确定的，不是由国家各部门聘任，没有固定的任期，参加过一次评审会议散会后，他们又回到各自的岗位，对自己评选、鉴定和验收的项目不负任何连带责任。而且，专家库中专家的流动速度很慢，有的一旦进入就可以连续担任评价专家10多年。这样，容易使一些评价专家结成关系网，串成"小圈圈"，甚至出现不端行为，与被评对象串通，为其获得项目立项或通过检查、验收提供便利等。

同时，我国项目专家库成员很难找到风险投资领域的领导人物，更是缺乏成功的企业家，也没有通过科学家论坛等形式讨论科技创新、开发和推广等问题，科技项目重复立项或被遗漏在所难免。

因此，我们可以借鉴以色列的首席科学家制度，先在与科技研发直接相关的部门试聘有固定任期的首席科学家，使评价专家的权利与义务、职责与荣誉形成对称关系。在此基础上，逐步建立健全评价专家资格审查制度和专家库。专家库应有一定比例的风险投资专家、著名企业家和国外同行专家。在评估评审工作中，应遵循随机原则从专家库遴选专家组成员，并严格实行回避制度与专家组定期轮换制度，从而全面提高我国创新活动的宏观决策水平。

二、通过多层次研发机构提高科技成果转化水平

（一）加强创新成果转化是色列高效创新机制的重要环节

科技成果研究是以知识信息为劳动对象，同时形成知识信息状态的最

终成果。它往往需要通过应用研究和开发研究，方可形成交给工厂制造的新产品。科技成果只有在生产中得到应用，取得实际效益，才能真正体现其特有的价值。建立和完善科技成果转化机制，促进科技成果的推广应用，是以色列高效创新运行机制建设的一个重要环节。

（二）建立促进科技成果转化的多层次研发机构

为了加强科技成果的转化，以色列在国家、区域、企业和高校等不同层面建立促进科技成果转化的研发机构。

1. 以色列政府部门用下属机构形式建立各种研发中心

以色列工贸部下设工业研发中心，负责协调和管理全国的工业创新产品和应用技术研究。同时，作为以色列参与"尤里卡"计划的联络机构。"尤里卡"创立于1985年，目前是欧洲33个国家建立的工业研究与开发的网络组织。它的主要目的是集中科技研发机构的力量，通过市场导向的合作，应用先进技术和加工方法，提高服务质量，增强产品的国际竞争力。1993年，以色列与该组织秘书处签署协议，正式参与"尤里卡"计划项目，具体事务由其工业研发中心处理。农业部下属的研发中心聚集了田间作物、家畜、土壤与水利、园艺、植物保护与储存、收获后技术及农业工程等7个研究所。其他各部根据自己的特点，也设立了一些促进创新活动或协调研发过程的机构。

2. 建立地区性研发机构

以色列科技部以提供必要资助的形式，在全国设立了11个地区研发中心，负责解决本地区特殊的农业、环境、教育、旅游等问题。有些地区专门针对当地的自然经济条件自行设立研发机构，如约旦河谷研究与开发管理局、布劳斯坦沙漠绿化研究所、阿瓦拉谷地水产研究中心、佐哈尔农业研究中心等。

3. 建立众多的企业研发机构

以色列现有大量本地企业研发中心、外资企业研发机构，以及3000多家专门从事研发活动的技术创新企业。许多跨国公司都在以色列设有研发机构：微软公司在以色列北部工业重镇海法市，成立了它在美国本土以外的第一家研发机构。IBM公司在海法的研发机构规模大、水平高，雇用了数百名以色列的科学家和工程师。摩托罗拉公司也把自己的一个主要设计中心建立在以色列的工业区。企业研发机构及技术创新企业构成以色列国家创新体系的活动主体，它们与7所研究型大学、国家农业科学院、专业国立研究机构、医院、政府支持下从事创新的非营利机构及风险投资机构一起，共同促进全国的创新活动。近年，以色列企业研发机构取得了大量创新成果，其中不少在国际上产生了深刻影响。

4. 建立大学研发机构或技术转移公司

以色列的高等学校设立了众多的研究所、研发中心。特别是7所研究型大学科研机构多的上百个、少的也有几十个。其中6所大学还各办了一家大型的技术转移公司，专门负责应用研究和创新成果的商业化开发，把学校的科研成果转换成工业界的产品。例如，魏茨曼科学院技术转移公司专门负责开发本校研究成果的应用开发和技术转移。该校每年大约有70项新获得的专利交给它负责开发。同时，由它在国内外申请保护本校获得的专利，并通过它寻找工业伙伴来开发本校的发明成果。这家公司还与近临的魏茨曼工业园紧密合作，完成创新成果从实验室到市场全过程的各个产业化步骤。

（三）以色列促进科技成果转化经验对我国的启示

我国为了促进科技成果转化，颁布了促进科技成果转化法规，确定科技成果转化应遵循的原则，提出促进科技成果转化的保障措施，规定技术权益的归属和分享。推出国家科研计划项目研究成果的产权管理办法，对承担国家科研项目形成的产权归属问题做出明确规定：在通常情况下，项目承担单位可以依法自主决定该产权的使用等，并取得相应的收益。制定促进高新技术成果产业化的政策，鼓励高新技术研究开发和成果转化，保障高新技术企业经营自主权，为高新技术成果转化和产业化创造环境条件。发布建立高新技术产业开发区、高新技术企业认定办法、高新技术产业开发区税收政策等，进一步促进高新技术成果的商品化、产业化，加速高新技术产业的发展。这些措施有力地推进了我国科技成果的转化和推广应用。

我国在促进科技成果转化的过程中，已逐步建立众多从事应用开发活动的机构。但是，对照以色列的情况，差别也是显而易见的。

（1）我国的政府部门很少以下属机构的形式建立各种研发中心。原来政府举办的各种国有科研机构主要从事科学研究，最终成果往往是知识信息状态的，缺乏应用和开发研究的环节。国有科研机构整建制转型为科技企业或进入国有大中型企业后，已演化为企业研发机构，只能听凭市场调节，不可能以政府下属机构的形式集中研发力量，从而通力合作增强产品的国际竞争力。

（2）我国虽然也有一些区域性研发机构，但是大多实力不强，缺乏自身应用开发的特色。有的区域性研发中心由于科技人员流失严重，加上资金紧缺、设备陈旧和技术落后，根本无法承担当地急需的应用开发任务。

（3）我国的企业研发机构尽管发展速度很快，数量急剧膨胀，然而其承担的研发任务大多数处于产品技术链和价值链的低端，难以通过突破核心技术获得对生产性技术的支配。特别是，很少能够借助跨国公司的力量，进入高端产品的国际研发前沿领域。

（4）我国高校已经建成不少研发机构，对促进科技成果转化发挥了重要作用。但是，我国高校的研发机构大多从原来的科研部门分离出来，具有推广应用实践经验的人员少，尤其缺乏市场营销能手，市场竞争能力不强。另外，我国研究型大学开办技术转移公司尚处于尝试阶段，通常规模不大，涉及面又窄，难以全面负责本校科研成果的商业化开发。

借鉴以色列的经验，为了提高科技成果的转化能力，政府部门应该设立某些从属于自己的重要研发中心，以便集中研发力量攻克高技术领域中的重大关键技术。同时，要努力增强区域性研发机构的特色，提高其整体实力；推动企业研发机构努力进入高端产品领域，向产品技术链和价值链高端拓展新天地；加快高校研发机构的发展步伐，有条件的抓紧建立技术转移公司，使其能及时把本校的科研成果转化为工业制成品。

三、通过科技计划导向机制提高整个社会研发水平

（一）以色列科技计划概况

以色列每年都制订科技计划，由部际科技委员会确定发展方针和战略方向，由首席科学家办公室筛选科研项目，报送首席科学家论坛审核通过，然后按照科研项目分类管理原则，由各自的主管部门分头发布。应用研究领域由工贸部负责制订工业研究与开发年度计划，形成科研成果产业

化的具体措施，全年的总预算约4亿美元。通信部、农业部、环境部、基础设施部、教育部、卫生部和移民吸收部等，也在各自的领域制订年度应用研究计划。国防部负责制订国防工业领域的年度研发计划。

（二）运用科技计划的导向机制提高研发水平

以色列高效创新体系的一项核心内容就是通过完善科技计划，形成有效导向机制，促进产学研密切合作，提高整个社会的研发水平。现以工贸部制订的年度计划为例，分析他们的一些具体做法。

（1）制订种子基金（Heznek）计划，提高高新技术的研发水平。主要目的是政府鼓励高新技术企业的发展。政府通过共同承担投资风险的形式，支持创建高新技术企业。对获准资助的企业，政府给予配套贷款，其数量最多不超过125万美元，配套比例最高不超过总投资的50%，其余部分由投资者筹集。政府按贷款在总投资中的比例获得企业的股票。投资者在企业建立最初5年时间内，随时可以按照最初价格加利息的支出，回购政府的股票。

（2）制订生物技术（Noffar）计划，提高生物应用技术的研究水平。政府鼓励大学科研机构对生物技术的应用研究，使其加速向工业领域的转化。鼓励企业投资生物技术的早期研究与开发，以便获取更多的生物技术科研进展信息，为下一轮的进一步研发打基础。这类项目的资助周期为一年，政府提供的无偿资助可达批准预算的90%，但最多不超过10万美元。

（3）制订通用技术研发计划，提高通用技术研发水平。政府鼓励企业开展长期的通用技术研发活动，主要支持研发投资规模大、比例高的企业。要求企业研发人员超过200人，或研发预算超过2000万美元，或上年产品销售额超过1亿美元。项目获得资助后，政府无偿资助的拨款，最高可达预算经费的50%。

（4）制订磁石（Magnet）计划，提高共同开发关键通用技术的水平。政府鼓励工业企业集团与大学科研机构组成联合体共同开发关键的通用技术，还鼓励通过最终用户把先进技术与产业结合起来。其资助范围大多是国际前沿的高新技术项目；周期较长，一般3~6年。主管部门依据以下指标对项目进行评估：经济优势、具有出口和就业潜力、革新技术和通用技术、企业参与的研发、产业与学院的合作。每个项目的承担者都是一个研发联合体，它由工业企业、大学科研机构，以及一两家协会等十几个成员共同组成，但负责人必须由企业代表担任。项目经过评审批准立项后，可获得预算费用66%的资助，其中对科研机构的无偿拨款不超过80%。按照通行办法，所有磁石计划资助形成的创新成果都应与他人分享。但作为一项鼓励措施，又规定：在这一计划框架内开发的技术知识产权，仍然属于它的开发者。

（5）制订小磁石（Magneton）计划，提高大学科研成果的应用开发水平。政府鼓励企业与大学之间形成一对一的关系，以一家企业与一所大学结成一个小型研发联合体的形式，承担应用性项目的研究，促使创新技术从大学科研机构转移到工业企业。项目批准后，支持的周期最长不超过2年，无偿资助的经费最多为80万美元。

（6）制订研究与开发基金计划，提高大中型企业的研发水平。其目的是政府鼓励实力雄厚的大中型工业企业研制出具有产业竞争力的创新产品。政府对纳入该计划的创新项目给予预算50%的研发资助，对改进现有产品和工艺的项目给予30%的资助。一般来说，这项基金只允许企业申请，要求获得资助的企业自行完成研发任务。但政府鼓励企业与大学科研机构签订分包合同，从而使大学科研机构间接地获得政府资助，同时促使大学在履行分包合同的过程中，把创新技术转移到生产领域。

（7）制订技术孵化器（Incubators）计划，支持创业者实现研发梦想。其目的是为创业者提供最初的研发条件，让其能够把自己的创新构想转化成产品，并通过这一产品吸引投资者出资组织生产，进而建立起自己的企业。这样，可使创业者的奇思妙想能够迅速羽化为物质财富。以色列政府对选择孵化企业有很高的标准，如规定必须是高新技术项目，产品可供出口并且市场容量在5亿~6亿美元，开发的产品有产业化的基础；项目团队人员必须可靠、诚信，知识产权归属清晰，商业策划书可操作性强等。按照这样严格要求选出的孵化企业，通常成功率都很高。政府规定，孵化企业成功后按以下比例分配股权：创业者得50%、孵化器得20%、投资者得20%、职工得10%；同时，其市场销售额的3%返还给政府的孵化基金。这个分配方案顾及各方利益，有利于激发和调动各方的创新创业积极性。

（8）创新企业促进（Tnufa）计划，鼓励个人创办科技型企业。它为个人创业者提供创业基金，在其创业初期给予必要的支持。这项计划对申请获得批准者可提供预算费用85%的资助款，其最高资助额度为5万美元。同时，还帮助企业开发样品、注册专利、制订商务计划、联系投资者和战略伙伴，以及提供市场营销和法律咨询服务等。

（三）以色列运用科技计划提高研发水平经验对我国的启示

我国在运用科技计划提高整个社会的研发水平方面，也做出了很大努力，并取得了丰硕成果。例如，通过实施高技术研究发展计划（863计划），集中高技术领域的研发力量，攻克事关国家长远发展和国家安全的战略性、前沿性和前瞻性高技术问题，发展具有自主知识产权的高技术，培育高技术产业生长点。通过实施国家火炬计划，发挥我国科技力量的优势与潜力，以市场为导向，促进高新技术成果商品化、高新技术商品产业化和高新技术产业国际化，引导社会各方共同探索中国特色高新技术产业化道路。通过实施国家星火计划，加强农村先进适用技术的推广，加速农业科技成果转化，大力普及农业科学知识，营造有利于农村科技发展的良好环境。围绕农副产品加工、农村资源综合利用和农村特色产业等领域，集成配套并推广一批先进适用技术，大幅度提高我国农村生产力水平。

然而，对照以色列的措施和经验，我们的科技计划导向机制仍有不少值得完善的空间。

（1）加强科技计划的系统性。我国的一些科技计划往往只针对社会整体对象中的某一部分，对其他部分不发生作用，致使它的覆盖面十分有限。如有的科技计划的调节对象基本上集中在实力雄厚的科研院所，有的只对科技型企业产生激励作用，还有的仅仅局限于农村领域，各种科技计划之间缺乏有机衔接和相互配套的环节。因此，我们应该学习以色列的做法，围绕具体技术研发，分类制订高新技术、生物技术、通用技术、关键通用技术等科技计划，以便提高科技计划的系统性。

（2）增强科技计划的导向性。以色列科技计划一个强有力的导向作用，就是促进产学研密切合作。如以色列的磁石计划、小磁石计划和技术孵化器计划都是建立在加强产学研关系的基础之上的，甚至只允许大中型企业申请的研究与开发基金计划，也含有鼓励产学研结合的补充规定，通过分包合同形式，使大学科研机构能够参与由政府资助的企业研发项目。

我国的科技计划也提倡和鼓励产学研合作,但在操作层面和具体实施过程中,其导向力量远未达到以色列的强度,这是需要我们继续努力的。

(3)探索科技计划的多样性。以色列的科技计划不仅注重调节受体的同一性,而且还充分考虑它们的差异性。如降低风险是促进研发活动的共同点,然而不同类型的风险具有不同的特点,需要有不同的导向机制。于是,以色列针对高新技术企业发展风险实施种子基金计划,针对科技专家转变为创业者风险实施孵化器计划,针对个人创办科技型企业风险实施创新企业促进计划,通过多样性的科技计划,促进不同类型的创新主体都能加强研发活动。我们要认真学习这方面的经验。

第六章　就业政策与宏观调控研究

制定合适的就业政策、做好就业工作，是宏观调控的主要目标之一。本章首先采用历史进程与思维进程相统一的方法，依据我国经济发展和运行轨迹，通过考察就业政策60年变迁状况，指出现今就业政策的创新目标是建立政府宏观调控的市场竞争就业机制。为了实现国民经济良性循环和健康发展，必须在充分发挥市场竞争机制作用的同时，加强宏观调控能力，健全宏观调控核心机制。其主要方法是，构建以市场运行为基础的计划机制，构建以优化信贷结构为基础的金融机制，构建以开源增收为基础的财政机制。在市场经济条件下，政府可以运用的宏观调控方法很多，其中常见的有经济政策、经济法规、计划机制、经济参数、道德规范、监督体系、社会公共服务、制度创新、社会保障，以及示向性引导措施等。

第一节　我国就业政策变迁的纵向考察[①]

我国的就业政策是社会主义经济政策体系的重要构成内容。就业的具体形式是由社会主义经济模式的总体框架决定的。传统的计划经济体制在建立和形成过程中出台了一系列就业政策，逐步形成了与之相适应的传统就业制度。自20世纪70年代末期以来，随着计划经济体制向社会主义市场经济体制的转变，我国的就业政策和就业制度已经发生了深刻的变化，

---

① 本节以《我国就业政策的六十年变迁》为题，发表于《经济理论与经济管理》，2009年第10期；《新华文摘》，2010年第2期"论点摘编"栏，以《改革前我国就业政策的主要特征》为题摘录500字；《青海日报》，2010年2月8日第七版摘载了同样内容；《国务院发展研究中心信息网》综合版"就业与社会保障"栏，2009年11月4日分上下两部分全文转载；《中国人事科学研究网》2009年11月4日"他山之石"栏，分上下两部分全文转载。该论文被莫荣、刘永魁和陈云新《中国成立70年就业发展历程与未来展望》(《中国劳动》，2019年第11期，等30多篇论文引用。2010年获全国高校经济理论教学改革优秀成果一等奖。

企业、事业单位与劳动者相互选择的市场机制正在逐步形成。我国就业政策和就业制度的变迁是整个国民经济体制变迁的必然产物，市场化的就业政策和就业制度的形成也是社会主义市场经济顺利运行的重要保证。

一、改革开放前的就业政策

（一）改革开放前就业政策的形成

中华人民共和国成立之初，为了解决旧社会遗留的 400 万失业人员，以及城镇新成长的劳动力就业问题，主要采取了以下就业政策：①政府统一安排旧有公职人员和官僚资本主义企业的职工；②其他失业人员实行介绍就业和自行就业政策；③对部分一时找不到合适工作的人员，采取生产自救和以工代赈等办法，使其在继续求职期间能有基本生活费来源。

这一阶段，国家允许国有、私营企业和事业单位自行招工。1952 年，政务院已提出逐步实施统一调配劳动力，但在具体招工用人过程中，仍允许各单位自主选择录用。1953 年 8 月，中央批准下发的劳动就业委员会、内务部和劳动部《关于劳动就业的报告》中规定，各单位招聘的工人、职员数量较大时，应向劳动部门申请，并由劳动部门负责介绍、选择和录用；招工数量较少时，可自行在当地失业人员中选用或另行招聘。此间，固定工制度仅在一部分职工中推行，企业有权自行决定使用临时工。由于临时工、合同工所占比重较大，政府又没有完全禁止辞退职工，各企事业单位的用人，基本上仍保持能进能出的劳动力运行机制。

1955 年之后，就业政策发生了较大变化，企事业单位的用人自主权渐趋削弱，并逐步建立起由各级劳动部门统一管理劳动力运行的制度。1955 年，劳动部颁布的有关文件指出，依据对劳动力调配实行统一管理和分工负责的原则，各企业招工必须由劳动部门统一进行。与此同时，企事业单位中固定工数量增多，政府又颁布了禁止辞退职工的规定，各单位用人便往往只能进不能出了。1957 年，由于上年新增职工大大超过国家计划，国务院发出通知，规定使用临时工的指标也需经中央主管部门或省、市和自治区政府批准。这样，用人招工权被进一步集中到政府的劳动部门。这一时期，政府负责安排的人员范围不断扩大，从大中专毕业生和部分复员转业军人开始，渐渐发展到城镇中需要就业的全部人员，最终形成了以政府统包统配和固定工制度为主要特征的就业政策。这种就业政策对稳定社会秩序、促进经济建设，起到一定的积极作用。到1957年，我国不仅安排了旧社会遗留的400万失业人员，而且职工人数发展到3205万人，其中"一五"期间，净增了1673万人。

"一五"期间，较好地解决了城镇新增劳动力和失业者的就业，本来已为下一阶段的劳动就业奠定了坚实的基础。但是，由于"大跃进"造成的严重失误，使劳动就业形势骤然逆转。1958—1960年期间，全国净增职工2868万人，其中2000万人来自农村，他们75%在工业部门就业，其中64%集中于重工业部门。1961年开始的3年经济调整时期，不得不精减职工2000多万人，其中大部分被动员回乡从事农业生产。

经济建设收缩和企业精减职工影响了工矿企业对劳动力的吸纳。到1963年年底，全国城镇尚有200万人未能安置，其中85%以上为青壮年劳力。面对此况，政府对城镇求职者在实施统包统配政策的同时，采取比较灵活的安置办法。一方面，劳动部门通过开辟城镇生产和服务新途径，组建各种手工业、商业和服务业等集体企业，增加就业岗位，继续执行统一配置劳动力的方针；另一方面，有计划地动员部分城镇青年上山下乡，提倡从事家庭副业和自谋职业，对未升学的青年进行文化补习或职业培训等，尽力减缓就业压力，从而使城镇闲散劳动人口和新增劳动力，基本上得到了妥善安置。到1965年，城镇就业人口比1962年增加了600万人。

1966年开始的十年"文革"，将国民经济推向崩溃边缘，打乱了正常的就业制度。政府面临着中华人民共和国成立以来前所未有的严峻形势，继续推行统包统配的就业政策困难重重，所以，就业制度的改革势在必行。

(二) 改革前就业政策的主要特征

改革前的就业政策，自20世纪50年代中期产生以来，经过10多年的发展，至20世纪60年代中后期基本定型，一直沿用到70年代末。其主要特征有以下几点。

1. 劳动政策以指令性劳动计划为基石

表现为国家对劳动力主要是城镇待业人员，制订统一的指令性计划进行调节。由于不存在劳动力市场，劳动力资源配置难以体现价值规律和竞争规律的要求。企业没有招聘职工的自主权，只能执行国家的招工计划。企业增加新职工，首先得有劳动计划的人员指标，拿不到进人指标便无法招工。

2. 就业政策以统包统配为基本特征

表现为政府直接控制就业岗位，包揽劳动者就业，用行政手段把劳动力资源配置到各个生产部门，劳动者不能自由选择职业和工作岗位。劳动者就业后，他的工资、奖金、津贴和福利由国家而不是由企业制定标准发放，并全部由国家负担。国家还对已就业人员一包到底，实行终身就业保障，使其再无失业之虞。

3. 用工政策以国家固定工为主体

由于国家计划中职工人数指标，一直与工资总额控制指标挂钩，企业人员增减直接涉及工资数量的变动，而人员和工资指标均由政府控制，所以企业用工只能坚持国家统一计划、统一招收、统一分配的形式。企业一旦有用工指标招进职工，这些职工便固定在企业中，既不能辞退他们，又不能让其自由流动，只能进不能出。

（三）改革前就业政策的弊端

改革前，就业政策出台不久就暴露出一些弊病：不少单位富余人员越来越多，既很难调剂，又无法辞退，严重影响了劳动生产率的提高。还有一些职工成为固定工，有了铁饭碗，不再勤奋工作，劳动纪律松弛。针对这些情况，1958年上半年，劳动部提出，今后企业招收新工人时，应广泛使用长期合同工和短期合同工。除了部分掌握复杂技术的生产骨干外，尽力少用固定工。然而，这种改革设想刚刚提出不久，便被"大跃进"的狂热淹没了。随着社会主义建设事业的发展，统包统配就业制度的弊端暴露得越来越明显了，它主要表现为劳动调控机制呆板，计划指标因脱离劳动力市场供求而严重失实，政府统得过死，包得过多，能进不能出，一次分配定终身，严重影响了企业和劳动者的积极性，束缚了生产力的发展。

二、我国改革开放初期就业政策演进的四大步骤

20世纪70年代末，我国迈进改革开放新时代，就业制度与其他经济

体制一起开始冲破计划经济体制的樊篱。改革开放初期，就业政策从妥善安置文革郁积下来的待业人口入手，由表及里的推进创新，逐步以广开门路形成多元化就业格局，在新增劳动力中确立双向选择关系，全面促使劳动力合理流动，直至剥离企业富余人员。就业政策的这一演进历程，大体包括以下四大步骤。

（一）外围层次改革的就业政策：通过广开门路形成多渠道多元化的就业格局

党的十一届三中全会以来，政府采取大力发展集体企业，加快消费品生产，扩大服务性行业经营范围，广泛组建劳动服务公司，开展多种形式的就业技术培训等有效措施，努力拓宽就业门路。

1980年8月7日，中共中央转发的全国劳动就业工作会议文件《进一步做好城镇劳动就业工作》率先提出："在国家统筹规划和指导下，实行劳动部门介绍就业、自愿组织起来就业和自谋职业相结合"的方针。这个"三结合"方针的提出，突破了政府统包统配政策单渠道安置劳动力的就业制度，开辟了国有、集体和个体多条就业渠道，逐步形成了多元化的就业政策新景象，开始从外围层次的社会劳动力管理入手改革劳动就业制度。

1981年10月17日，中共中央和国务院又颁布了《关于广开门路，搞活经济，解决城镇就业问题的若干决定》，指出要通过进一步调整产业结构和所有制结构，在发展经济和各项建设事业的基础上，有计划、有步骤地解决就业问题，并提出要运用政策大力引导、鼓励、促进、扶持集体和个体经济的发展。

随着国民经济的发展和就业政策的创新，1977—1981年期间，全国城镇共安置3700多万人就业，绝大多数地区已将以往郁积的待业人员基本安置完毕，从而卸下了空前沉重的就业包袱。

（二）内圈层次改革的就业政策：通过公开招工在新增劳动力中确立双向选择关系

20世纪80年代初，随着经济体制改革，多种经济成分的出现和发展，特别是在"三结合"就业方针的指导下，敞开了就业门路，拓宽了就业渠道，就业结构呈现出多样化。此时，全民企事业单位的用工制度开始发生变化，用人单位有了一定招工自主权。

1986年7月12日，国务院发布《国营企业招用工人暂行规定》，提出：企业招用工人，应贯彻执行先培训后就业的原则，面向社会，公开招收，全面考核，择优录用。这一规定，把竞争机制引入就业领域，还赋予企业在招工中拥有选择权，为形成劳动者与企业的双向选择关系打下了基础。这一规定还明确废止两种招工办法：①企业不得以任何形式进行内部招工；②不再实行退休工人子女顶替，使企业选择新职工有更大的回旋余地。

与此同时，国务院还发布《国营企业实行劳动合同制暂行规定》，提出对新招职工普遍实行劳动合同制，首先在新增职工中打破了固定工制度。劳动合同制的推行改变了原有的用工模式，把劳动就业制度改革从外围层次的社会劳动力管理，进一步推向内圈层次的企业新增劳动力管理。但是，这次用工制度改革仅仅局限于就业增量部分，尚未触及城镇就业存量部分，企业原有职工仍然保持着固定工制度。

（三）核心层次改革的就业政策：通过全员劳动合同制促使劳动力合理流动

20世纪50年代，我国曾实行过劳动合同制。1951年5月15日，劳动部公布的《关于各地招聘职工的暂行规定》载明："招聘职工时，雇用者与被雇用者，双方应直接订立劳动契约，须将工资、待遇、工时、试用期以及招往远地者来往路费、安家费等加以规定，并向当地劳动行政机关备案。"后来，随着统包统配政策的形成，逐渐放弃了劳动合同制。

1980年，劳动合同制在三资企业中恢复。1986年把它全面推行到全民所有制的新增职工范围。接着，从1987年的劳动"优化组合"，到1991年的破"三铁"，大范围地推动企业原有的固定工制度改革。

1992年7月23日颁布的《全民所有制工业企业转换经营机制条例》规定："企业可以实行合同化管理或者全员劳动合同制。"实行全员劳动合同制，合同化管理范围由新增职工扩大到包括原有职工在内的全体就业人员。这样，就业政策创新和就业制度改革又向前跨上了一级大台阶，从内圈层次的企业新增劳动力管理，直接深入到核心层次的国家固定工制度。实行全员劳动合同制，消除了企业原有职工与新增职工的用工差别，避免了两种不同用工制度并存带来的弊端，有利于广泛开展劳动者竞争上岗，可以促进劳动者合理流动，优化劳动组合和生产要素资源配置。

（四）硬核层次改革的就业政策：通过劳动计划体制改革剥离企业富余人员

传统劳动就业制度，由指令性计划管理的劳动制度、统包统配的就业制度和固定工模式的用工制度三个链环共同构成，劳动计划体制则把三个链环固化为一体。所以，构成传统劳动就业制度的硬核部分是计划体制。如果说，触及国家固定工制度已经到达传统劳动就业制度的核心层次，那么在这个核心层次中起硬核作用的便是劳动计划。

劳动、就业和用工政策必须协同创新，劳动、就业和用工制度必须协同改革，才能彻底冲破计划经济的束缚，全面巩固和扩大劳动就业制度的改革成果。在保留原有劳动计划体制条件下，单方面的就业改革或单方面的用工改革都将收效甚微。如《国营企业招用工人暂行规定》，尽管赋予企业一定的招工自主权，但它同时规定，企业招用工人"必须在国家劳动工资计划指标之内"。这样，企业既不能自主决定招工的数量，也不能自主决定招工的时间、地点、条件和方式，招工自主权，仅仅表现为在劳动部门分配来的人员中做有限的选择。又如劳动"优化组合"和破"三铁"，由于没有劳动计划体制改革相配套，不是流于形式，就是半途而废。因此，全面创新就业政策和改革就业制度要以彻底抛弃传统的计划体制为前提。

1992年，党的十四大，把建立社会主义市场经济体制作为经济体制改革的目标，从根本上动摇了计划经济体制。1993年，党的十四届三中全会决定，培育市场体系的重点是金融市场、劳动力市场、房地产市场、技术市场和信息市场，要把开发利用和合理配置人力资源作为发展劳动力市场的出发点。自此以来，劳动制度改革取得了突破性进展，缩小了劳动工资指令性计划的调节范围，先后在许多领域放弃了计划管理，使其迅速赶上就业制度和用工制度的改革步伐。这样，就业政策创新和劳动就业制度改革终于跃过最后一级台阶，由核心层次的改变固定工身份，继续深入到硬核层次的剥离企业富余人员。

三、社会主义市场经济条件下就业政策的变动趋势

(一) 确立适应市场经济的就业政策创新目标

考察改革开放初期就业政策的变迁轨迹，不难看出，就业政策正在朝着适应市场经济的方向演变。它的创新目标就是通过劳动、就业和用工政策的全面创新，建立政府宏观调控的市场竞争就业机制。这一时期，政府就业工作面临的压力主要来自下岗和失业职工的再就业。为了缓解这种压力，1993年年底，劳动部提出了再就业工程计划，并于1994年年初开始在30个城市搞试点，1995年4月经国务院办公厅批准在全国范围内实施。与此同时，劳动力市场体系建设和制度建设进一步完善。到1996年年底，我国已建立职业介绍机构3.1万个，劳动力资源配置的市场化进程日益加快。[1]

1998年5月14日，中共中央、国务院召开了国有企业下岗职工基本生活保障和再就业工作会议。提出要打开思路，广辟门路，努力建立全方位、多渠道、多领域的再就业体系。

1999年3月，九届人大二次会议的《政府工作报告》指出，要加强多种形式的职业培训，拓宽就业门路，引导职工转变择业观念，争取尽可能多的下岗职工实现再就业。下岗职工再就业以后，要与原企业解除劳动关系。3年以后还没有再就业的下岗职工也要与原企业解除劳动关系，转到社会保险机构领取失业保险金；享受失业保险两年后仍未就业的，转到民政部门领取城镇居民最低生活费。这"三条保障线"是有中国特色社会保障制度的重要组成部分，也是促使就业政策走向创新目标的重要保证。

(二) 规范劳动力市场的管理制度

2000年12月8日，公开发布并开始施行《劳动力市场管理规定》。该文件是劳动和社会保障部根据劳动法和有关法律法规制定的，目的是为了保护劳动者和用人单位的合法权益，发展和规范劳动力市场，推进市场经济条件下的就业工作。该文件指出，用人单位可以通过委托职业介绍机构、参加劳动力交流洽谈活动、以大众传播媒介刊播招用信息、利用互联

---

[1] 杨宜勇. 劳动就业形势发展预测 [J]. 经济预测, 1996 (46).

网进行网上招聘，以及法律、法规规定的其他途径自主招用人员。并对用人单位招用人员时不得采用的行为做出规定。同时，该文件规定了开办职业介绍机构应当具备的条件、职业介绍机构可以从事的业务，以及禁止出现的行为，还对公共职业介绍机构应当免费提供的服务做出规定。

（三）进一步完善适应市场经济的就业政策体系

1. 进一步做好就业和再就业工作

2002年9月30日，中共中央、国务院发布《关于进一步做好下岗失业人员再就业工作的通知》，指出要统一认识，加强领导，明确再就业工作目标和责任；努力开辟就业门路，积极创造就业岗位；完善和落实促进再就业的扶持政策；改进就业服务，强化再就业培训；坚持统筹兼顾，搞好就业的宏观调控；确保国有企业下岗职工基本生活，确保企业离退休人员养老金按时足额发放，完善社会保障体系。此后，连续3年召开全国性会议，重点围绕解决国有企业下岗失业人员再就业问题，制定和完善就业政策，对就业再就业工作进行部署。

2005年11月4日，国务院发布《关于进一步加强就业再就业工作的通知》，指出必须看到，我国劳动力供大于求的基本格局在相当长时期内不会改变。今后几年，就业再就业工作的重点仍是解决体制转轨遗留的下岗失业人员再就业问题和重组改制关闭破产企业职工安置问题。同时，也要继续做好高校毕业生、进城务工农村劳动者和被征地农民等的就业再就业工作。[①]

2007年6月28日，劳动和社会保障部发布《关于全面推进零就业家庭就业援助工作的通知》，其目的是扩大再就业政策扶持范围，健全再就业援助制度，着力帮助零就业家庭和就业困难人员就业。

2. 做好高校毕业生就业工作

2005年6月29日，中共中央办公厅、国务院办公厅发布《关于引导和鼓励高校毕业生面向基层就业的意见》，指出积极引导和鼓励高校毕业生面向基层就业，有利于青年人才的健康成长和改善基层人才队伍的结构，有利于促进城乡和区域经济的协调发展，有利于构建社会主义和谐社

---

① 李婕，范丽平．论我国再就业政策体系的现状及对策［J］．当代经济，2007（12）．

会和巩固党的执政地位。

2006年2月27日，人事部、教育部、财政部、劳动和社会保障部、国务院国有资产监督管理委员会、国防科学技术工业委员会联合发布《关于建立高校毕业生就业见习制度的通知》，旨在帮助回到原籍、尚未就业的高校毕业生提升就业能力，促进供需见面，尽快实现就业。[1] 同时，我国从2006年开始连续3年发出通知，要求切实高校毕业生的就业工作。

2009年1月19日，国务院办公厅发布《关于加强普通高等学校毕业生就业工作的通知》，指出高校毕业生是我国宝贵的人力资源。当前，受国际金融危机影响，我国就业形势十分严峻，高校毕业生就业压力加大。各地区、各有关部门要把高校毕业生就业摆在当前就业工作的首位，采取切实有效措施，拓宽就业门路，鼓励高校毕业生到城乡基层、中西部地区和中小企业就业，鼓励自主创业，鼓励骨干企业和科研项目单位吸纳和稳定高校毕业生就业。

3. 制定解决农民工问题的政策

2006年1月31日，国务院颁布《关于解决农民工问题的若干意见》，旨在统筹城乡发展，保障农民工合法权益，改善农民工就业环境，引导农村富余劳动力合理有序转移，推动全面建设小康社会进程。

4. 制定残疾人就业政策

2007年5月1日开始，我国施行《残疾人就业条例》。该文件规定，国家对残疾人就业实行集中就业与分散就业相结合的方针，促进残疾人就业。[2] 用人单位应当按照一定比例安排残疾人就业，并为其提供适当的工种、岗位。具体比例由省、自治区、直辖市人民政府根据本地区的实际情况规定，但不得低于本单位在职职工总数的1.5%。用人单位安排残疾人就业达不到其所在地省、自治区、直辖市人民政府规定比例的，应当缴纳残疾人就业保障金。依法征收的残疾人就业保障金应当纳入财政预算，专项用于残疾人职业培训以及为残疾人提供就业服务和就业援助，任何组织或者个人不得贪污、挪用、截留或者私分。残疾人就业保障金征收、

---

[1] 周济. 全力以赴，满腔热忱，做好高校毕业生就业工作 [J]. 中国高等教育, 2006 (24).
[2] 陈玲. 论残疾人劳动权特殊保护的法律对策——兼论《残疾人就业条例》的新举措 [J]. 法制与社会, 2008 (8).

使用、管理的具体办法，由国务院财政部门会同国务院有关部门规定。财政部门和审计机关应当依法加强对残疾人就业保障金使用情况的监督检查。

简要小结

考察我国就业政策60年演变的历程，可以发现，就业政策是宏观经济政策的重要组成部分。它是由经济体制决定的，有什么样的经济制度，就有什么样的就业政策。改革开放以来，我国就业政策从抛弃统包统配方式开始，逐步打破固定工用工模式，改革指令性劳动计划体制，全面推进劳动、就业和用工政策创新。它确立的目标是建立政府宏观调控的市场竞争就业机制。此后，围绕这一目标出台了再就业工程计划、加强高校毕业生就业、解决农民工问题，以及促进残疾人就业等新政策。可以预计，我国的就业政策将会沿着既有的目标指向继续推进创新，从而更加合理地配置劳动力资源。

第二节　健全宏观调控的核心机制[①]

我国现阶段经济发展呈现明显的非均衡状态，为了确保整个社会经济有序运行，实现国民经济的良性循环和健康发展，必须在充分发挥市场机制作用的同时，加强宏观调控能力，健全宏观调控机制。计划、金融和财政要素是构成宏观调控机制的核心内容。为了增强宏观调控能力，首先应按市场经济要求建立和健全包括计划机制、金融机制和财政机制在内的宏观调控的核心机制，并加强它们对经济运行的综合协调作用。

一、构建以市场运行为基础的计划机制

（一）计划信号的主要类型

计划机制表现为投资者、生产者、供应者、中间商和消费者与计划信号之间形成的有机制约关系，以及相应的调节功能、组织结构和运作方式。构建在市场运行基础上的计划机制，其调节信号不再是单纯行政指令

[①] 本节发表于《长白学刊》，1997年第5期，其内容收入本人专著《社会主义市场经济导论》（中国经济出版社，1999年）。该书2002年11月获金华市第八届哲学社会科学优秀成果一等奖。

式的，而是由一系列既有层次差别又有密切联系的不同计划信号组成，主要有以下 8 种类型。

（1）刚性计划信号，表现为各类指标和任务完全缺乏弹性，以一系列不允许上下浮动的确定数字来表示。它已被限制在相当狭小的范围内，一般限于必须用它调节而又可以用现代科技手段精确计算或预测的经济活动。

（2）限额计划信号，表现为计划指标和任务以刚性为主，弹性为辅，具体有最高限额、最低限额和范围限额等多类。

（3）合同性计划信号，即通过国家与企业之间建立起来的订货合同制度，确定生产要素和产品的供给量、需求量及价格，并使合同数量尽量贴近市场运行实际的供求定量，从而在此基础上使合同价格接近于市场价格。

（4）协议性计划信号，国家与大企业或企业集团通过协商确定计划的实物指标和价值指标，并根据这种协商计划安排生产和流通。

（5）参数性计划信号，指国家通过计划向市场输出保证预期目标实现的财政、金融、价格和工资等经济杠杆控制数额，使政府调控意图通过市场参数体现出来，进而有意识地变动市场参数，调整其输出信号，使之造成某种有利条件或不利条件，把企业引导到追踪国民经济计划目标上来。

（6）弹性计划信号，其主要特征为，不管是数量、质量指标，还是实物、价值指标，或是限额指标，都是非刚性的。它们可以在一定范围内上下浮动，企业在执行中有较大的回旋余地，并享有执行计划的灵活变通权。

（7）预测性计划信号，也就是政府通过公布中长期经济计划的有关数据资料，定期发布各种统计数字和预测结果，引导生产者自觉依据预测计划的要求做出经营决策。

（8）诱导性计划信号，其基本内涵是，不制订任何具体的计划指标，而是通过优化经济政策、法律规则、道德规范和监督体系等计划机制的构成要素的组合，形成一股定向约束力，牵引、诱导企业按计划要求开展生产经营活动。

（二）不同计划信号形成不同计划机制

不同的计划机制是因供给方面和需求方面跟不同的计划信号相联系而

形成的。例如，供给方面与需求方面同刚性计划信号的有机联系就是刚性计划机制，它们同参数性计划信号之间形成的制约关系即为参数性计划机制，它们同预测性计划信号之间的彼此联系和运动便叫作预测性计划机制等。

各种计划机制都有特定的调节对象，每个计划信号的变动首先起因于它们自身机制的供求变动。但在调节经济运行的实际过程中，各种计划信号不是孤立地在自身机制中发挥作用，它们的变动也不仅仅取决于自身机制，而且往往要受到别的计划机制供求变动的制约和影响。所以，为了更有效地发挥计划机制在市场经济中的调节功能，必须使它们成为一个有机整体。

（三）构建以市场运行为基础计划机制的主要思路

当前，应加快计划体制、计划内容和计划方法的改革，使各种计划信号的变动呈链式联动关系，进而使各个计划机制能在各自发挥功能的同时又共同发挥作用。为此应努力做到以下三点。

1. 各个计划信号本身能够灵活变动

这具体表现为各个计划信号的形成和调整，必须是它们自身机制供求变动的结果，同时又应是促使它们自身机制供求变动的原因。以诱导性计划机制为例，当某类商品供不应求时，诱导性计划机制中供求数量对比所产生的计划信号，将会形成供给者比需求者更有利的经济结果，这一过程会促使供求渐趋平衡。而一旦此类商品变为供过于求，诱导性计划机制也会随之改变计划信号，使其转为产生需求者比供给者更有利的经济结果。其他各种计划信号也与此一样，都能够随着自身机制供求数量对比的调整而灵活变动，跟自身机制的供求双方呈因果互动关系。

2. 各个计划信号能够彼此协调运行

计划信号变动将引起计划机制作用力和作用方向的改变。各个计划机制的调节方向及其变动趋势一致，可以有效地促进社会生产的增加或减少，否则，就会得到相反的经济结果。如有些产品可能同时接受多种计划机制的调节，它们所产生的作用力要是都对生产者有利，就能有效地促进生产发展；要是都对生产者不利，就能有效地限制生产增加。但如果其中某些计划机制在促进生产，而另一些计划机制却在遏止生产，它们的作用力就会相互抵消，最终谁也无法收到应有的调节效果。因此，要使各个计划机制的调节方向尽可能趋向一致，首先必须使各个信号的变动能够相互呼应、密切配合，使各个计划信号在各个计划机制彼此协调的关系中变动。

3. 各个计划信号能够相互顺畅传递

计划诸内在机制能否形成一个统一的有机整体，关键在于各个计划信号能否顺畅传输和反馈。一个计划信号只有能把自身变动的消息传送到别的计划机制上，同时又能接收到别的计划信号的变动消息，才能使自己与其他计划信号形成彼此协调适应的关系。计划信号的传递也应与市场信号的传递相类似，是以接力式的方法来进行的，其表现大体是，某个计划信号的变动引起自身机制作用力的调整，这个机制调整作用力的过程，会引起别的计划机制中计划信号随之改变。在各个计划信号能够彼此顺畅传递的计划机体中，各个计划机制就能在计划信号因果链的基础上形成联动关系，进而形成一个彼此协调适应的有机整体。

二、构建以优化信贷结构为基础的金融机制

（一）金融机制调控宏观经济的表现

金融机制对宏观经济的调控，主要表现为中央银行控制货币供应总量的变化，从调节金融活动入手，影响整个国民经济的运行，实现社会总供给与社会总需求的平衡。中央银行的基本调控手段有以下三种。

（1）法定准备金率，指国家以法律形式规定商业银行存款准备金的最低比率。它要求商业银行吸收存款后，必须按照法定准备金率保留准备金，其余部分才可以作为贷款使用。

（2）公开市场业务，即中央银行通过买进或卖出政府债券以调节货币供应量。在经济衰退时，中央银行买进政府债券，可促使市场上货币供应量增加，并推动债券价格提高而相对降低银行利率，刺激投资规模和社会总需求扩大。在经济高涨时，中央银行卖出政府债券，则可起到抑制投资需求和社会总需求过分膨胀的作用。

（3）中央银行的贴现率，是指商业银行向中央银行借款时支付的利息率。中央银行通过变动贴现率可以调节货币的供应量和利息率。当经济发

展出现衰退迹象之际，通常中央银行会降低贴现率，促使商业银行增加借款，并相应降低商业银行贷款利率，推动投资者扩大生产规模。当经济发展出现过热走势，中央银行又会提高贴现率以起到必要的抑制效果。

（二）构建以优化信贷结构为基础的金融机制的主要对策

近年，我国金融体制改革成效明显：以银行融资为主的金融业迅速发展，中央银行的地位和作用日益加强，国家专业银行全面向商业银行转变，债券和股票融资相当活跃。为了在现有改革成效的基础上确保金融业继续健康平稳运行，进一步稳定金融秩序，优化信贷结构和贷款投向，建成符合社会主义市场经济要求的金融机制，应着重抓好以下工作。

1. 分清政策性业务和经营性业务，建立和完善专业银行的自主经营机制

我国至今未建成一个统揽所有政策性贷款业务的政策性银行，各项政策性贷款分散在不同的专业银行中，致使这些专业银行的经营性业务与政策性业务混杂交叉，增大了考核银行经营业绩的难度。鉴于此况，各地应依据国家的金融政策和有关规定，结合当地实际，制订某些核算和管理不同银行业务的具体措施，把政策性业务和经营性业务彻底分开，并对政策性业务实行专户核算，银行由于经营此类业务而发生的亏损或利润减少部分，在应上缴利润中扣除。银行的经营性业务可采取全面承包或地区分片承包等办法，由各家银行自行选择，进而逐步实现"银行商业化，利率市场化。"

2. 建立新型银企关系，优化贷款结构和贷款投向

政府有关部门应制定某些倾斜政策，采取鼓励性措施，齐心协力，共同支持银行推行贷款主办行制度和试办银团贷款，巩固和发展以当地大中型企业为主体的贷款投放格局，并遵循优中择优的原则，对其中产品适销对路、经济效益好、资金周转快的企业给予优先放贷。同时，各专业银行特别是工商银行，要发挥综合优势，积极融通资金，拓宽筹集技改资金渠道，增大技改贷款规模和投入总量，配套组合技术改造贷款、科技开发贷款、小型技措贷款、专用基金贷款，以及人民币和外币贷款与结算功能，使之形成有效合力，优先支持企业开发，引进和推广新技术、新工艺、新材料和新产品，努力提高当地产品的技术含量和质量档次。还要积极组织信贷资金，重点支持农业和政府确定的发展专项和重点项目，促其上等级、上质量、上水平。

3. 完善专业银行的考核指标，强化信贷业务的风险约束

各地在推进专业银行企业化改革的过程中，应根据国家的有关规定，在现有各项考核专业银行清偿能力指标的基础上，采用一些当地行之有效的具体措施，进一步建立或完善存贷款比率、呆账比率、超额准备金比率、流动性资产比率、负债净值比率等，使之形成体系，并更加科学合理。有关部门应随时对各专业银行进行考核，一旦发现某银行上述指标超过一定标准，出现清偿能力危机，就应对其业务和组织进行强制性整顿，防止银行出现清偿危机。

4. 努力提高金融服务质量，不断扩大金融业务范围

一是尽快提高城镇职工工资的直存比例，加快发展个人支票服务和信用卡业务，使银行能够更有效地对企业及个人的收支进行记录和监督，为最终建成完善的信用制度和税收机制奠定基础。二是大力发展居民购置个人财产的抵押贷款及相应的债券市场。三是建立金融机构信用和服务评级制度，切实维护投资者的利益，积极稳妥地发展证券交易部等直接融资市场，逐步提高直接融资的比例。

5. 严格金融纪律和执法，规范金融经营行为

各地应以国家的方针、政策、法规为依据，密切联系当地金融业发展的现状和趋势，制订一些可操作性强的具体措施和办法，加强金融市场的建立和管理，将金融竞争纳入法制轨道，坚决制止各类非法金融活动，及时消除把拆借资金作为委托存款来增加发放委托贷款，借用某些非营利性基金乱集资等扰乱金融秩序的现象，防止出现集中挤兑等社会性金融风波，主动引导金融市场向规范化方向发展。

6. 优化金融机构组合，加强金融体系建设

改革开放以来，我国逐步形成了以中央银行即中国人民银行为核心，以国家专业银行为主体，保险公司、城市合作银行、农村信用社、信托投资公司、租赁公司、证券交易所、外汇调剂中心和农村合作基金会等多种形式金融机构并存的金融组织格局。今后，应以现有基础为起点，理顺各金融机构的相互关系，促使银行金融机构与非银行金融机构共同发展，协调运行。同时，在银行与财政、银行与银行、银行金融机构与非银行金融机构、银行与企业、非银行金融机构与企业之间建立起规范的信用关系。

进而在多种金融机构相互竞争、不断优化组合的基础上，形成高效灵敏、井然有序的金融组织体系。

三、构建以开源增收为基础的财政机制

（一）财政机制调控宏观经济的表现

财政机制对宏观经济的调控主要表现为通过财政收支的变化，推动社会总需求扩张或收缩，使之与社会总供给一致，实现社会经济的稳定增长。一切财政活动都应在一定财政体制及相关政策的规范和制约下进行。

（二）构建以开源增收为基础财政机制的主要措施

为使财政机制成为推动国民经济持续快速发展的强大杠杆，今后须着力构建以开源增收为基础的财政机制，主要措施是：

1. 建立对预算外资金实行准预算管理的制度

我国各地应从本区域整体角度确立聚财理财思路，树立相应的财政观念，完善财政政策，制订合理规范的财政资金管理细则，建立顺畅、灵敏的财政收支预报系统，健全财政资金流转的监控体系和监控工作。当前，要着力引导、规范、管理预算外资金的运行。按照"集中收、统一管、分类支、集约用"的原则，对预算外资金实行准预算管理，严格按程序、按制度办事，提高财政对国民经济发展的调控和支撑力度。可以考虑设立重点建设基金、技术改造基金、基础设施和公共工程基金、扶持农业基金、市镇建设基金、资源开发基金、科教文卫基金、社会保障基金、环境保护基金等预算外专项资金和相应的对口管理机构，促使预算外资金纳入财政职能的作用范围，全面提高财政资金的整体效益。

2. 确立科学高效、规范严密的税收征管制度

目前，我国各地区在陆续建立城镇办税大厅，不少市县已建成连接本区域各税收征管点终端的计算机网络系统，这为加快全国税收征管改革奠定了硬件基础。今后，各地应以《税收征管法》为依据，制订适合当地实际、易于操作便于稽查的补充条例和实施细则，以及相应的强制性执法措施，进一步健全税务登记制度，纳税申报制度，发票管理制度，税款征收、缴纳与解缴制度，税务检查制度，税务登记制度，税务代理制度，并使各种税收制度之间相互密切配合，从而以完善的制度规范纳税人的行为。

3. 形成有利于培育主导产业和增加经济新增长点的税源培植制度

涵养、扶持税源，不断壮大纳税大户的后劲和实力，是完善财政体制的重要内容。为了加强税源培植，应充分发挥财政杠杆的作用，制定倾斜的优惠政策，如纳税量与优惠信贷额度挂钩，盈利量与技术改造专项资金挂钩，销售成长率和市场占有率与重点建设专项资金挂钩，最大限度地调动财政信用资金，投入以高技术含量、高附加值、高效益、高销售成长率为特征的支柱产业，特别是其中有明显优势的重点企业，使骨干税源稳步增大。同时，突出重点，分类指导，用足用活税收优惠政策，加快经济技术开发区、乡镇工业小区、个体私营经济、集贸市场、高效农业等经济新增长点的培育和发展，使后续税源如云蒸泉涌而来。

4. 建立与行政管理体制相一致的财政管理体制

目前，由于种种原因，有的地方存在行政管理与财政管理范围不一，体制有别，形成事权与财权不统一的现象。例如，有些省的地级市，自从撤地建市以来，行政上已直接管理原地区所属的范围，但财政体制没有随之相应改变，仍然沿用撤地建市前不设地区行署一级财政的做法。由于地级市本级加上所辖城区比下属县（市）的部门、机构多得多，开支费用也大得多，这种财政体制与行政体制不配套的结果，造成地级市本级财政资金比下属各县（市）紧张得多，常有入不敷出、无力承担之虞，难以发挥区域中心城市的功能和作用。为了有利于财政资源的有效配置，推动地级市尽快发育成区域中心城市，建议有关省市尽快改变财政管理体制与行政管理体制不一致的现象。

第三节 市场经济条件下政府的宏观调控方法[①]

在社会主义市场经济新体制下，政府是宏观调控主体，它既不能越俎代庖，替企业确定经济发展目标和策略，也不能袖手旁观，放任自流。它

[①] 本节以《市场经济条件下政府的十大经济职能》为题，发表于《天府新论》，1993年第4期。《新华文摘》1993年第9期摘要论点；中国人民大学复印报刊资料《国民经济计划与管理》，1993年第9期辑目；1995年获"浙江省建设有中国特色社会主义理论研究成果"三等奖。

的责任是运用一切为社会主义市场经济制度所允许使用的手段，为市场经济顺利运行创造必要的条件和适宜的环境。政府的经济职能或宏观调控方法，主要表现在以下十个方面。

一、制定适宜的经济政策

经济政策可以覆盖全社会，并且具有规范化，易操作性、稳定性和适应性强等特点，它既能保证国家对整个经济活动以及市场行为的控制，又可确保企业的法人地位，是政府对市场经济进行宏观调控的有效形式。

为使经济政策充分发挥调节经济运行的作用，政府首先应研究、制定并运用好各种宏观经济政策，使它们在功能、效益、时差、交替和主辅等方面有效配合，及时消除市场经济运行过程中已经出现和可能出现的各种失常态势，保持良好的市场经济宏观秩序。在此基础上，通过充实、加强、调整现有的经济政策，研究、制定一些针对性强的新政策，逐步形成适应市场经济需要的财政政策、货币政策、金融政策、投资政策、产业政策、企业政策、技术政策、劳动就业政策、收入分配政策和消费政策等，并使它们以政策体系合力的形式共同制约、调节和规范市场经济的运行和发展。

二、完善经济法规

经济法规，是指由国家制定或认可，体现统治阶级意志，并依靠国家强制力保证其实施的经济行为规则。经济法规是调整和规范各种经济关系的重要手段，它表现为国家从建设社会主义的根本利益出发，用法律形式规定人们在经济领域内可以做什么，不可以做什么，违反了规定应承担什么责任，以巩固和发展有利于广大劳动人民的经济关系，限制、禁止、取缔不利于广大劳动人民的经济关系，从而保证社会主义市场经济顺利、正常运行。

针对我国经济法规不完备的现状，应加速法制建设步伐，尽快研究制定或充实完善诸如《禁止和限制买卖法》《禁止不正当竞争法》《反垄断法》《税收法》《投资法》《审计法》《银行法》《产品责任法》《保护消费者利益法》《批发管理条例》《商品储运法》等基本的市场运行法规和当前急需的其他市场运行法规，使经济立法能够适应社会主义市场经济发展的需要，进一步明确政府、生产经营者、消费者各方的权利、义务和责任，使各级政府管理、指导市场经济活动有统一的行为规范，也使参与市场活动的各个经济主体有统一的行为准则。同时，对现有的各类经济法规条例、细则，不断随着环境和条件的变化及时给予修正、补充，尽早消除内中缺陷，以免造成执法尺度不准，影响强制性措施的实施。

三、更好地发挥计划机制的长处

计划作为一种调节经济运行的手段，它的基本功能是协调利益、协调比例关系，这是不同国家计划的共同之处。美国学者博恩斯坦对法国、日本、波兰和匈牙利等国计划进行比较研究后说："不论在东方还是在西方，计划的制订都是一种对各部门、各地区和各行业的利益进行磋商并使之协调一致的社会过程。"[①] 计划是通过计划机制发挥调节作用的。计划机制表现为在生产者、消费者与计划信号之间建立起来的有机制约关系，以及相应的调节功能、组织结构和作用方式。它是国家为实现计划目标，通过一定计划手段，对国民经济的运行过程进行调节和控制而形成的。

在社会主义市场经济条件下，为了充分发挥计划机制的调节功能与长处，政府应更新计划观念，改进计划方法，计划指标以弹性指标为主，必成指标仅仅限制在必须用它调节，同时又能进行科学预测和精确计算的经济活动中，使计划信号保持高度的灵活性，并尽量贴近市场供求状况。同时，把计划的重点放到合理确定国民经济和社会发展的战略目标上，搞好经济发展预测、总量调控、重大结构与生产力布局规划，集中必要的资源投入重点建设。

四、变动经济参数

经济参数是社会主义市场经济中能表明经济现象某一种性质的量。它的内容很丰富，主要包括两大类：一是宏观调控参数。一般可以理解为经

[①] 莫里斯·博恩斯坦. 东西方的经济计划 [M]. 朱泱, 周叔俊, 王昕若, 等译. 北京: 商务印书馆, 1987: 26.

济杠杆的数量化语言。它可以在一定范围内改变本身的量值，以自变量的形式对社会经济活动产生作用，同时，它又是社会经济活动的因变量，其量值最终取决于整个国民经济的运行状况。它的量值变动将直接影响商品价值的实现，进而影响企业和个人获取的物质利益。二是市场参数。通常指商品市场的价格、资本市场的利率、劳动力市场的工资、外汇市场的汇率、租赁市场的租金和有价证券市场的预期报酬等市场信号。

为了确保市场经济平衡协调运行，政府可以通过变动税率、税种、货币发行量、存款准备金率、价格总指数增长率、平抑物价的物资投放量、工资总额及增长率、平均工资和最低工资标准等宏观调控参数，向市场输出保证预期目标实现的经济杠杆控制数额，使国家宏观调控意图融合到市场参数中，进而有意识地调整市场参数，造成某种有利条件或不利条件，使成千上万个分散的经济当事人基于追求最大物质利益的共同目标，自然而然地形成协调一致的经济行为，朝着政府预先确定的国民经济发展计划目标，在实现微观个量平衡的基础上达到宏观总量平衡。

五、加强道德规范建设

道德规范包括职业道德标准、价值观念、社会心理、民主意识和人际关系等内容。道德是一种社会意识形态，指人们共同生活及其行为的准则和规范。在社会道德中，对经济活动导向作用最灵敏最有效的是职业道德。

要使道德规范在社会主义市场经济中发挥应有的宏观导向作用，政府应努力克服各种腐败现象，健全和完善廉政制度，特别是净化政府自身工作人员的职业道德，为树立良好的市场经济道德风尚奠定基础。当前，在全面推行公务员制度和精简机构的过程中，一定要采取切实可行的措施和详尽的法律规定，确保各级干部清廉和机构的高效，还要制订公务员行为指导手册，促使他们努力做到道德自律。为了有效地净化政府工作人员的职业道德，可用法规条例的形式规定，凡公务员每年必须按一定格式呈报自己家庭的全部财产情况，包括动产、不动产、银行存款、股票及其他有价证券等，对财产增长必须说明原因，要是无法说明或理由不能成立，即视为贪污或受贿，并按有关规定论处。在此基础上，通过完善制度和措施，推进社会各行各业人员自觉净化职业道德规范，全面提高人们的思想素质和道德水平。

六、健全监督体系

经济活动的社会监督体系涉及范围很广。主要包括：行政监督，即国家权力机关和行政管理机构组成的监督；经济监督，即由财政、税务、金融、审计、统计、计划、工商管理、海关和归口行业等经济部门组成的监督；法制监督，是指国家司法、检察机关和公安派出所等组成的监督；舆论监督；群众监督等。

在社会主义市场经济条件下，只有建立起完善、全面的社会监督体系，才能保证经济活动主体不折不扣地遵守经济法规和道德规范，不折不扣地完成计划任务，才能保证经济当事人自觉地以政策、法规和道德规范为准绳来约束自己的行为。要健全社会监督体系，政府必须完善各道监督环节，加强监督措施，建立上下贯通、纵横交错的监督网络，使行政监督、经济监督、法制监督、舆论监督和群众监督组合成有效的约束机制。

七、提供社会公共服务，并直接参与某些经济活动

根据英国学者巴顿的分析，政府提供的公共服务项目主要包括以下4方面：

（1）防护，公安，消防。
（2）公用事业，初等和中等教育，公共卫生，文化活动，福利，娱乐。
（3）人力资源开发，下水道，供水，垃圾处理。
（4）一般服务，行政管理，公共交通，地方道路，住宅，图书馆等。[1]

也就是，政府应当建设公共文化场所、公共卫生设施和环境保护设施，举办教育、科研事业，加强国防、公安和安全部门的建设，为市场经济的顺利运行创造一个和谐安宁的社会环境。

同时，为了适应当今已经高度现代化和全球化的市场经济运行要求，

---

[1] 肯尼思·巴顿.城市经济学：理论和政策[M].上海社会科学院部门经济研究所城市经济研究室，译.北京：商务印书馆，1986：156.

在强手林立的世界市场激烈竞争中成为赢家，争取在世界上拥有较大的总量实力，政府应当及时消除制约经济发展的瓶颈，兴建铁路、港口、邮政、电力、自来水等基础设施；应当合理配置因自然资源稀缺或特定生产技术所限，长期短缺但能实行源头控制的重要基础产品和稀缺资源产品；应当控制可获取垄断高额利润是国家财政收入的稳定源泉，不允许自由竞争的领域或产品；应当经营关系到宏观平衡的重大生产能力建设或重要产品，如长江三峡工程等大型骨干重点工程、某些关键性高技术产品；应当控制安全性要求很高的产品，如某些药品等。

八、积极开展有利于市场经济发展的制度创新

市场经济离不开技术创新，技术创新离不开相应的制度创新。政府倡导和组织制度创新，改革阻碍生产力发展的传统体制，实现社会主义制度的自我完善，可以为技术创新赢得适宜的环境和必需的条件。

政府应抓紧推进计划、投资、财政、金融、外贸等方面的体制改革，尽力使各项改革措施相互配套，争取在不长的时期内建立起社会主义市场经济的基本框架。还应注意合理划分中央与省、自治区、直辖市的经济管理权限，充分发挥中央和地方两个积极性。特别应注意尽快采取措施，改变各级地方政府兼有调控主体和经济利益主体双重身份的状况。在地方政府兼有双重身份的条件下，地方政府很容易向经济利益主体一头倾斜。在运用各种调控手段时，倘若触及作为经济利益主体的利益，措施往往会被束之高阁，导致地方保护主义，出现画地为牢的局面。为了避免这种现象的产生，必须使地方政府逐步成为单纯的调控主体，不再兼有经济利益主体身份。同时，建立国有资产经营公司，使其在管理国有经济运行过程中，只作为单纯的经济利益主体，不行使政府行政干预的职能，从而把地方政府现有的经济职能替代出来。国有资产经营公司可由国家对口部门直接管理，它在各地的组织不隶属于地方政府，而应是国家经营管理国有资产统一机构的派出单位。

九、建立适应市场经济的社会保障制度

社会保障通常指国家以立法和行政措施建立起来，保证社会成员基本

生活安全的所有项目。它向社会成员提供各种补贴、津贴，用于补偿社会成员因退休、失业、伤残、生育和丧偶等造成的收入损失，并在其患病期间提供医疗服务。社会保障可使社会成员在收入中断或不能工作时，获得最基本的生活费用，有利于维护社会安定，有利于保证劳动力的再生产，从而有利于社会再生产的顺利进行。

社会保障的核心内容是社会保险。社会保险承担着劳动者丧失收入的各种风险。为了建立与社会主义市场经济相一致的社会保障制度，应努力健全和完善老年社会保险、失业社会保险、生育社会保险、医疗社会保险、工伤社会保险和死亡社会保险等，对于劳动者暂时或永久丧失劳动能力，以及虽有工作能力但无工作岗位等风险造成的收入损失，给予适当的物质补偿，用来保障其基本生活。还要进一步完善社会救助、社会福利和社会优抚的内涵、对象和目标，使之能够更好地服务于现代市场经济。与此同时，尽快创立新型社会保障管理体系，制定社会保障法规和实施细则，确定社会保障基金管理方式，分清各级政府各部门的社会保障职责和权限，全面建成具有中国特色的社会保障制度。

十、综合运用示向性引导措施

示向性措施是政府宏观调控机制的构成内容之一。它的特点是：通过利益诱导促进经济主体自觉自愿地改变生产经营方向，或通过氛围感染的潜移默化作用促使经济主体不知不觉地调整自身行为。它不采取任何强制性措施约束经济主体，因此，它对经济主体的利益调整不像其他宏观调控方法那样带有明显的外力作用痕迹。但它有时能够产生轰动效应，引起供求关系急剧改变。为了确保市场经济顺利运行，政府必须在充分发挥其他经济职能的同时，重视运用示向性措施的经济导向功能。目前，应着重做好以下几项工作。

（1）搞好经济信息对企业活动的示向引导。在市场经济条件下，企业主要依据市场状况进行生产经营决策，信息在协调供求中起着极为重要的作用。然而，各企业因所处地点、人力、物力等条件的限制，能够搜集到的信息总是有限的，很难准确把握社会需求的发展变化，容易造成生产与实际需求不一致。为了弥补这一缺陷，政府可以通过公布中长期经济计划的详细内容,定期发布社会生产和社会需求的各种统计数字,提供市场预测的分析结果,形成示向性经济信息,使生产者掌握重要产业和重要产品的生产、库存及需求情况,全面了解市场运行走向,引导他们做出正确的生产经营决策。

(2) 把握正确的宣传舆论经济示向。宣传、新闻、广播、影视、文化和出版等部门,在宣传、报道和评价经济活动时所形成的舆论倾向,可以起到鼓励或抑制生产者行为的作用。宣传舆论作为经济示向性要素引导市场经济运行时,应努力做到肯定公正、诚实、合法的经济行为,赞扬符合国家、民族、社会整体利益的经济活动,激励能够最大限度发挥自然、技术、社会、经济方面综合优势的经济建设,支持可以消除瓶颈、增加短缺资源有效供给量的经济开发,表彰为国家和人民、为社会主义市场经济新体制建设做出很大贡献的个人或集体。同时,否定恶劣、欺诈、非法的经济行为,谴责违反社会公德或有损于国家财产和人民生活安全的经济活动,鞭挞破坏社会主义建设的违法乱纪分子。只有这样,才能引导生产者自觉维护市场秩序和遵守市场规则,才能使社会主义市场经济在蓬勃向上、积极健康的社会舆论牵引下,迅速而顺利地朝着预定目标推进。

(3) 提高名人消费行为的有利示向效果。名人往往在不知不觉中成为一般人仿效的榜样,他们的经济行为在一定条件下可以改变社会的生活习惯和消费方式。如果政府能够采取有效措施,促使领袖人物、影星、体育冠军等名人多消费供应充裕的产品,少消费一时尚不能有效地改变生产增加供应的产品,特别是少消费非人民生活必需而又不能大量生产的产品,就将迅速形成有利于市场经济协调发展的示向效果,引导人们在仿效名人生活方式的过程中形成合理的消费结构。

第二篇　诗词释义

张明龙是一位经济学专家，主要研究区域经济学。但他大学时期学的却是中文专业，他"对格律诗词一直保持着的浓厚兴趣"，他自己总结道："在吟诗填词中回味撰写经济学论文的苦涩，在撰写经济学论文中品尝吟咏诗词的甜美。"正因为有了这样的动因，所以他在从事经济学研究的同时，陆续在《江西诗词》《八桂诗词》《诗词集刊》等刊物上发表格律诗词50多首。其中6首诗词入选霍松林主编的《新中国诗词大观》。该书是对已发表的诗词进行筛选形成的全国性诗词选集，时间区限为1949年中华人民共和国成立至1999年12月，选稿要求较严，作品每人最少的选录2首，最多8首。霍松林在序言中指出，这部书，可以说既想"求全"，又想"求精"。作者逾千，作品逾万，虽然还谈不上"全"，但基本上可以展示新中国的吟坛盛况和创作阵容，足以展示中华人民共和国成立以后诗词创作的整体水平。[①] 张明龙于1985年受聘为浙江师范大学诗社顾问，2007年当选中华诗词协会名誉副主席。本篇分析张明龙的诗词作品，包括第七章、第八章两章内容。

---

① 霍松林．新中国诗词大观［M］．北京：北京燕山出版社，2000：2.

第七章　诗意与欣赏

　　本章分析张明龙的诗作品，介绍格律诗，以两节内容组成。第一节分析和欣赏七言绝句，先安排组诗，包括由漓江、叠彩山风洞瞻马相伯先生像、独秀峰、西山石雕、伏波山和银子岩溶洞等标题组成的《桂林纪行》组诗，由去海印池途中、潮音洞、梵音洞、普陀鹅耳枥、上梅岑峰和磐陀石等标题组成的《普陀山忆》组诗，由抛锚、问路、房东、产业调整、山村之晨和到俞源等标题组成的《武义山村调查纪行》组诗。接着，安排由磐安海螺山、聚餐、聚会、煮汤圆、劝学诗、涌泉尝橘和茶寮赏秋等标题组成的单首散诗。第二节分析和欣赏七言律诗，包括以贺喜为题的吉祥喜庆诗，以雁荡观瀑、黄山迎客松和海游望海楼远眺等组成的旅游览胜诗，以到丽水杨梅园村和访英纪行等组成的访友与考察诗。每首诗都按照注解、诗意和欣赏三个部分进行分析。

第一节　七言绝句诗意及欣赏

一、桂林纪行六题

　　1984年5月15日《浙江师院报》发表张明龙的《七绝·桂林纪行五题》，后来又由《八桂诗词》选用刊登。2019年1月8日，应《当代琼崖文学》微刊提议，在《桂林纪行》组诗中增加一首《银子岩溶洞》，并在该刊发表全部组诗。

　　（一）漓江[①]

　　　　一江彩绘[(1)] 一江歌，借问游人乐为何？
　　　　"不尽长篙[(2)] 拴[(3)] 竹筏，鱼儿吞钓水摇波。"

[①] 此诗入选霍松林. 新中国诗词大观 [M]. 北京：北京燕山出版社，2000：436.

【注解】

（1）彩绘：被称为丹青。常用于中国传统建筑上绘制的装饰画。

（2）篙：用竹竿或杉木等制成的撑船工具。

（3）拴：用绳子等绕在物体上，再打上结。

【诗意】

两岸青山倒映在一江碧水中犹如一幅彩画，欢乐的歌声在江上回荡。向游人打听人们为什么会那么欢乐？被告知之，一排排看不到边的竹筏，由长篙固定住，渔民正在上面钓鱼，不时有鱼儿上钩溅出浪花和水波，欢笑和歌声就是从那儿来的。

【欣赏】

此诗是借景咏事的佳作，不仅借对漓江山水的描绘，赞叹祖国河山的美好，而且以美丽的漓江为衬托，讴歌欢乐的劳动场面，把宁静的自然景色，与热闹的捕鱼操作有机地结合起来，使人耳目一新。

首句将一江碧水和两岸青山比作一幅彩画，非常大气，可谓匠心独运。漓江山水早已闻名遐迩，"百里江流千幅画，漓江山水甲天下"，漓江是中国锦绣河山的一颗明珠，是桂林风光的精华，也是桂林风光的精髓。江水宛转在水中穿插，将不同远近的山体间隔开来，而碧水如镜的江面倒映着山体，又将其连接起来，寓于清、秀、奇于一幅彩画中。

仅仅是一幅彩画，那是不足以表达诗作者内心的情怀，只有"一江歌"才足以说明场面的热闹。首句与第二句的描写浑然一体，自然生动。在我国南方，有山必有水，有水必有山，山水相依，水绕山环，青山倒映在平静的江中，说不出的清秀，诉不尽的柔情。欢快的笑声和嘹亮的歌声在江上回荡，置身其中，自己不觉变成了画中的一笔，变成了快乐的精灵。兴奋的情绪，使人难以知晓带来这满江欢乐的原因，于是，向旁边游人打听，大家到底为什么这么高兴。

三、四两句，是被打听的游人所做的回答。他把满江欢乐的原因，归结为渔民不断钓上鱼来，渔业获得丰收。这说明漓江不仅有美丽的自然风光，而且蕴藏着丰富的物产。其深一层的含义是，自然美景值得称赞，辛勤劳动更值得称赞。有关资料显示，1984年，桂林市水产研究所对漓江渔业资源进行调查，结果显示：漓江发现有淡水鱼144种。江河中常见的鱼类有光倒刺鲃、刺鳅、鳑鲏鱼、胡子鲶和南方白甲鱼等。此外，还发现了漓江水域特有的长鳍鲤和桂林菠萝鱼。长鳍鲤是鲤鱼的一个品种，鳍条比较长，具有较高的观赏价值，身兼经济性与观赏性两种优势。该所在《桂林市渔业资源初查总结报告》上记载：1978年后，漓江渔业生产得到迅速恢复和发展；1980年，年产成鱼量约470吨；3年后，成鱼产量约1260吨，达到当时的历史最高量。

如果说全诗就像几个电影镜头组成，江水清清、歌声阵阵等，那么江上竹筏垂钓是特写，通过一系列画面表现出对祖国河山的赞美，对辛勤劳动的讴歌，同时诗作者快乐的心情也洋溢纸上。这首诗笔触始终围绕着江上眼前的所见所闻，充满浓郁的生活气息，风格自然清新，情调健康朴实，从中可见诗作者提取题材的不凡功力。

（二）叠彩山风洞瞻马相伯先生像[1]

霞辉东照貌弥[2]坚，复旦光华[3]总有天。
兴学毁家[4]因澹泊[5]，清香一阵散人间。

【注解】

（1）马相伯（1840.4.17—1939.11.4），祖籍江苏丹阳，生于丹徒，中国著名教育家、复旦大学创始人、震旦大学首任校长、爱国人士、耶稣会神学博士。

（2）弥：更加。

（3）复旦光华：《尚书大传·虞夏传》中"日月光华，旦复旦兮"的名句，意在自强不息，寄托当时中国知识分子自主办学、教育强国的希望。

（4）兴学毁家：马相伯先生立下"捐献家产兴学字据"，将自己的全部家产——松江、青浦等地的三千亩田产，捐赠出来，拟作创办"中西大学堂"的基金。

（5）澹泊：马相伯捐出全部家产去办学，不光是淡泊名利，更多的是不计较财富，看富贵如浮云！

【诗意】

映着旭日东升的霞辉，马相伯先生的像显得更加的坚毅，自强不息教育强国的愿望总会有实现的一天。马相伯先生捐献家产兴办学校，不追求功名利禄，他高尚的品格犹如阵阵清香弥散在人世间。

【欣赏】

　　这首诗带有鲜明的怀念色彩，充满深厚的敬仰之情，风格自然清新，情调简单朴实。读起来很容易懂，但要深刻理解诗作者的寓意，需进一步理解其中的许多典故。

　　叠彩山公园位于桂林城北、漓江西岸，是桂林主要名胜之一。而叠彩山风洞，长20米，最宽约9米，最高5米，呈葫芦状。由于洞体高悬半空，南北对穿，故而一年四季清风徐徐，享誉"叠彩和风"，为桂林八景之一。

　　那么这里与马相伯又有什么关联呢？马相伯为上海震旦学院与复旦大学创始人、著名学者，享有"爱国老人"美誉。抗战时受李宗仁先生之邀，曾在风洞前的景风阁住了一年。1938年11月，应于右任先生之请，欲移居昆明，在赴昆明途中，因病留居越南谅山。1939年11月4日，在谅山病逝，终年100岁。因为他曾经说过在其100岁的时候一定要再爬叠彩山，所以他的弟子把其画像刻在这里，以满足他的心愿，这也是叠彩山叫"长寿山"的原因之一。

　　诗的首句以"霞辉"来衬托马相伯先生的头像，一下就凸显了马相伯先生的高风亮节形象。风洞既是风的世界，又是桂林山水文物宝库，在风洞南口，刻有"爱国老人"的马相伯先生的头像。画像的右边，有两行醒目的题字："心赤貌慈，人瑞人师，形神宛在，坚弥高弥"。"复旦光华"一句高度概括了马相伯先生一生的品行。马相伯是一个虔诚的天主教徒，也是一个伟大的爱国者。办学兴国是他一生的夙愿，也是他一生最精彩的篇章。他在震旦学院的办学宗旨是："崇尚科学，提倡文艺，不谈教理"，特别强调学校的独立性和学术的自由精神，表现出作为一个中国人的坚毅卓绝的气概，也表现了他教育救国的信念和责任感。诗的第三句颂扬了马相伯先生捐献家产兴办学校，不追求功名利禄的高尚品格。

　　1900年，60岁的马相伯弃政回沪，决定毁家兴学。他立下"捐献家产兴学字据"，遂将自己的全部家产——松江、青浦等地的三千亩田产捐赠天主教江南司教收管，拟作创办"中西大学堂"的基金。后又以"中西大学堂"的理念，创办震旦大学院，自任校长。马先生自花甲之年起，竭尽财力和心志，在动荡不安的年代，在中国这块教育贫瘠的土地上创建和参建了三所现代意义上的大学,同时创办或参办了函夏考文苑、培根女校、启明女中等多所学校,其间还代理过北京大学校长。马相伯先生作为中国近代以来爱国教育家,无人能及,所以诗作者最后一句"清香一阵散人间"来表达了对马相伯先生的敬仰之情。

(三) 独秀峰[1]

王城[2] 岂敢锁东风?天柱[3] 舒柯[4] 碧雾蒙。

拾级[5] 登高惊独秀,书声漾入鹊歌中。

【注解】

(1) 独秀峰:独秀峰位于市中心的靖江王城内,孤峰突起,陡峭高峻,气势雄伟,素有"南天一柱"之称。山东麓有南朝刘宋时文学家颜延元读书岩,为桂林最古老的名人胜迹。颜曾写下"未若独秀者,峨峨郛吧间"的佳句,独秀峰因此得名。

(2) 王城:位于市中心的独秀峰下,是明代靖江王府,宋代时这里是铁牛寺,元代改为大国寺,后又称万寿殿。明太祖朱元璋封其重孙朱守谦为靖江王,此处是藩邸。朱靖江王府守谦在明洪武五年(公元1372年)开始建府,历时20年才完工。现王城尚完好,还有承运门、承运殿的台基、石栏和云阶玉陛供人游览。现广西师范大学王城校区就坐落于此。

(3) 天柱:指独秀峰犹如天柱矗立。

(4) 舒柯:舒,舒展;柯,草木的枝茎。

(5) 拾级:逐级登阶。

【诗意】

独秀峰下的王城怎么敢封住东方刮来的风?独秀峰犹如天柱矗立,花草舒展树木茂盛,烟雾弥漫。逐级台阶地向上登高,不禁惊叹山峰的独特与秀丽,琅琅书声和鸟鹊欢歌相互荡漾应和。

【欣赏】

独秀峰位于桂林王城内,是王城景区不可分割的部分。最早的"桂林山水甲天下"的诗句就刻在独秀峰上。八百年来一直视"桂林山水甲天下"为点评桂林山水景色的不朽名句。独秀峰与桂林著名的叠彩山、伏波山三足鼎立,是桂林主要山峰之一,独秀山体扁圆,东西宽,端庄雄伟,南北窄,奇峭俊秀,有"南天一柱"之誉。

古今留下了许多关于"独秀峰"的名篇佳作，如唐代张固诗谓"孤峰不与众山侔，直上青云势未休"；宋代词人陈岩"一山复出众山中，日照烟浮紫翠浓。山不争高人共仰，几多丘垤俨相从"；清代袁枚"来龙去脉绝无有，突然一峰插南斗。桂林山水奇八九，独秀峰尤冠其首。三百六级登其巅，一城烟水来眼前。青山尚且直如弦，人生孤立何伤焉？"这些诗作，或豪迈感慨，或托物言志，或淡泊名利，均表达了自己的情思。

本诗作者却有自己的匠心独运之处，先从远处描写独秀峰，"王城岂敢锁东风"一句将独秀峰置于王城的比较境地中进行衬托，王城本来就是一个景点，以景点作衬托真的妙不可言，而更妙的是以风做铺垫，此处的"锁"字用得非常精准。接着再描写独秀峰的高峻笔直和草木奇景，然后拾级而上，俯视天下，惊其奇特，用空灵笔法淡描独秀峰，不仅情景交融，而且时空切换自然，意境深远而又不晦涩，犹如信手拈来，读之如若行云流水。可以说全诗就像几个电影镜头组成：王城、东风、草木、烟雾、台阶等。通过一系列画面表现后，才出了点睛之笔："书声漾入鹊歌中"。朗朗书声带入了人文的气息，使人自然联想到广西师范大学王城校区就坐落于此。将琅琅书声和鸟鹊欢歌相互荡漾应和作为诗的结尾，不仅气韵一体收束有力，而且体现了人与自然的和谐之感。全篇起、承、转、合自然流畅，没有一丝斧凿痕迹。

（四）西山石雕

阳春[1]怪石色如秋[2]，古佛[3]摩崖[4]笑伴愁。

欲诉无声凭雨涤[5]，香烟已断客还游。

【注解】

（1）阳春：指的是阴历的三月，形容天气温暖的意思。

（2）色如秋：与秋时相应的颜色。指白色。《太平御览》卷二四引《礼记·月令》"立秋之日……天子居总章左个，乘白骆"。"乘白骆，从秋色也。"

（3）古佛：对先佛或古德之尊称。即指古时之佛、过去七佛，或指辟支佛、释迦、卢舍那佛等，或对有德高僧之尊称。

（4）摩崖：把文字直接书刻在山崖石壁上称摩崖。

（5）涤：冲洗，清除。

第二篇 诗词释义

第七章 诗意与欣赏

【诗意】

虽然是阳春三月，可奇特的西山石雕颜色却如同秋色一样，刻在山崖石壁上的古佛虽面带笑容可实际上是伴着忧愁。想要强烈的诉说可无法道出声来，只有任凭雨水荡涤，烧香祭拜的烟火已经不再有了，但游客还是时常来观摩。

【欣赏】

这是一首七言诗，诗作者以白描手法勾划西山石雕古佛的形象，借以抒发自己的超然脱俗、恬然自得之感。

桂林石雕有着悠久的历史，现保存于西山、叠彩山、伏波山等处的五百余草摩崖佛像，刻工精细，线条流畅，刀法简朴，反映了桂林石雕艺术在唐宋时代就有了相当高的水平。此诗描写的是西山的石雕，头两句即写广西西山石雕艺术所见。虽然是阳春三月，可石雕颜色却如同秋色。"阳春"两字体现着一语双关之意，一是表明时令春暖花开季节；二是与"石色如秋"进行对比。看似以"笑伴愁"来描写古佛石雕的形态，实际却是在描写古佛的心态。古佛的"笑伴愁"，不禁使人追问：古佛笑什么呢？古佛又在愁什么呢？可以这样理解："笑"是形态，"愁"是心态。"笑"与"愁"彼此呼应，"笑"是铺垫的，"愁"才是着重要表达的。诗的第三、四句果然进行了表述：祭拜的香火已经不再，想要的诉说可无法道出声来，只有任凭雨水荡涤。诗作者以其微妙而复杂的体验感受，以形象与洗练之笔把古佛"笑伴愁"意境表现得淋漓尽致。

从艺术上看，这首诗读来很像一则随笔素描的小记，诗作者以朴实的语调，自然的结构，真实自然地反映了古佛"笑伴愁"的感受，再现了西山石雕的刻工精细、线条流畅、刀法简朴的高超工艺，从而形成了一种独特的意境和风格。

（五）伏波山

登临纵目[1]锦成堆，十里长街桂独栽。

水若绮罗[2]山似月，心灵更在景之魁[3]。

【注解】

(1) 纵目：极目远望。

(2) 绮罗：华贵的丝织品或丝绸衣服。

（3）魁：第一，居于首位。

【诗意】

登山临水，放眼远望，到处是锦绣河山，十里长街全部栽着桂花树。水像丝绸一样秀丽，山像月亮一样清幽，景色虽然非常美，但人们的心灵之美更在景色之上。

【欣赏】

这是一首登临伏波山之诗作。伏波山位于桂林市区东北，滨江路北端与凤北路交界处，在叠彩山以南1000米处，与独秀峰相邻。此山孤峰突起，西枕陆地，东临漓江，有遏波伏澜之势，有还珠洞、千佛岩、珊瑚岩、试剑石、听涛阁、半山亭、千人锅及大铁钟等诸胜，集山、水、洞、石、亭、园、文物于一体。

伏波山位于漓江之滨，孤峰雄峙，半枕陆地，半插江潭，遏阻洄澜，故以为名。伏波山又因汉伏波将军马援南征经此，有远珠伏波传闻得名。"登临纵目锦成堆，十里长街桂独栽。"当诗作者登临伏波山，山清水秀，风光奇异，眼前的景色让他无限陶醉，"江山留胜迹，我辈复登临"之感油然而生。"锦成堆"的"堆"用得非常形象，"成堆"是指众多事物聚集在一起，形容数量很多。"独"表示单一，"成堆"与"独栽"形成了鲜明的对比，疏疏密密结合。诗作者抓住了眼前特有的景物，提炼出来，形成对比，既表现出景色秀丽，又烘托了作者对山河之美赞叹。

"水若绮罗山似月"一句，进一步描写山清水秀，用"绮罗"形容水像丝绸，用月比拟山的清幽，这样的描写简单明了，通俗易懂，不过这样比喻在诗词中真的不多见。前三句描绘了景物，富有形象，也饱含了诗作者的激情，但画龙需要点睛，如果没有点睛之笔，那么诗就显得平淡如水了。诗作者当然知道其意，所以最后一句用足了笔墨，"心灵更在景之魁"，景色虽美但还比不上人们的心灵美。就是最后一句使得整首诗显得非常有哲理，"从静悟中得之，故语淡而味终不薄"，这首诗的确有如此情趣。

此诗有三点值得一提：一是写景层层递进，看似语言简单明了，实则含蕴丰富，利用对比的手法让人对景色的理解更加深刻；二是疏密有间，山水的比喻颇有"超妙自得之趣，而不流于寒俭枯瘠"；三是点睛之笔，发掘于自然,而有感于生活,构成悠远深厚的艺术风格,让人余味无穷。

（六）银子岩溶洞

晶莹剔透[1] 石英坡,洁白无瑕[2] 闪烁多。

更有繁灯呈五彩,疑为洞里坠[3] 银河。

【注解】

（1）晶莹剔透：形容器物精致、光亮通明,结构细巧。

（2）洁白无瑕：用来比喻没有缺点或污点。

（3）坠：落,掉下。

【诗意】

银子岩溶洞有一处巨大的石英面斜坡,光亮透明,精巧无比,其洁白无瑕的晶体,在光线的投射下忽明忽暗,变幻莫测。更加上五彩斑斓的人工灯光设计,梦幻般的景观色彩快速转换,令人目不暇接,仿佛以为天上的银河掉落到溶洞里。

【欣赏】

这是一首写景诗。诗作者去桂林旅游时,游览了桂林的山水,探寻了少数民族古寨,穿越了银子岩溶洞,在溶洞中诗兴所致留下了佳作。银子岩位于距桂林85千米的荔浦县马岭镇,距阳朔18千米。银子岩溶洞分为下洞、大厅、上洞三个部分,洞内绚丽、幽美的景点有近30处,奇特的自然景观堪称鬼斧神工,色彩缤纷而且形象各异的钟乳石石柱、石塔、石幔、石瀑,构成了岩溶艺术的万般奇景,被世人美誉为"世界溶洞奇观"。溶洞内最具代表性的景点有"三绝"和"三宝"。"三绝"是雪山飞瀑、音乐石屏和瑶池仙境。"三宝"是佛祖论经、混元珍珠伞和独柱擎天。

诗的前二句"晶莹剔透石英坡,洁白无瑕闪烁多"是实写,描写溶洞的景色。走进银子岩溶洞,首先呈现面前的是一个巨大无比的"荔浦芋头",惟妙惟肖。沿着狭窄的通道往前走,不远处就是溶洞的一绝"雪山飞瀑",置身此景,银光闪闪,雪白晶莹,像石崖上万道流水倾泻而成的一匹银瀑,令人称奇,因此该溶洞名为银子岩溶洞,所以诗作者就用了"洁白无瑕"的比喻来表达心中的赞誉。在中国古代诗歌里,诗人们为了创设意境,特别注意写实,有实必有虚,虚实结合是常用的一种写景手法。在这种手法的运用中,诗作者独出心裁,"以虚托实"而使"境界全出"。诗的后两句"更有繁灯呈五彩，疑为洞里坠银河"，便是诗作者虚实结合的写景手法。"疑为"二字在这里尤为精彩，把溶洞中的景色表现得若隐若现，使得溶洞中晶莹剔透的钟乳石、出水芙蓉的石屏、淋漓光亮的银子岩、美轮美奂的水池、姿态优美石幔等景色更显壮哉美哉的质感。

　　游览桂林的银子岩溶洞，不仅带来了身心愉悦，还开阔了眼界，增长了见识，将"虚实结合"的手法引入到诗歌的创作中，既不用形容词和修饰语，也不用精雕细刻和层层渲染，更不用曲笔或陪衬，而是抓住最突出的一点来描写整体，用准确有力的笔触、明快简洁的语言、朴素平易的文字，干净利落地勾画出事物的形状和色彩等，以表现诗作者对事物的感受，这正是诗作者的高超之处。

二、普陀山忆六题

　　1985年7月　诗作者在普陀山参加全省高校经济理论课暑期备课会，并对普陀山旅游资源进行考察调研，途中见闻多，感触深，写下五首诗，后来发表在《黄金时代》1986年第1期，它们是《七绝·普陀山忆五题》。2019年3月30日，应《当代琼崖文学》微刊提议，在这一组诗中增加一首《磐陀石》，并在该刊发表全部组诗。

　　（一）去海印池[1]　途中

　　　　　　金沙洗浪卷清波，忽有乡音叫表哥。
　　　　　　"小妹凭针寻致富，莲花洋畔绣新荷。"

【注解】

　　海印池：建于明代的普济禅寺内的海印池，池水为山泉所积，清莹如玉，池中荷叶田田，莲花亭亭，景色迷人。

【诗意】

　　行走在海边，海浪荡起清波，冲洗出金色的沙子，忽然听到表妹用故乡的方言欢叫表哥。面对表哥的问候，表妹回答说："小妹依靠手中的针线活寻找发家致富之路，在莲花洋畔的普陀山一带当绣工，用针把彩色的线在绸或布上缝出荷花等漂亮图案和花纹。"

【欣赏】

　　诗作者写的是在普陀山去普济禅寺内海印池的途中，表哥与表妹不期而遇,是对表哥与表妹互相问候、互相了解近况的白描,是真情的流露,读来非常亲切。

"金沙洗浪卷清波,忽有乡音叫表哥"描写的是海边沙滩上,忽然听到用故乡的方言欢叫表哥的声音。古语云人之四大喜事:久旱逢甘雨,他乡遇故知,洞房花烛夜,金榜题名时。一个人在外地旅行,偶然相遇,真是格外快乐,更何况相遇的是表妹。可以想象表哥、表妹一通感慨,世界真是如此之小,而缘分是如此之厚,茫茫人海中能够在这个地方遇到,真是太让人高兴了。诗作者没有直接描写这种相遇的快乐之情,而直接采用诗歌对话式的方式来表达。

诗歌对话式表达有三种:一是一问一答,那是有问有答;二是只问不答,只有问句没有回答,回答的内容请自己思考;三是隐去了问句,只有对问题的回答,问什么请自己思考。此诗采用了第三种方式,诗歌没有问句,但有回答。诗歌中表哥的问题是什么,诗作者没有表达,直接用了表妹的回答。表妹的回答包含着两层含义:一是"凭针致富",表示绣花赚钱;二是"绣新荷",表示对美好生活的向往。妇女们在绣荷包的过程中,把对美好生活的憧憬或对爱情的向往倾注在一针一线上。一边绣花,一边轻轻吟唱,倾注着对生活的美好愿望,许多民歌就是采用绣荷包这个题材的。另外,普陀山附近海域叫作莲花洋,而绣品是荷花,地点与绣品名称同义,更显韵味深长。全诗文字简单,情趣别致,言真语挚,至性至诚,反映出诗作者巧妙的艺术构思。

(二) 潮音洞

惊涛踹[1] 壁谷门开,虎啸龙吟[2] 闯进来。

灭寇于斯明勒石[3],琉璃国[4] 里忆风雷。

【注解】

(1) 踹:用脚猛踢。

(2) 虎啸龙吟:像虎在啸,龙在鸣。比喻相关的事物互相感应。

(3) 潮音洞旁石壁,上镌:"明嘉靖癸丑季秋,副使李文进,参将俞大猷,都使刘恩至,督兵灭倭于此。"勒石是指把记功文字刻在石上。亦指建立功勋。

(4) 琉璃国是个神秘的国家,没有国土、没有国民,但存在世界的中心。有一支护国侍卫队，相传他们只听从琉璃国龙珏的传人，他们无影无踪，在最需要时出现，代表着正义。

【诗意】

汹涌的浪涛拍打着陡峭的山崖，潮音洞谷门被踹开，潮水像虎啸又像龙鸣奔腾闯入洞口。歼灭侵略者的功勋刻记在这里的石壁上，使人不禁回忆起当时那支神秘的雷厉风行军队。

【欣赏】

这是一首以潮音洞为题材的诗，潮音洞口朝大海，呈张口状。日夜为海浪所击拍，潮水奔腾入洞口，势如飞龙，声若雷鸣，故名潮音洞。如果是涨潮的时候，仿佛像蛟龙在足下奔腾，险怪百出；如果遇到大风天气，浪花飞溅，浪沫直冲"天窗"之上；如果是晴天，洞内七彩虹霓幻现，叹为奇观。

潮音洞位于普陀山岛东南紫竹林庵前，龙湾之麓，不肯去观音院下入海处。洞半浸海中，纵深30米左右，崖至洞底深约10余米，洞内怪石交错，犬齿森然，不可容足。此处海岸曲折往复，巉岩峭壁，怪石层层叠叠。洞底通海，顶有两处缝隙，称为天窗。历代到潮音洞的游人，往往被这里的奇景所触发，心中充满诗情，一发而后快，留下了许多宝贵的诗篇。如明代卢远选吟咏潮音洞的诗句："灵窍何年著化工，嶙峋倒插云水中。浪花漂瀑晴飞雪，海月浮光夜现虹。"明代诗人汪学信游此，赋诗云："山根盘结水萦回，大士当年说法台。礁滑平波翻雪浪，岩悬白日起风雷。"丹阳丁鸿阳诗云："卷雪春云自古今，澎湃洞口澹禅心。听来悟入无生处，始信潮音即梵音。"诗篇很有气派也非常精彩，不过内容大多都是着眼于潮音洞而赋诗的。

那么本篇诗作的构思巧妙之处在哪里呢？妙在写景只是铺垫，歌颂正义才是主题。"惊涛踹壁谷门开，虎啸龙吟闯进来"两句，从内容方面看，诗作者描写潮音洞如犬牙交错，海潮撞击，声若惊雷，来泻飞瀑，惊心动魂。"踹"与"闯"二字的使用非常形象，运用了拟人化的手法，"踹"是用脚猛踢；"闯"是突然直入。从结构方面看，这两句起着承上启下的作用，诗作者重笔描写歌颂正义，所写内容由前两句的写景过渡到后两句颂扬正义的主题上。"灭寇于斯明勒石"一句是有出处的，在潮音洞旁石

第二篇 诗词释义
第七章 诗意与欣赏

壁镌刻着:"明嘉靖癸丑季秋,副使李文进,参将俞大猷,都使刘恩至,督兵灭倭于此。"嘉靖癸丑即明世宗嘉靖三十二年是公元1553年,季秋为九月,距今已有460年,这是明军在普陀山一举歼灭来犯倭寇的历史记录。值得在石壁镌刻的功勋,那肯定是值得颂扬的。最后一句"琉璃国里忆风雷",使人充满了遐想,传说中的琉璃国是个神秘的国家,没有国土、没有国民,但存在世界的中心,他们的护国侍卫队,来去无影无踪,但会在最需要的时候出现。自古至今,正义之师都是值得颂扬的,最后两句才是诗作者在前两句中浓墨写景的真正意图所在。

诗作者把潮音洞见到的惊涛骇浪的景象,与潮音洞旁石壁镌刻组合到一起,显得壮观而有新意。以惊涛、谷门、虎啸、龙吟、勒石为特征,构成一幅"灭寇征战图"。这里表面上似乎只是写了自然景象,但实际上是对正义之师的敬仰与颂扬。最后用了充满遐想的典故,很容易使人的思绪达到了一种更为广远、沉静的境界,从而融入更深远的意境之中,这就是本篇诗歌的独到之处。

(三) 梵音洞

海天一色碧遥遥,佛宇[1] 摩崖[2] 看涌潮。
脚下深沟穿骇浪[3],千僧讽诵响凌霄[4]。

【注解】

(1) 佛宇:佛寺。

(2) 摩崖:把文字直接书刻在山崖石壁上称"摩崖"。

(3) 骇浪:骇的意思是惊吓令人害怕。骇浪是指令人惊惧的大波浪。

(4) 凌霄:这里是指凌霄宝殿,传说是进入南天门之后的第一殿。凌霄宝殿天庭宝殿之首,为玉帝面见朝臣的地方。

【诗意】

辽阔大海和蔚蓝的天空交融成一体,交融所形成的青绿的颜色一直向远方延伸,站在佛寺摩崖刻石边,观看潮水猛涨暴跌。脚下的深沟,令人惊惧的大波浪不停地穿梭,众多僧人高声读诵经文响彻凌霄宝殿。

【欣赏】

这首以"梵音洞"为题的诗,读来颇似一则随笔素描的游历小记:那无边无际的海天一色,风雨变幻的佛宇摩崖,不停穿梭的惊涛骇浪,千僧讽诵的宏大场景，经诗作者娓娓叙来，历历如画，使读者觉得如亲眼所见，平凡而又亲切。诗作者以记叙的语调，自然的结构，真实自然地表现出自己内心的感受，形成了一种独到的意境和风格。

梵音洞位于普陀山青鼓磊与潮音洞东南，为佛教信徒膜拜观音菩萨现身之名洞。洞口峭壁危峻，高约百米，其色青黝。两壁险峻如削，相合如门。崖前数丈架石台，台下屈曲通海，潮水激荡，如虎啸龙吟，听者悚然，即为"梵音"。诗中"海天一色碧遥遥"的"碧"将海天交融表现得非常形象，给人以经营锤炼的感觉，而"佛宇摩崖看涌潮"的"看"更像是脱口而出，即使是开头的苦心经营，看来也不是为了刻意追求强列刺激，而是为了让后面发展得更自然一些，减少文字上的用力。摩崖石刻，有广义和狭义之分，广义的摩崖石刻是指人们在天然的石壁上摩刻的所有内容，包括各类文字石刻、石刻造像，岩画也可归入摩崖石刻。狭义的摩崖石刻则专指文字石刻，即利用天然的石壁刻文记事。本诗中的"摩崖"如同"佛宇"一样，只是一个画面的镜头而已。诗作者这种流畅结构和干练笔墨的表达技巧，在这里得以充分的展示。前两句着重在视觉的描写，后两句既有视觉的描写，又有听觉的渲染。

梵音洞与潮音洞南北相对，它与潮音洞各俱特色，合称为"两洞潮音"。梵音洞高约60米，纵深约50米，峭壁危峻，两边悬崖构成一门，常为惊涛拍崖，潮声撼洞，昼夜轰响，宛如擂鼓，故又称"惊鼓擂"。梵音洞的磅礴气势和陡峭危壁，这是它所特有的。所以当诗作者俯视脚下时，觉得不停穿梭的巨大波浪令人惊惧。最后一句写众僧读诵经文，似乎不是在写梵音洞，但实际上是貌离神合。其一"梵音洞"与"佛宇"是浑然一体的景色。相传明崇祯二年，开山祖师寂住大师当时身为镇海寺住持，特修建梵音洞作为他退隐修炼的地方。梵音洞建成后，曾六度毁建。清康熙二十五年，孙普福法师及其徒博文，重修梵音洞。康熙三十八年，御书"梵音洞"匾额赐挂，其名称沿袭至今。据《清释性统梵音洞建阁记》载，康熙五十五年，有大信士甘国璧，字立轩，奉天正蓝旗人，在他出任滇抚时，倡议"于梵音洞石梁上建一阁，上供菩萨，下为朝洞人士礼拜之地"。凡欲观览梵音洞者，先要从崖顶迂回顺着石阶而下，然后来到观佛阁。由此可见，"梵音洞"与"佛宇"是浑然一体的。另外，海涛声与"千僧讽诵"声形成了和弦上的共鸣。让人想象：浪涛声与响彻凌霄宝殿的读诵经文声交织在一起的情景，形成了一种非常独特的视听效果。

诗作者写这首诗是有所感才下笔的。诗兴到时，诗作者也没有刻意于去深深挖掘，只是用淡淡的笔调，生动地把它表现出来。那种不过分冲动的感情和浑然而就的笔触，使得诗的结构更加完整、诗的画面更多彩，海、天、佛宇、摩崖、骇浪、千僧等组合在一起，构成了一个深远清峭的意境。

（四）普陀鹅耳枥[1]

分桠直角[2] 展骈[3] 枝，花季雌雄不等时。

误入深山荆蔽首[4]，昂然[5] 上举夺英姿[6]。

【注解】

（1）普陀鹅耳枥：落叶乔木，雌雄同株，雄花序短于雌花序。雄、雌花于4月上旬开放，果实于9月底10月初成熟。具有耐阴、耐旱、抗风等特性。为中国特有珍稀植物，现仅存一株，是国家一级保护的濒危树种。

（2）分桠直角：桠，成叉状的树枝。普陀鹅耳枥枝桠骈出双分，并作90°转向，极有规律，雌花、雄花不同时开放，世上罕见。

（3）骈：本义"两马并驾"，引申含义为成双成对和聚集等。

（4）荆蔽首：荆，落叶灌木；蔽，遮挡。

（5）昂然：高傲的样子。

（6）英姿：英俊的风姿。

【诗意】

普陀鹅耳枥的树枝成90°转向，成双成对地向外舒展，虽然雌雄同株，但雄花序短于雌花序，雌花与雄花不同时开放。如果误入深山其他的灌木遮挡它的头，那么它肯定高傲向上挺起，争先展示英俊的风姿。

【欣赏】

在诗作者的所有诗词中，直接写花草的很少见，写树的也仅仅是一二篇，诗的内容是直接以"普陀鹅耳枥"树为题，描写普陀鹅耳枥树的特征，赞扬其优秀品格。这是一首很好的咏物诗，借咏物寓抒情，赞扬之词，溢于言表。

首句直接白描普陀鹅耳枥树的形态。树枝成90°转向，成双成对的向外舒展实属罕见。"海天佛国"普陀山，不仅以众多的古刹闻名于世，而且是古树名木的荟萃地。在普陀山慧济寺西侧的山坡上生长着的鹅耳枥，十分罕见。这种树木在整个地球上只生长在普陀山，而且目前只剩下一株，可以想象它该是多么珍贵！

第二句"花季雌雄不等时"是白描普陀鹅耳枥树的特征。雌雄花相遇机会少，两者的花期相差10~15天，极难相互受粉，所以在野生状态下一直没有繁衍。同时果壳坚硬，种子很难萌发。普陀鹅耳枥开花结实之季，正是我国南方遭遇到强大台风袭击的时候。恶劣的气候使得种子无法正常繁殖。上述多个原因共同导致了该树种失去天然繁殖能力，原有植株逐渐减少，处于濒临灭绝的境地。遗存的这株普陀鹅耳枥树高约14米，胸径0.6米，树皮灰色，叶大呈暗绿色，树冠微偏，它虽度过许多大大小小的风雨寒暑，历尽沧桑，却依然枝繁叶茂，挺拔秀丽。这就理解了诗作者由衷地花笔墨去赞赏它的理由。

诗作者很善于构思。七言绝句篇幅短小，要做到情韵悠长，意境深邃，除了讲究炼字琢句外，更重要的在于构思的巧妙。三、四句跳出了普陀鹅耳枥树的形态和特征，颂扬普陀鹅耳枥树高傲挺起，展示英俊的品质。这里用了一个假设，假设普陀鹅耳枥树长在深山中，被其他树木遮挡，它照样不屈不饶，高傲向上挺起，争先展示英俊的风姿。这种赞美与其说在咏物，还不如说在喻己。完全能够体会到诗中负载着诗作者积极向上的情感体验，"昂然上举"成为一种积极奋进情感符号。

"饥者歌其食，劳者歌其事。"咏物诗所借的物或有相同，所咏之情未必尽同。这首诗从鹅耳枥树的形态、特征切入，然后再假设入虚，构思布局相当新颖巧妙。诗作者的笔触又轻快洒脱，对景物不做琐碎的描写，不敷设明艳鲜丽的色彩，从而创造出空灵自然、蕴藉不觉、积极向上的境界。

(五) 上梅岑峰

众生[1] 法界[2] 脱凡尘[3]，巨石镂心试假真[4]。

圣帝无暇听赘述[5]，单迎世上有心人。

【注解】

（1）众生：佛教用语。佛教中指有生命的东西，有时专指人和动物。

（2）法界：佛教术语。法泛指宇宙万有一切事物，包括世出世间法，通常释为"轨持"。界，含有种族、分齐的意思，即分门别类的不同事物各守其不同的界限。

（3）凡尘：佛教、道教或神话故事中指人世间。

（4）巨石镌心：是指普陀的心字石，坐落在西天门下方，广约 300 余平方米，圆浑平滑，中镌刻一巨大的"心"字，此字长 5 米、宽 7 米，"心"字中心的一点可容八九人同坐，整个字可容近百人打坐，为普陀山最大的石刻文字。

（5）赘述：重复累赘的叙述。

【诗意】

一切有生命的东西都希望在法界中超脱现实世界，所以圣帝在巨大的石头上刻了"心"字以试真心还是假意。圣帝没有空闲时间去听重复累赘的叙述，只迎候普度现实中真心修善的人。

【欣赏】

诗作者在写作方式上擅长以景喻情，情景交融。在这首《上梅岑峰》诗中，诗作者运用最简练的技巧，于这情境之外又扩大出一个更为广阔的视野，在最平实无华的主题之中，凝练出对眼前景物深深的思考。

此诗为诗作者游历普陀山时所写。普陀山位于舟山群岛东南部，与五台山、峨眉山、九华山并称为中国四大佛教名山，有"海天佛国"之誉。在这里，许多景色都打上佛教的烙印，眼前的景色自然促使诗作者到佛教中去寻求悟道。诗作者是个乐观主义者，能够从平淡的情景中找出积极有益的顿悟。

首句"众生法界脱凡尘"运用佛教的术语，描写万物寻求一种超越尘世与追求宁静的闲适佳境。第二句"巨石镌心试假真"的"巨石镌心"，指的是普陀的"心"字石，据传观世音菩萨曾在此石上讲说"心经"。佛家以修心为上，游人到普陀山，都喜欢到心字石，有的绕着心字环行，有的坐在心字中摄影留念，以示意对佛的诚心。这里有个典故，心字石右上方约 5 米处的峪谷间，有一石向外伸展，隐现于草莽荆棘之间，其状非常像蛇头，距此石不远处的西天门西侧又有一石头，形似蛤蟆，翘首向蛇，坦然自若。传说有一条蟒蛇梦想成善，经过观音菩萨指点而得道，观音菩萨为了测试它，在蛇背上放上一只蛤蟆，以试真心，可那蟒蛇寂然不动，丝毫没有伤害蛤蟆之意，这便是"佛试蛇心"故事的由来。所以诗作者用了"试假真"三字可以说是妙笔点题，耐人寻味。

三句、四句的意思是"圣帝没有空闲时间去听重复累赘的叙述，只迎候普度现实中真心修善的人"。这里有两层意思，一是圣帝面前，不容空谈理论；二是只有真心向善才会有真果。这是诗作者对佛教的精义有深刻的领会，是积极人生观的表现。

梅岑峰是普陀山南端的最高峰，这峰名源于西汉人梅福。梅福字子真，少学于京城长安，为南昌太尉。后来他放弃官位，去官归里，晚年时又千里迢迢来到这东海之滨的普陀山专事修道炼丹，这里便留下了梅岑峰的名字。极目远眺，苍茫海天，帆影点点，碧波涟涟；俯视脚下，峰峦起伏，苍松翠柏、梅疏竹密，层层叠叠，这里的景色让每一个人流连。当然现代人已经绝对不会效法梅福来这里去做"得道成仙"的美梦了，但是，这梅岑峰的景色却抒发了诗作者顿悟的灵感。诗中超尘脱俗而又追求事理、情趣浓郁而又怡然自适、借景言情而又蕴含禅味的心境，还是给读者留下深刻印象。

（六）磐陀石

娲皇[1] 举手补苍天，失落岩砂聚海边。

累月经年成两石，观音[2] 说法到跟前。

【注解】

（1）娲皇：即女娲，又称女娲氏或女希氏，是华胥氏之女，伏羲的妹妹兼妻子。根据神话记载，女娲人首蛇身。她的主要功绩是抟土造人，以及炼石补天，其他功绩包括发明笙簧、规矩，以及创设婚姻。后人将她作为人类始祖和婚姻之神来崇拜。

（2）观音：也称观世音，是"南无大慈大悲救苦救难广大灵感观世音菩萨摩诃萨"的简称，又称南无观世大慈大悲观世音。

【词意】

相传远古时代，天塌地陷，世界陷入巨大灾难，女娲不忍生灵受灾，于是炼五色石补好天空，万物生灵始得以安居，女娲补天时所用的五色沙石散落普陀山海边。月复一月，年复一年，散落的沙石凝练成两块巨大的磐陀石。此后不久，大慈大悲救苦救难观音菩萨来到磐陀石前说法讲经。

【赏析】

这是一首以想象来描述眼前景色的诗，诗作者以飞越的神思结构全诗。诗作者的想象不受时空限制，犹如天马行空，诗中所描绘的女娲补天、观音说法，正是诗作者所向往追求的美好的画面。这里似乎可以用"思接千载，视通万里"来概括诗作者落笔时的心情。

这首诗是诗作者游普陀山观看磐陀石有感而发的作品。磐陀石险如滚卵，顶端却安稳如磐，可容30人在上游玩嬉戏。石上凿有石阶，可缘梯而上到石顶。石上由明万历年间抗倭将军侯继高题写的"磐陀石"三个笔力遒健、势如飞天的大字，最令人惊奇的是"石"字上多了一点，据说侯将军题字时，大石左右摆动，摇摇欲坠，于是他在石字上加了一点，磐陀石便稳稳当当地固定住了。诗的前二句"娲皇举手补苍天，失落岩砂聚海边"就运用了想象的艺术手法，既写天上，又写海边，吸引着读者的视线急速从天上转到人间，为下面具体描绘"磐陀石"的成因做好铺垫。诗的后两句"累月经年成两石，观音说法到跟前"是继续运用想象的手法给人以强烈的画面感。观音说法只是一个传说，诗作者凭借构想出的"传说"与客观存在的磐陀石融合在一起，使画面显得更加形象与真切。

古往今来，以磐陀石为题的诗词很多，如清曹寅《雨夕偶怀同皋僧走笔得二十韵却寄》："千秋磐陀石，潮汐应胸胱"等，大多都是写实为主，而诗作者的这首诗从头至尾均运用想象手法，对磐陀石的成因、观音说法等进行了形象化的演绎，确实给读者以不同寻常的感觉。

三、武义山村调查纪行六题

1986年4月　诗作者在武义参加"山区经济转型研究"课题组调研活动时，汽车常在山路上行驶，沟深坡陡，弯多道险，崎岖不平，有时还会遇到抛锚。特别是到一些不通公路的小山村，往往要在羊肠小道上走一两个小时。不过，一路群峰迭翠，青山绿水，风光优美。晚上住在农民家里，喝着农家自酿的米酒，品尝着鲜菇嫩笋，旅途颠簸的劳累悄悄消失。

诗作者兴奋之余提笔作诗五首，发表在《黄金时代》1986年第3期。这些诗的总称是《七绝·武义山村调查纪行五题》。2019年1月23日，应《当代琼崖文学》微刊提议，在该组诗中增加一首《到俞源》，并在该刊发表全部组诗。

（一）抛锚

轮生四角[1] 路难行，锁眼愁眉[2] 旅客惊。

猛见一人挥巧笔，三张速写立时[3] 成。

【注解】

（1）轮生四角：表示汽车轮胎漏气而停止行驶。

（2）锁眼愁眉：锁，紧皱。愁得紧皱眉头，眯起双眼。形容非常苦恼的样子。

（3）立时：马上，即刻的意思。

【诗意】

汽车因轮胎漏气而停止行驶，旅客受到了惊吓，愁得紧皱眉头。突然看见一个人挥动着手中的画笔，一会儿就完成了三张速写。

【欣赏】

这是一首七言诗，诗的内容主要叙述诗作者在武义参加"山区经济转型研究"课题组调研活动时，汽车在山路上行驶，偶然遇到汽车轮胎漏气而抛锚的一个场景。

这首诗汲取了快速摄影的特点，虽然所经所见所闻所感很多，但摄入镜头的却只有一个场景，诗作者运用巧妙的手法对画面进行了严格的选择，对主题进行了精心的提炼。从诗的前两句中可以看出诗作者所摄的是最能体现平常生活的那些镜头。

清人吴乔在《围炉诗话》中曾说："意思，犹五谷也。文，则炊而为饭；诗，则酿而为酒也。"好的诗应当像醇酒，读后能令人回味，这首诗颇有令人回味之处。乘车遇到抛锚本不是一件令人愉快的事，也是平常的事，没有诗歌的意境值得写的，可诗作者妙在平常中开拓出诗的意境。而这种诗的意境，又主要通过另外一个的摄影画面体现出来。这个画面是：一个人挥动着手中的画笔，一会儿就完成了三张速写。三张速写画的内容什么呢？诗作者没有交代，自然让人遐想，显然是这里的美景使得挥笔者忘记了乘车遇到抛锚不愉快,利用这短暂的空隙,记录眼前绚烂的景色。

诗作者所摄影画面中,虽然是乘车遇到抛锚,但透出了和平与恬静的气氛,还是让人去想象、去意会、去思而得之。挥笔者"三张速写立时成"这是明着表达的,而诗作者"一首小诗霎时就"这是暗中隐藏着的,可以想象:汽车抛锚了,有人"锁眼愁眉"、有人"速写"、有人"写诗"。写诗的正是诗作者本人,当体会到这些,诗的韵致、"酒"的醇味,也就蕴含其中了。

这首诗通过形象的摄影画面来开拓诗境,巧妙地将"汽车抛锚"与"挥笔速写"这两种质感截然不同的两幅画面相融在一起,让两种别样的情趣得以自然和谐的结合,并迸发出诗所蕴含的和谐之美,营造出诗的意境,着力调动了读者的想象力,去玩味那画面以外的东西,并从中获得一种美的感受,这就是这首诗的独到之处。

(二) 问路

前坡后岭少人家(1),远望青峰托(2)晚霞。

笑问樵人(3)投宿处,八冈过后满山茶。

【注解】

(1) 人家:这里是指民家、民宅。

(2) 托:用手掌或其他东西向上承受物体。

(3) 樵人:打柴的人。

【诗意】

山坡的前面与山坡的后边,很少有村庄,远远看去深绿色的山峰托起傍晚的彩霞。微笑着向打柴的人问询投宿的地方,告知过了八冈之后到处都是茶园,便是旅程目的地。

【欣赏】

这首诗主要是诗作者在武义山村调查的途中见闻,写出了清新、幽静、恬淡、优美的武义山中春季的黄昏美景。

起首两句"前坡后岭少人家"意在咏叹武义山的宏伟壮大。"少人家"的"少"体现了武义山的深远,"远望青峰"也表达了武义山之高远。短短两句写出了诗作者身在武义山区山中之所见,铺叙青山与云气变幻,移步变形,极富含孕。以一"托"字凸显"晚霞",交代了时间,写出了景色。这两句诗动静结合,相辅相成,相得益彰。青山是静态的,晚霞是动态的。在静态与动态之间用了一个"托"字,真的是妙不可言,颇有因景生情之韵。

接下来,诗作者由写景转为写人,在这幅山水画作之中,武义山的自然美和村民们的生活美是水乳交融的。第三句"笑问樵人投宿处"出现"樵人",从"少人家"的大山里欣然发现"樵人"的情景,不难想见。既有"樵人",自然就知道了必然有"投宿处",并且"投宿处"不会太遥远,因而问何处可以投宿。"樵人"的答话很有艺术:"八冈过后满山茶"。这句诗让人侧首遥望"投宿处"的情景,诗到这里,戛然而止,给读者留下了思索余地,更增加了诗的韵味。"樵人"颇具艺术的回答,可以说是蕴含丰富,耐人寻味。

诗以"问路"为主题,"青山、晚霞、樵人、茶园"组成了一幅清新自然画面。全诗用词简单明了,只把所见所闻如实道来,娓娓动听,虽然没有一句直接抒情,然而情韵盈然,意境幽美。王国维说过:"一切景语,皆情语也。"诗作者巧妙地运用景语,不但写出风景,给风景抹上感情色彩,而且"樵人"的出现,给读者带来了直觉的美感,"樵人"的回答更有艺术性,因而使得这首诗余韵萦绕,有一种异乎寻常的想象魅力。

(三) 房东

家中米酒似琼浆[1],桌上鲜菇嫩笋香。

"待到来年今日里,五间空屋变鸡场。"

【注解】

琼浆:传说中神仙饮的仙水,代指好酒。

【诗意】

房东家的米酒像琼浆一样的醇美,餐桌上的鲜菇和嫩笋香气四溢。房东还告诉来客,"等到明年的这个时候,现在的五间空房子将变成养鸡场"。

【欣赏】

这首诗写的是诗作者等人住在房东家,房东用农家菜招待他们,以及房东与诗作者的对话的经过。在淳朴自然的武义山村的房东家中,举杯饮酒,闲谈家常,充满了乐趣,抒发了诗作者和房东之间真挚的友情,充满了田园牧歌式的诗情画意,有浓厚的生活气息,全诗清新愉悦,是社会安定祥和、山村人找寻致富之路、安居乐业的真实写照。

"家中米酒似琼浆,桌上鲜菇嫩笋香"两句,像叙家常一样娓娓道来,显得轻松自如,简单而随和。这里既交代了时间,又点名明了地点,并拉开了诗作者与房东聊家常的帷幕。时间是吃饭的时候,地点是房东家。饭酒中畅谈农事,用语平谈无奇,叙事自然流畅,没有渲染的雕琢的痕迹,然而感情真挚,诗意醇厚,有"清水出美蓉,天然去雕饰"的美学情趣。

"待到来年今日里,五间空屋变鸡场"两句,采用没有问句只有回答的方式予以表达。最后两句的房东的"回答"字含义很简单,无非是说房东想把现在的五间空房子变成了养鸡的地方。不过从全诗的情绪看,这谈话一定是愉快的。房东家的环境恬静,餐桌上米酒醇香,农家菜丰盛,房东热情款待,大谈致富的设想等,所有这些都使诗作者产生了共鸣。此时也许诗作者忘却了汽车"抛锚"与途中"问路"的经历,沉浸在农家乐的享受中,并被房东淳朴真挚的友情所同化。在此情此景中,主客之间亲密无间的情意表现得淋漓尽致。

这首诗初看似乎平淡如水,房东热情款待客人这种景象,在山村来说是极为平常的,可平常之事却深深地感染了诗作者,诗作者巧妙得将景、事、情完美地结合在一起,写出了一首具有强烈的艺术感染力诗作。

(四)产业调整

柴山叠叠[1]发春茶,薯[2]地纷纷种苎麻[3]。
果品风传销路阔,挖光劣木[4]树枇杷。

【注解】

(1)叠叠:层层重叠的样子。
(2)薯:薯类植物的总称。
(3)苎麻:多年生宿根性草本植物,是重要的纺织纤维作物。
(4)劣木:品种差的树木。

【诗意】

层层重叠的柴山改造成茶园后,已经长出了春茶;种红薯、马铃薯的土地,接二连三地改种苎麻了。现在,听说各种优质水果市场需求大、销路广阔,于是,又砍掉挖去不能成材的柴草杂木,种上枇杷等优质果树。

【欣赏】

从诗题中就不难看出，这是一首描写当地农村产业调整的诗歌，这显然是诗作者参加"山区经济转型研究"课题组调研活动中的所见所闻，诗中情真意切地反映了诗作者的亲身感受。这首诗反映了20世纪80年代，山区农村实行联产承包制后，出现的产业转型新气象。

首句"柴山叠叠发春茶"，是诗作者赞美把柴山开发成茶园，尽管这是山区产业结构调整的常见现象，但是，要获得成功，还是非常不容易的。本句原是平淡无奇的叙述，但诗作者还是用准确与细腻的语言来描绘，特别是"发"字，一字双关：一是含有开发之意，称赞柴山的成功开发；二是含有致富之意，茶叶贸易兴旺，山区的农民才会发家。

第二句"薯地纷纷种苎麻"的意思也是十分明了，将种红薯、马铃薯的土地改种苎麻。苎麻是重要的纺织纤维作物，改种苎麻可以获得更好的经济效益。"纷纷"一词，显示农民致富心情迫切，山区产业转换进展迅速。

三、四两句的意思也是很容易懂的，就是根据市场供求变化需要，改种名贵果树。

这首诗表明，诗作者在武义山区调查过程中，发现当地经济基础薄弱，产业层次不高，特色产品缺乏，在此条件下，却能取得比较成功的农村产业结构调整，确是值得称赞的事。整首诗诗意明朗而单纯，并没有什么深刻复杂的内容，叙事明净利索，语气真实亲切，感情荡人胸怀。给人最深的印象是诗作者没有刻意去营造诗的意境，也没有用环境去烘托主题，而是着力用诗歌的形式，来表达对事业成功的赞美，诗作者的豁达与才情可见一斑。

（五）山村之晨

鸡鸣[1]过后雾蒙蒙，一阵[2]山歌石径中。
姑嫂采茶携手[3]走，芍花[4]闲立院前红。

【注解】

（1）鸡鸣：十二时辰的第两个时辰，以地支来称其名则为丑时，相当于凌晨一至三时。与四更、四鼓、丁夜相对应。

（2）一阵：表示延续一段时间的事物、现象。

（3）携手：手拉着手。

（4）芍花：是中国栽培最早的一种花卉。位列草本之首，其被人们誉为"花仙"和"花相"，且被列为"六大名花"之一，又被称为"五月花神"，因自古就作为爱情之花，现已被尊为七夕节的代表花卉。

【诗意】

雄鸡啼叫之后天快亮了，而山村还是大雾弥漫之中，一阵山歌从石径上飘来。姑嫂手拉着手走在采茶的路上，而芍花悠闲的开放，红色的芍花使得小院充满吉祥、喜气。

【欣赏】

这是一首赞美山村早晨的咏物诗。表达了诗作者对山村早晨的颂扬，流露出诗作者对农民的真挚情怀。诗中描写了昼夜转接之际山村独特的景致，形成了蓬勃生机的自然审美境界。

诗歌的题目是"山村之晨"，因而处处着落在"晨"和"美"字上。首句"鸡鸣过后雾蒙蒙"，以"鸡鸣"和"晨雾"来表达早晨之美。"闻说鸡鸣见日升"，山村的喧哗开始于鸡鸣，鸡鸣之后，鸟叫、人语、欢笑才会开始，山村会变得喧闹。山村早晨的美是自然和谐的美，清晨的迷雾在山间缭绕，飘飘渺渺，轻盈荡漾，整个山村宛如仙境。这一句着意描绘出鸡鸣和迷雾的动态，从而使得全诗洋溢着山村早春的活力与生机。

第二句诗跟进的是"一阵山歌"，不见人走但听到阵阵歌声，从歌声来描绘山村早春，真是神清气足，悠然不尽。诗作者的浪漫情节在这一句开始展现，以"山歌"飘"石径"的写法，可以说是赞美山村早晨的经典之句。

第三句"姑嫂采茶"体现出时节是早春，漫山遍野的茶树吐露出翠绿的新芽，"手提篮儿将茶采，片片采来片片香"，这是人与自然的和谐，是一个令人向往的情景。"携手走"突出了姑嫂之间的融融亲情，这是人与人之间的和谐，是一个值得倡导的美德。

最后一句"芍花闲立院前红"，诗作者又一次展示了浪漫情节。芍花自古就是中国的爱情之花，现在也被誉为七夕节的代表花卉。情花芍药不仅美丽，而且可以治病，它映照着山区百姓如玉、如芍药一样的品德和性格，勤劳、务实。淡如芍香、柔美如玉，芍花是爱情的旋律。这里的

"红"字用有两个含义；一是红色代表着吉祥、喜气。开放的芍花使得山村的小院充满吉祥与喜气；二是红色是画面中色彩的点缀。因为这一句，使得山村早春的画面充满的色彩，也使得整首诗充满了浓厚的浪漫情感。

全诗的结构，从"鸡鸣"开始到"花红庭院"，一连串山村早春的描写，循序渐进，引人入胜，充满想象与浪漫。在描绘过程中，用字严谨，对仗工整，从听觉着笔，从视觉的收笔，落笔细致，层次清楚，自然贴切，紧扣山村之晨的"美"这一主题。

（六）到俞源[1]

并株古树叫人奇，古屋千间八卦姿[2]。

古井排星如北斗[3]，纵横古巷画迷离[4]。

【注解】

（1）俞源：俞源村，属浙江省金华市武义县，坐落在武义县西南部，距县城20千米。地势自西南向东北缓降，西南部属中低山区，北东部为丘岗与溪谷相间地形。

（2）八卦姿：俞源乡具有国家级保护单位古建筑群的俞源太极星象村，名噪全国。俞源古村落布局奇异，充满神奇。据考证俞源村是明朝开国谋士刘伯温按"天体星象"布局排列设置的村落。

（3）古井排星如北斗：俞源村村口有占地达8公顷的巨型太极图，村中布有"七星塘""七星井"，人文景观与自然景观密切融合是古生态文化的经典遗存。

（4）迷离：迷离是一个汉语词汇，指眯着眼；模糊而难以分辨清楚。出自《乐府诗集·横吹曲辞五·木兰诗》："雄兔脚扑朔，雌兔眼迷离。"

【词意】

村边有棵百年以上的老树以并株合抱形式，从中间分杈长出两种不同树木的枝叶，让人称奇；村中几千间百年以上的老屋，整体布局呈现太极星象图形。村里百年以上的老井，如同北斗星一样排列在恰当位置；村里的百年以上小巷，如画般纵横交错，让人难辨东西。

【赏析】

走进俞源古村落，你就会深深感到江南的大地上，竟然还有一个如此特点的"世外桃源"。武义县俞源村是一个充满神奇色彩的古村落，这个村的太极星象等神秘文化遗存不断被发现,引发了国内外专家极大的兴趣和关注。诗作者游览古村落时,感慨无限信手写下此诗。

　　诗作者运用白描的手法将四句诗描出 4 个景色。诗的第一句写古树。俞源村口有一片保存完好的 600 余年古树林,诗作者在这里只是选取"并株古树"一棵树来观全局,反映出了诗作者用极简单的语言,描摹典型景物的特征。诗的第二句写古屋。据初步统计俞源村古代民居 395 栋 1072 间,构成了 50 多座较为完整的古民居建筑群,占地约 3.4 万平方米。从单体看,许多建筑结构合理、科学,而且大多具有较高的艺术价值。诗作者描写古屋时却采用了渲染的手法,突出"千间"数量,突出形态排列的"八卦姿"。诗的第三句写古井。俞源村口呈巨型太极图,村里布有"七星塘""七星井",人文景观与自然景观密切融合,是古生态文化的经典遗存。在这里诗作者没有描写井是如何的漂亮,也没有描写井水是如何的清净,而是描写井的排列"如北斗"。诗的第四句写古巷。据说俞源的规划是大名鼎鼎的刘伯温所制订,俞源位于典型的山区,平地狭小局促,全村以一条山溪水为水源。刘伯温的规划最主要的工作是将山溪改直为曲,呈阴阳图中的"S"形蜿蜒在村中流过,同时规划相应的巷道,并在村子周围的山坡上大面积植树,这样就能涵养水源,因此在描写"古巷"时以"纵横"与"迷离"加以描绘。

　　白描本是中国画技的一种,一般用墨线粗线条勾勒,不着颜色,移用到文学创作上,即用简练的笔墨,不加烘托,简洁明了地刻画出鲜明生动形象的一种描写手法。诗作者成功应用白描手法,四句诗描出了树、屋、井、巷等 4 个景,而 4 个景色却用一个"古"字去串联,寥寥数语,几笔勾勒,使得俞源古村落画面栩栩如生,有如闻其声、如见其人、如临其境之感,更有江南村舍一股勃勃生机之感,且字里行间读出了诗作者内心深处对俞源古村落的赞美。

四、其他七言绝句诗

（一）磐安海螺山

　　　　弯弓搭箭[1] 向何方？射尽穷根夺小康[2]。
　　　　巧借甘霖[3] 浇旱地,山欢水乐气昂昂[4]。

【注解】

（1）弯弓搭箭：磐安县城溪街成弓箭状，山溪似弓绕城而过，横街如弦，直街像搭在弓弦上的箭。磐安县曾是国家级贫困县，后来通过引进人才、技术和资金，很快走上脱贫致富之路。

（2）小康：指家庭经济情况可以维持中等水平生活。

（3）甘霖：指久旱以后所下的雨。

（4）气昂昂：形容人精神振作、气势威武。

【诗意】

拉开弓把箭搭上去，向何处射出去呢？射掉贫穷根源夺取小康的生活。好像是巧妙得引来水源浇灌旱地，山水欢笑，人们精神抖擞。

【欣赏】

诗作者以考察磐安海螺山为主线，对海螺山的美丽景象和脱贫致富的变换进行了生动描绘。磐安县位于浙江中部，为首批"国家级生态示范区""中国最具魅力生态旅游县"。这里的大盘山脉，既是天台山、括苍山、会稽山、仙霞岭的发脉处，又是钱塘江、瓯江、灵江、曹娥江四大水系的主要发源地之一，素有"群山之祖、诸水之源"之称。

磐安县是一个小山城，山城自然就离不开山，海螺山就是其中的一座。海螺山山岭起伏，林木幽深，溪流密布，环境优美，站在海螺山可俯视整个磐安城。首句"弯弓搭箭向何方"蕴含着二层含义：一是用夸张手法勾勒出了磐安县城溪街的形状，磐安县城溪街成弓箭状，山溪似弓绕城而过，横街如弦，直街像搭在弓弦上的箭，这是直观上夸张的描绘。二是隐喻。诗歌的艺术创作贵在以个别显示一般，古代画论家所谓的"意余于象"就是这个意思。诗作者自然很懂得此中奥妙，说磐安县城溪街的形状像"弯弓搭箭"显然不是简单的比喻，肯定是另有其意的。那么到底隐喻什么呢？诗的下一句做了精彩的回答。从"射尽穷根夺小康"一句中可以领悟到，"弯弓搭箭"的"箭"并不是一般的箭，这个"箭"显然是脱贫致富的好政策。磐安县曾是国家级贫困县，后来通过引进人才、技术和资金，很快走上脱贫致富之路，当读懂了第二句自然也就理解了诗作者隐喻什么。

三、四两句无非是前面两句的延续递进，"巧借甘霖浇旱地"是虚写，不是写实的，不是要表达引来水流浇旱地，而是一种比喻。这样的写法虽有些夸张但愈见真实，真实地反映了人们脱贫致富奔小康后的快乐。山水欢笑、人们精神抖擞是"夺小康"之后"山欢水乐"的传神写照。

整首诗以景着笔，寓心于山城。当诗作者看到山城脱贫致富的变换，愉悦的心绪如山泉般喷涌而出，诗中运用了夸张手法，使得山城展现出一种欢愉的氛围，使得磐安海螺山的意象之美再现于读者的视野中。

（二）聚餐

香鸭紫肉笑秋风，急泻琼浆[1]挚意浓。

隔岸三山[2]旋玉宇[3]，八仙过海[4]各神通。

【注解】

（1）琼浆：传说中神仙饮的仙水，代指好酒。

（2）三山：又称三仙山。古代神话中的三仙山是指"蓬莱、方丈、瀛洲"三座仙山。

（3）玉宇：传说中神仙住的仙宫。

（4）八仙过海：原指八位仙人法力无边，在过东海时铁拐李建议将各自法宝投于水面各自过海，结果八仙各自渡过了东海。现引申为各自拿出自己的本领比赛的意思。

【诗意】

在秋风送爽的时候，桌上摆满了鸭、肉等佳肴，快速举杯大口喝酒，代表着同学之间浓浓的情意。对面隔岸之处，仿佛隐约可见神仙居住的仙山和仙宫，由此联想到各位同学要成为优秀人才，也只有像八仙过海那样各显神通。

【欣赏】

这首聚餐诗有它特殊的感情色调，它表现的是一种充满诗意的相聚。在愉快的相聚中，夹带着诗作者对未来美好的向往，这就使得这次相聚有着无比的诗意。

此诗写作的背景是：1979年10月11日中午，诗作者与留校工作的同届同学王景尧、张先亮、李莹、邹信珠、陈文华、林永康、姚成荣等八位中文系同届同学一起聚餐，大家谈笑风生，富有情趣，于是当场吟诗一首《七绝·聚餐》。诗作者写这首诗的时候，正当年轻快意的时候，所以他眼里的世界，几乎像黄金一般美好。同学的相聚非常愉快，可以想象，这次相聚完全是在浓郁的畅想曲和抒情诗的气氛中进行的。"香鸭紫肉笑秋风"一句中的"笑"就凸显了聚餐时愉悦的氛围，"秋风"表明了聚餐的时间是秋风送爽的美好季节。"急泻琼浆"的"泻"用字很夸张，但不夸张不足以表达当时喝酒的急速，更不足以表达同学之间浓浓的情谊。几杯酒下肚，诗作者胸中无穷的诗意随着"琼浆"荡漾，眼前的"香鸭、紫肉"令人赏心，眼前的"八仙"相聚令人悦目，才情横溢的诗作者情不自禁，举杯赋诗。"隔岸三山旋玉宇"一句是诗作者采用了以移步换景手法，"旋"运用得很空灵与轻巧，好比用电影镜头摄下的一组活动画面，给人以流动感、空间感，使得静止的仙山和仙宫动起来了。最后一句"八仙过海各神通"不单是为了聚餐点题，更是对同学的赞美与祝福，这里的"八仙"同时暗指着眼前的八位同学。

整首诗可看出诗作者风神爽朗之气，才情飘逸之态。金秋季节，同学相聚，佳肴美酒，真是别有一番愉悦在心头，举杯赋诗，含蓄深厚，深深的祝福有如弦外之音，使人难忘。尤其是诗的末句"八仙过海"的暗喻含蓄而富有韵味，耐人咀嚼，达到令人遐想的艺术效果。

（三）聚会

　　　　席无象箸[1] 伴犀杯[2]，共馔[3] 残汤悦色飞。
　　　　不独珍馐[4] 排盛宴[5]，唯求朗月照心扉[6]。

【注解】

（1）象箸：用象牙制作的筷子。

（2）犀杯：用犀牛角制作的杯子。

（3）馔：饮食，吃喝。

（4）珍馐：美味的食物。

（5）盛宴：盛大的宴会的意思。

（6）心扉：心的门扇，指心或思想。这里是指人的内心。

【诗意】

宴席上虽然没有用象牙制作的筷子，也没有用犀牛角制作的杯子，但大家一起分享吃剩的饭菜，脸上洋溢着喜悦之气。不求为了美味的食物举行盛大的宴会，只求朗澈的月光照亮内心世界。

第二篇　诗词释义

第七章　诗意与欣赏

【欣赏】

1979年10月11日晚上，八位中文系同届同学共进中餐余菜，并对如何相互帮助、共同进步展开讨论，诗作者回寝室后写了《七绝·聚会》，后被收入《广润教育·诗歌集萃》等处。可见，这首诗描写诗作者与同学聚餐的情况和聚会后的感慨。

诗的开头，写诗作者与同学相聚时的乐事，概括了他们之间深深的交谊。从"席无象箸伴犀杯，共馔残汤悦色飞"两句中，可以体会到聚会的快乐并非一定要美酒佳肴与"象箸犀杯"，也不一定需要欢聚痛饮、扶醉而归。同学之间和谐融洽的关系才是最重要的，也是最快乐的，哪怕是"共馔残汤"，大家还是喜气洋洋。这两句真正表达了不言喜而喜溢于表，和谐相融之情尽在不言中。

绘画艺术中有"密不通风，疏可走马"之说，诗歌艺术的表现如同绘画，同样也有疏密的问题。如果不是表现的重点，那么就应从略，使之疏朗，如果是表现的重点内容，就应详写，使之细密。只有疏密相间，详略适宜，才能突出诗歌的主体。

这首诗所表现的是很多人的聚会，可写的东西肯定不少，如果把各人的琐事絮絮叨叨堆积一起，或者过分地去表现他们之间的友情，而不注意疏密详略，那肯定是分不清主次轻重，表现不了中心内容了，"聚会"也就不成其为诗了。"不独珍馐排盛宴，唯求朗月照心扉"两句不是写实，都是虚拟的景物，借以抒发诗人的主观感情，表现聚会后的感怀，最后一句给人留下了回味的余地，才是要表达的重点。

在这首诗中，诗作者写同学的相聚、痛饮、欢笑和周围的环境等，用词简单，表现疏朗。其实相聚的时间最长，相聚的空间最宽，相聚的话语最杂，但诗作者只用了疏朗的笔墨，目的是使之起到了铺垫、陪衬的作用。诗作者描写了今日的相聚、痛饮和欢笑，其意是为了突出了同学情笃，体现自己"朗月照心扉"的心迹，这是用笔细密的地方，也是全诗的重点和主体。一天之内写出两首诗，无论是《聚餐》还是《聚会》都能给人留下真切的印象，由此也使人感受到了诗作者的疏密熔裁功夫。

（四）煮汤圆

秋风送爽雁南翔，璧[1]影穿窗照客床。

釜[2]底甜圆腾[3]劲曲："未酬壮志[4]莫思乡！"

【注解】

（1）璧：美玉的通称，这里是指对月亮的美称。

（2）釜：古代的一种锅。

（3）腾：本意指马快速奔跑，现拥有多重词性，这里指翻腾的意思。

（4）未酬壮志：志向没有实现。酬：实现。

【诗意】

秋天的风送来了凉爽，大雁向南飞翔，月亮的影子穿过窗子，照到了供旅客住宿的床上。锅中的甜汤圆不停地上下翻腾，似乎唱着高亢的曲子；如果志向没有实现就不要思念故乡。

【欣赏】

1979年10月5日，诗作者与林永康等五位同窗学友一起欢度中秋佳节，大家自己动手煮糯米汤圆，然后共赏明月。诗作者对此有感，写了《七绝·煮汤圆》，此诗被收入《湖海嘤鸣集》。这首诗不是以奇特取胜，而以朴素自然见长。诗中的情景是写中秋会聚，中秋会聚是很平常的事，所以读起来使人们感觉十分亲切。诗中用白描的手法，典型的场景，层次分明地再现了中秋节煮汤圆的独特一幕，委婉抒发了真挚的至亲情谊和佳节思乡情结。

这首诗艺术地再现了诗作者与学友共度中秋佳节的情景。在诗作者以人生聚散为题材的诗词中，这首诗是特别精彩的。"秋风送爽雁南翔"是用粗略的笔墨勾勒出当时的时令和景色，秋风送爽，丹桂飘香，大雁南飞，这是一个如诗如画的季节。此刻有许多学友相聚，又逢中秋佳节，"海上生明月，天涯共此时"，每个人都会自然而然衍生出难以收留的思绪。"璧影穿窗照客床"，月亮的影子穿过窗子照到了床上，中秋之夜月更圆、月更亮，"明月何皎皎，照我罗床帏"，热切思念家乡的情怀油然而生。诗作者出生在浙江东海之滨三门，而他学习和工作的单位在浙江西部的金华，年年中秋待月圆，月圆最是思乡时。一、二两句可以说是层层推进，写景抒情都恰到好处。

再往下就用细笔来特写煮汤圆了，仿佛是把镜头里的景物从远处拉到眼前，让读者看得清清楚楚，甚至还可以闻到汤圆的香甜。"釜底甜圆腾劲曲；未酬壮志莫思乡"是点明情境，直接破题。中秋月圆，离家久远，身在异乡，学友相聚，羁旅思乡之情如怒涛排壑，劈空而至。此时此地、此情此景，诗作者表达出对家乡深深的思念。"莫思乡"的"莫"将诗作者思乡之情写到极致。诗歌以"煮汤圆"为题由写景向抒情的过渡，亦虚亦实，虚中写实，以实托虚。家乡远隔千里，此刻乡思难收，学友相聚没有给诗作者以慰藉，反而加深了诗作者的乡思情结，这是用眼前乐景反衬思乡情景的典型。最后诗作者以"未酬壮志"不要思念故乡来激励自己，似乎跳出了乡思，从而产生强大的艺术感染力。

王国维说过："一切景语，皆情语也"，诗作者巧妙地运用景语，不但写出"秋风""大雁""璧影""煮汤圆"等风景，同时给风景抹上"思乡"的感情色彩，不仅给读者带来了情韵盎然的直觉美感，而且也带来了意境幽美的形象之趣。因而这首诗余韵萦绕，有一种异乎寻常的艺术魅力，这也是为什么在诗作者以人聚散为题材的众多诗词中，这首诗是特别精彩的原因所在。

(五) 劝学诗

温文尔雅[1] 自何来？入圣超凡[2] 靠啥才？

仰赖[3] 诗词纯[4] 气质[5]，劝君记诵[6] 莫徘徊[7]。

【注解】

(1) 温文尔雅：温文指态度温和，有礼貌；尔雅指文雅。温文尔雅形容人态度温和，举止文雅端庄。

(2) 入圣超凡：凡的意思是指普通人。超越平常人而达到圣贤的境界。形容学识修养达到了高峰。

(3) 仰赖：依靠别人或事物而存在。

(4) 纯：纯净，不含杂质。

(5) 气质：人的相对稳定的个性特点和风格气度。

(6) 记诵：默记背诵。

(7) 徘徊：本意是在一个地方来回地走，这里比喻犹豫不决。

【诗意】

一个人态度温和、举止文雅从哪里来？超越平常人而达到圣贤的境界依靠什么？主要是依靠诗词使自己的风格与气度更加纯净，所以勉励你及时默记背诵诗词，不要犹豫不决而浪费时光。

【欣赏】

　　这首诗是诗作者唯一的一首劝学诗。关于劝学，古人有不少精辟文章，也有许多劝学诗词，尤其这些诗词流传很广泛，也很久远，只要是读过书的人，对这些名句或许不会忘记，比如"朝为田舍郎，暮登天子堂。将相本无种，男儿当自强""少小不努力，老大徒伤悲""劝君莫惜金缕衣，劝君惜取少年时。有花堪折直须折，莫待无花空折枝""三更灯火五更鸡，正是男儿读书时。黑发不知勤学早，白首方悔读书迟"等。从诗歌欣赏的角度来看，艺术性未必就强，但其诗中包含的哲理，或者激励人积极进取的句子，还是不失为脍炙人口的。

　　这首诗，一开头就摆出两个设问：一是"温文尔雅"从何而来？二是"入圣超凡"靠什么？"温文尔雅"是做人的态度和举止，这是人们所追求的；"入圣超凡"是做人的学识与境界，这是人们所期盼的。在这首诗中，诗作者是自问自答，回答也是两个方面：一是说明读书的重要性。"仰赖诗词纯气质"中的"诗歌"并非狭义上的诗，而是指书籍。读书就是在和最崇高的人"对话"，读书是一种心灵的"旅行"。读书能够启迪人们的智慧，拓宽人们的思维，丰富人们的阅历，净化人们的心灵，读书能够使一个人变得"温文尔雅"。二是劝诫要珍惜时间。"劝君记诵莫徘徊"中的"莫徘徊"意思是要惜时而不能够犹豫不决。说到惜时诗，很自然想起古人的《昨日歌》《今日歌》和《明日歌》，这三首诗虽然出现在不同的时代，但如出一辙，都讲了珍惜时间的道理。在这里诗作者只用了"莫徘徊"来劝诫浪费时间的人。

　　应该说劝学的诗歌，从内容看上去有很多类型，有鼓励立志的、有告诫勤学的、有希望惜时的、有阐述方法的、有描写体会的……诗作者在这首诗里，讲述了这样一个道理：要成为有修养、有学问的人，不但要真正明白读书的重要性，而且要珍惜时间。这首诗无疑是诗作者做人做学问的切身体会，无疑是诗作者平生追求的至高境界。

（六）涌泉尝橘

　　　　鲜甜[1] 异汁[2] 爽挠腮[3]，更有幽香[4] 侧面来。
　　　　蜜橘原为常见物，荣升[5] 极品[6] 靠精栽。

【注解】

（1）鲜甜：新鲜甜美。

（2）异汁：味道奇异的果汁。

（3）挠腮：挠着腮帮子。形容高兴得不知怎么办才好的样子。

（4）幽香：淡雅的香气。

（5）荣升：光荣升迁。

（6）极品：指一个事物达到同种事物本身所能达到的极限。

【诗意】

品尝着新鲜甜美奇异的橘子，味道爽口的橘子让品尝者兴奋地挠着腮帮子。加上又有淡雅的香气从侧面飘来。一般蜜橘原本是一种常见的水果，但像涌泉蜜橘那样荣升为水果中的精品，完全是依靠人工的精心培植。

【欣赏】

这是一首即景生情诗，是诗作者在临海涌泉橘子园里采摘品尝橘子时，有感而发、急就而成的诗作。临海市位于浙江东南沿海，历史悠久，人文荟萃，经济、文化发达，至今仍保留着许多古遗址、古建筑、古墓葬和大批珍贵文物，素有"小邹鲁"和"文化之邦"的美誉。

首句"鲜甜异汁爽挠腮"写出了涌泉蜜橘优良品质和甜美的口感，也白描了品尝者的可掬情态。"临海蜜橘"堪称临海的一张金名片，全市共有柑橘栽培面积20万亩，常年产量30万吨。其中，涌泉镇每年的正常产量就占6.5万吨。在历次参加的各级农产品评比中，涌泉蜜橘屡屡获奖，"临海一奇，吃橘带皮"更成为涌泉蜜橘的一块"金字招牌"，所以诗作者用"异汁"来赞誉并不为过。"爽挠腮"的"爽"是形容橘子的口感极佳，而"挠腮"则在动作上加以修饰，意思是形容高兴得不知怎么办才好的样子。《西游记》里描写孙悟空兴奋的样子时，多有"挠腮"的动作，比如第二回："孙悟空在旁闻讲，喜得他抓耳挠腮，眉开眼笑。"这里的"挠腮"或多或少有些夸张之意。

第二句"更有幽香侧面来"则是描写橘子园里的景色。处在橘子园中，看到橘园果实累累，橘子犹如繁星点缀，碧绿的橘子树叶也藏不住那些耀眼的点点橘黄。可是诗作者没有直接描写橘子园，而是采用"幽香"两个字来描写，"幽香"是指淡雅的香气。唐·温庭筠《东郊行》："绿渚幽香生白苹，差差小浪吹鱼鳞。"宋·欧阳修《醉翁亭记》："野芳发而幽香，佳木秀而繁阴。""一年好景君须记，最是黄橙橘绿时"，采摘橘子的最佳时节，橘子园里"幽香"四处飘溢。

第三句"蜜橘原为常见物"是铺垫之句，是为点睛之笔铺垫。蜜橘是能经常看到的水果，确实是常见之物。祖国大地到处都有栽培，到处都可以品尝到橘子。橘子的种植历史比较悠久，战国时期的楚国诗人，屈原著有《楚辞·九章》，其中有首著名的咏物抒情诗《橘颂》，为歌颂橘子的千古佳作，"后皇嘉树，橘徕服兮。受命不迁，生南国兮。深固难徙，更壹志兮。"所以橘子并非是稀罕之物，那么临海涌泉的橘子为什么成为"异汁"呢？为什么让品尝者"爽挠腮"呢？此句是伏笔之句。

第四局"荣升极品靠精栽"是点睛之句，是指临海涌泉的橘子之所以能够成为精品，靠的是人工精心的培植。"荣升极品"是对涌泉蜜橘屡次获奖的总结，涌泉蜜橘以其皮薄肉嫩、汁多、爽口、甜味适中声名鹊起，从1989年起，涌泉柑橘先后13次在省部级以上评比会上夺魁，涌泉成为全国首家"优质柑橘生产技术引智成果示范基地"，国家"948"项目实施区之一。1999年先后涌泉蜜橘曾以中国橘子价格第一贵，被人民日报等多家国家级媒体报道，国外销售网络覆盖俄罗斯、加拿大等国，国内销往北京、上海及沈阳等市。涌泉蜜橘能够"荣升极品"主要有两条：一是精心栽培。柑橘的繁殖是橘子成为优良品质的关键技术。为实现柑橘从数量型向质量型转变，临海市以"创名牌、树特色"为中心，从国外引进了修剪、栽培和橘子机械分选技术，1999年11月被国家外国专家局列为全国唯一的"智力引进示范基地。"二是临海涌泉有着独特的地理、气候优势。涌泉是临海市属的一个小镇，位于临海市东南部，东临椒江区，南濒灵江，北连牛头山水库，是灵江入海口，也是咸水与淡水的交汇处。限于诗句的短小，诗作者只能言其一，更能突出"精栽"的重要性。

这首描写品尝橘子的诗，主要着眼点不是在表现橘子的"鲜甜异汁"，而是借"鲜甜异汁"，引发对"常见物"为何能够"荣升极品"的思考。诗作者展开联想，以新颖的角度、夸张的手法，集中描写了"极品"依靠"精栽"的因果，显示了"此时无声胜有声"的艺术效果。

（七）茶寮[1] 赏秋

　　　　古道幽篁[2] 展翠柯[3]，茶寮坐歇问山歌。
　　　　缘何枫叶红如许？辈出人才喜报多。

【注解】

（1）茶寮：茶寮是临海市永丰镇大山深处的古老村庄，距临海城关约20千米，自然风景优美，历史文化深厚，村民几乎都是唐代学者郑广文后代。红枫、奇松、竹海是临海八景之一，茶寮村海拔340多米。

（2）幽篁：篁指竹林，有时也泛指竹子，幽篁指的是幽深又茂密的竹林。

（3）翠柯：翠，绿色；柯，草木的枝茎。

【词意】

　　古道两侧山上，幽静的竹林里，竹子自由自在地舒展着翠绿的枝条。游人在茶寮村坐下来歇息时，询问当地民间传唱的山歌。接着，大家围绕这里名扬四海的枫叶议论开来，有人问："为什么枫叶会这样红呢？"回答是，此处人杰地灵，人才辈出，事业成功报喜的喜报频传，正是这些红红的喜报，把枫叶映照得更加鲜红艳丽。

【赏析】

　　这是诗作者在2013年11月27日去临海茶寮村考察，途经古道观赏枫叶时留下的一首诗作。这首诗写景入题，以景抒情，表达了所见、所闻、所思的感悟。

　　距临海城关约20千米的茶寮村，是临海市永丰镇大山深处的古老村庄，这里自然风景优美，以古道、枫林、奇松、竹海闻名远近。茶寮虽然是一个小村落，但这里历史悠久，文化积淀深厚，更有一条明清时期的枫林古道闻名市内外。茶寮村不仅有树龄超过400年的红枫、古道，还有独特的奇松、竹海，"茶寮风情"旧时就是临海八景之一。诗的第一句"古道幽篁展翠柯"主要写茶寮古道的景色，每逢深秋季节，一到茶寮古道，黄、红、青相间的枫林，青翠的竹子，高大的松树，看远处群山层林尽染，极具诗情画意。"展"字用得特别生动，使得绯红的枫叶、碧翠的竹子、常绿的松树、飘黄的杂树等处处色彩斑斓的山水画卷立时呈现在读者面前。诗的第二句以"问山歌"做铺垫，当诗作者看到的完好的戏台、悠长的小路、屋顶的碎瓦、落漆的木门、残垣的断梁、崎岖的古道等画面印证着小山村百年沧桑时,禁不住好奇地想探访山村的历史。由于诗作者是初次游历,所以这里用了"问"这一动词。那么"问"的内容是什么呢?这就自然引出了第三句诗"缘何枫叶红如许",诗作者是真正想问"为什么这里的枫叶会这样红呢"?显然不是!这是设问的修辞手法,此问是一定要回答的。第四句诗就是答题:"辈出人才喜报多",从这里走出来的人才确实不少。"辈出人才"是实质性的回答,而"喜报多"则是呼应第三句诗,将喜报的红色与枫叶的红色融为一体。

这首诗看似诗作者随手拈来,平淡质朴之味较浓,不过能够从恬静优美自然风光中的枫叶"红"字切题,由此联想到喜报的"红",再过渡到村落的文化历史,转而重点落到"辈出人才"的主题上,确实不失为是一首佳作。

第二节　七言律诗诗意及欣赏

一、吉祥喜庆诗

贺喜[①]

纤霞[(1)] 运巧饰蓝天,朗月[(2)] 倾辉照喜联。

律吕[(3)] 和谐舒悦谱,琴箫相协奏新篇。

翩翩起舞[(4)] 双飞蝶,脉脉含情[(5)] 并蒂莲。

但愿凌云同比翼[(6)],春光[(7)] 丽日乐千年。

【注解】

(1) 纤霞:纤细而美丽的云霞。

(2) 朗月:明朗的月亮,朗澈的月光。

(3) 律吕:有一定音高标准和相应名称的中国音律体系。

(4) 翩翩起舞:形容轻快地跳起舞来。

(5) 脉脉含情:脉脉,两眼凝神,要向别人诉说心曲的样子。饱含温

---

① 此诗入选霍松林. 新中国诗词大观 [M]. 北京:北京燕山出版社,2000:436.

情，默默地用眼神表达自己的感情。

（6）比翼：翅膀挨着翅膀飞翔，这里喻夫妇相伴不离之意。

（7）春光：春天的风光、景致。

【诗意】

纤细而美丽的云霞不停地飘动，精妙地装点着蓝蓝的天空，朗澈的月光倾泻着闪射的光彩，映照着喜庆婚嫁时贴挂的楹联。音调配合得匀称和协调，演奏着节拍舒缓悦耳动听的乐谱，弦乐与管乐相互共同合作，依照曲调吹弹新的作品。双飞的彩蝶轻快地跳起舞来，并蒂莲花饱含温情诉说心曲。只希望情投意合的夫妻像凌云的比翼鸟一样并肩前进，春光亮丽，幸福永久。

【欣赏】

贺喜是对吉庆之事表示祝贺，这是一首表现贺喜的诗歌。从内容上看，显然是对婚嫁的贺喜，诗作者表达了对婚嫁新人的祝福之情，情真意切。这首诗歌情感丰富，比喻贴切，形象生动，很富有表现力。整个篇幅几乎都以优美的景色做铺垫，这不但扩大了"贺喜"的时空，而且也提升了"贺喜"的审美意境，而且使喜庆与和谐更加突出。

第一句"纤霞运巧饰蓝天，朗月倾辉照喜联"借景烘托氛围，点明是喜庆之时。纤细而美丽的云霞装点着蓝蓝的天空，朗澈而闪射的月光映照着婚嫁的楹联。在赞叹美景的同时也带出了心中的喜悦。"纤霞运巧"的"运"字将云的轻轻飘荡的动态予以了充分的展示，使人自然而然地感觉到蓝蓝的天空舒缓地飘着淡淡的白云。"朗月"是指明朗的月亮。三国·魏·曹丕《与朝歌令吴质书》："白日既匿，继以朗月。同乘并载，以游后园。舆轮徐动，参从无声。清风夜起，悲笳微吟。"《晋书·陆机陆云传论》："高词迥映，如朗月之悬光；叠意回舒，若重巖之积秀。"这首诗中用"朗月"既表明月亮的皎洁，也意味着月圆人也圆。这句诗不但写出真切的观感，还为诗歌的下文做了很好的铺垫。

第二句"律吕和谐舒悦谱，琴箫相协奏新篇"也是写婚庆的景色，从外景转入到眼前的热闹场面。"律吕"是十二律的又称，语源出于三分损益律的六律、六吕。《伶州鸠论律》中将十二律按次序分为单数、双数排列，称单数各律为"六"，称双数各律为"六间"。单数的六个律即六律，后世又称为六阳律；双数的六个律即六吕，后世又称为六阴律或六同。"琴箫"在这里泛指合奏的乐器。在古代，人的文化修养是用琴、棋、书、画四方面的才能表现的，弹琴为四大才能之首。"律吕和谐"与"琴箫相协"为了渲染热闹的气氛，增加喜庆的色彩。"舒"与"奏"来修饰"悦谱"与"新篇"，使得热闹喜庆场面的张力大大扩展，将读者引入欢乐的喜庆长河。这两句诗非常自然地承接了前两句的意思，继续描写热闹景象，从外景的描写转入到眼前场景的描写，既不与一、二两句诗歌重复，又使诗意有所递进，的确很高妙。

第三句"翩翩起舞双飞蝶，脉脉含情并蒂莲"，此句诗意一转，正合"起承转合"的构思要求。由观外转入观内，写的是喜庆中所思景象：飞蝶起舞与并蒂含情。双飞蝶与并蒂莲并非眼前景色，但流露出诗作者对一对新人的深深祝福。"身无彩翼双飞蝶，心有灵犀一点通"，飞蝶起舞这是对新人美好的祝福。并蒂指两朵花并排地长在同一个茎上，比喻男女合欢或夫妇恩爱。唐·皇甫松《竹枝》词之三："芙蓉并蒂一心连，花侵隔子眼应穿。"并蒂含情比喻夫妻相亲相爱。王夫之在《姜斋诗话》中说："关情者景，自与情相为珀芥也。情景虽有在心在物之分，景生情，情生景，哀乐之触，荣悴之迎，互藏其宅。"情藏景中，景藏情中；虚中有实，实中有虚，营造出情景相生、情景交融的艺术效果，这两句诗虽然是虚景，但虚景中饱含深情。

第四句"但愿凌云同比翼，春光丽日乐千年"，此句收结全诗，从构思上说，正符合"合"的要求。用比翼鸟来表示爱情。比翼鸟可以说是一种爱情鸟，也是一种奇鸟，他们的羽毛为青红色，后世有"在天愿做比翼鸟"之喻，常比喻恩爱夫妻。据《山海经》西次三经记载：西次三经山系的头山叫"崇吾山"，山中生长着一种鸟，其形貌似野鸡，只有一只翅膀和一只眼睛，雌雄同心连体，成其为一个完整的生命，配合和谐才能飞翔，名叫蛮蛮，它就是传说中的"比翼鸟"。《晋书·后妃传上·左贵嫔》："惟帝与后，契阔在昔。比翼白屋，双飞紫阁。"唐·长孙佐辅《关山月》诗："去岁照同行，比翼复连形。今宵照独立，顾影自茕茕。"用"春光"来表示美好的时光。南朝·宋·吴孜《春闺怨》诗："春光太无意，窥窗来见参。"宋·杨万里《题广济圩》诗之三："诗卷且留灯下看，轿中只好看春光。"毛泽东《采桑子·重阳》词："一年一度秋风劲，不似春光，胜似春光。"只希望夫妻像凌云的比翼鸟一样情投意合，共度春光。

纵观全诗，始终有景，又始终满含热闹的场面和祝福的情感。景的序列，随着诗作者感情的逐步展开而自然地呈现，先写外景：白云、蓝天、朗月、喜联；再写近景：琴箫合奏、乐声四起的热闹场面；后写虚景：飞蝶起舞、并蒂含情、比翼双飞、融融春光。诗作者最终借助景色，将感情的抒发推向高潮，以此来表示新人的深深祝福，而且这一祝福特别契合《七律·贺喜》题意。

二、旅游揽胜诗

（一）雁荡观瀑

天工巧造[1] 大龙湫[2]，雁荡升名晓九州。

玉幕[3] 封关藏帝阙[4]，银帘[5] 卷处瞥琼楼[6]。

莹玑[7] 跃壁青烟散，彩弹[8] 敲岩白雾稠[9]。

若值晨曦[10] 含月色，犹如梦上九天游。

【注解】

(1) 天工巧造：天然形成的高超技艺。

(2) 大龙湫：又名大龙湫瀑布，位于谷底连云嶂。水从卷壁中凌空腾飞而下，落差197米，为中国瀑布之最，有"天下第一瀑"之誉。

(3) 幕：垂挂在舞台前部的帷帐。

(4) 帝阙：皇城之门。

(5) 帘：遮蔽门窗的用具。

(6) 琼楼：原指传说中月宫里的宫殿。现形容华美的建筑物。

(7) 莹玑：透明不圆的水珠子。

(8) 彩弹：色彩鲜艳的小弹丸，这里也指水珠。

(9) 稠：浓。

(10) 晨曦：清晨的阳光。

【诗意】

自然巧造而成的大龙湫瀑布，提升了雁荡山的知名度，使得全国人们都知晓它。瀑布飞泻，好像是垂挂的玉色帷帐封藏了皇城大门，在银色帘子翻卷的地方，又好像看到了华美的宫殿。晶莹透明的水珠在岩壁上跳跃，好像缕缕青烟在不断弥散，色彩鲜艳的水点击打着岩石，好像浓浓的白雾在不停飘荡。如果正好遇到清晨的旭日与月亮同辉，那么就犹如梦中在九天上遨游。

【欣赏】

《七律·雁荡观瀑》是诗作者山水诗中的亮点之作，全诗共八句，层次分明，诗意明朗。1978 年 7 月，诗作者在温州雁荡山参加全省高校经济理论课暑期备课会，讨论文革后本省高校通用的第一本政治经济学教材。当时，"文革"刚刚结束，百废待举，雁荡山风景区无人管理，杂草丛生，泥土路凹凸不平。虽然进入景区得自己找车子，但风光旖旎，自然景色十分迷人。诗作者在看过大龙湫后写了一首诗《七律·雁荡观瀑》《中国旅游文化博览·诗词楹联卷》等书收录了这首诗。

第一句"天工巧造大龙湫，雁荡升名晓九州"，是从"实处"点出大龙湫的名声。"天工巧造"点明了大龙湫是自然景观并非人工所为，我国有四大瀑布，即雁荡大龙湫、贵州黄果树瀑布、黄河壶口瀑布、黑龙江吊水楼瀑布，而大龙湫独以其落差为 197 余米取胜。大龙湫从山顶奔泻下到龙潭，腾飞翻卷，仪态万千，变化无穷，为中国瀑布之最，有"天下第一瀑"之誉。大龙湫的最奇绝的地方，在于瀑布的景观一年四季因季节、晴雨等变化各不相同，雁荡大龙湫"春夏秋冬变态多，风晴雨雪奇景浓"。秋冬雨水稀少，瀑布如珠帘下垂，落到一定高度，又化为水雾，雾随风飘转，上下翻腾，如果遇到阳光照射的时候，可以看到千道美丽的彩虹在闪射；盛夏雨水充沛，它以排山倒海之势，雷霆万钧之力飞流直下，直捣潭心，大声轰响，震天撼地，气势雄壮。历代文人墨客观此瀑布，无不为之倾倒，也因此留下许许多多的佳作，比如清人袁枚就曾赋诗："龙湫山高势绝天，一线瀑走兜罗棉。五丈以上尚是水，十丈以下全为烟。况复百丈至千丈，水云烟雾难分焉。"本诗首两句，诗作者在这里首先对大龙湫进行轻描淡写式的介绍，以引发为何"升名晓九州"的叩问。

第二句"玉幕封关藏帝阙，银帘卷处瞥琼楼"，是从"面上"描写大龙湫的气势，凸显大龙湫气象恢宏、色彩缤纷的绘画美。大龙湫从山顶飘泻下来，悠悠忽忽，时而化为烟云，时而转为纱绉，好似一幅形象精湛的

第二篇 诗词释义

第七章 诗意与欣赏

画卷。当慢慢地把它打开的时候，首先，映入眼帘的是"封藏帝阙"的"玉幕"，在这里诗作者把大龙湫的瀑布比作是玉色的垂挂在舞台前部的帷帐，这样的比喻非常形象，而"玉幕"后面的"帝阙"更撩人思绪。其次当仔细观察的时候，发现水珠飞泻，瀑布更像"银帘"，"银帘"的比喻足见其新颖。"雁荡经行云漠漠，龙湫宴坐雨蒙蒙"，蒙蒙如雨的大龙湫瀑布始终是动态变化着的，所以诗作者从大处落墨，面上着笔，展现出"如幔如幕如帘"的整体形象。寥廓空明的天宇，随风飘荡的幕帘，若隐若现的楼阁，更加突出眼前境界的空阔渺远。

第三句"莹玑跃壁青烟散，彩弹敲岩白雾稠"，是从"点上"描写大龙湫的奇景，凸显声调自然、对仗工整的音乐美。五、六两句让画卷从面上向点上推移，它不再显示大龙湫开阔的空间，而是着力大龙湫更细的景物，以对细小"水珠"出神入化的描写，展现大龙湫的奇景，以此显示诗作者赞叹自然美的心境。"玑"的本意是不圆的珠子，而"弹"的本意可以用力发射出去的小丸，把水珠比作"莹玑"与"彩弹"是无理之妙！晶莹透明的水珠在岩壁上跳跃，好像缕缕青烟在不断弥散，色彩鲜艳的水点击打着岩石，好像浓浓的白雾在不停飘荡。通过诗作者的描写，读者可以想象，大龙湫瀑布是多美的画面。格律诗有严格的格律要求，除了它具有意境美、绘画美之外，就是声调自然、音节浏亮，"莹玑跃壁"巧对"彩弹敲岩"，"青烟散"巧对"白雾稠"显示出了声调自然、音节嘹亮的音乐之美。

第四句"若值晨曦含月色，犹如梦上九天游"，是从"虚出"勾勒大龙湫的幻景，凸显意中有象、虚实结合的意境美。"晨曦含月色"的"含"字表明这是"日月同辉"。"日月同辉"就是太阳和月亮同时悬挂在天空。太阳从东方刚刚升起，与月亮共成一色，这本身就构建出了一种和谐美景，这样的天上美景与大龙湫的自然美景相融，诗作者用"梦上九天游"来表述了。据说清朝诗人江弢叔当时在大龙湫前看啊、看啊，一直看得发呆，最后他感叹道："欲写龙湫难着笔，不游雁荡是虚生。"饱览了雁荡山的胜景之后，他觉得"难着笔"只好用"不枉此生"来表达。而本诗作者，在似乎"难着笔"的时候，用"梦上九天游"来抒发，两者相比，后者更耐人寻味。

"诗中有画"一直被认为是山水写景诗的一种艺术标准,《雁荡大龙湫》也达到了这个高妙的艺术标准境界。诗作者采用"点面结合"和"虚实结合"的笔法,纵笔顺势而写,既展示出大龙湫"天工巧造"的自然景色,又表现了"莹玑跃壁"与"彩弹敲岩"的动态美景,营造出一种"梦上九天游"的艺术意境。犹如清人沈德潜在《唐诗别裁集》卷十三中的评论:"意得象先,神行语外,纵笔写去,遂擅千古之奇。"全诗诗情中充满色彩缤纷的画意,豁达中展示虚实结合的场景,清新中蕴含气象恢宏的音韵。

(二) 黄山迎客松

毅然[1] 挺立峭崖[2] 邻,昂视天庭[3] 瞰激津[4]。

累累金鳞[5] 千载[6] 古,重重翠叶万年新。

柔枝仗韧[7] 融飞雪,刚骨凭强涤浊尘[8]。

日对玉屏[9] 迎贵客,夜和皓月作知心[10]。

【注解】

(1) 毅然:非常坚决的样子。

(2) 峭崖:峭壁悬崖,形容山势险峻。

(3) 天庭:天帝的宫廷。

(4) 瞰激津:瞰视水流湍急的渡口。瞰,从高处往下看;激,急剧的、强烈的;津,渡水的地方。

(5) 金鳞:一般指鱼的鳞片,这里是指松树皮。

(6) 千载:千年。形容岁月长久。

(7) 仗韧:仗,凭借,依靠;韧,柔软又结实,受外力作用时,虽然变形而不易折断。

(8) 浊尘:不干净飞扬的灰土。

(9) 玉屏:指迎客松对面的玉屏楼。

(10) 知心:相互深切了解的人,深交。

【诗意】

迎客松意志坚定地耸立在峭壁悬崖边上,抬头昂视天帝的宫廷,低头俯瞰水流湍急的渡口。如同金鳞般接连成片的树皮仿佛已有上千年的经历,而层层重叠的翠叶更有万古长青的美感。细细的枝条依靠柔软与结实

第二篇　诗词释义
第七章　诗意与欣赏

融化了飞雪，坚硬的树干凭借着刚强洗涤不干净飞扬的灰土。白天面对着玉屏楼迎接各方贵客，晚上与洁白明亮的月亮做知心朋友。

【欣赏】

1980年8月，诗作者参加浙江师范大学工会组织的教工疗养团，到安徽黄山疗养一周，期间写了《七律·黄山迎客松》，这首诗先后被收录于姚家钧编著的《翰墨情缘》《中国旅游文化博览·诗词楹联卷》等书。这是一首描写黄山迎客松的诗，全诗紧扣迎客松特质，描写迎客松姿态优美、枝干遒劲，虽然饱经风霜却仍然充满生机的景象，手法妙绝，读后如见一幅雪中迎客松。

第一句"毅然挺立峭崖邻，昂视天庭瞰激津"，着力描写迎客松的坚毅和伟岸。中华大地，无山不美，无水不秀，雄踞安徽南部的黄山，堪称名山大美之最，世所罕见。黄山被誉为"天下第一奇山"，主要以奇松、怪石、云海、温泉"四绝"闻名于世，这里白云缭绕，浩瀚如海；这里群峰高耸，气象万千；这里怪石峥嵘，形态各异；这里温泉清洌，可饮可浴；这里奇松苍郁，千姿百态。而对黄山奇松，人们更是赞不绝口。陡崖边，山顶上，到处都有奇松挺秀的身影，而黄山最美妙的奇松，当然是曾被徐霞客称为"黄山绝胜处"玉屏楼前的迎客松了。迎客松伫立巉岩，所以诗作者用了"挺立峭崖"来赞誉。抬头傲视"天庭"，凝眸足下翻滚的风云，俯瞰"激津"。这一联诗作者采用的是寓情于景、情景交融的手法，描绘了迎客松坚忍不拔与傲视天庭的风骨。

第二句"累累金鳞千载古，重重翠叶万年新"，着重描写迎客松的古朴和活力。有位画家说："山水诗是人想象之中的山水画，山水画是人品味之中的山水诗；山水诗是无形可绘的山水画卷，山水画是无字可言的山水诗篇。"由此完全可以体会到诗作者用画的笔触来写《黄山迎客松》这首诗，在描写迎客松的树皮和树叶时，用了"累累金鳞"与"重重翠叶"来表述，以展现迎客松的古朴和无限活力。迎客松在岩缝中顽强生存，800年的树龄对于人来说真的难以想象，这就构筑了深沉的底蕴：铮铮铁骨的迎客松浸透多少荣辱和斯文，历经自然法则的严酷选择，始终支撑着绿色的信念。在这里，诗作者以物和情的交流、景和心的相融、诗和画的结合，才使得《黄山迎客松》这幅画趣味盎然，诗意隽永，充满生活古朴和浪漫的色彩。

第三句"柔枝仗韧融飞雪，刚骨凭强涤浊尘"，侧重描写迎客松的顽强和气度。"诗是有声的画，画是无声的诗。"迎客松屹立悬崖，高耸入云，迎来送往，千年不变，枝叶葱茏，柔枝融雪，刚骨涤尘，仿佛是位谦卑好客的主人。"柔枝仗韧融飞雪"的"韧"字体现了迎客松身处逆境而自强不息，顶风傲雪的自强精神。而"刚骨凭强涤浊尘"的"涤"字表现了迎客松在贫瘠石缝中寻求根的延伸，一身正气傲视天地的气度。迎客松作为中国人民同世界人民友谊的象征，早已蜚声中外，上至庄严的人民大会堂，下至车站码头，随处都会发现迎客松的身影，就连宾馆的屏风，庭院的影壁，也有迎客松的姿容。用顽强融化"飞雪"带来的苦难，用春雨洗净岁月蒙上的"浊尘"，迎客松舒展双臂，拥抱各方客人，已经成为友谊的象征。沈德潜说："写人情物性，每在有意无意间"，这句诗有意无意间寄托了诗作者无限赞美的情感，可以说：含蓄多于浅露，升华多于表面，特性多于共性，不失为寄景于情的佳句。

第四句"日对玉屏迎贵客，夜和皓月作知心"，突出描写迎客松的热情和柔情。"日对玉屏迎贵客"是指黄山迎客松位于玉屏楼左侧，倚石而生，有一丛青翠的枝干斜伸出去，如同好客的主人伸出手臂，热情地欢迎宾客的到来。"夜和皓月作知心"意指迎客松晚上与洁白明亮的月亮做知心朋友，此句是收尾之句，充满恬淡闲适之感，仿佛诗作者是随意写来，不加雕琢，可实际上诗作者是经过深思熟虑的，写得真切生动，含蓄隽永，不见斧凿的痕迹，却又有精巧蕴藉之妙，把"迎客松"既雍容大度，又姿态优美的特质予以充分的展示。

著名书画家林岫说："中国书画妙不可言，如果再加上诗词，那就更加妙不可言了。"诗画是密不可分，与其说诗作者在写诗，不如说诗作者在作画，随着诗作者的笔端，既可领略"迎客松"的景色移换，也可触摸到"迎客松"的傲视风骨；既可感受到"迎客松"姿态优美的倩影，也可以领悟到"迎客松"百折不挠的神韵。透过诗作者富含情感的笔触，可以清晰地看到诗作者在写这首诗时的情感世界的细微变化，从白描到概括、从概括到感慨、从感慨到赞美，这些细微的情绪变化，诗中虽然只字未提，但却贯穿全诗，从而使诗歌情绪饱满，意境深远，也使得诗意境的立体感大大增强了。

（三）海游望海楼远眺[①]

题记：是日，在三门县第二高级中学教师马友顺的陪同下，与大学同学周昌熙一起，乘车从海游街道新场小区路口上山，沿着盘山公路到达山腰停车坪，再徒步爬坡登上三门县城南面的名山"望海楼"。在山顶平台上，西望天台山，可见其余脉如万马奔腾而来；东眺蛇蟠水道，又看到其波涛如碧练飘浮，直插云天。美哉，我的家乡！于是，满满的诗意自心底油然而生。

　　天台[(1)] 磅礴自西来，海上三门列阵开。
　　古见昙猷[(2)] 传慧雨，今听广润[(3)] 育新才。
　　戚军[(4)] 健跳驱倭寇，信国[(5)] 仙岩避乱灾。
　　盛世笙歌祥乐起，英雄大地[(6)] 艳红梅。

【注解】

（1）天台：指天台山脉，呈西南往东北走向，平均海拔 500 米以上，主峰华顶山海拔 1098 米，由花岗岩构成，多悬岩、峭壁、瀑布。素以"佛宗道源、山水神秀"享誉海内外。三门湾濒临东海处，由岛山相隔形成三个出海通道，形似列阵排开守卫大陆的三座大门。

（2）昙猷：敦煌高僧。东晋兴宁年间，从三门湾正屿山登陆，拉开三门佛教史序幕。史载昙猷由三门湾海道进入天台山腹地，陆续创建普济院（广润寺）、白水庵（寿宁寺）、龙翔院（多宝讲寺）、永福院，开创出一番"佛国"气派，被推为佛教入浙开山大师、习禅之祖，成为天台宗的开山之祖。

（3）广润：原是高僧昙猷创办的寺庙名字，即"广润寺"。现三门中学是在广润寺原址上建立的，其初中部分仍称作"广润书院"，这句话的意思是：今天可听见建于广润寺原址上的三门中学在培育新人才。

（4）戚军：指戚家军，因为主帅戚继光而得名。嘉靖四十年，宁绍台

[①] 2020 年 10 月 23 日，三门县传媒中心旗下的《掌上三门》，以《三门乡贤张明龙创作七律〈海游望海楼远眺〉》为题发表这首诗。有趣的是，马上被《泰州新闻网》转载。泰州与台州拼音相同，它那儿有一座叫"望海楼"的名胜高楼。接着，《当代琼崖文学》重新排版发表，《百度》《文化三门》《三门老家群》等也纷纷转载。

参将戚继光为抵抗倭寇在三门修筑了健跳城。

（5）信国：指南宋信国公文天祥。三门浬浦仙岩村仙岩洞曾是文天祥南下抗元避难之所，建有文信国公大忠祠。

（6）英雄大地：1928年，中国共产党在三门亭旁发动农民武装起义，成立浙江省第一个苏维埃政权；1949年2月17日三门解放，是浙江省第一个解放的县；这里是英雄辈出之区域。

【词意】

广大无边、气势浩大的天台山脉自西向东延绵，傍着东海的三门湾由岛山相隔形成三个出海通道，形似列阵排开守卫大陆的三座大门。东晋兴宁年间敦煌高僧昙猷由三门湾海道进入天台山腹地建寺传佛法，成为天台宗的开山之祖，今天可听见建于广润寺原址上的三门中学在培育新人才。遥想明朝戚家军在三门这片土地上为抵抗倭寇修筑了健跳城，南宋信国公文天祥南下抗元时也曾在三门浬浦仙岩村仙岩洞避难。新时代歌舞升平、国家政治清明、人民安居乐业，英雄辈出的大地呈现太平盛世、艳如红梅的新气象。

【赏析】

这首诗是诗作者回故乡携友人同游家乡三门县名山"望海楼"之作，登高望远：延绵的大山、辽阔的大海、古战场的遗址、新建的学校、祥和的村落构成了一幅美丽的画图，也因此触发了诗作者的诗兴，成就了诗作者超越时空联想的艺术境界。

诗作者入手擒题，第一、二句诗便就题生发，勾勒出一幅天台山延绵千里至大海的壮丽画面。雍正《浙江通志》卷十六记："天台山，山有八重，四面如一，当斗牛之分，上应台宿，故曰天台。"主脉由天台苍山、华顶山等组成，由西南往东北方向延伸而来，气势磅礴，越境过海连舟山群岛。山脉"磅礴来"，大海"列阵开"，既体现出了大山浩瀚无垠，也勾画出山脉自西向东延绵和大海连在一起的气概。这两句诗，气势宏伟，由小到大，由近及远，笔墨逐渐凝聚在山与海上了。浩瀚澄彻的大山大海，仿佛使人进入了一个胸襟坦荡的世界，眼前的自然景色引起了诗人的遐思冥想：诗作者想到了东晋兴宁年间敦煌高僧昙猷在此建寺传法，想到了明朝戚家军在这片土地上筑城抵抗倭寇，想到了南宋信国公文天祥也在浬浦

— 284 —

的仙岩洞避难,想到了今天这片土地上教育事业的蓬勃发展景象等。第三至第六句诗的基调是"哀而不伤",使读者得以聆听到这片土地上远古时代历史人物和事件的回响,也可以使我们感受当今时代发展的步伐。最后二句写出了对当今社会的讴歌,用了"盛世笙歌"来表达心中的赞誉。这里是英雄辈出之区域,所以诗作者用了"英雄大地"来烘托他对家乡的自豪感。

诗作者凭借对大山、大海、大地的描绘,尽情刻画大自然的奇丽景色,遥想这片土地上曾经发生的历史事件,讴歌当今社会的繁荣与祥和,从而汇成一种情、景、理水乳交融的幽美而邈远的意境。

三、访友与考察诗

(一) 到丽水杨梅园村

重峦叠嶂[1] 挽缠绵[2],石径蜿蜒[3] 接碧天。
胜过幽篁[4] 仙境里,原为挚友[5] 舍门前。
霞编紫绮[6] 开晨幕,雾罩青纱[7] 降夜帘。
佳节良辰[8] 容易逝,归期益近更留连[9]。

【注解】

(1) 重峦叠嶂:峦,连绵的山。山峰一个连着一个,连绵不断。

(2) 缠绵:连续不断。

(3) 蜿蜒:曲折延伸。

(4) 幽篁:幽深的竹林。

(5) 挚友:交情深厚的朋友。

(6) 绮:花纹的丝织品。

(7) 纱:轻薄纺织品。

(8) 良辰:美好的时光。

(9) 留连:不愿意离开。"留连"和"流连"本来是一组异形词,词义相同。"流连"一词及"流连忘返"的成语,都源于《孟子·梁惠王章句下》,原句是:"从流下而忘返,谓之流;从流上而忘返,谓之连。"意思是:从上游向下游游玩,乐而忘归叫作"流";从下游向上游游玩,乐而忘归叫作"连"。

【诗意】

山峰一个连着一个连绵不断，犹如山与山之间互相缠住，不能解脱，石子铺就的小路曲折向前延伸，连接着蓝色的天空。这里的景色，比幽深竹林里的仙境更加优美，原来到了挚友房舍的门前。旭日的彩霞编织了紫绮，拉开了早晨的帷幕，薄雾笼罩青纱，降下夜色的幕帘。美好的节日与时光总容易很快的流逝，回去的日期日益临近，使得更加留恋而不愿离开。

【欣赏】

1980年10月1—2日，国庆节期间，诗作者寻访同学林永康老家杨梅园村，并对周边农村发展情况进行考察，写了《七律·到丽水杨梅园村访友》。全诗自然清淡，写景抒情皆轻轻松松，然而韵味却隽永醇厚。诗作者笔下的杨梅园村是美景与祥和的统一，幽深与肃静的融合，是亲情与素雅的糅合，使得丽水杨梅园村令人羡慕向往。

第一句"重峦叠嶂挽缠绵，石径蜿蜒接碧天"主要描写杨梅园村所处的环境。由景起笔，着重描写去杨梅园村途中的感受。清纯山水、风雅古朴的丽水，位于浙江省西南部、浙闽两省的结合处，群山绵延起伏，峰岩巍峨耸立，林海苍莽葱郁，川流纵横密布，风光旖旎。所以诗作者起笔就用了"重峦叠嶂"来表达群山的众多，用"石径蜿蜒"来表达道路的曲折。"挽"字把山描写得脉脉有情，"接"字把路点染得神韵毕现，仿佛使人可以感觉到在山间曲折的道路上穿行，领略到林海的绿韵和秀水的旖旎，感受到石径通蓝天的美景。

第二句"胜过幽篁仙境里，原为挚友舍门前"主要是描写诗作者所见的景色。不难想象当年诗作者拜访挚友的心境非常愉快，其实眼前所呈现的景象和人们的心境往往是一致的，人们的种种心情也会在与自然的接触中得到反映。"幽篁仙境"的景色是优美的，自然使人想起了王维《竹里馆》"独坐幽篁里，弹琴复长啸"的诗句，"幽篁仙境"是一个空灵宁静的环境，在这里诗作者用"胜过"来表述，看似十分重平淡，实际是着笔濡染，看似对挚友门前景色的赞美，实则在表达挚友亲情的肯定。

幽篁仙境，别有天地，在幽雅恬静而富有神秘感描写挚友"舍门前"

的自然环境美之后,第三句"霞编紫绮开晨幕,雾罩青纱降夜帘"是从时间上描写诗作者所见的景色。

  房舍前后,青山迤逦伸向远方,眼前翻绿的竹林,恰似一幅绝妙的青绿山水画,让人心驰神往,浮想联翩。"霞编紫绮"的"编"字形容早晨霞光,既写出彩霞四射之意,又非常符合光照的特点,遣词尽见匠心。"雾罩青纱"的"罩"字淡描了一层薄雾,净而无尘,夜色渐浓,十分惬意,点出了清新宜人的环境之中舒适轻松的感受。这两句是从时间上来进一步描述杨梅园村优美迷人的环境。

  最后一句"佳节良辰容易逝,归期益近更留连"是描写诗作者所感的。此句是点睛之笔,意味深长,细味其词,大概有以下三层意思:

  一是美好的日子总感觉过得很快。虽然时间的快和慢,都改变不了日子的长短,但在人的感觉里,美好的日子总会很容易过,煎熬就会觉得很慢很慢,诗作者用"易逝"来表达,就说明诗作者给在这里度过的日子,涂上快乐的色彩。

  二是景色迷人让人忘返。置身于农村田园生活中,这里拥有恬静,烦扰不再,有如此美景相伴,带给人的愉悦、淡泊、惬意无可比拟,诗作者早已陶醉其中,不想回去了。

  三是挚友的亲情让人流连。在"霞编紫绮"的田园风光之中,闲谈家常,充满了乐趣;在"雾罩青纱"的"幽篁仙境"里,举杯饮酒,抒发了友情。怎么不让人流连忘返呢?这两句诗初看似平平淡如水,细细品味就觉得内涵丰富,将景、事、情完美地结合在一起,具有强烈的艺术感染力。

  在这首诗中,诗作者以羡慕田家风光的闲逸为诗的主旨,着重描写了"重峦叠嶂、石径蜿蜒、幽篁仙境、霞编紫绮、雾罩青纱"等一系列的田舍风景,原本及为平易的事物,却被诗作者信手拈来,意兴盎然。触此美景,诗作者情动于衷而形于言,以至于流连忘返。整首诗给人一种安静、宁谧、清幽、闲适的感觉,景物描写非常传神美好,画面感强烈,友情描写非常深厚真挚,诗意醇厚,颇有"清水出芙蓉,天然去雕饰"的美学情趣。

（二）访英纪行

日行万里到伦敦[1]，欲取真经[2]给力勤。

肯特[3]盟成来福德[4]，剑桥[5]晤罢去牛津[6]。

温情脉脉坊间[7]叙，魅影重重堡内[8]闻。

异域[9]开犁桃李苑，期求馥郁满乾坤[10]。

【注解】

（1）伦敦：英国首都及最大港口。从上海飞往伦敦直达航班的飞行距离约为9251千米，飞行时间约为12小时40分。

（2）真经：原指道教的经书，比喻好的经验。

（3）肯特：英国的一个郡，位于伦敦东南，其郡府是梅德斯通。

（4）福德：斯坦福德镇的缩词，位于埃文河畔，在英国华威郡的南部，是文艺复兴时期的伟大戏剧作家莎士比亚的家乡。

（5）剑桥：英国剑桥郡首府，剑桥大学所在地。

（6）牛津：英国泰晤士河谷地的主要城市，牛津大学所在地。

（7）坊间：街市上的、街头巷尾的、非官方的（旧时多指书坊）。可理解为"民间"。这里指民间对温莎城堡各种故事的传闻。温莎城堡位于英国伦敦以西32千米的温莎镇，是英国王室的行宫之一。

（8）堡内：指伦敦塔内。伦敦塔是由许多宫殿与城堡共同构成的建筑群，曾作为堡垒、军械库、国库、铸币厂、宫殿、天文台、避难所和监狱，特别是关押过上层阶级的囚犯。

（9）异域：指国外或海外。

（10）乾坤：乾坤，八卦中的两爻，代表天地；这里泛指世界。

【诗意】

从上海坐飞机，经过12个多小时，飞行近万米来到英国首都伦敦。为了获取办好高校的真实经验，考察组周密安排行程，勤奋工作，努力完成各项任务。在肯特郡格林威治大学土木工程系商定联合办学后，来到斯坦福德镇考察文化名城的地方教育特色。接着，应邀出席剑桥大学一些学院的会晤和座谈。此后，又考察了牛津大学的图书馆、研究生阅览室等处。为了加深对英国文化教育的了解，还到著名的温莎城堡和伦敦塔进行考察。在温莎镇民间流传着许多有关英王的风流逸事，"不爱江山爱美人"

第二篇　诗词释义

第七章　诗意与欣赏

的典故就出于此处。伦敦塔历史上关押过不少王公贵族和政界名人,有些就被在此处决,是传闻中经常闹鬼的英国王宫。在国外拓展高校办学新模式已经有了良好的开端,希望这项事业不断发展,直至学子和校友遍布世界各地。

【欣赏】

这首诗是诗作者带队去英国考察途中所写的,是一首游历诗。应英国格林尼治大学、意大利罗马第一大学的邀请,诗作者率代表团于2012年5月21—28日成功出访了英国与意大利两所大学。全诗采用写实的手法,以考察时间为线,以到达的地域为点,景不离情,景情相济,有较强的艺术感染力。

第一句触发访问英国的主题,表明诗作者从中国直飞英国,用"日行万里"最恰当不过了。"欲取真经"交代了此次出访的目的是为了学习国外高校成功的办学经验,5月21日,诗作者一行首先访问了英国格林尼治大学,受到格林尼治大学土木工程系主任摩尔特兹·阿拉尼教授等的盛情接待。格林尼治大学创立于1890年,是一所历史悠久、学风纯朴的国际化综合大学,是英国规模最大的10所大学之一,其前身为英国皇家海军学院。学校位于伦敦东南部,校园分布于伦敦市区及毗邻伦敦的肯特郡北部、西部。现有2万多名来自80多个国家的学生,学习文、理和社会科学方面的课程。

第二句"肯特盟成来福德,剑桥晤罢去牛津"非常简洁地表述了诗作者访问途径的地方。福德是斯坦福德镇的缩词,位于埃文河畔,在英国华威郡的南部,是文艺复兴时期的伟大戏剧作家莎士比亚的家乡,莎士比亚是世界文学史上的天才。他不只是属于一个时代,而是属于整个历史;他不只是属于一个国家,而是属于整个世界,斯坦福德是一个文化底蕴深厚的地方。剑桥是英国一个郡的首府,又是著名高校剑桥大学所在地。牛津是英国泰晤士河谷地的主要城市,牛津大学所在地因牛津大学而闻名。牛津城是英国皇族和学者的摇篮,现在牛津已经成为熙熙攘攘的世界城市。剑桥和牛津有着世界一流学府的地位和遍布各地的古迹,使它们成为学子们极度梦想的圣地。

第三句"温情脉脉坊间叙,魅影重重堡内闻"继续描写途径之处的风土人情。温莎镇原本是一个宁静优美的小镇,温莎镇位于伦敦以西 22 英里,濒临泰晤士河南岸,因小镇内有一座女王最喜欢小住的宏伟的温莎城堡而著名,所以诗作者描述温莎小镇时用"温情脉脉"来修饰。因此这座古堡凝聚着英国的历史,一直以来传闻这里是鬼魂出没的地方,似乎至今还弥漫着浓重的血腥气。

第四句"异域开犁桃李苑,期求馥郁满乾坤"表达了学习考察的目的和美好的愿望。从全诗的艺术风格来看,这两句显得率直,希望国际交流这项事业不断发展,直至学子和校友遍布世界各地。由于有了前面一系列的铺垫和渲染,倒也使人觉得情真意切,一目了然。

第八章　词意与赏析

张明龙不仅喜欢吟诗，而且善于填词。格律词，按照字数长短划分，可分为58字以内的小令，如《调笑令》《长相思》；58~90字的中调，如《一剪梅》《解佩令》；91字以上的长调，如《水调歌头》《桂枝香》。张教授的词，小令、中调与长调兼有，但影响上似乎以长调更突出，如入选霍松林主编《新中国诗词大观》的词全部是长调。长调词，往往高亢而悠扬，这体现出作者着力于高亢雄壮的审美取向。张明龙填词注重体式的选择，所发表的词，几乎全是常用体式，没有一首采用变体形式。不过，他选用韵格则具有多样性。韵格是按照韵脚的平仄声划分出来，大体有五种：以平声作韵脚的平韵格、以仄声作韵脚的仄韵格、前一段押平韵后一段押仄韵的平仄韵转换格、平仄通押的平仄韵通叶格、平韵与仄韵交替的平仄韵错叶格。张教授的词分布在平韵格、仄韵格和平仄韵转换格三种韵格中，没有平仄韵通叶格和错叶格。本章分析张明龙的词作品，按照韵格的差别分成两节，前一节是平韵格词的词意及赏析，后一节是仄韵格和平仄韵转换格词的词意及赏析。

第一节　平韵格词的词意及赏析

一、平韵格小令词

（一）十六字令·浙江三特产

　　丝！源自桑蚕[1]化蛹[2]时。开商路，好梦淡相思。
　　茶！顶着寒风发嫩芽。深山出，情醉万千家。
　　麻！挺直腰儿逐暮鸦[3]。捐躯[4]后，纺族一枝花。

【注解】

（1）桑蚕：桑蚕，又称家蚕，或习称蚕。一种具有很高经济价值的吐丝昆虫。以桑叶为食料，茧可缫丝，丝是珍贵的纺织原料，主要用于织绸，是优良的纺织原料，在军工、交电等方面也有广泛用途。蚕的蛹、蛾和蚕粪也可以综合利用，是多种化工和医药工业的原料，也可以作为植物的养料。

（2）化蛹：完全变形昆虫在幼虫和成虫之间的一个发育阶段。

（3）暮鸦：黄昏时归巢的鸦雀。

（4）捐躯：为正义而奉献生命。

【诗意】

蚕丝，源于桑蚕从幼虫和成虫之间的一个发育时期，吐出的像线的东西。蚕丝开拓出商业之路，美好的梦境寄托着淡淡的思念。

茶叶，抗衡着寒冷的北风，生长出新芽嫩叶。茶叶虽然生长在距离遥远的山岭，但普通百姓都醉心于茶叶的清纯之情。

黄麻，挺直腰杆儿驱逐着黄昏时归巢的鸦雀。为纺织而奉献生命后，成为纺织行业一枝独秀的花。

【欣赏】

以浙江丝、茶、麻三特产为主题的三首十六字令，以清新简约的笔触，描绘了丝、茶、麻各自的奇特形象，每一首各有独特的意境，合起来又构成了一幅完整的画面。《十六字令》是词牌名，因全词仅16个字而得名；又名《苍梧谣》《归梧谣》或《归字谣》。单调，十六字，三平韵，属于最短的词。此调为单调。四句，十六字。第一、二、四句押韵，均用平声韵。《十六字令》是只有16个字的小令，篇幅短窄，想要涵盖许多内容是很难的。

第一首是描写丝绸的出处与商机。"源自桑蚕化蛹时"是描写丝源于桑蚕，蚕是织绸缎等的原料，说明了蚕丝的珍贵。丝绸是中国人民的伟大创造，早在4700多年前就有了丝织品。殷商时代发明了提花装置。商代甲骨文出现桑、蚕、丝、帛等字，还辟出从"桑"、从"糸"等与蚕丝有关的文字100多个。公元前数世纪中国开始向外输出蚕丝和丝织品，丝绸之路因此得名。中国丝绸种类多，绣工巧，织造技术高超，图案花纹精美，在世界上一直享有盛誉。"开商路"表明这里将蚕丝制作成丝绸，开拓出商业之路，因此蚕丝也成了浙江的特产之一。浙江的丝绸有着悠久的历

第二篇 诗词释义
第八章 词意与赏析

史,早在春秋时代,"劝农桑"就被列为越王勾践国策之一。至唐、宋,绍兴越罗、尼罗、寺绫,已驰誉世界各地。《越游便览》载:"绍兴西北华舍,为绸机荟萃之区,亦即绸市集中之地,出品为纺绸、线春。下坊桥则多织花素贡缎,质细而韧,物品优良,行销全国及南洋各埠,厥数颇巨。""半壁西湖半壁绸",浙江杭州有"丝绸之府"之称。1987年杭州中国丝绸城成立,这是杭州市政府最早命名的商业特色街区,如今的丝绸城已经成为全国最大的真丝绸交易中心,丝绸产品远销世界上100多个国家和地区,所以作者用"好梦"作为此十六字令的结束语。

　　第二首以超凡的观察能力和脱俗的审美眼光来描写茶叶。起句"顶着寒风发嫩芽"是全词的总结之句,这是对茶品质的赞誉,之后那些分句,是对茶品质的描述,十六字令仅仅16个字,比较精短,要描绘出一个丰满"茶"的形象来是有困难的,这和别的词牌不大一样。"情醉万千家"是围着茶的品质展开的,是为了给"茶"的品质增色的。说到茶,自然就会想起西湖龙井茶,西湖龙井茶区位于三面环山的自然屏障的独特小气候中,龙井茶加工方法独特运用抓、抖、搭、拓、捺、推、扣、甩、磨、压等十大手法,特级龙井茶扁平光滑挺直,色泽嫩绿光润,香气鲜嫩清高,滋味鲜爽甘醇,叶底细嫩呈朵。西湖龙井茶集色、香、味、形四绝于一身,以其优良品质,悠久的历史和深厚的文化底蕴,成为我国众多名茶中的一朵奇葩,因此也成了浙江的一个特产。

　　第三首采用拟人的手法描写黄麻。黄麻是韧皮纤维作物,属于一年生草本,是中国古代重要的纤维作物之一。黄麻叶卵圆至披针形;聚伞花序,花黄色;蒴果。长果黄麻为圆筒形蒴果,长5~8厘米,种子墨绿或灰黑色。圆果黄麻为球形蒴果,有纵棱和疣状突起,种子褐色。黄麻系热带或亚热带的短日照作物。"挺直腰儿"表示黄麻身体处于直立状态,以表明黄麻的不屈风格。"逐暮鸦"的"逐"非常有想象力,不禁使人想起唐·冯著《燕衔泥》"去年为尔逐黄雀,雨多屋漏泥土落"的诗句。"暮鸦"出现在这里自然使得眼前浮现一幅难以描绘的画面。而用"捐躯"来表示黄麻,更是对黄麻的一种高度的颂扬。

　　三首词是一个整体,作者写的是丝、茶、麻,由于十六字令与一般同类词的结构不同,写景叙事,并不是直接的抒情与议论,但通过对其各自特性和品质的描写，字行之间还是蕴含着词作者的喜悦之情与赞美之情，从而也就出神入化地展现了浙江丝、茶、麻三特产。

（二）江城子·送毕业生[①]

殷勤举起送行杯。酝芳菲[(1)]，注春晖[(2)]。凝作春心，不怕子规[(3)]催。趁取东风勤着力，君在处，是燕台[(4)]。

【注解】

（1）芳菲：芳香而艳丽。

（2）春晖：指春天的阳光。

（3）子规：杜鹃鸟的别名。传说为蜀帝杜宇的魂魄所化。常夜鸣，声音凄切，故借以抒悲苦哀怨之情。

（4）燕台：相传燕昭王在易水东南十八里筑黄金台，置千金于台上，以延请天下之名士。

【词意】

热情地举起送行的杯子。这个杯里的美酒是用芳香而艳丽的鲜花酝酿的，并倾注着春天温暖的阳光。喝下这杯酒，就会凝聚成春天一般的心情，永葆青春活力，从而用不着担忧杜鹃鸟哀怨催促春天的消逝。趁着东风劲吹之机展翅翱翔，奋力拼搏。你所在的地方正是急需人才之处，定能大展宏图。

【赏析】

《江城子》唐词单调，始见《花间集》韦庄词，单调三十五字，七句五平韵，或谓调因欧阳炯词中有"如（衬字）西子镜照江城"句而取名，其中江城指的是金陵，即今南京。

在《江城子·送友人》这首词中，词作者采用单调的词牌格律，因此本首词本是七句五平韵，单三十五字。

首句开门见山点明了这是一首送别友人的词作。自古以来，送别友人的诗词非常多，大多都表达一种惜别之情、对友人的祝愿、离别的失落

[①] 1982年7月5日，词作者以笔名"湘山"在《浙江师院报》上发表这首词，原题为《江城子·送友人》。张明龙老家"下叶村"，由于在县里同名太多，地名普查后改为"湘山村"，所以这个笔名是直接取自老家的名字。2019年6月21日因《当代琼崖文学》微刊约稿重新发表，题目改为《江城子·送毕业生》。同日，《凤凰网·凤凰资讯》"爱与诗情画意"栏转载。

感、盼望下次尽快重逢等之意。而本首词则通过词奇妙美景的组合，抒发了勤奋进取与意气风发的情怀。

"酝芳菲，注春晖"一句可见词作者奇思妙想，送行杯子里酿的不是一般的酒，而是用芳香而艳丽的鲜花酿出的美酒，而这杯美酒又倾入了春天温暖的阳光，此句可以说是赋予无情景物以有情，寓拟人之法于送别情怀之中。

"凝作春心，不怕子规催"一句很有深意，子规是杜鹃鸟的别名，经常夜里鸣叫，声音凄切，所以许多诗词借以抒悲苦哀怨之情。如杜甫《子规》诗："两边山木合，终日子规啼。"陈亮《水龙吟》词："正销魂又是，疏烟淡月，子规声断。"鲁迅《无题》诗："无端旧梦驱残醉，独对灯阴忆子规。"词作者在"子规催"前面用了"不怕"二字，这里的"怕"不是畏惧之意，而是担心与忧虑之意，词作者希望友人不必理会与担忧杜鹃鸟哀怨的鸣叫而使春天匆匆离去，只要心理年轻就能确保青春永驻。同时，鼓励友人要一心一意着力于勤奋，干出一番属于自己的事业。

"君在处，是燕台"是词作者对友人的真诚期盼与祝福。燕台是相传燕昭王在易水东南十八里筑黄金台以延请天下之名士的地方，预示着会得到赏析并有所作为。

此词虽短但有三妙，此词一妙是笔意入微，妥帖自然，将拟人手法用得恰到好处，化无情的"送行杯"为多情的送行之物。此词二妙是想象丰富，意境高远，充满了积极生活的色彩，对杯中"酝芳菲与注春晖"而成的酒的描写可谓是奇思妙想。此词三妙是写送别却引而不发，语气委婉，最后用"燕台"来巧妙的比喻，使得送别有"言进而情不尽"之感。

（三）长相思·盼夫归(1)

　　望星星，数星星。数到天边接古城，灯光点点明。
　　爱真情，怨真情，怨到郎君故里行，满头华发生。

【注解】

据报载，东北一妇女，丈夫抗战随军出征，杳无音信。但她坚信丈夫仍然活着，一定能重返家乡，时常倚窗望星空，思亲人，独自抚养孩子成人。50年后，丈夫从台湾回归故里，始得团聚，不久她便病逝。读此有感而作。

【词意】

夜深人静的时候,仰望着深邃的天空,细数着星星。一直数到连接天边的古城,古城点点微亮的灯光,也仿佛是天际中的星星。为真情所爱,也为真情所怨。一直怨到郎君返回故里,昔日青丝已变成满头花白的头发。

【赏析】

这是一首通俗易懂的词,作者有感而发,用口语形式来表达,抒情比较直白与粗放,语气多为诉说,有点曲的味道!

要赏析这首词,得先理解词作者有感而作的背景。其背景是居家妇女对出征几十年未归的丈夫的思念与对丈夫肯定会回归故里的坚信。当知道了写作的背景,也就读懂了词作的本意。

这首词开头就很直露,"望星星,数星星","望"和"数"体现出不同的含义。这里的"望"体现了居家妇女对出征丈夫的思念之深。这里的"数"突出了受到长久折磨的思念之痛。妻子对驻守边关的丈夫的思念的诗词有很多,如王驾的《古意》:"夫戍萧关妾在吴,西风吹妾妾忧夫。一行书寄千行泪,寒到君边衣到无?"就表达了妻子对边关的丈夫骨肉分离的思念,同时也表达了对战局混乱的担忧。古代更有"望夫成石"之传说。词作者没有采用与沿袭古人的夸张手法,而是采用写实的手法来抒情。"数到天边接古城,灯光点点明。"用笔看是简单,其实寓意深刻,发人深思,连接天边露出灯光的古城小屋里,是否同样安坐着思念妻子的丈夫?

词的四、五两句是爱怨的叠加,"爱真情,怨真情",表露了居家妇女对出征几十年未归丈夫的真实心态,是居家妇女对相思发出的积怨。一面深爱着对方,需求相思的聊救。另一面又怨恨着对方,埋怨杳无音信的苦楚。短短几字,写出了两种心情,看似矛盾,实则真实,写出了为爱所困扰的真情。

"怨到郎君故里行,满头华发生"两句,写出结局的美好,也写出了结局的凄凉。之所以说美好,是因为终于郎归故里,"醉卧沙场君莫笑,古来征战几人回?"战火的洗礼,九死一生,古今而来,奔赴沙场的人中有几个人能平安归来?能平安回来,荣归故里,那是多么的不容易!谁还能否定结局的美好！但不管怎么美好，"思君令人老，岁月忽已晚。"等到郎归故里，已经青春不再，满头华发了。看似简单的一首通俗词，却写出了一种无奈的怨情，很有视觉冲击力，也很有艺术感染力。

（四）画堂春·中秋思台胞①

一轮皓月近中天，清弦急管(1) 回旋。潮追玉兔(2) 涌银烟，凝伫涯边。遥问阿山神木，(3) 闻知水火同源。(4) 恩仇笑泯共婵娟，(5) 赤县(6) 团圆。

【注解】

（1）清弦急管：弦：指弦乐器；管：指管乐器。形容各种乐器同时演奏的热闹情景。

（2）玉兔：指月亮。传说月中有白兔，因用为月的代称。傅玄《拟天向》："月中何有，白兔捣药。"贾岛《赠智朗禅师》诗："上人分明见，玉兔潭底没。"辛弃疾《满江红·中秋》词："著意登楼瞻玉兔，何人张幕遮银阙。"

（3）阿山神木：台湾阿里山有棵3000多年树龄的老红桧，人称"阿里山神木"。

（4）水火同源：台南关子岭名胜。水从黝黑的岩石缝里涌出，流进一个小池内，滚滚如沸。火焰从水中腾起，高三、四尺，放上柴火立刻燃烧起来。

（5）婵娟：美好的样子，这里指嫦娥，也就是代指明月。

（6）赤县：战国时称中国为赤县神州。

【词意】

一轮皎洁的月亮悬挂在中天，各种乐器合奏出优美的旋律在四周回荡。静静伫立在涯石边，凝视着潮水随着月亮的升起翻滚出银色如烟的波浪。轻声遥问阿里山神树老红桧，闻知有个水火同源的胜景。共赏明月，相视一笑，就把过去的恩仇全部忘记掉，最终实现祖国统一，人民团圆。

【赏析】

此词写于1982年中秋，又恰逢是阳历的10月1日。词作者在新生联欢会上急就并朗诵此词。借中秋佳节与国庆节，表现了词作者对祖国统一

---

① 此词发表于：诗词集刊 [J]. 1987 (3).

的渴望,对宝岛台湾人民的思念,是一首典型的托物言志的词。

  首句以描写眼前的景色开篇,构思精巧。"一轮皓月近中天",中秋佳节,皓月悬空,不禁使人想起唐诗人李朴《中秋》的名句:"皓魄当空宝镜升,云间仙籁寂无声;平分秋色一轮满,长伴云衢千里明。"明月千里,乐曲萦绕,为遥寄相思埋下伏笔。然而词作者不急于吐露对远方的思念,继续写景来衬托,"伫立涯边",凝视着潮水翻滚出银色如烟的波浪。潮水在翻滚,思绪更在翻滚,更深层次烘托出词作者内心无比涌动的期盼。写景由近及远,先写身边所见,再写远处所思;写物动静结合,以"皓月"与"凝伫"来突出"静"之妙,以"清弦急管"与"潮涌银烟"来体现"动"之态。第二句进一步貌似轻描淡写,实则为抒发思念的激情做了更浓厚的铺垫,可谓匠心独具。

  在一幅色彩艳丽的彩卷图中,通过对浑然一体的所闻所见的景物描写,引发了词作者对"阿山神木"的轻声叩问。红桧为台湾特产,红桧又尊称为"神木",3000多年树龄的老红桧是宝岛历史的见证。在这里通过"神木"的遥问,让人情不自禁追溯起台湾的历史。"水火同源"的胜景更是一语双关,意味深长。台南县白河镇关仔岭风景区,枕头山麓西南侧,其地质特殊,壁上冒出的天然气可使点燃的火焰永不熄灭;但同时又有泉水从崖壁细缝中潺潺流出,形成水中有火,火中有水的特别景观,令人惊讶水火能同时并存,故名"水火洞"。都说是"水火不相容",而此处却偏偏是"水火同源",面对如此奇观,海峡两岸的统一,难道还有什么解不开的结吗?

  结尾两句是全篇的重点。词作者在此直抒胸臆了。"恩仇笑泯共婵娟"蕴含着寓意。此处"恩仇笑泯"是词作者借用了一个典故。鲁迅的日本友人西村真琴,既是生物学家,也是画家、诗人和科幻小说作家,还是东方第一台机器人的设计者和制作者。他曾目睹日本殖民者压迫和奴役中国民众的情景,萌发了对殖民主义和种族主义的批判精神。他在遭日军轰炸后沦为废墟的上海闸口三义里发现一只奄奄一息的鸽子,他把这只鸽子带回日本精心喂养,谁知第二年鸽子不幸夭折,西村为此悲伤不已,他在自家庭院修建鸽碑,立下"三义碑"以示纪念,并将亲手绘制的鸽子图和挽诗寄赠鲁迅,请鲁迅为"三义碑"题诗。鲁迅接到西村信函后,写下了这首名为《题三义塔》的诗篇:"奔霆飞焰歼人子,败井颓垣剩饿鸠。偶值大心离火宅,终遗高塔念瀛洲。精禽梦觉仍衔石,斗士诚坚共抗流。度尽劫波兄弟在,相逢一笑泯恩仇。"表达了鲁迅对日军暴行的愤怒,和对爱好和平的日本友人的敬重。"度尽劫波兄弟在,相逢一笑泯恩仇",自从被廖承志1982年7月致蒋经国的公开信引用后,已变成海峡两岸论统一必言的名句。词作者正是引"千古绝唱",以强烈表达祖国统一与人民团圆的美好愿望。

全篇共47个字,可谓字字珍贵,但词作者对明月不惜挥毫泼墨,三处写到了月亮,第一处用了"皓月中天";第二处用了"潮追玉兔";第三处用了"人共婵娟"。细细品味,三处月亮的出现含义迥异,第一处月亮的出现完全是表达景色的;第二处月亮的出现则为了表达内心思绪的涌动;第三处月亮的出现更是表达词作者美好的愿望。全篇以中秋的"月亮"为线,言简意深地抒发了词作者对祖国统一的渴望。

(五) 太常引·游香港维多利亚港[1]

鲤鱼门窄拒狂澜,[2] 两岸抱群山。袋式避风湾,任季节、无淤[3] 不寒。潮来潮去,兴衰聚散,往事忆联翩[4]。眺远倚船栏,愿永久、天宁地安。

【注解】

(1) 维多利亚港是香港地区最著名的海港。它由九龙半岛和香港岛环抱而成,两岸宽在1600~9600米,港内面积50平方千米,水深为2~14.5米。港湾深阔,屏蔽条件好,常年不淤不冻,该港有鲤鱼门、硫黄海峡和汲水门三个主要进出水道。港区南北两岸群山对峙,东有狭窄的鲤鱼门入口拒波涛,西有汲水门、大屿山与邻近小岛挡风浪,是一个两端可通行的巨型袋式避风港。

(2) 狂澜:巨大而汹涌的波浪。

(3) 淤:水道被泥沙阻塞。

(4) 联翩:鸟飞的样子,形容连续不断。

【词意】

维多利亚港东的鲤鱼门水道比较狭窄,阻挡巨大而汹涌的海浪涌入,两岸怀抱着群山。群山和岛屿作屏障,形成两头可通的巨型袋式避风港,不管季节变化,水道不被泥沙阻塞也不因寒冷而冰封。潮水涌来退去,人事兴衰聚散,许许多多的往事不断在眼前涌现。依偎着船栏向远处眺望,祝愿这方水土永远安定太平。

【赏析】

香港素有"东方明珠"美称，是举世瞩目的美丽的海港城市。这里蓝天碧海，山峦秀丽，自然风光优美动人。香港回归前夕词作者游历维多利亚港湾，倚船栏远眺，浮想联翩，以"太常引"词牌填词一首。

这是一首以地域景色为题材的词，主要是写词作者的所见所感，章法严密，脉络清晰，通俗易懂。

第一句"鲤鱼门窄拒狂澜，两岸抱群山"，以写景起句，没有难懂的句意，不过"拒"与"抱"两字用得精妙，"拒"与"抱"是两个意思截然相反的动作，"抱群山"而"拒狂澜"，一下子就使人知晓了维多利亚港为何成为良港的缘由。

第二句进一步说明了良港的优点与特性，简单几句就勾画出一幅风平浪静、港阔水深、天然良港的景象。

第三句潮水涌来退去，人事兴衰聚散的再铺垫，是为了突出全篇的重点句："往事忆联翩"。香港的经历能不让人往事不断在眼前涌现吗？香港秦朝时明确成为当时的中原领土，直至19世纪中叶清朝对外战败，领域分批被割让及租借予英国。

香港全境的三个部分（香港岛、九龙、新界）分别来源于不同时期的3个不平等条约。1840年第一次鸦片战争后，英国强迫清政府于1842年签订《南京条约》，割让香港岛。1856年英法联军发动第二次鸦片战争，迫使清政府于1860年签订《北京条约》，割让九龙半岛。1894年中日甲午战争之后，英国逼迫清政府于1898年签订《展拓香港界址专条》，强租新界，租期99年，至1997年6月30日结束。中、英两国落实香港前途问题于1984年签订《中英联合声明》。1997年7月1日中华人民共和国对香港恢复行使主权。

现在的香港是中国所辖的特别行政区之一，是一个以商业及金融为主的地方，同时也是一个观光购物的旅游热点。历史的变迁让作者无限感慨，最后三句表达了作者对这方水土的祝愿与希望。整首词节奏起伏，自然流畅，用意深远。

二、平韵格中调词

(一) 临江仙·登香港太平山[1]

顺轨爬升街景退，缆车晃晃悠悠。游人到顶上船楼。[2] 登高宽视野，望远炼明眸[3]。

一俟[4]黄昏霞似锦,华灯闪烁飞舟。霓虹广告比星稠。繁华书不尽,索句皱眉头。

【注解】

(1) 太平山:为港岛最高山峰,海拔552米。

(2) 山顶缆车总站,有商店、茶室和瞭望台,是山上游览的起点。

(3) 明眸:明亮的眼睛。

(4) 俟:等待。

【词意】

随着索道缆车慢慢的爬升,街道优美的景色已退至身后,缆车晃晃悠悠在空中前行。缆车到顶,游人进入造型像一艘轮船的大楼。登高使人视野更加开阔,望远使人眼睛更加明亮。

一到黄昏,晚霞似锦,华灯闪烁,犹若飞舟。霓虹广告比天上的星星还密。写不尽繁荣热闹的景象,只好皱着眉头构思佳句。

【赏析】

这首词吟咏香港的美丽繁荣,也是词作者香港游历之作,笔势雄浑有力,通过登高,把香港华灯闪烁的夜景和繁华的市井描绘得栩栩如生,显示词作者对香港回归后的憧憬。

第一句直述词作者坐在缆车上晃晃悠悠前行;第二句优美的街景从眼前消退的舒逸,进入造型像一艘轮船的大楼也让词作者感到意外。

第三句才是词作者要表达的感受,也是全篇的重点。"登高宽视野",自古登高远眺,视野开阔的名句很多。如李白诗《庐山谣寄卢侍御虚舟》:"登高壮观天地间,大江茫茫去不还。黄云万里动风色,白波九道流雪山。"又如《千山诗意图》:"林深尽处看云危,移步风光客忘归。随意登高宽视野,青山相对净心扉。"古人大多表达的是登高视线就宽,而词作者是经济学研究者,他要表达是"登高才能望远,视野决定眼界。"词作者的这层含义从第三句"望远炼明眸"得到了印证。这里的"炼"字用得非常到位,不经意之中,更加深入表达了虽然视野决定眼界,但眼界还是需要不断反复习练的。

"一俟黄昏霞似锦,华灯闪烁飞舟。霓虹广告比星稠。"第四、五句是以景写情，巧妙含蓄地表达了词作者所见所思。黄昏时分，天边晚霞似锦，街市华灯闪烁，霓虹广告闪射，犹若飞舟，密比星星。香港是一个生活的天堂，在这里，既可以观赏到美丽的自然风光，又可以感受到商业文明带来的享受；既可以浸淫在摩登时代的享乐中，也可以重温旧昔日的朴真生活。在这样狭小的空间营造出一座独一无二的国际都会，让词作者不禁对美丽的夜香港油然而生出无限感慨。

词作者要拿起笔，尽情抒发积压在的胸中的那份感慨，可是面对的是"繁华书不尽"，只好"索句皱眉头"。"索句"指写诗填词或写文字时构思佳句。最初的出处是：宋朝孙光宪《北梦琐言》卷七载："唐相国郑綮虽有诗名，本无廊庙之望……或曰：'相国近有新诗否？'对曰：'诗思在灞桥雪中驴子上，此处何以得之？'盖言平生苦心也。"后来被许多文人墨客引用。元朝萨都剌《复次前韵柬龙江上人》："山中酒熟黄鸡肥，闭门索句何瑰奇。"明朝陈汝元《金莲记·就逮》："相公儘日题诗，本欲名山之贮。连年索句，宜为学海之藏。"清朝沈起凤《谐铎·屏角相郎》："族中子弟，知其能诗，竞出素缣索句。"毛泽东在《和柳亚子先生》也引用了："饮茶粤海未能忘，索句渝州叶正黄。"古有骑驴索句、闭门索句、连年索句、比赛索句、饮酒索句等，而词作者用了"皱眉索句"，也许是第一次运用吧。结尾抒情句内敛含蓄，"皱眉索句"更颇令人回味。

（二）一剪梅·台风"利奇马"[1] 突袭临海古城[2]

暴雨狂风撞立秋[3]，海浪扛潮，淹没江洲。熙来攘往[4]紫阳街[5]，不见人流，只见洪流。

困守孤楼老少愁，停气难炊，水电堪忧。欣闻响起救援舟，展了眉头，暖了心头。

【注解】

（1）台风"利奇马"：超强台风"利奇马"为2019年太平洋台风季第9个被命名的风暴，也被称之为9号台风，于8月10日1时45分许在浙江省温岭市城南镇沿海登陆，登陆时中心附近最大风力有16级，这使其成为2019年以来登陆中国的最强台风和1949年以来登陆浙江第三强的台风。

（2）临海古城：浙江临海古城为千年府治，融儒学与佛、道化为一体的城市，有江南长城、大成殿、龙兴古寺、紫阳古街、巾山群塔、东湖毓秀、华胥洞等景点，散发着浓郁的文化气息。最著名的景点江南长城始建于东晋，历经1700多年的沧桑变幻，尚存有靖越、朝天、兴善等城门，白云、平海等城楼和众多的敌台，瓮城等。

（3）立秋：二十四节气中的第十三个节气，秋天的第一个节气，标志着孟秋时节的正式开始，时间是每年公历8月7—9日。

（4）熙来攘往：意思是形容人来人往，非常热闹拥挤。

（5）紫阳街：系浙江省临海市第一古街，长约1080米，由青石板铺成有，有千年古城缩影的美誉，是历史文化名城的象征。它坊坊相接，拥有众多名胜古迹、明清民居、古坊旧肆，亦是古时文人墨客造访的胜地。紫阳街是浙江省第二条被列入"中国十大历史文化名街"的古街。

【词意】

立秋时节，超强台风"利奇马"带来了狂风暴雨，丰沛的雨水不断沿临海古城边的灵江下泄，无意中遇上了不断上涨的海潮，洪水与潮水在此叠加停留，临海古城及周边都遭到了洪水的淹没。往日人来人往非常热闹拥挤的紫阳古街不见人走动了，只见洪水宛如一条河不断流动着。

洪水困扰临海古城，许多房屋因受到淹没成了孤楼，居民都非常忧虑，煤气、天然气供应停止了，居民烧饭都很困难，停电、停水更是让人焦虑。突然听到冲锋舟来救援的消息后市民大为喜悦，愁眉舒展了，心头更是充满了融融暖意。

【赏析】

"文章合为时而著，歌诗合为事而作"，诗作者这首词就是为台风"利奇马"突袭古城临海而作。

词的上阕第一句"暴雨狂风撞立秋，海浪扛潮，淹没江洲"写出了事件发生的时间是在立秋。"撞""扛""淹"三字渲染了台风袭击时的环境气氛，超强台风"利奇马"为2019年太平洋台风季第9个被命名的风暴，也被称之为9号台风。8月10日下午，灵江出现最高洪峰，洪水没过临海望江门大桥桥面，大量涌入城内，临海老城城门"失守"。灵江流域发生流域性洪水，始丰溪沙段站、永安溪柏枝岙站、灵江西门站均超历史最高洪水位。截至8月10日下午3时，灵江遇大潮而潮水上涨，灵江上游段永安溪和始丰溪个别水库受不了大量的降雨量而泄洪，潮水与洪水"双合一"导致了灵江水流湍急,洪水冲进台州府城墙内,致使老城区积水深度超过1.5米,街道变成了河道。

第二句"熙来攘往紫阳街,不见人流,只见洪流"写出了台风带来滔滔洪水,洪水冲进古城的后果,古长城有防洪的作用,依然挡不住滔滔洪水的冲击。紫阳街是临海市第一古街,长约1080米,由青石板铺成,它是千年古城的缩影,是历史文化名城的象征。难以想象:千米的古街从"人流"变成"洪流"是怎样的一幅画面与景象。

词的下阕第一句主要描写台风带给市民的忧虑、生活的困难,"困守孤楼老少愁,停气难炊,水电堪忧","愁"突出了台风带来的心理忧虑,而停电、停水、停气阐明了台风带来的事实后果,这一句词把客观和主观、景和情都融化在一起了。

"欣闻响起救援舟,展了眉头,暖了心头",主要描写救援的情况和市民的心理变化。据不完全统计,险情发生后,全省各地救援队伍来到临海古城,连夜展开救援,浙江省消防救援总队调集指战员200人、舟艇71艘,宁波5县市区的130多人,又分别驾驶33艘冲锋舟、7艘橡皮艇赶往救援。台州消防救援支队调派指战员109人、舟艇18艘等全力增援临海市抢险救灾工作。临海市政府立即组织了大量的人力物力投入到救灾工作,各单位、各部门、各社区也积极投入到自救工作,台风过后,临海古城很快就恢复了往日的正常秩序。"展了眉头,暖了心头"与"才下眉头,却上心头"相比,虽意境相异甚远,但遣词用字上却有异曲同工之妙。

在大自然面前,人类是多么渺小,但灾难无情人有情,自然灾害终究算不了什么,词作者以乐天的情怀填写此词,这首词可以说是浅白易懂、琅琅上口、声韵和谐的一首词。

(三) 一剪梅·参加浙师大⁽¹⁾ 大学同学会[1]

暑往寒来多少天,婺北荒园⁽²⁾,苦读难眠。铃声破寂竞登攀,累了躯干,慧了心田。

斗转星移四十年,往事如烟,涌向胸前。古稀⁽³⁾再聚在名山,秋雨绵绵,思绪翩翩。

---

[1] 2019年10月21日发表于《当代琼崖文学》微刊,同日被《凤凰网·凤凰资讯》"爱与诗情画意"栏转载。

第二篇 诗词释义
第八章 词意与赏析

【注解】

（1）浙师大：浙江师范大学的简称，是一所以教师教育为主的多科性浙江省省属重点大学。

（2）婺北荒园：词作者读大学的浙江师范学院位于金华婺城区北面，当时"文革"刚结束，校园长满野草，一片荒凉景象。

（3）古稀：称人年七十。

【词意】

夏天过去，冬天到来，记不清有多少天，同学们在金华婺城区北面荒凉的校园里，刻苦攻读专业知识，往往紧张得难以入睡。伴着铃声打破宁静的长空，大家你追我赶竞相攀登学业的高峰，虽然身体感到劳累疲倦，但是心里不断积聚知识，聪明才智日益增多。

随着季节或时间的变化，不知不觉大学毕业已经40年了，从前经历的事情如同烟花一般，五彩缤纷涌上心头，呈现在眼前。接近古稀年龄时大家再次欢聚在名山大川，久别重逢的思念之情犹如秋雨般绵绵不断，相互问候和祝福的心意如同轻快的舞步源源而来。

【赏析】

《一剪梅·参加浙师大大学同学会》这首词笔调清新，给事件以情感，体现了词作者大学毕业40年后再次聚会时的喜悦心情。

词的上篇主要是回忆大学生涯寒窗苦读时的情景。起笔点题，指出时序。"暑往寒来"几度春秋，在当时办学条件艰苦的"婺北荒园"为渴求知识而昼夜苦读，"荒园"二字凸显了当时大学办学条件的情况，当时"文革"刚结束，刚刚恢复高考不久，浙师大的校园长满野草，一片荒凉景象，周边村落的农民将牛放牧到校园里，今非昔比，现在浙师大的校园非常整洁漂亮。

"铃声破寂竞登攀"一句主要是描写同学们寒窗苦读的场景，虽然学习上刻苦使得身体比较疲倦，但心田里的智慧之树日益长大。

词的下篇主要是对同学会的温馨场景的再次期许。"斗转星移四十年"一句，写出了二层意思，一是写出此次同学会是毕业40周年的同学会，大家相聚一起非常难得，词作者怎能不有感而发。二是感慨人生，回忆往事。这里用了"往事如烟，涌向胸前"一句，此句虽然直白，但也足以说明词作者此刻的止不住回忆往事与感慨岁月的心情。

"古稀再聚在名山"是点睛之笔,意思是接近古稀年龄时大家再次欢聚在名山大川,这里词作者适当地运用了烘云托月的手法,有藏而不露的韵味,把久别重逢的复杂心态和热闹场面,轻松地转换为充满喜悦的期待和相互亲切的交谈。

(四)风入松·登浦江仙华山

奇峰耸入白云间,石径接蓝天。轩辕幼女[1]飞升处,清幽付、宝洞溪泉[2]。丽日和风长驻,钟灵毓秀[3]绵延。

偎岩攥[4]索巧攀援,尺蠖[5]到山巅。遥遥似见凌霄殿,宫堂响、妙曲欢言。笑灭人间魑魅[6],欣盈上界神仙。

【注解】

(1)轩辕幼女:相传仙华山主峰少女峰,是轩辕黄帝幼女元修得道升天处。

(2)宝洞溪泉:仙华山飞来峰下的宝掌洞,清幽绝俗,山中有丹光,唐代中印度高僧宝掌禅师挂锡于此;与一山之隔的夏泉左溪寺,为唐代天台宗传代祖师玄朗大师修身地,并称为佛门圣地。

(3)钟灵毓秀:钟:凝聚,集中;毓:养育。凝聚了天地间的灵气,孕育着优秀的人物。指山川秀美,人才辈出。

(4)攥:用手抓住、抓稳、抓紧或握住。

(5)尺蠖:俗称"弓腰虫",是一种无脊椎动物,行动时一屈一伸像个拱桥。这里是指身体一屈一伸地前进。

(6)魑魅:传说中能害人的山泽之神怪,亦泛指鬼怪。

【词意】

神奇的山峰高耸直插云霄,登山石径连接着蓝天。轩辕黄帝幼女元修得道升天的地方,清幽绝俗,宝掌洞与夏泉左溪寺相互辉映,并称佛门圣地。天气晴朗,柔风常驻,山川秀美,群峰绵延,人杰地灵。

紧靠岩石,握住绳索,轻巧移动,身体像尺蠖虫一样一屈一伸地向山顶攀爬。远远似乎看到凌霄宝殿,宫殿响起了钟磬之声,乐声婉转,欢快愉悦。人间为消灭害人鬼怪而欢笑,天上神仙闻知也会感到非常高兴。

第二篇 诗词释义
第八章 词意与赏析

【赏析】

这是一首游历之词,游历途中眼中所见、耳中所闻、心中所感等触发而成。

词分两个部分,上阕主要是描绘景色,写仙华山主峰的途中的情景,层次分明,不紧不慢,颇显词作者善于铺陈的手笔。"奇峰耸入白云间"起句气势宏伟,很有震撼力,海拔728米的仙华山巅,石峰耸峭壁立,拔地而起。"石径接蓝天"句的"接"字运用得很妙,进一步写出了仙华山主峰少女峰高耸直插云霄的气势。

奇异的浦江仙华山,美妙的山色佳景,让词作者大开眼界,这里的许多典故更让词作者动容,如轩辕幼女飞升处、宝掌洞、夏泉左溪寺、宝莲花、铁马临关等,明代名家刘伯温有诗写道:"仙华杰出最怪异,望之如云浮太空。"所以仙华山又有了"第一仙峰"之称。词作者用了"丽日和风""钟灵毓秀"表达了那种云雾缥缈之间与游人飘飘欲仙,不是仙境胜似仙境的感觉。

下阕第一句"偎岩攥索巧攀援,尺蠖到山巅",非常形象地表现了爬山的动作,更加体现了仙华山"石径接蓝天"的气势,其中"偎""攥""攀"三字动感十足,轻灵俊秀,把爬山的艰难行进的情景刻画惟妙惟肖。"尺蠖"二字的运用,使人更形象地感觉到登山的形体动作。

当词作者登顶后,"会当凌绝顶,一览众山小"的情景顿时出现在的眼帘之中,所以词作者就有了"遥遥似见凌霄殿"的感慨。除了"看"与"爬"的感受外,词作者又一次不紧不慢地将视角导入到"听"意境中,"宫堂响、妙曲欢言",凌霄宝殿响起了钟磬之声,乐声婉转,欢快愉悦,可谓情景交融。"上古楚风,请君共飨,钟磬之声,荡尘洗耳。"一个人习惯于喧嚣的城市生活,当其置身于"丽日和风,钟灵毓秀"之中,耳听钟磬之声,那种远离尘嚣之感便会悠然而至。

最后两句词作者把登山过程与美好祝愿巧妙结合在一起,"笑灭人间魑魅",表达了对社会与人们的美好祝愿。这里用了"笑"字,足以表达词作者的"傲气",突出了词作者藐视"人间魑魅"的风骨与"刚直不阿"气度。最后两句颇有"登山赋诗、仗剑天涯"的雄风,词作者显然不是一个思乡的游子,也不是疲倦的归人,更不是逍遥的侠客,却能写出一个远离尘嚣逐梦者的祈求,此词真的好棒!

三、平韵格长调词

(一) 满庭芳·试教

浙水源头,[1] 江郎故里[2],处处几净窗明。宅前银杏,清婉啭雏莺。曲径垂枝曼舞,朱辉晃,乳燕舒翎[3]。凭栏立,征尘未掸,洗耳辨书声。

轻轻,揉重睑[4],斟词酌句[5],夜已三更。趁人静心专,再拜秦青[6]。教棒横藏枕底,惊甜梦,恐过鸡鸣。期桃李,迎春竞放,笑自两眉生。

【注解】

(1) 浙水源头:钱塘江旧称浙江,浙江省最大的河流。钱江有多个源头,其主源位于浙江省开化县境内,而江山港是钱江来自南面的一个源头。

(2) 江郎:江郎山因传说三个姓江的兄弟登顶变成为三大巨石而成名,浙江省江山县由此得名。

(3) 翎:鸟翅和尾巴上的长而硬的羽毛。

(4) 睑:眼睛周围能开闭的眼皮。

(5) 斟词酌句:斟、酌是指反复考虑。指写文章慎重细致,一字一句地推敲琢磨。

(6) 秦青:相传古代秦国名歌手,收薛谭为弟子。此喻指导教师。

【词意】

江山县拥有钱塘江南面的源头,又是著名的江郎山所在地,这里到处干净明亮。老宅门前的银杏树上,幼小的黄鹂歌声清亮婉转。弯曲的小路边,低垂的树枝随风轻飘舞姿优美,叶子在阳光照射下不断晃闪着赤红色的光彩,乳燕舒展着羽毛。作为指导教师,依偎着栏杆站立,身上长途跋涉留下的尘埃还没来得及清除,就开始专心指导实习学生的试教了。

轻轻地揉揉眼皮,一字一句地推敲琢磨,已经到了半夜。趁着夜深人静的时候,可以专心的钻研遇到的难题,再向行家请教解决难题的方法。教棒横放在枕头底下,美梦时常被惊醒,唯恐睡过头,耽误了工作。期望辛勤培养的学生,一个个像花儿那样迎春竞放,这样老师脸上就会充满

第二篇　诗词释义

第八章　词意与赏析

欢乐。

【赏析】

师范大学毕业生实习的地方是中学的讲台，毕业生作为新教师上讲台前，总有一个试教的过程，这过程就是毕业生备好一节课，领导或指导老师听课，以此观察和指出其教学中的问题，确定今后其努力的方向。词作者当时是浙江师范大学教师，这首词是他去江山中学指导毕业生试教时写下的，是一首以工作对象、工作内容为题材的词，充分反映出词作者对毕业生的高度负责精神，对指导毕业生试教的认真态度，以及对毕业生成才的热切期盼。

词的首句"浙水源头，江郎故里，处处几净窗明"，以飞扬之笔，从大处着眼写景，一开始就烘托出一个新的境界。"浙水源头"与"江郎故里"同属浙西江山，此水乃是钱塘江的源头，此山乃是传说中的神山。以水之灵气与山之憨厚作为开篇，可见词作者的运笔之妙与托意之远。明·冯梦龙《醒世恒言》："净几明窗不染尘，图书镇日与相亲。"此处词作者用了"几净窗明"，也颇有体现"图书镇日与相亲"之韵味。大处着笔小处写景，这是词作者的高超之笔法，在这里词作者的这一笔法得以淋漓尽致的表现。

第二句"宅前银杏，清婉啭雏莺"，短短9个字又衬托出一幅风景画，老宅、银杏、雏莺这是多美的一幅画，"老宅"与"银杏"留下静静的美感，而"雏莺"的"婉啭"是听觉上的美感，从视觉到听觉的通感，随着眼波的传情使人置身于一幅画中，这是本片的第二幅画。

第三句"曲径垂枝曼舞，朱辉晃，乳燕舒翎"，又是另外一幅优美的画面，"曲径通幽处，园林无俗情"，曲径边低垂的树枝舞姿优美，叶子不断晃闪，乳燕舒展着羽毛，"乳燕"的出现使得动感的画面更加灵动。

三幅优美的画面出现之后，词作者点明了主题，"洗耳辨书声"这才是词作者真正要表达的主题。"凭栏立，征尘未掸"写出了词作者一路风尘的艰辛，也是为了突出主题的铺垫之笔。值得一提的是"莺"前面加了"雏"与"燕"加了"乳"，有异曲同工之妙，蕴含着深刻的寓意，含有即将走出大学校门、迈向社会的毕业生之寓意。

词的下阕主要写认真试教的准备过程。开始一句突出体现了试教备课的用心程度,"斟词酌句见神韵",朱熹说:"大凡读书,须是熟读。熟读了自精熟,精熟后理自得"这是读书人的体会,也是治学者的感受。叶圣陶先生说得好:"一字未宜忽,语语悟其神。"备课的过程就是"斟词酌句"的过程,一字一句地推敲琢磨。

第二句"趁人静心专,再拜秦青",进一步营造了刻苦求学的氛围。这里词作者选用了《列子·汤问》中的一个典故:"薛谭学讴于秦青,未穷青之技,自谓尽之,遂辞归。秦青弗止,饯于郊衢,抚节悲歌,声振林木,响遏行云。薛谭乃谢求反,终身不敢言归。"

第三句"教棒横藏枕底,惊甜梦,恐过鸡鸣",也是表达认真备教的刻苦程度。尽管词作者从"斟词酌句""再拜秦青""教棒横藏枕底"三个层面表达同一勤奋之意,但词作者在时间的安排上是有先后的,"夜已三更""人静"时分、"鸡鸣"之时就是时间的次序安排,也就说明了,每一个层次有递进关系的。最后一句寄托了词作者的深情期盼,"期桃李,迎春竞放,笑自两眉生",词作者从中学代课教师到大学教授,教师始终是他心目中最美好的名字,讲台永远是他生命里最宁静的家园,他深深理解与体会教师行业的意义,桃李满天下是他心中的期望。

(二) 水调歌头·秋收[①]

菊艳熏风[(1)]别,鸿雁到衡阳。金乌[(2)]逼近西陆[(3)],气爽白云翔。枝动常飘落叶,果熟时闻裂壳,天地奏清商[(4)]。万里毫端处,满目闪金黄。

青山乐,琼田[(5)]笑,铁镰扬。飞旋脱粒钢齿[(6)],晚糯射新香。徒有春花若雨,岂比秋粮似玉,喜汗浥衣裳。回首归家路,明月皎如霜。

【注解】

(1) 熏风:和暖的南风或东南风。

(2) 金乌:古代神话,太阳有三足乌,后用为太阳的别称。韩愈《李花赠张十一署》诗:"金乌海底初飞来,朱辉散射青霞开。"

(3) 西陆:这里"西陆"就指秋天的意思。《隋书·天文志》:"行东陆谓之春,行南陆谓之夏,行西陆谓之秋,行北陆谓之冬。"

[①] 此词发表于:江西诗词[J]. 1996 (3);入选霍松林. 新中国诗词大观[M]. 北京:北京燕山出版社,2000:436.

第二篇 诗词释义
第八章 词意与赏析

（4）清商：称为清商乐，东汉以来在民歌基础上形成的一种音乐，古人认为这种乐调是象征秋天的。在音乐史上，"清商"有几种不同的含义。一种含义是：清商即高的商调。宫、商、角、徵、羽五调，一般是指中部音高说的，即相当于今天的 C、D、E、G、A 五调。比它们的本调高半个音的调子，就加一个"清"字来表示，如"清宫""清商"。清商比商调高半个音。

（5）琼田：这里是指田野的意思。有三种说法，一是传说中能生灵草的田。二是传说中种玉之田。三是形容莹洁如玉的江湖、田野。

（6）脱粒钢齿：意谓脱粒机，是一种收割机械，指能够将农作物籽粒与茎秆分离的机械，主要指粮食作物的收获机械。根据作物的不同，脱粒机种类不同。如"打稻机"适用于水稻脱粒；用于玉米脱粒的称为"玉米脱粒机"等。

【词意】

菊花怒放之际正是酷暑热风告退的时候，秋分送爽，鸿雁南飞。季节已近金秋，天高气爽，白云轻飘。秋风轻轻吹动着枝条，落叶徐徐飘向大地，果实成熟的时候，经常可以听到果壳开裂的声音，犹如天地合乐天籁之音。极目远望，万物呈现一片灿烂金黄。

青山欢乐，田野嬉笑，铁镰飞扬。收割机飞速旋转，脱粒的晚稻散发新的清香。如雨春花虽然艳美，可怎么比得上似玉秋粮的丰厚，劳动喜悦的汗水湿透了衣服。收工回家的时候，一轮皎洁如霜的明月，已将银灰洒落在大地。

【赏析】

《水调歌头·秋收》成稿于 20 世纪 80 年代，后来发表在《江西诗词》1996 年第 3 期。这是一首描写秋收景象的词。张教授生于农家，长于农村，考上大学前一直都参加农忙劳动。"由于众所周知的原因，当时不能直接考大学，读完高中便回乡参加农业生产"，因此对艳丽秋色、丰收田园和劳动喜悦的抒情是入木三分的。

上阕起首四句点明了时令。菊花盛开意味秋的来临，正是秋高气爽白云轻飘的时候，连酷热的暖风都已经告退，鸿雁南归。"鸿雁到衡阳"，从候鸟描写秋。范仲淹"塞下秋来风景异 衡阳雁去无留意"的词句，"衡阳雁去无留意"说的就是湖南南岳衡山的，相传大雁南飞，到此便回头，这个题材给了词作者写秋的灵感。

"金乌逼近西陆"，进一步说明秋色日渐加浓，秋意也在逐步加深。写秋景，一般多写得萧瑟，这里却把秋景写得很美，反映出词作者的开朗胸怀，它是在为下阕的描写秋收场面与抒发感慨作势。

五、六两句，点明自然的美：枝动是动态的美，果裂是声音的美！这种美是天籁之音。自然界的枝舞、风声、鸟鸣、泉涌等凝聚天地之气，是自然之趣，是日月精华的声音，是最美的音乐。最后两句表达了词作者的视野更为开阔，从色彩上浓墨渲染秋的气息，万物呈现一片灿烂金黄，同时也孕育着词作者心中更为欢快的情感波澜。

下阕开头的三句运用拟人化的手法表达了丰收时的喜悦心情。每年的秋季是农民最忙的时候，也是农民最辛苦、最乐和的时候。对于从农村出来的人来说更是记忆如新，到了秋的收获季节，捧着到手的粮食，那个高兴劲就不用提了，虽然每个人脸上还挂着汗珠子，衣服被汗水湿透，可喜悦难以言表。

接下来的两句写出了劳动的场面，田地里到处都是农民抢收稻谷的身影，乡间呈现出一派秋收大忙景象。打稻子时由于是把稻秸和稻穗一起送进脱粒机内，稻秸稻穗被机器一卷再喷出来，脱粒机扬起稻尘，稻尘带着浓浓的稻香四处飘溢，这清香只有亲临脱粒场面的人，才有机会感受到。

"徒有春花若雨，岂比秋粮似玉"两句才是画龙点睛之句，如雨春花虽然艳美，可怎么比得上似玉秋粮的丰厚。秋天，年年如约而来，农村劳动的人们都有属于自己的秋天：秋是成熟的季节，是收获的季节，是充实的季节，更是喜悦的季节。

最后两句是描写劳动结束回家的情景。

词中的景物不仅有动态、静态与色彩的素描，更有广狭、远近、高低之分，同时还体现了天色随时间推移由明而暗的变化。词作者将典型景物与特定的心情结合起来，景语即是情语，意在给人以丰富的想象，加之以明月皎洁如霜气氛的渲染，更加烘托出劳动场景与归途的喜悦，从而使得全词意境深远而和谐，风格峻峭而清新。

第二篇 诗词释义
第八章 词意与赏析

（三）水调歌头·嘉兴南湖烟雨楼凭眺①

玉宇(1)橙光洒，翠鉴(2)碧云浮。菱花皓洁无际，菡萏(3)捧华舟。塘荻(4)惊鸥点点，岸柳鸣蝉阵阵，疑是到瀛洲(5)。圣棹(6)开波去，万里写春秋。

沧溟(7)静，蛟龙伏，太阿(8)收。明空赫日居中，砥柱挺黄流(9)。鞭指康庄新路，马跃甘泉深处，乐鼓振神州。极目烟霞尽，绿圃(10)缀琼楼。

【注解】

(1) 玉宇：指天空。

(2) 鉴：镜子，这里是指湖面。

(3) 菡萏：荷花的别称，古人称未开的荷花为菡萏，即花苞。荷花是莲科莲属多年生草本花卉，别名莲花、水芙蓉、菡萏。

(4) 荻：为禾本科，荻属，俗称荻草、荻了、霸土剑，系多年生草本水陆两生植物。

(5) 瀛洲：传说中的东海仙山。

(6) 棹：划船的一种工具，形状和桨差不多，这里指龙舟。

(7) 沧溟：一是指大海；二是指苍天，高远幽深的天空。

(8) 太阿：古代名剑。亦作"泰阿"。李斯《谏逐客书》"今陛下致昆之玉，有随和三宝，垂明月之珠，服太阿之剑，乘纤离之马，建翠翠凤之旗，树灵龟之鼓。"

(9) 砥柱挺黄流：万里黄河，从源头到入海，就以它那汹涌澎湃的气势而著称。在黄河上，有数不尽的险滩和暗礁，中流砥柱，这樽仅有10多米高的一座山形河石，就被华夏子孙们传颂为英雄石，作为中华民族坚强不屈的象征。

(10) 圃：种植菜蔬、花草、瓜果的园子。

【词意】

天空上洒下橙黄色的明媚阳光，碧云浮在翠绿如镜的湖面上。洁白的菱花无边无际，荷花衬托着华丽的龙舟。湖中荻草间扑簌惊飞起几只鸥鸟，湖岸柳树丛鸣蝉一阵阵欢唱，好像是到了传说中的东海仙山。神圣的

---

① 此词入选霍松林．新中国诗词大观［M］．北京：北京燕山出版社，2000：436.

龙舟就在这里起步向前划去，留下道道波浪，鹏程万里，挥写历史。

辽阔的大地与高远的天空变得静寂，蛟龙已经降伏，太阿剑已经收藏。一轮红日悬挂在碧蓝的天空正中，中流砥柱坚挺在黄河巨浪之间。目标指向美好光明的前途，策马奔驰在康庄大道上，向甘泉深处飞跃，乐鼓震撼着神州大地。极目远眺，烟霞散尽，绿色的田园上点缀着崭新的楼宇。

【赏析】

南湖因地处嘉兴城南而得名，区域总面积276.3公顷，其中水域面积98公顷与西南湖合称鸳鸯湖，素来以"轻烟拂渚，微风欲来"的迷人景色著称于世。湖心岛位于南湖中心，全岛面积1.13公顷。明嘉靖二十七年（公元1548年）嘉兴知府赵瀛组织疏浚城河，将淤泥垒土成岛，次年建烟雨楼于岛上。清以后又相继建成清晖堂、孤云簃、小蓬莱、来许亭、鉴亭、宝梅亭、东和西御碑亭、访踪亭等建筑，亭台楼阁、假山回廊、古树碑刻，错落有致，是典型的江南园林。烟雨楼是嘉兴南湖湖心岛上的主要建筑，现已成为岛上整个园林的泛称，此楼是整个湖面的视高点。夏秋之季，词作者登楼凭栏远瞻，烟雨弥漫，犹如山水画卷，感慨不已。

这首词用语华丽、用意深刻，结构巧妙。词作者抓住南湖烟雨楼外界物象细致刻画。

上阕描写词作者登上嘉兴南湖烟雨楼所闻所见。第一句从大处着笔，概览南湖与楼宇的整体风貌。词中描写楼宇用"橙光洒"，描写湖面用了"碧云浮"，"洒"与"浮"用得十分精彩，使得楼宇与湖面很有灵动之气。"浮"在这里用得尤其妙！曾经有诗句"到得神山寻仙源，更喜碧云浮眼前"，这里只写到"碧云浮在眼前"，而"翠鉴碧云浮"可以说写到家了，写湖面用"翠鉴"，鉴者镜也，碧云浮在翠绿如镜的湖面上，可以说是虚实相生，浑然天成，意味无穷，太给人以空灵的感受了。

第二句"菱花皓洁无际，菡萏捧华舟"，巧妙地把两个镜头剪接起来，构成奇物的意象，第一个镜头是：菱花洁白，水土一色，无边无际。第二个镜头是：香莲碧水，映日荷花，衬托龙舟。一个"捧"字把荷花簇拥龙舟的特质充分地表现出来了。

第二篇 诗词释义
第八章 词意与赏析

第三句"塘荻惊鸥点点,岸柳鸣蝉阵阵,疑是到瀛洲",是视角转换后的自然连接,以"惊鸥"与"鸣蝉"相映生辉,使人不禁想起了"明月别枝惊鹊,清风半夜鸣蝉"的名句。"疏荫摇摇趁岸移,惊鸥点点过帆飞","高蝉多远韵,茂树有余音",诗意盎然的南湖,令人置身于传说中的东海仙山之感。

反复写景之后,才出现了点题之句:"圣棹开波去,万里写春秋"。中国共产党一大会议结束后,代表们先后悄悄离船登岸,他们把革命的火种带向全国各地,中国的历史从此写出全新的篇章。

下阕完全是词作者想象烟雨楼外的情景,两相对比、烘托,表现了自己的心境。开始一句,"沧溟静,蛟龙伏,太阿收",寓意是战争已经结束。太阿剑是古代名剑,是威道之剑,使用这把剑犹如雄狮一般的勇猛,非帝王而不能用。相传楚王曾用血祭此剑,磅礴剑气一举消灭20万晋军,转败为胜。现在太阿剑已经收藏,说明了社会已经太平。

接下的第二句,进一步刻画了太平盛世的来临。陈亮词:"胡运何须问,赫日自当中",此句中的"赫日",喻为当时的赵宋王朝的国运如赤日之在中天,有着光明的前途。这里借用"赫日"与"中流砥柱",表达了国泰民安与中华民族坚强不屈思想。

第三句"鞭指康庄新路,马跃甘泉深处,乐鼓振神州",是表达了词作者对祖国美好的憧憬。

最后一句是词中意与韵的回收,从眼前的景物写起,到思绪万千,再从遥远的思绪,回到眼前的景色。烟霞散尽,极目渐收,绿色的田园上点缀着一排排崭新的楼宇。从"玉宇橙光洒"的"玉宇"到"绿圃缀琼楼"的"琼楼",使得"雨楼凭眺"又回到了原点。

此词在写作手法上是颇具特色的,这首词上阕与下阕所描绘的两组画面是截然不同的,读者必须凭自己的想象将它们联系想来。上阕写玉宇、碧云、菱花、菡萏、华舟、惊鸥、鸣蝉等都是眼前景物;下阕写蛟龙、太阿、砥柱、新路、马跃、甘泉、乐鼓等,都从想象得之。眼前之物与想象之物,淡浓相宜,表现了各异的情趣,这跟西方现代派诗歌的艺术特征有某些相似之处,这种特殊的艺术技巧,在词作者的词中是不常见的。

（四）汉宫春·校园掠影[①]

春倚东风，令冰溶梅淡，雨涤[(1)]余寒。新晴日丽，唤来绿舞红翻。流光易逝，几回头，叶落花残。如景转、人生短暂，无方永驻朱颜[(2)]。

史颂囊萤宵读[(3)]，赞骑鞍默诵[(4)]，学业艰难。微流汇成巨海，粒土堆山。芳华正盛，趁良辰，切莫虚闲。赢大治、心丹志壮，勇攀时代峰巅。

【注解】

（1）涤：清除。

（2）朱颜：指各种容颜、脸色、面容等。

（3）囊萤宵读：《晋书》载"车胤家贫，不常得油。夏日，则练囊盛数十萤火以照书，以夜继日焉"。

（4）骑鞍默诵：全祖望的《亭林先生神道表》载：顾炎武或径行平原大野，无足留意，则于鞍上默诵诸经注疏。

【词意】

倚着东风春回大地，使得坚冰溶化，梅花褪色，雨水洗尽尚未回暖时的寒气。雨后初晴阳光艳丽，唤来绿草起舞红花翻滚。时间过得极快，几次回头，叶子飘落，鲜花凋零。犹如景色的变化，人生短暂，没有妙方让年轻貌美的容颜永驻。

历史上曾颂扬车胤囊盛萤火照书以夜读，赞誉顾炎武马背上默读经典，成就学业是件艰难的事情。细小的河流能够汇合成大海，细小的土粒可以堆积成山。学生时代正是人生的青少年时期，趁着年轻的好时光成就学业，千万不要虚度光阴。为实现民富国强，树立雄心壮志，勇于攀登时代的峰巅。

【赏析】

这是一首描写校园的词作，通过词作者对校园季节变化的景色描写，抒发了惜时苦读，树立雄心，报效祖国的情怀。

开篇第一句表明了寒冬褪尽春天来临。东风吹来满园春色，春风驰荡，坚冰溶化，梅花失色，景色宜人。"冰溶梅淡"用得很妙！自古用梅花描写春天来临的诗句非常多，如李白《宫中行乐词八首》"寒雪梅中尽，

[①] 此词入选霍松林.新中国诗词大观［M］.北京：北京燕山出版社，2000：437.

第二篇 诗词释义
第八章 词意与赏析

春风柳上归",又如陆凯《赠范晔》"折花逢驿使,寄予陇头人。江南无所有,聊寄一枝春。"梅花冬末即开花,一树独先天下春,故为春之信使,用梅花来表示春天自古就很多,但用梅花的颜色来表示春天的却很少,这是作者的独到之处,"淡"字昭示了春深的程度,梅花将凋谢,江南一片春色。

"沾衣欲湿杏花雨,吹面不寒杨柳风",雨涤余寒,校园春深。"淡淡云烟生野趣,轻轻竹雨洗心尘",雨水洗净的不仅仅是尚未回暖时的寒气,也洗涤了期待春天来临的心尘。

第二句"新晴日丽,唤来绿舞红翻",雨后初晴,阳光艳丽,叶绿花红,这一句是为下句的表达做铺垫。第三句"流光易逝,几回头,叶落花残。"宋祁《浪淘沙近》:"少年不管,流光如箭,因循不觉韶光换",时间飞逝,几个回头之间,叶子落了,花也败了,一片萧条的景象。"今人不见古时月,今月曾经照古人",第四句人生短暂,更没有妙方让容颜永驻。看似词作者在委婉地表达怜花惜草的心情,流露出人生苦短的苦闷,其实不然,"流光易逝,人生短暂",更激发了"少壮不努力,老大徒伤悲"劝人珍惜与勤勉的情怀,极尽以退为进之妙。

一生之计在于勤奋,治学之道始于读书。下阕"史颂囊萤宵读,赞骑鞍默诵,学业艰难"这一句就用了两个典故。

第一个典故是囊萤照读:《晋书·车胤传》:"车胤恭勤不倦,博学多通,家贫不常得油,夏月则练囊盛数十萤火以照书,以夜继日焉。"意思是晋代车胤从小就好学不倦,但因家贫没钱买灯油供他晚上读书,因此浪费晚上的时间他觉得十分可惜。在一个夏日的夜晚,他见室外到处飞舞着萤火虫,就用白纱布袋把捉来的几十只萤火虫吊在书本的上方,借着微弱的光线进行读书。车胤囊萤照读的故事,在历史上被传为美谈,激励着后世一代又一代的读书人。

第二典故是顾炎武手不释卷:全祖望的《亭林先生神道表》载:"凡先生之游,以二马三骡载书自随,或径行平原大野,无足留意,则于鞍上默诵诸经注疏。偶有遗忘,则即坊肆中发书而熟复之。"意思是凡是顾炎武外出游历,都要用许多马和骡子载书随行。他有时直接走过平原旷野时,没有什么值得留意的,就在马背上默读各种经典著作的注解疏证。偶然有忘记的,就在附近街市中的客店打开书仔细认真地再次查看。顾炎武手不释卷的故事同样激励着人们行万里路,读万卷书。

第二句"微流汇成巨海,粒土堆山",表达了知识是有一个不断累积的过程,涓涓细流,汇成大海;细小土粒,堆积成山。犹如荀子劝学所言:"积土成山,风雨兴焉;积水成渊,蛟龙生焉;积善成德,而神明自得,圣心备焉。故不积跬步,无以至千里;不积小流,无以成江海。"

第三句"芳华正盛,趁良辰,切莫虚闲",更是直接的表达千万不要虚度光阴。大学生花样的年华,火样的青春,正是汲取知识的美好岁月,"人最宝贵的东西是生命,生命对每个人来说只有一次,因此人的一生应当这样度过:当他回首往事的时候,不因虚度年华而悔恨,也不因碌碌无为而羞愧。"

最后一句是希望大学生要立志报国,"心丹志壮,勇攀时代巅峰"。卢梭说:"误用光阴比虚掷光阴的损失更大,教育错了比未受教育离智慧更远。"词作者在鼓励大学生学习知识的同时,也教育他们要胸怀祖国、志存高远,自觉为国家和人民服务,成为时代的弄潮儿。

从内容上看这是一篇劝学的词,词的勤勉劝学的用语颇有壮士弹剑、豪迈倜傥之气。前人填词,大多求有精彩的开篇,而词作者在此却采用先抑后扬的方式表达,上阕直抒:几次回头,叶子飘落,鲜花凋零,事过境迁,人生短暂。似乎在感叹人生,颇为伤感,实则回旋。下阕表达了积水成渊、积土成山、心丹志壮、勇攀峰巅的愿望,所以更加体现了艺术感染力。

第二节　仄韵格等词的词意及赏析

一、仄韵格中调词

解佩令·香港联合交易所观感

奇雕如八,[1] 通身寓发。巧玲珑、形随情别。最怪胸前,像握手、两端相叠,似摩拳、两端断裂。

厅旁一瞥[2],书中百页。恐神仙、难猜升跌。股海多漩,已套牢、有人呜咽,又成交、有人喜悦。

【注解】

(1) 奇雕如八:香港联合交易所大楼前,竖着一座石雕,其造型为一个阿拉伯数字"8",与当地方言"发"同音,中间一横以高低错位形式断开,不同角度样子各异,内涵丰富,耐人寻味。

(2)瞥:短时间大略看看。

【词意】

香港股票联合交易所大楼前,竖着一座石雕,其造型为一个阿拉伯数字"8",音同当地方言的"发",浑身寓示发财之意。石雕精巧细致,形象随着你的心情变化而产生差异。最奇特的是石雕胸前,从一个角度看两端重叠像双手相握,而从另外一个角度看却是两端断裂像摩拳擦掌。

股票交易大厅的一边,粗略一看,为实战提供参考价值的股票动态行情图,内容胜过百页的图书。股票价格升跌,恐怕就是神仙也难以猜测。股票投资的大海中到处都是旋涡,变化莫测,有人因股票大幅度缩水而非常伤心,有人因股票成交赚钱而非常愉快。

【赏析】

这首词是描写词作者在香港联合交易所的观感,也是词作者香港游历的作品之一。以股票交易为内容的词,可以说真的不多见,能够用寥寥几笔就把股票交易时的场景反映出来,更是不容易,词作者能做到入木三分,足见词作者的文字功底。

上阕写在香港股票联合交易所大楼前所见。每一人身边肯定有许多普通的事物值得写,选择一个有所感触的事物加以描述,写清楚事物的特点和其中的感悟,这就是词作者选取素材角度的高明之处。香港联合交易所大楼前肯定有许多景物值得写的,而词作者仅选取了竖着一座的石雕,这不能不说是匠心独运。"巧玲珑、形随情别"是精彩之句,结构巧妙,语气轻松,此句虽是写景,但也包含了某种哲理。

下阕主要写香港股票联合交易过程的所观。一、二句写交易大厅的场景。香港是重要的国际金融中心之一,股票市场十分活跃。联合交易所的交易大厅2300平方米,有1500个交易座位,有600多间经纪行的1000多个经纪人出场交易,采用现代化电脑操作,电视屏幕显示,电话联络,交易大厅内容如此丰富用"书中百页"来表示不为过。"恐神仙、难猜升跌。"两句是表达动态的股票难以揣摩,股票市场是社会政治、经济的晴雨表，社会的每一个微小的变化，各种有关的消息都会引起股市的波动。最后三句写股票交易时人们丰富的表情，有人"呜咽"、有人"喜悦"。全篇选材巧妙、用词准确、轻松活泼地反映出股票交易的精彩。

二、仄韵格长调词

（一）桂枝香·晨读

东皇[1] 脸赤。喜浩渺海天，六龙[2] 驰急。早有书声促晓，夺机乘隙。芳坪翠野围墙下，尽琅琅[3]、瑟钲[4] 交织。悦音回荡，近糅[5] 莺语，远溶泉激。

吮乳日，菲才浅识。要足智多谋，端赖群籍。师旷纠君三喻[6]，幼宜加力。纪昌学射先明目，[7] 稳根基、巨楼方立。险滩飞渡，凌云赋就，汗青[8] 留绩。

【注解】

（1）东皇：指天神东皇太一。太一是星名。据《史记·天官书》记载："前列直斗口三星，随北端兑，若见若不，曰阴德，或曰天一。"

（2）六龙：指太阳，神话传说日神乘车，驾以六龙。

（3）琅琅：金石相击的声音，这里是指响亮的读书声音。

（4）瑟：中国古代的拨弦乐器，形状似琴，有25根弦，弦的粗细不同；钲：中国古代打击乐器，铜制，其形状与小型的钟相似，可执柄敲击。几个大小不同的钲组合在一起，成为"编钲"。

（5）糅：混杂。

（6）三喻：《说苑》载，师旷用三个比喻，向晋平公解释人生不同时期喜欢学习的差别。他说："少好学，如红日初升的光芒；壮年好学，如中午的阳光；老年好学，好像蜡烛一样明亮。"

（7）纪昌学射先明目：《列子·汤问》载，纪昌向飞卫学习射箭，飞卫对他说，你要先锻炼视力，才可以学射。

（8）汗青：古时在竹简上记事，先以火烤青竹，使水分如汗渗出，便于书写，并免虫蛀，故称汗青，是史册的意思。

第二篇 诗词释义
第八章 词意与赏析

【词意】

　　清晨太阳刚刚升起，染红了整个东方。喜看烟波浩渺的海边天空，太阳神驾着六龙急速奔驰。早早就有读书声催促天明的到来，趁着清晨空隙争取学习的时间。平坦的芳草地上，翠绿的山野间，以及高高的围墙下，到处都是响亮的读书声音，犹如多种乐器合奏的交响乐。这种愉悦的声音在空中回荡，近闻犹如众多黄鹂鸣叫声相混杂，远听好像震荡飞溅的泉水声。

　　年幼的时候，识见肤浅才能有限。要想富有智慧善于谋划，正确的做法就是博览群书。师旷以三个比喻，向晋平公解释人生不同时期喜欢学习的差别，少年时特别应该加大学习的力度。纪昌学习射箭前先锻炼视力；建筑的基础稳实，大楼方能耸立。只有越过人生遇到的急流险滩，才能实现宏伟远大的理想，伟绩才可彪炳青史。

【赏析】

　　晨读是学校里最普遍的学习形式，不同层次的学校都有晨读，在学校里晨读可以说是司空见惯，词作者能奇思妙想并写出优美句子，我们深深地为这首词所陶醉。

　　这首词用的典故特别多。

　　开头第一句"东皇脸赤"运用了第一个典故，东皇太一是星名。据《史记·天官书》记载："前列直斗口三星，随北端兑，若见若不，曰阴德，或曰天一。"《晋书·天文志上》："天一星在紫宫门右。"《星经》说太一星在紫宫门外天一星南。紫宫是北极星所在的天区，天一、太一都很暗。《天官书》中保存的黄帝时代观念很明显，但在神中黄帝并不如太一地位高。东皇脸变红了，意味着清晨的来临。

　　第二、三句又运用了第二个典故，"六龙驰急"意指太阳出来。神话传说日神乘车，驾以六龙，羲和为御者。汉刘向《九叹·远游》："贯澒濛以东朅兮，维六龙於扶桑。"晋郭璞《游仙诗》："六龙安可顿，运流有代谢。时变感人思，已秋复愿夏。"宋王安石《休假大佛寺》诗："六龙高徘徊，光景在我裳。"

　　两个典故运用之后，转入对眼前现实景色的描写。"早有书声促晓"一句中的"促"字用得很妙，书声真的能够"促晓"吗？显然不能！以

"不能"来表达"能",这就是妙处所在,这是词作者要表达一个深层的东西,那是表达学子勤奋学习之风。

第四、五句写校园里草坪上、山野间、围墙下晨读的场景。

最后一句"悦音回荡,近糅莺语,远溶泉激",以拟人化的手法写出了晨读的热闹场面。

"一年之计在于春,一日之计在于晨,一家之计在于和,一生之计在于勤。"词作者以晨读为题表达"一日之计在于晨",实则是表明"一生之计在于勤",词的下阕才是词作者对此真正要阐述的。

下阕前两句就表明了一个道理:一生之计在于勤。要想富有智慧善于谋划,正确的做法就是读书。要想足智多谋并运筹帷幄,就需要勤学苦练与博览群书,"业精于勤而荒于嬉,行成于思而毁于随""聪明出于勤奋,天才在于积累"。

第三句"师旷纠君三喻"运用了第三个典故,晋平公问于师旷曰:"吾年七十,欲学,恐已暮矣!"师旷曰:"何不炳烛乎?"平公曰:"安有为人臣而戏其君乎?"师旷曰:"盲臣安敢戏其君乎!臣闻之:'少而好学,如日出之阳;壮而好学,如日中之光;老而好学,如炳烛之明。'炳烛之明,孰与昧行乎?"公曰:"善哉!"这个典故要表达的是:少年时特别应该加大学习的力度。

第四句"纪昌学射先明目",是本词运用的第四个典故:纪昌者,又学射于飞卫。飞卫曰:"尔先学不瞬,而后可言射矣。"

下阕词作者运用的两个典故,无非是表达同一个意思:成就人生需要勤奋,在学习的道路上,没有捷径可走,没有顺风船可驶,想要在广博的书山、学海中汲取更多更广的知识,"勤奋"和"潜心"是两个必不可少的。

"险滩飞渡,凌云赋就,汗青留绩"词最后一句再一次强调了勤奋的重要性,也是本篇劝学的点睛之笔:在人的成长过程中,一定要不断学习书中所承载的智慧,只有克服惰性,有异于常人的勤奋,才能实现宏伟远大的理想,伟绩才可彪炳青史,才能理解这个真实的世界,才会有漂泊在智慧之海中的成就感。

（二）桂枝香·送友留学[①]

云飞雨歇。正艳伴蔷薇，绿追荷叶。渐近秧青麦熟，遍听鹈鸪。下帷[(1)]不觉窗前景，绝编[(2)]人，岂愁春别？溯源寻路，炎精[(3)]送罢，又陪明月。

肃纲纪[(4)]，衡材补缺。算似簇[(5)]知音，伯牙弦悦[(6)]。奋翮[(7)]良机莫失，少年时节！丹砂[(8)]九转纯肝胆，铸青春，耀辉坚铁。振兴华夏，按期归国，献躯捐血。

【注解】

(1) 下帷：西汉儒生董仲舒放下帷帐潜心讲学，三年不看窗外事。

(2) 绝编：孔子读《易》时，好几次把牛皮绳子翻断了。

(3) 炎精：太阳的别名。

(4) 纲纪：法律制度。

(5) 簇：聚集成团的一群或一组。"算似簇知音"，意思是说，推算起来知音成群，这里表明社会上爱惜人才者很多。

(6) 伯牙弦悦：俞伯牙善于演奏，钟子期善于欣赏。这就是"知音"一词的由来。后钟子期因病故，俞伯牙悲痛万分，认为知音已死，所以，终生不再弹琴了。

(7) 奋翮：奋是指鸟张开并振动翅膀，奋飞、奋翅。翮是指鸟翎的茎，翎管。鸟的翅膀：举翮。振翮高飞。

(8) 丹砂：为古代方士炼丹的主要原料，也可制作颜料、药剂。

【词意】

白云轻飘，雨已停息。艳丽的蔷薇花正在开放，荷叶碧绿逗人。渐渐到了秧青麦熟的季节，到处都可以听到鹈鸪的鸣叫。古代有学者放下帷帐潜心学习，没有感觉到窗外景色的变化。对于专心求学的人来说，怎么会担忧春天的离去呢？学者在探求学问、寻找解决办法的过程中，往往是送走了白天又迎来夜晚，夜以继日地钻研下去。

国家通过整肃和完善制度，根据人才水平和岗位需要补充各种人员，正是用人的大好时机。社会上到处都有理解人才、爱惜人才和重用人才的

[①] 此词入选霍松林.新中国诗词大观 [M].北京：北京燕山出版社，2000：437.

知音，作为人才一定是非常幸运而快乐的。要成为人才，年轻时不要错失振翅高飞的良机！要趁精力充沛之际，以百炼成钢的方式来历练心智，用青春热血完成学业，从而通过磨炼意志铸就辉煌。希望友人在国外完成学业后，按期回到祖国，为振兴中华民族而贡献毕生精力。

【赏析】

这是一首送别友人留学的佳作。词的上阕以写景来抒发求学之路的艰辛感触。以"云飞雨歇"开篇，非常有意境，可谓笔势舒婉，勾勒出雨后初晴与空气清新的意境。

从"正艳伴蔷薇，绿追荷叶"的第二句中可以看出，蔷薇艳红，荷叶碧绿，一红一绿，构成对比，色彩感极强。"绿追荷叶"的"追"用得恰到好处，追有追逐、追赶的意思，使得色彩有动感。

第三句继续写景，而写景不仅仅有色彩的渲染，更有声音的渲染。"秧青麦熟"，用色彩的对比表明季节，秧苗青色，麦熟黄色，秧青麦熟的季节是春天来临的季节，到处都可以听到鹈鴂的鸣叫。这里出现"鹈鴂"鸟，有其深层含义，因为"鹈鴂"这种鸟在诗词中就常被用来表现岁月蹉跎、年华虚度、众芳衰歇、青春迟暮的意思，如屈原的《离骚》说："恐鹈鴂之先鸣兮，使夫百草为之不芳。"鹈鴂一叫，说明春天已经归去，百花的芬芳也就停止了。又如辛弃疾《贺新郎绿树听鹈鴂》："绿树听鹈鴂，更那堪、鹧鸪声住，杜鹃声切？啼到春归无觅处，苦恨芳菲都歇。"因此，词作者以鹈鴂鸣叫的听觉意象来界定时空，渲染气氛，为转入劝学与鼓励定调。

第四句："下帷不觉窗前景，绝编人，岂愁春别？"这是鼓励之词，潜心学习的人没有感觉到窗外景色的变化。

最后一句对友人学习刻苦精神的肯定，求学就需要有追究根本，追寻根源的探索精神，更应有废寝忘食、夜以继日的干劲。

词的下阕以真诚鼓励友人学成归来报效祖国。第一句"肃纲纪，衡材补缺"，是指用人制度，国家会根据一个人的水平录用，告诉友人只要学成回国，会有用武之地。

第二句"算似簇知音，伯牙弦悦"，借用了"伯牙绝弦"的故事，俞伯牙与钟子期是一对千古传诵的至交典范。这里是说，在当前形势下，推算起来，社会上理解和爱惜人才的知音很多，作为人才觉得自己大有用武之地一定很快乐。

最后三句词表达了三层意思：一是鼓励立志。不管时代的潮流怎样，人总可以凭着自己的志向，超脱时代和社会，成为有用于社会的人。二是激励勤学。年轻的时候，正是百炼成钢历练心智之际，不要错失振翅高飞的良机。三是期望报效祖国。希望友人牢记自己是中华民族的儿女，怀着拳拳爱国之心，学成回国报效祖国，为振兴中华民族而贡献青春。

这首词语言逻辑顺序渐进，环环紧扣，文字清醇优雅，节奏错落有致，把深厚的情谊寄托在大量铺陈的意境中，对友人的鼓励真挚感人，言语已尽而韵味无穷，达到了很高的艺术境界。

（三）贺新郎·升国旗

樨[1]蕊摇寒露。赫晨曦、林霏[2]洗净，锦霞收雾。律吕[3]和谐飞捷奏，礼炮声连号鼓。冉冉展、千秋功赋。强虏[4]灰飞穷寇遁，亮吴钩[5]、血火开生路。天柱耸，地维[6]固。

秦皇汉武皆尘土。看今朝、江山胜旧，庶民当主。举国同心迎盛世，策马搋金[7]阔步。兴百废、只争朝暮。日月交辉均冷热，遍神州、四季春长住。莺语啭，燕欣舞。

【注解】

（1）樨：常绿小乔木，开白色或暗黄色小花，有特殊的香气。花供观赏，亦可做香料，这种植物的花，通称"桂花"。

（2）林霏：树林中的云气。宋·欧阳修《醉翁亭记》："若夫日出而林霏开，云归而岩穴暝。"

（3）律吕：有一定音高标准和相应名称的中国音律体系。律吕是十二律的又称，语源自三分损益律的六律、六吕。

（4）强虏：中国古代对北方外族的贬称，这里泛指外国侵略者。

（5）吴钩：兵器，形似剑而曲。春秋吴人善铸钩，故称吴钩。

（6）地维：维系大地的绳子。古人以为天圆地方，天有九柱支持，地有四维系缀。故亦指地的四角。《列子·汤问》："其后共工氏与颛顼争为帝，怒而触不周之山，折天柱，绝地维。"

(7) 摐金：撞击金属乐器。

【词意】

风吹桂花摇落夜间凝结而成的露珠。清晨旭日东升，光芒万丈，树林中的云气已被洗净，绚丽的彩霞渐渐取代了雾霭。协调和谐的音乐声轻快的演奏起来，礼炮连着号鼓声浪阵阵。国旗舒展开来慢慢地升起，由于它蕴涵着千秋功业而被永久颂扬。通过武装斗争，消灭了外国侵略者，赶走了国内反动派，新中国开辟出一条生存道路，从而有了国旗。自此开始，我国犹如天柱耸立，地维稳固，国力日渐强盛。

秦始皇、汉武帝为代表的封建社会早已成为过去。看当今时代，祖国江山非昔日可比，人民已经当家做主。全国人民齐心协力为创建繁荣昌盛的新时代，奋鞭策马摐金击鼓大踏步前进。此时此刻，许多被搁置的事情要兴办，力争在最短的时间内去实现。展望未来，太阳和月亮将互相辉映，使得冷热调和，神州大地，四季长春。于是，黄莺婉转歌唱，燕子欢快飞舞。

【赏析】

这首《贺新郎·升国旗》是词作者最早公开发表的词作品，全词共有116字，分为上下两阕。本词是词作者在升国旗时感慨所赋，豪而不放，力主顿挫。词中运用比兴手法，以眼前景色道心中感触之事，写出极深沉的爱国情思，达到比兴言志的较高境界。

上阕以眼前景色起势，雄浑而不失清丽。首句"樨蕊摇寒露"，点明时令，交代当时的天气，"寒露洗清秋"，所以"寒露"表明时令是深秋季节的早晨，词作者写桂花不是停留在实际描摹其形态，而是摄取其神理，"摇"用得很有动感，使得读者去想象：摇落寒露的驱动源是什么。

第二句"赫晨曦、林霏洗净，锦霞收雾"，继续写眼前景色，这里的写景融合了词作者的感受和体验，也融合词作者的个性和神韵，尤其是"林霏洗净与锦霞收雾"，使得画面充满美妙的想象，这种写法与一般实际摹写景物大异其趣。

第三、四句着力描写升国旗的过程，礼炮声中，国歌奏响，国旗冉冉升起。"千秋功赋"运用了空际传神的词笔，富有启发性，使人想象舒展，

第二篇 诗词释义
第八章 词意与赏析

往往意在言外。

第五句"强虏灰飞穷寇遁，亮吴钩、血火开生路"是指经过血与火的洗礼，国旗得以升起。"强虏"这里是泛指外国侵略者。这儿"亮吴钩"，与《太常引·吴越春秋》"夫差灭越亮吴钩"中的"亮吴钩"，有相似之意。

第六句"天柱耸，地维固"是词作者从升国旗想到了天柱耸立，地维稳固，古人以为天圆地方，天有九柱支持，地有四维系缀。四角稳固，九柱耸立，喻义是指祖国太平，国力强盛。

下阕不再写景，而是直接抒怀，写其爱祖国之壮志。首句"秦皇汉武皆尘土"可谓豪气逼人，毛泽东《沁园春·雪》："惜秦皇汉武，略输文采；唐宗宋祖，稍逊风骚。"两句广为人知，词中用了"惜"字，表示对以往帝皇的态度，说他们只不过是文采黯然，风骚庸庸。在这首词里，词作者用了"皆尘土"三字，语意更加深刻，词作者请出历史人物，当然不是去描写历史，也不是炫耀帝皇的功业，更不是贬低历史人物的功绩。只是想表达"秦皇汉武皆尘土，唐宗宋祖已千古。乾坤斗转日月新，英雄辈出耀古今"的意思。如果承接下文，更是可以看出，此句不在评述历史人物，其基本含义是秦始皇、汉武帝为代表的封建社会早已成为过去。

"看今朝"一句起历史，"江山胜旧"一句见精神，"庶民当主"一句显魂魄，看当今时代，祖国江山非昔日可比，人民已经当家做主，这是词作者的思想升华，是全词主题的深化。

"策马搋金"表明祖国建设百废待兴，要只争朝夕。

"日月交辉"是对祖国昌盛的美好祝愿！

最后一句"莺语啭，燕欣舞"，又一次对景物进行淡描，笔调舒徐从容，其意是为了呼应首句，以达到通篇转承自然、浑然天成的艺术效果。

上阕写景，下阕抒怀，上下两阕在精神凝聚之中展开，阕与阕之间结合甚紧，是一篇大开大阖的长调，全词章法浑成，意脉明晰，情感真挚，意到笔随，舒卷自如。

三、平仄韵转换格小令词

调笑令·花圃

春健[1]，春健，度尽寒冬志现。朝晖丽饰满园，姹紫嫣红[2]万千。千万，千万，永绿常青恒艳。

【注解】

（1）健：旺盛的意思；春健：指春意正浓。

（2）姹紫嫣红：姹、嫣：娇艳。形容各种花朵娇艳美丽。例如，明代汤显祖《牡丹亭·惊梦》有："原来姹紫嫣红开遍，似这般都付与断井颓垣。"

【词意】

春天来了，春意正浓，只有度尽严寒的冬天方显意志的坚强。阳光艳丽，满园春色，百花怒放。只有绿青常驻，才使得花朵永葆娇艳。

【赏析】

这是一首平仄韵转换格的词。《调笑令》，词牌名，又名《古调笑》《宫中调笑》《调啸词》《转应曲》《三台令》等。《乐苑》入"双调"。白居易《代书诗一百韵寄微之》："打嫌《调笑》易，饮讶《卷波》迟。"其自注："抛打曲有《调笑令》，饮酒曲有《卷白波》。"32个字，四仄韵，两平韵，两叠韵。平仄韵递转，难在平韵再转仄韵时，二言叠句必须用上六言的最后两字倒转为之，所以又名《转应曲》。

《调笑令·花圃》全词32个字，以咏春起兴，描摹春天百花盛开景色，表达歌颂春天之主旨。词作者严格按照词牌格律填词，春健［平仄（韵）］，春健［平仄（韵）］，度尽寒冬志现［仄仄平平仄仄（韵）］。朝晖丽饰满园［平平仄仄平平（韵）］，姹紫嫣红万千［平仄仄仄仄平（韵）］。千万［平仄（韵）］，千万［平仄（韵）］，永绿常青恒艳［平仄平平仄仄（韵）］。这里的平是指填平声字；仄是指填仄声字（上、去或入声）；如有中则可平可仄。词调本以"转应"为特点，凡三换韵，仄平仄间换；而此词内容上亦多转折照应，大体一韵为一层次。

这首词作短小精悍，却精彩地勾勒出一幅春天时节的花圃画卷，读后别有一番景象。第一句"春健，春健，度尽寒冬志现"，以咏春起兴，描

第二篇 诗词释义
第八章 词意与赏析

绘出一幅美丽的春天图景。

  古往今来，许多的文人墨客，在春回大地、万物复苏之际，借景抒情，咏物言志，赞美绚丽的春天，留下了许多脍炙人口的咏春佳作，给人以艺术美的享受。如杜牧的"千里莺啼绿映红，水村山郭酒旗风"，展示给人们的是一幅江南春色的绚丽画卷。白居易的"几处早莺争暖树，谁家新燕啄春泥，"恰到好处描绘出一幅春到人间的景象。

  第二句"朝晖丽饰满园，姹紫嫣红万千"，整个园子里一片春天的景色，使人不禁想起叶绍翁《游小园不值》诗："春色满园关不住，一枝红杏出墙来。"满园春色人不归，姹紫嫣红惹人醉，词作者的心灵已经被这动人的春天景色完全占满了，所以写出的并不仅仅是园中美丽的春色，还写出了春天的勃勃生机，写出了心中的一片盎然春意。

  最后一句"永绿常青恒艳"是词作者兴叹之后的期盼，希望美好的春天永远长驻。

  "千万"的叠语，按律只为上句末二字"万千"倒文重叠咏叹，不具实际意义。但此词却能化虚为实，二叠语的使用，有助于意境的深化和词意的丰富。这也是全词能曲尽"转应"之妙的关键所在，这样句子的妙用，方称得上把格律词填得富有韵味，把句中词语给用"活了"。

第三篇 年谱续编

　　10年前出版的《一位基层学者的精彩人生》（下册），按照年谱体例，以时间为标尺，记录张明龙60年生命轨迹，截止日期为2012年3月28日。本篇仍采用年谱常见体例，从上次截止日期的次日开始，继续以时间先后为序，逐年逐月以至逐日记录张明龙的生命进程，直至70岁，共计10年时间。本篇由第九章至第十一章组成：第九章六十岁至六十二岁；第十章六十三岁至六十六岁；第十一章六十七岁至七十岁。张明龙长期从事经济理论特别是区域经济学研究，是浙江省第一个区域经济学省级重点学科主持人、省第一个区域经济学硕士点负责人，后来又成为名家工作室领衔人，科研成果主要集中在企业创新、产业集群创新、区域经济创新和宏观管理创新等领域，因此，这方面内容的记录在本篇占有很大比重。此间，张明龙继续担任台州学院常务副校长1年多，接着又以延长退休年龄形式，专任校督导委员会主任4年，这样，从事教学管理与督查工作，也留下不少需要记录的重要事项。

第九章　六十岁至六十二岁

2013年5月17日前，继续担任台州学院常务副校长，分管教学、招生就业、信息中心和图书馆等工作。推进人才培养模式改革，加强重点专业和优势特色专业建设，召开教材建设会议，出席学生主题班会，开展教育实习巡视活动，分类建设教育、工科和医学实践基地，负责完成《地方高校依据区域经济社会发展需要调整专业结构探索与实践》的教学研究项目。主持召开校教师教学发展中心指导委员会工作会议，出席并主持"新建本科院校全面提高教育质量论坛"。带队出访英国格林威治大学和意大利罗马第一大学，拓展国际合作办学渠道。出席市普通高校招生计划编报工作会议，慰问和看望本校委托培养的少数民族预科生；举办大学生创业培训班和大型毕业生招聘会。召开校园一卡通项目启动协调会，参加图书馆有关工作会议。

出任专职校督导委员会主任后，着重开展课程考核材料抽查、实验教学检查、随堂听课督查、教学资源建设与利用情况评价等活动，把教学督导工作深入落实到课程教学质量的各个环节中。探索校院两级教学督导运行机制，提出进一步完善二级学院教学督导制度的对策。

2012年12月，从省事业单位专业技术二级岗位聘任人选通知获悉，已晋升为省首批二级教授；由2013年4月工资问题批复文件得知，升为省首批二级教授的起始时间为2011年9月。

2013年11月29日，台州市委人才工作领导小组发布通知，确定为名家工作室领衔人，要求把工作室建设成为高层次人才创新性研究的发展平台和学科后备人才的培训基地。个人专著《企业产权的演进与交易》，获台州市第七届文化曙光奖；主笔专著《促进区域繁荣——以浙江为例》，获台州市政府第十四届哲学社会科学研究优秀成果奖一等奖。

出版经济类个人专著和主笔专著4部：《企业产权的演进与交易》《走向区域繁荣的思索——以浙江为例》《产业升级与创新——以浙江为例》

《走向市场经济的思索》。出版信息类俩人合著6部：《延年益寿领域的创新信息（国外部分）》《新兴四国创新信息》《美国生命健康领域的创新信息》《国外电子信息领域的创新进展》《美国纳米技术创新进展》《国外环境保护领域的创新进展》。

在《西北工业大学学报》《贵州社会科学》《河北经贸大学学报》《河南科技大学学报》《浙江师范大学学报》《发展研究》《城市》等发表论文10多篇，其中《区域合作的一种可行模式：产业链式化转移与承接》和《增强自主创新能力的科技信用管理方法创新》两篇论文，被《国务院发展研究中心网》"区域经济栏"和"宏观经济栏"全文转载。

这一期间，发现以往发表的一些论著，被其他学者的论文反复引用，在学术界产生了较大影响。其中被引用次数较多的著作有：《中国区域经济前沿研究》《区域发展与创新》《产业集群与区域发展研究》《区域政策与自主创新》《中小企业创新与区域政策》等。被引用次数较多的论文有：《产业聚集的溢出效应分析》《我国就业政策的六十年变迁》《从引进技术走向自主创新——韩国科技创新路径研究》《以色列高效创新机制对我国的启示》等。

积极参加相关学术会议，加强学术成果交流。主要出席过第十四届、第十五届和第十六届"中国政治经济学论坛"；第二十六届和第二十七届"全国高校社会主义经济理论与实践研讨会"；第二十五届、第二十六届和第二十七届"全国高校经济理论教学改革研究会论坛"；第十五届、第十六届和第十七届"全国经济地理研究会年会"；第六届"中国空间经济学研究会年会"，第八届"中国经济理论与管理前沿论坛"。参与举办第四届中国民营经济创新论坛，出席浙江省社科联六届五次理事会议等。

第一节 二〇一二年：六十岁

三月

3月29日 下午，张明龙出席台州学院全校干部大会。浙江省委、省教育厅、台州市委相关领导大会上宣布省委关于台州学院党委领导班子调整的决定，潘璋德同志担任校党委书记。

3月30日　上午，张明龙与相关部门领导一起，商议开办学生创业培训班。

3月31日　论文《市场供求变量及趋势分析》(《商业研究》，2005年第13期)，被张丽颖、李胜连《影响宁夏羊肉产品供给的主要因素分析》(《东华理工大学学报》2012年第1期) 引用。

四月

4月1日　发表与章亮（第一作者）、张琼妮合作的论文《中国知识产权保护制度建设纵向考察》(《经济研究导刊》，2010年第7期)，被赖晓的优秀硕士论文《中国知识产权保护"双轨"体制的问题与改革研究》(复旦大学，2012) 引用。此后还被何艳敏、叶好等优秀硕士论文引用。

4月5日　下午，根据校宣传部"我们的价值观"大讨论活动的安排，观看电影《钱学森》，重温和学习伟大科学家钱学森出国、归国、报国一生中的爱国事迹。"我曾经发誓，要用我的学识改变中国人的命运。"这是影片中让人印象最深刻的一句台词。

同日　发表与张琼妮合作的论文《低碳经济条件下浙江制造业的转型升级》(《中外企业家》，2010年第5期)，被潘敏《低碳约束对镇江制造业经济的影响分析》(《中国集体经济》，2012年第10期) 引用。此外，还被邹浩博士论文和王晓琳、杨青青、高寒、沈放等优秀硕士论文引用。

4月7日　赴浙江省玉环县进行社会调查，受到吴兴柏、林美琴和张伟锋等人的热情接待。

4月9日　下午，到黄岩台州科技职业技术学院，参加台州市2012年普通高校招生计划编报工作会议。市教育局朱沛夏副局长主持会议，童文兴副局长、发改委张才云处长、台州四所高校分管校领导和招生办主任等参加。

同日　晚上，台州学院大学生SYB创业培训班开班仪式在学术报告厅举行。副校长张明龙、临海市人保局局长池健、副局长王正强出席，招生就业处林才溪处长主持仪式。张明龙勉励同学们认真学习、互动交流，勇于实践、成功创业。他强调，高校开展创业教育是提高学生创业能力、解决大学生就业问题的重要途径。

张明龙还以"圆珠笔改进"的创业成功案例，明确指出创业其实就在身边。他希望参加培训的同学深刻认识创业培训的重要性，珍惜培训机会，做到快乐学习，学以致用。

4月10日　主持召开教材建设委员会会议、分管教学院长会议。会上强调，希望各学院按照各级教学文件规定的要求，不断提高课堂教学质量；按照学院发展规划的要求，努力培育教学标志性项目；按照加强师资队伍建设的要求，切实做好青年教师的培养工作；按照卓越人才培养的要求，推进人才培养模式改革。

4月13日　下午，率领聂秋根、夏如艇、杜雷、张龙、陈超等人组成的企业考察组，由临海科技局局长助理马斌等人陪同，考察了台州拓卡奔马众邦机电公司。车建波总经理对企业各个车间和主要产品做了详细介绍，还对高层自动裁床国产化、企业引进人才，以及接收学生实习等问题谈了自己的想法，考察组成员也纷纷发言，提出加强校企合作的有关设想。接着，来到临海市瑞创农业机械公司考察，总经理助理郭鹿对企业做了简要介绍，并引导大家参观了水稻收割机部件制造车间、总装车间等处。

4月16—17日　率招生就业处林才溪、陈建峰，以及二级学院朱先敢、张伟、王奎东、夏延峰等专程赶赴南昌工学院，慰问和看望本校委托培养的少数民族预科生。该校校长徐洪吉、副校长陈宇，以及民族教育学院副院长曾晓辉等热情接待了张明龙一行，双方就少数民族预科生的生活学习情况、专业选择等事宜进行座谈。

会上，张明龙代表学校感谢南昌工学院对本校预科学生的精心指导，向预科班学生表示亲切慰问，介绍了台州学院的办学规模以及近年来的发展情况和取得的成绩。同时，详细解释了专业设置状况、校区分布、师资情况，勉励预科班同学珍惜在南昌工学院的学习时间，争取以优异成绩圆满结业，为顺利到台州学院学习做好准备。

4月20日　之江青年社科学者语言文学组"两浙地域文化与文学关系"学术研讨会，在台州学院举行。张明龙出席开幕式，赵小明主持。郑友霄、罗华及来自全省各高校的14位之江青年社科学者参加研讨会。张明龙代表学校及校社科联对会议的顺利召开表示祝贺，并简要介绍了学校的整体情况。他表示，与会代表是省内语言文学研究领域的青年才俊，希望大家对台州学院的发展，尤其是人文社科方面的学科建设多提宝贵意见，同时希望本校人文社科师生珍惜这次研讨会难得的机会，加强交流与合作，以进一步提高本校人文社科的学科水平，推动本校事业跨越式发展。

4月22—25日　与章庆平一起到太原卡萨国际大酒店，参加由中国社会科学院经济研究所主办，山西大学承办的第十四届"中国政治经济学论坛"。本次会议的主题是"跨越中等收入陷阱：从中等收入国家迈向高收入国家"。

23日下午，在大会作专题发言，题目是"现阶段区域合作的一种可行模式"，试图从推进区域共同繁荣的角度，论述跨越中等收入陷阱的对策。

24日下午，作为大会发言的评论人，分别对赵学增、陈雪娟等人的发言进行现场点评。由于点评用语恰当，内容精彩，获得热烈掌声。

4月　社会科学文献出版社出版《政治经济学研究报告13·中国的城镇化道路》，该书收入张明龙等人撰写的论文《中国城镇化的一条优质高效道路——浙江东阳推进园林生态城镇建设的经验调查》。

五月

5月1日　发表论文《新中国50年劳动就业制度变迁纵览》（《天府新论》，2000年第1期），被于庆华的博士论文《贵州省经济增长过程中的就业问题研究》（中央民族大学，2012）引用。此后，还被朱光喜、董博文和郭晓冉的博士论文，以及苏瑞菊、庄子龙、王娇、刘国强和翟文杰等优秀硕士论文引用。

5月4日　张明龙副校长负责接待浙江农林大学来访客人。由浙江农林大学图书馆馆长、现代教育技术中心主任王长金、公共事务管理处处长钱杭园、校园建设与管理处处长潘国忠等组成的一行8人，由临安直接行车至台州，主要考察本校的校园网络建设与运行事项，与本校信息技术中心、后勤管理（基建）处、后勤服务中心等部门相关人员一起交流座谈，并对校园网点进行实地考察。

5月5日　参与接待浙江师范大学党委书记陈德喜教授等来访客人。

5月9日　张明龙副校长应邀参加医学院2010级临床医学专业学生的主题班会，该班是台州学院首届5年制医学本科专业教学班。张明龙做总结发言时，肯定了同学们所取得的成绩，要求同学们树立正确的人生目标、学会科学的工作方法、创建团结协作的团队精神、保持积极进取的生活态度。

5月10日　晚上，参加本校与台州职业技术学院领导班子联谊活动。

同日　发表论文《经济区的内涵与划分原则》（《贵州社会科学》，2000年第4期），被陈俊红、周连第的《北京沟域经济发展模式的内涵及区划初探》（《广东农业科学》，2012年第9期）引用。此后，引用该论文的还有：①陈隆文的《论中原经济区的范围、定位及作用》（《河南城建学院学报》，2012年第4期）；②方志明的《加强农房建设规划管理工作的初探——以金华市婺城区农房规划管理为例》（《建材与装饰》，2016年第37期）。同时，还被易江涛等优秀硕士论文引用。另外，观点被赵媛主编《中国地理通鉴·国土经济卷》（2018年版）收录。

5月15日　发表论文《论产权与所有权的关系》（《浙江学刊》，2001年第2期），被于杰、尹奎杰的《走出产权与所有权的认识误区——兼论马克思产权思想的丰富与发展》（《中央民族大学学报》，2012年第3期）引用。此后，引用该论文的有张永兵、温世扬的《农民专业合作社财产权法律属性研究》（《当代法学》，2014年第3期）。同时，还被于杰的博士论文，以及张晨、全丽娟和姜竺男等优秀硕士论文引用。另外，观点被《浙江通志第78卷·哲学社会科志》（2018年版）收录。

5月20日　出版主笔合著《产业集群与区域发展研究》（中国经济出版社，2008年），被刘刚的《广西北部湾经济区经济增长极研究——以南宁市为例》（《企业科技与发展》，2012年第10期）引用。此后，引用该著作的还有：①陈瑾的《中小企业产业集群升级的理论与实践》（《企业经济》，2012年第7期）；②林玮的《"准文化产业"如何实现集聚优势——以茶文化产业为个案分析》（《中南大学学报·社会科学版》，2013年第3期）；③于斌斌、胡汉辉的《企业家能力与集群竞争优势：基于越商群体的实证研究》（《科技进步与对策》，2014年第8期）；④孙春晓、沈蕾的《杭州市文化创意产业集聚区发展绩效评价》（《生产力研究》，2020年第8期）；⑤陈佳锐、叶子瑜、张照熙、马仁锋的《基于超效率BCC-DEA模型西部城市产业园国土空间利用绩效评价——以鄂尔多斯市为例》（《上海国土资源》，2021年第2期）等10多篇论文。同时，还被20多篇博士论文和优秀硕士论文引用。另外，经过文献检索发现，本书出版以来，被图书引用的有王晓霞编的《产业集群升级研究地方政府视角》（中国社会科学出版社，2012）、徐继承著的《德意志帝国时期的城市化研究》（中国社会科学出版社，2013）、王一川著的《中国文化软实力发展战略综论》（商务印书馆，2015）等30多部。

5月21—28日　应英国格林尼治大学、意大利罗马第一大学的邀请，张明龙副校长率代表团成功出访了这两所大学。

5月21日，张明龙副校长一行首先访问了英国格林尼治大学，受到格林尼治大学土木工程系主任摩尔特兹·阿拉尼教授等的盛情接待。双方介绍了各自学校的办学情况，并就开展校际合作交流进行了商谈。此次会谈在两校前期沟通基础上，进一步完善了土木工程专业的学分互认工作，商定以3+1，以及3+1+1的模式联合培养土木工程专业的本科生和硕士生。

格林尼治大学创立于1890年，是一所历史悠久、学风纯朴的国际化综合大学，是英国规模最大的10所大学之一，其前身为英国皇家海军学院。学校位于伦敦东南部，校园分布于伦敦市区及毗邻伦敦的肯特郡北部、西部。现有2万多名来自80多个国家的学生，学习文、理和社会科学方面的课程。

5月23日　出版主笔合著《中国区域经济前沿研究》（中国经济出版社，2006年），被刘闲月、林峰、孙锐的《企业轻资产商业模式的内涵、动因及运营中的战略能力》（《中国流通经济》，2012年第5期）；《网络位势对集群企业知识扩散与创新的影响研究（《中国科技论坛》，2012年第6期）》）引用。此后，引用该著作的还有：①方春妮、刘勇的《区域体育产业集群发展研究》（《体育文化导刊》，2012年第6期）；②黄林的《区域性城市经济增长极的选择研究——以川南城市群为例（《经济体制改革》，2012年第6期）；③冯玲玲的《我国产业集群发展的约束因素与实现路径——以山东半岛为例》（《东岳论丛》，2013年第9期）；④李泽宇、董春、张玉的《东北三省城市区域经济联系强度》（《遥感信息》，2018年第2期）等20多篇论文。同时，还被30多篇博士论文和优秀硕士论文引用。另外，经过文献检索发现，本书出版以来，被图书引用的有林汉川和李安渝主编的《中国中小企业发展研究报告2011》（企业管理出版社，2012）、许放主编的《科技与教育管理的探索与研究》（知识产权出版社，2013）、王大超和王桂敏编著的《东北老工业基地振兴热点问题研究》（东北大学出版社，2014）等30多部。

  5月25日 出版专著《区域政策与自主创新》（中国经济出版社，2009年），被张颂心的《产业创新能力对台州市低碳经济的作用分析》（《商》，2012年第10期）引用。此后，引用该著作的还有：①蒋晓萌的《国外制药企业新药研发模式及分析比较》（《经济研究导刊》，2012年第23期）；②张颂心的《产业创新与低碳经济的相关性研究》（《商业时代》，2013年第6期）；③蒋选、刘皇《创新政策：作用路径与机制研究——基于创新系统的视角》（《科技管理研究》，2015年第17期）；④钟劲松的《科技信用缺失的治理机制研究》（《洛阳理工学院学报·社会科学版》，2016年第3期）；⑤胡奇、翟朗的《应用型普通高校建设"成果转化型"高校智库研究》（《西部素质教育》，2018年第10期）。同时，还被20多篇博士论文和优秀硕士论文引用。另外，经过文献检索发现，本书出版以来，被图书引用的有：张美涛著的《知识溢出、城市集聚与中国区域经济发展》（社会科学文献出版社，2013）、魏成龙和苌千里著的《河南省区域创新生态系统适宜度研究》（企业管理出版社，2013）、周洪宇等著《国家自主创新示范区建设政策与立法研究》（人民出版社，2014）等20多部。

  同日 发表论文《从引进技术走向自主创新——韩国科技创新路径研究》（《科技管理研究》，2008年第7期），被唐国华、陈祖华的《技术创新路径、动态比较优势与产业竞争力提升》（《科技进步与对策》，2012年第10期）引用。此后，引用该论文的还有：①伍华佳的《中国低碳产业技术自主创新路径研究》（《社会科学》，2013年第4期）。②陈晓晖、丛培鑫的《韩国追赶型科技创新模式中国家制度安排的特点探析》（《科技管理研究》，2013年第18期）；③李潇、原顺梅、李维翠和唐飞的《山东省科技创新能力监测体系设计与研究》（《科学与管理》，2015年第1期）；④李鸿阶、张元钊的《韩国与新加坡科技创新政策及其成效的启示》（《亚太经济》，2016年第5期）等9篇论文。同时，还被鲁敏的博士论文，以及杨雪星、路明华、杨美、张勤虎和胡欢勇等优秀硕士论文引用。

  5月26日 发表与张磊（第一作者）合作的论文《"长三角"地缘经济关系的测度分析》（《上海经济研究》，2003年第11期），被张亚明、李

第三篇 年谱续编
第九章 六十岁至六十二岁

新华、唐朝生的《竞合视域下京津冀区域地缘经济关系测度分析》（《城市发展研究》，2012年第5期）引用。此后，引用该论文的还有：①孟德友、陆玉麒的《中部省区制造业区域专业化分工与竞合关系演进》（《地理科学》，2012年第8期）；②周凯、蔡瑞林、王彦的《江浙沪城市群经济关系及空间运行的战略构想》（《现代经济探讨》，2012年第9期）；③苏东辉、骆华松、蔡定昆的《区外大国与东南亚地缘经济关系测度分析》（《世界地理研究》，2013年第1期）等10多篇论文。同时，还被曾浩的博士论文和李新华、张怀志、余鑫、刘伟、马宝宝和胡亚琦的优秀硕士论文引用。

5月28日 意大利罗马第一大学经济学教授、副校长马克·琪连多、副校长古埃多教授等会见了张明龙副校长。双方介绍了各自学校的办学情况，并就两校间的交流与合作进行了商谈，达成了合作意向。

意大利罗马第一大学始建于1303年，是目前意大利规模最大、学科齐全、国际上享有较高声誉的综合性国立大学。教授870人，学生185000人。大学设有21个学院，有142个专业授予硕士学位，162个专业授予博士学位。

5月 出版与张琼妮合著的专著《延年益寿领域的创新信息（国外部分）》（知识产权出版社，2012年）。本书以生命科学与医疗健康领域的创新活动为基础，着手从世界各地的大量科技成果报道中搜集、整理原始资料，博览与之相关的论著，设计成一个专门针对延年益寿的创新信息分析架构。本书分析了基因、蛋白质和细胞等生命基础领域的创新信息，分析了微生物、植物和动物等生物体领域的创新信息，还分析了防治癌症、艾滋病、心血管疾病，包括神经病、精神病、痴呆症、帕金森病和癫痫在内的神经系统疾病，以及免疫系统疾病、呼吸系统疾病、消化系统疾病、泌尿系统疾病、糖尿病、骨科病、五官科疾病和虫媒传染病等领域的创新信息。该书被中国国家图书馆收藏，其图书编号：005811755。

六月

6月5日 下午，主持召开校招生就业工作会议。会上，林才溪处长传达了上级部门有关招生就业工作的文件精神，通报了各专业招生指标的分配情况、二级学院初次就业率和签约率指标，以及开设就业指导课等工作。总结时强调，加强招生宣传工作，保质保量完成今年的招生任务，同时努力做好应届毕业生的就业工作。

6月5日　发表论文《健全科技计划信用管理制度》(《浙江师范大学学报》，2005年第4期)，被聂莎莉的优秀硕士论文《房地产企业信用评价体系研究》(石家庄经济学院，2012)引用。

6月6日　下午，参加校学士学位授予委员会会议，审核台州学院2012届毕业生的毕业和学位授予状况。晚上，出席艺术学院举办的"梦幻夏日 启程未来"毕业晚会。

6月7—8日　7日、8日　上午，台州学院分别在椒江校区、临海校区田径场，隆重举行2012届毕业典礼暨学士学位授予仪式。副校长张明龙主持典礼。校党政领导龚建立、包国强、韩建飞、张明龙、张辉、冯尚申身着导师礼服，盛装出席典礼。全校3781位毕业生参加毕业典礼。校长龚建立致辞；校党委副书记包国强宣读荣获省级、校级优秀毕业生同学名单。

6月10日　发表与张琼妮合作的论文《中国建立科研诚信长效机制的探索》(《中外企业家》2012年第3期)。论文认为，针对科研领域存在的信用缺失行为，科技部和国家自然科学基金委员会等单位，从加强国家科技计划项目和科学基金的管理入手，积极探索建立科研诚信的长效机制，制定了一系列规范科技人员行为的政策法规。

6月10—11日　与章庆平一起来到浙江师范大学，欢送杨青青、李琳两位2012届硕士毕业生，并与其他学生一起拍照留念。杨青青与李琳已在5月20日举行的区域经济学专业论文答辩会上，顺利完成学位论文答辩，获得硕士学位。由于答辩期间，恰逢导师张明龙出国访问，没有出席答辩会。

6月12日　督导委员会主任张明龙副校长参加听课督查工作，随机观摩了多个学院不同年级的课堂教学实况。截至今天，校教学督导累计听课超过300学时。督导在听课过程中注重互动交流，受到了广大师生的欢迎。教务处通过归纳分析督导组的检查意见，形成了有效的质量分析和反馈机制。这些工作形成合力，不断促进教学质量的提高。

6月14日　下午，2011年度台州学院"爱华奖"颁奖典礼暨先进事迹报告会，在校影剧院隆重举行。爱华控股集团有限公司党委书记、董事长兼总经理项道铨,校领导潘璋德、韩建飞、张明龙、张辉、王培军出席典礼,并为获得"爱华奖"十佳道德标兵和十佳大学生荣誉称号的集体和个人颁奖。

6月15日 下午,主持召开台州学院第二届教学质量奖评审会议。共评出一等奖6人、二等奖9人、三等奖13人。

同日 发表与张琼妮合作的论文《美国科技高投入政策促进创新活动的作用》(《西北工业大学学报·社会科学版》,2012年第2期)。论文认为,美国不仅拥有最大的经济总量,而且拥有最多的创新成果,是科技高度发达的国家。美国促进科技创新活动的方法很多,运用科技高投入政策是其中一项重要举措。这项政策有效地推进了美国的创新活动,它促使政府所属的各类科研机构拥有强大的创新实力;促使高校不断增强科研实力,进而实现与企业研发的有机衔接;促使企业科研机构长盛不衰,并在上基础上培育出闻名于世的公司实验室。

6月16日 应邀出席在椒江花园山庄召开的"2012年浙江青年经济学者年会",在会上做《低碳经济条件下浙江制造业转型升级》的专题报告。做专题报告的还有美国中佛罗里达大学商学院陈宏辉教授、浙江大学顾国达教授。专题报告结束后,来自浙江大学、浙江理工大学、浙江财经学院、中共浙江省委党校等19所高校和科研院所的60多位青年学者,围绕"民营经济转型与浙江发展"的主题进行了热烈的学术讨论。

6月20日 副校长张明龙率本校教学督导组赴温州大学考察交流。交流会上,林娟娟副书记介绍了温州大学发展概况,及近年来教学督导工作情况及成效。双方就教学督导组运作机制、工作方式及队伍建设等方面进行了探讨交流。通过此次交流,考察组学习了温州大学在教学督导工作等方面的经验,为本校进一步完善教学督导工作运行机制拓展了思路。

6月20日 发表论文《审视科技信用缺失现象》(《科学管理研究》,2004年第4期),被成源的《我国科技信用管理的现状与探究》(《科学管理研究》,2012年第3期)引用。此后,引用该论文的还有:①向荣艳、谭远顺的《高校科研信用缺失现象浅析》(《大学教育》,2015年第6期);②高健、徐耀玲的《中央财政科研项目经费使用单位信用评价研究》(《中国科技论坛》,2018年第2期)。

6月23日　台州学院在临海校区风雨篮球场举行"2012年校园开放日活动暨高校招生咨询会"。来自省内外60多所高校在现场设点，为广大考生提供招生计划、志愿填报等咨询服务，包括浙江大学在内的全省所有本科院校及相关独立学院悉数参加。副校长张明龙亲临咨询会现场指导并接受了有关媒体采访。

6月27日—7月2日　与章庆平等一起，赴山东曲阜师范大学日照校区参加第十五届"全国经济地理研究会年会"。本次会议的主要议题有：区域发展战略、区域可持续发展、区域合作与整合、区域产业结构优化和区域竞争力培育等。在会上做"区域合作的一种可行模式：产业链式化转移与承接"的重点发言，引起与会代表的关注。会议期间，安排考察山东日照港和万平口水上运动公园、台儿庄古城及台儿庄大战纪念馆、微山湖红荷湿地，以及曲阜的孔庙、孔林、孔府等处。

6月30日　发表论文《产权与所有权辨析》（《求实》，1999年第6期），被张笑宇的《我们还需要"集体"吗？——对重庆"地票制"改革的思考》（《中山大学法律评论》，2012年第1期）引用。此后，被引用的有于杰、尹奎杰的《论马克思产权思想的问题进路及理论启示》（《税务与经济》，2013年第4期）。同时，还被赵杭莉、于杰和唐小波的博士论文引用。

6月　出版曹荣庆、林才溪、郭金喜合著的专著《一位基层学者的精彩人生（上下册）》（企业管理出版社，2012年）。本书指出，在张明龙先生60华诞到来之际，出版《一位基层学者的精彩人生》，旨在回顾总结张明龙先生60年的人生轨迹、40年的教学生涯、30年的学术活动，为基层学者树立一个榜样，促使大城市的知识分子更加珍惜来之不易的生存机会，激励千千万万生存在基层的知识分子更加不懈追求人生的目标。

七月

7月1日　发表与张琼妮合作的论文《区域合作的一种可行模式：产业链式化转移与承接》（《贵州社会科学》，2012年第7期）。论文认为，产业采取链式化转移与承接，取代掏空式转移，是实现现阶段区域合作的一种可行模式。其具体表现是：以价值链为基础，按照纵向、横向价值链或不同地点，拆分产品各个价值段，实现产业转移与承接。以供应链为基础，先进企业加强控制技术要求高、获利能力强的关键供应环节，同时把

第三篇　年谱续编
第九章　六十岁至六十二岁

不含核心技术的其他供应环节转移出去，让相对落后的企业承接。以生产链为基础，按照生产链纵向环节、横向联系和指向性要求，实现产业的转移与承接，由于它不是通过拆分而是通过集合链条各环节来进行，可以在承接地点很快形成产业集群。被《国务院发展研究中心网》"区域经济栏"，2012年8月24日全文转载。被李思纯、张东生的《论高新区与腹地经济的互动效应》（《河北学刊》，2013年第4期）引用。另外，被博士论文引用的有：朱允卫的《东部地区产业向中西部转移的理论与实证研究》（浙江大学，2013）；被优秀硕士论文引用的有：①陈超的《全球价值链视角下区域产业集群升级研究》（浙江师范大学，2013）；②陶瑞妮的全球价值链视角下中国对外产业转移研究（兰州大学，2018）。

7月11日　发表论文《产业集群生命周期取决于技术自主创新》（《经济论坛》，2008年第5期），被钟荣丙的《推进战略性新兴产业集成创新的对策研究——以湖南为例》（《中国商贸》，2012年第20期）；王斌的《网络结构视角下的知识存量势差演化路径研究》（《情报理论与实践》，2015年第1期）引用。同时，还被刘益诚、张凤涛的博士论文，以及程雪梅和周婵的优秀硕士论文引用。

7月20日　发表与张琼妮合作的论文《增强自主创新能力的科技信用管理方法创新》（《发展研究》，2012年第7期）。论文认为，为了彻底消除科技信用缺失行为，不断增强自主创新能力，不仅要进行科技信用制度创新，还要进行科技信用管理方法创新。为此，应着重做好：以健全交易规则为基础，消除信用管理盲区。通过采用全新Web Services架构，提高信用信息管理技术。以制订、充实和完善承诺保证守则的方式，加强科技信用管理。通过完善法规条例和健全社会监督，进一步加强科技信用管理。被《国务院发展研究中心网》"宏观经济栏"，2012年12月24日全文转载。

7月24日　赴上海长海医院，专程看望生病住院的浙江师范大学孙伯良教授。

八月

8月1日　主持召开招生录取工作现场会。林才溪处长向与会人员通报了招生进展情况：今年本校招生计划4000名，均为本科专业，安排

22个省份招生。

8月1日 台州市人力资源和社会保障局发文《关于公布首批专业技术三级岗位人员确认名单的通知》。该文说，根据《台州市事业单位岗位设置实施意见》（台市委办〔2010〕58号）文件精神，经单位竞聘、主管部门和综合管理部门申报，现研究确认张明龙等63人为首批专业技术三级岗位人员。

8月9—13日 与马斌一起，赴天津参加由河北工业大学承办的第二十五届"全国高校经济理论教学改革研究会论坛"，本届研讨会的主题是：经济理论·思政教育·科学发展。应邀在会上做《竞争和生产无政府状态对经济危机的不同作用》的主题报告，指出竞争通常不会直接导致经济危机，至多只是加剧经济危机，而生产无政府状态则能直接造成经济危机，它往往是爆发经济危机的直接原因。会议期间安排参观了天津之眼、海河两岸带状公园、意大利风情区，还考察了康师傅饮品和方便面的印象馆及生产流水线、基辅号航母、天津滨海新区规划展馆等。

8月15日 发表与张琼妮合作的论文《中小企业的规模结构及其变动趋势——以浙江省为例》（《河南科技大学学报·社会科学版》，2012年第4期）。论文认为，进一步促进中小企业发展是我国一项重大的战略任务。规模结构及其变动趋势是反映中小企业发展状况的重要指标，也是制定促进其发展政策的基础性内容。论文从考察不同规模工业企业单位数和产值结构入手，对浙江省规模以上不同档次工业中小企业的结构及其单位数变动趋势、产值变动趋势、产值比重与排序变动趋势的分析结果表明，适当提高中小企业规模档次，是增强竞争力和创新能力的一条重要路径。

8月17日 参加台州市社科联四届二次理事会暨学会工作会议。

8月25日 发表论文《产业聚集的溢出效应分析》（《经济学家》，2004年第3期），被施宏伟、赵爱美的《多主体系统的共生知识流状态与创新强度模型》（《科技进步与对策》，2012年第16期）引用。此后，引用该论文的还有：①朱俏俏、孙慧的《资源型产业集聚的动态溢出效应研究》（《工业技术经济》2016年第3期）；②王军军、杜英、姜玲的《旅游产业的集群识别及其溢出效应分析》（《晋阳学刊》，2016年第3期）；③冯雨的《基于溢出效应的产业聚集与技术创新的关系研究》（《特区经济》，2020 年第 11 期）；④刘晓莉的《乡村产业振兴背景下农产品加工上市企业绩效评价研究》（《农村经济与科技》，2021 年第 15 期）等论文 10 多篇。同时，被周小明、朱俏俏、刘爽和白佳鑫的博士论文，以及邓欣、袁敏和张冰等 20 多篇优秀硕士论文引用。

8 月 28—30 日　台州学院举行 2012 年暑期中层干部学习会，围绕如何提高教育教学质量进行集中学习研讨。本次会议的主题是："提升创新能力，全面提高高等教育质量"。张明龙主持二级学院和职能处室主题发言，总结时指出，台州学院全面提高教育质量的努力方向是："把二本学生培养成有一本学生竞争能力的人才"。

8 月　与张琼妮合作的专著《中小企业创新与区域政策》获得浙江省社科联第四届社科研究优秀成果三等奖。

九月

9 月 3 日　乘车前往浙江省委党校隆欣大厦 1 号楼大厅报到，参加 2012 年第三期领导干部进修一班学习。

9 月 4 日　根据台州市委人才工作领导小组通知，2012 年首次启动市优秀人才培养计划，本校多位教师入选市优秀人才培养计划，分别以培训进修、学术交流、著作出版三种项目类别进行高层次人才资助。张明龙教授同时获得组织全国性学术会议和专著出版两项资助。

9 月 5 日　上午，张明龙参加的浙江省委党校 2012 年秋季班举行开学典礼。省委常委、组织部长、省委党校校长蔡奇出席典礼并讲话。常务副校长李德忠主持开学典礼。省纪委、省委组织部、省委宣传部、省人力资源和社会保障厅、省公务员局负责人等出席开学典礼。第三期领导干部进修一班、进修二班，以及女干部班等学员共 600 余人参加了开学典礼。

同日　主笔合著《区域产业成长与转移》（知识产权出版社，2011 年），被陈超、卢毓的《全球价值链视角下区域产业集群升级内在机理研究》（《经济研究导刊》，2012 年第 25 期）引用。此后，引用该著作的有：①陶选宁、郭金喜的《论区域经济发展的产业嵌入及其实现路径——以兰溪市来料加工行业发展为例》（《浙江社会科学》，2014 年第 2 期）；②唐德森的《产业优化升级视角下的经济持续增长动力研究》（《云南社会科学》，2014 年第 4 期）；③刘雯雯、任群罗的《基于新型工业化道路的新疆承接产业转移研究》（《新疆农垦经济》，2014 年第 2 期）；④蔡世刚的《武汉城市圈产业结构优化探析——基于与珠三角城市圈的比较》（《商业经济研究》，2015 年第 23 期）；⑤柳彦君的《产业梯度视角下的广东省产业转移研究》（《商业经济》，2021 年第 2 期）等 10 多篇论文。同时，还被马佳佳、俞国军、陈超、张晓东和卢双的优秀硕士论文引用。另外，经过文献检索发现，本书出版以来，被图书引用的有：王昌林主编的《中国产业发展报告：我国产业跨区域转移研究 2012—2013》（经济管理出版社，2013）；金碚、陈耀和杨继瑞主编的《中国区域经济学前沿：2013—2014 区域与城乡一体化》（经济管理出版社，2014）；陈康海的《大西南承接长三角产业转移问题与对策研究》（知识产权出版社，2016）等 6 部。

9 月 13 日　下午，举行小组活动。本小组由江汛波、徐伟伟、许雁、修杭生、王以森、张悦、章苗根、陈畴镛、张明龙、段小平、李斌、王晓杰等 12 位成员参加。由陈畴镛负责安排前往杭州电子科技大学考察、调研，该校党委书记费君清出席调研会，并介绍了有关情况。

9 月 18 日　下午，受杜卫邀请，与张仁寿、徐宪民、丁金昌、张一军、陈畴镛、赵伐、陶侃、叶丽萍、祝晓农等主要来自高校的学员一起，考察浙江科技学院。

9 月 20—21 日　张明龙等人参加党性教育活动。赴上海兴业路 76 号（原望志路 106 号），参观国共产党第一次全国代表大会会址纪念馆。接着，来到嘉兴南湖之滨，参观南湖革命纪念馆。

9 月 24 日　下午，由修杭生联系和安排，张明龙及小组全体成员来到浙江省检察院学习、调研，并获赠《职务犯罪预防的理论与实践》一书。

9 月 27 日　下午，由段小平负责安排，张明龙及小组全体成员前往华东勘测设计研究院考察、调研。该院是我国最早成立的国家大型水电勘测设计单位之一。经过半个多世纪的开拓发展，目前已成为多专业、跨领域、综合性的大型国家甲级勘测设计研究企业，具有为水电水利与可再生新能源工程建设、城市与环境工程建设、大坝与各类基础设施构筑物安全营运三大领域，提供项目前期直至工程总承包全过程技术与管理服务的核心业务能力。

第三篇 年谱续编
第九章 六十岁至六十二岁

9月29日 朱毅峰、刘修敏、罗建林摄制的《庆贺张明龙先生60华诞——一位基层学者的精彩人生》（DVD）专题片进入剪辑阶段，应邀前往审片。对样片开头和结尾等个别地方，提出了修改意见。

9月 出版与张琼妮合著的《新兴四国创新信息》（知识产权出版社2012年）。本书指出，在旷日持久的科技竞争中，世界各地冒出了一些璀璨耀眼的新星，瑞典、韩国、新加坡和以色列就是其中代表。它们大多国土狭小，工业基础薄弱，由落后的农业国为起点，经过不懈地努力，发展为新兴工业国。这些国家有一个共同点，就是注重运用政策提升创新能力。本书以新世纪的发明创造为基础，并以国家为区域单元，分章叙述瑞典、韩国、新加坡、以色列等四个新兴工业国，运用政策加强创新活动的主要方法，以及在电子信息、纳米技术、光学技术、先进制造、新材料、航空航天、交通运输、新能源、环境工程、生命科学、医疗与健康、基础研究领域取得的创新信息。本书是《八大工业国创新信息》的姐妹篇。本书被中国国家图书馆收藏，其图书编号：006336576。

十月

10月2日 上午，"区域经济社会和谐发展研讨会暨张明龙教授60华诞庆典"代表陆续来到浙江师范大学国际交流中心（粤海酒店）报到，张明龙与章庆平夫妇前往看望。该会议由曹荣庆、郑文哲牵头举办，郭金喜、冯潮前、王建阳、李淑梅、姜新旺、王水嫩、李志远、肖金萍、林燕等负责会务安排与接待。

下午，在浙江师范大学经济管理学院报告厅，曹荣庆教授主持召开"区域经济社会和谐发展研讨会"，60多人参加。会议安排了3个主题报告：①张明龙的"全球化条件下我国制造业的转型升级"；②周伟林的"中国城市化：内生机制与深层挑战"；③唐荣汉的"转型期的挑战与机遇"。

晚上，在浙江师范大学隆重举行"张明龙教授60华诞庆典"，100多位来自全国各地的嘉宾出席。会议由姜新旺、林燕主持。第一阶段，郑文哲代表浙师大经济管理学院致辞，张根福代表法政学院致辞；张明龙致答谢辞，学生代表献花。第二阶段，先是杰出学友唐荣汉讲话；接着，邵伟国代表台州学院与会人员、许尚春代表三门学友、张龙代表在校生发言。第三阶段，书法家学友潘善助赠送"德识双馨"大型条幅，梅灵芝代表三门学友赠送名笔，王水嫩和王建阳代表全体学生赠送童子求学东阳木雕，姜新旺送上"祝张明龙院长生辰喜乐无极"藏字诗一首。另外，浙师大宣传部老同事送来影像礼品，并附贺诗一首。第四阶段，曹荣庆、郭金喜等人用餐车推出寿桃大蛋糕，张明龙默默许愿后切开大蛋糕，并由其女儿张琼妮、女婿黄凌峰分送到各桌，供嘉宾享用。此间，还有多位嘉宾登台唱歌助兴。整个庆典活动，自始至终充满着欢乐与祥和的气氛。

10月5—7日　到江苏如东县掘港镇钟山路111号南通雷迪森大酒店，参加同班同学会。本次会议的主题是：享受人生、畅谈人生和感悟人生。活动内容丰富，题材广泛。实际上，休闲和健康成为主旋律。与会同学，参观了李红雨任董事长的南通雷迪森大酒店及其周边公园，考察了如东葡萄园并通过亲自采摘葡萄感受丰收的喜悦，还游览了金蛤岛度假村、沿海风力发电站，以及一眼望不到边的水草滩涂。本次同学会主要由李红雨、沈素云、张明龙、丁梅芳、陈志鹏、朱金学、余金仙、许金明等台州籍同学操办。

10月15日　出版专著《政治经济学教学研究》（中国经济出版社，2011年），被董玲的《政治经济学教学对策分析》（《现代商贸工业》，2012年第20期）引用。此后，引用该著作的还有：①罗丹、王守义的《如何提高高校政治经济学课堂教学中学术含量》（《当代经济》，2014年第24期）；②易淼的《政治经济学课程多维度演示教学探讨》（《学理论》，2018年第12期）；③杨立雄、郝玉玲的《城镇残疾人就业："问题"的转移与政策隐喻》（《西北大学学报·哲学社会科学版》，2019年第4期）。

10月23日　上午，参加小组调研报告答辩，担任第二答辩人。由于本小组全体学员的共同努力，特别是4位答辩者的出色回答，获得答辩评委会专家的一致好评，他们以无记名方式打分，给出95分的总成绩，成为全班4个组的第一名。下午，受张仁寿邀请，与徐志平、杜卫、黄建钢、丁金昌、张一军、陈畴镛、祝晓农等主要来自高校的学员，以及第三小组的陈玉国、郑博光、秦忠、王章明、夏炳荣、赵伐、叶丽萍、钟达、王良春、张磊等一起，前往杭州下沙浙江工商大学考察调研，参观了该校教学大楼、室内体育馆、校史馆、图书馆等处。

10月29日　与张永炬、杜才平、鲍思伟、邵伟国、金凌虹等合作完成的《地方高校依据区域经济社会发展需要调整专业结构探索与实践》项目，被评为2012年台州学院教学成果奖一等奖。

10月29日 早上6时50分，接到大妹张明彩、妹夫郑成林电话，告知母亲得急病昏迷。回话要求家人赶快送母亲到医院抢救。同时，与夫人章庆平一起，马上从杭州乘车回老家，11时10分抵达三门医院。值班医师拿出CT照片解释说，母亲得的是脑溢血，位置在左丘脑处，属于比较严重的出血性中风。接着，在医生陪同下进入重症加强护理病房（ICU），看望正在救治中的母亲。发现母亲躺在病床上不省人事，贴在她耳旁叫唤，只能微睁双眼，没有其他反映，右手右脚已软弱无力。

10月31日 参加省委党校"2012年第三期领导干部进修一班"结业典礼，为期两个月的党校学习到此结束。

十一月

11月6—7日 以浙江师范大学副校长王景尧为组长的省高校文明寝室建设工作督查组，来台州学院检查指导文明寝室建设工作，张明龙参与有关接待工作。

11月8日 上午9时，台州学院举行"新建本科院校全面提高教育质量论坛"。中国高等教育学会会长、教育部原副部长周远清应邀出席并做《文化的教育与教育的文化》专题报告。台州学院校长龚建立、副校长张明龙分别主持论坛。

11月9—10日 民盟台州学院支部组织盟员前往三门调研考察，副校长张明龙、统战部部长邵伟国、民建会员鲍思伟、民盟临海小组负责人方德助等应邀一同参加。此次考察活动主要围绕三大主题展开：一是以海啊集团为代表的三门民营企业生产经营现状；二是三门滨海新城建设情况；三是蛇蟠乡旅游开发和现代渔业的发展问题。

11月12日 副校长张明龙在教务处副处长鲍思伟、体育科学学院副院长蔡金明等陪同下，先后到三门初级中学、三门第二高级中学进行教育实习巡视，看望实习师生。在实习工作座谈会上，他殷切期望实习生尽快实现"三个转变"：一是从善于自己学习转变为善于教人学习，掌握有效的教学方法和教学技巧；二是从书本知识的积累转变为实际能力的运用，努力提高教学能力、管理能力、组织能力和沟通能力等；三是从理解教材、撰写教案转变为提高口头表达水平与综合素质，使课堂教学充满艺术性和创造性。

11月13日　晚上，张明龙与朱治月、程立刚等一起，接待来访的浙江师范大学后勤集团原总经理傅克昌、副总经理郭玲玲，以及宁波职业技术学院、台州科技职业学院等有关人员。

11月14日　下午，主持召开校招生就业工作会议。在会上强调，认真做好明年招生计划的编制，完善大学生职业发展与就业指导课程的实施方案，加强应届毕业生的就业指导，周密筹备即将在临海校区举办的本届毕业生招聘会。

11月15日　主持召开中小学师资培训工作交流会。总结讲话时强调，要进一步加强中小学教师培训的组织工作，包括做好领导组织、项目团队组织、课程组织、实施过程组织等；进一步丰富中小学师资培训的课程资源，注重历年资源的积累，做到纸质与网络资源并重；进一步完善中小学师资培训的考勤制度，细化考勤奖惩条款，形成适度的灵活性。

11月20日　发表论文《工资制度改革的回顾与展望》（《唯实》，2000年第5期），被周国江、何晓娟的《我国公立医院实施岗位绩效工资的现实困境与应对策略》（《黑龙江医学》，2012年第11期）引用。被博士论文引用的有：①李响的《新中国成立初期沈阳城市发展研究（1949—1957）》（东北师范大学，2019）；②郑国强的《中国劳动力市场扭曲的形成机理及效应研究》（吉林大学，2021）。被优秀硕士论文引用的有高颂娟的《卫生系统事业单位绩效工资制实施效果与有效运行研究》（苏州大学，2014）。

11月23日　上午，主持召开台州市经济学会第六届理事会第三次会议，并做会长报告："区域产业链式化转移研究"。

同日下午，第四届中国民营经济创新论坛在台州举行。浙江省政协原主席、长三角（浙江）民营经济研究会会长李金明，中央编译局副局长魏海生，工信部中小企业发展促进中心主任秦志辉，台州市领导陈铁雄、元茂荣、吴海平、赵跃进、郑荐平，台州学院校长龚建立、副校长张明龙出席开幕式。

24日上午，张明龙主持论坛第一分会场的学术交流，30多位专家、学者参加。李玲娥、白林、赵超、钱津、刘文革、蒲芳、王建邦等，围绕"民营经济与区域竞争力"做专题发言。

11月25日　发表论文《运用产业政策促进区域经济发展的研究》（《城市》，2012年第11期）。论文认为，运用产业政策促进经济发展，是宏观管理的常见方法。产业政策包括产业结构政策、产业组织政策和产业布局政策等。我国在运用产业政策促进区域经济发展方面，已积累了不少成功的经验。为了进一步运用产业政策促进经济发展，应努力提高产业政策体系的整体合力，使其形成的导向机制，有利于优先发展主导产业，有利于运用信息化改造传统产业，有利于重点培育和发展高新技术产业，有利于加强发展基础产业，有利于产业集群突破生命周期拐点。

11月　出版主笔合著《走向区域繁荣的思索——以浙江为例》（企业管理出版社，2012年）。本书认为，保持区域持续繁荣是跨越"中等收入陷阱"的重要途径。就创造区域繁荣来说，浙江走在全国前列，进行过许多原创性的探索，创造了著名的浙江模式。本书以浙江为案例，考察其排除障碍，逾越险阻，努力推进区域繁荣的对策措施，着重研究了运用区域政策促进中小企业创新、运用区域金融支持民营经济发展、加强区域品牌建设、促进城市信息化等问题。本书从现实经济生活搜集和整理有关资料，在充分占有原始资料的基础上抽绎出典型材料，经过高度概括，精心提炼成某些切实可行的浙江经验。本书被中国国家图书馆收藏，其图书编号：006408110。

11月　出版专著《企业产权的演进与交易》（企业管理出版社，2012年）。本书以现阶段社会主义市场经济为基本背景，采用由抽象到具体的思维方式，结合从古到今的历史进程，研究交易费用、产权与所有权、委托—代理等现代产权基本理论，研究企业产权自先秦、秦汉、隋唐、宋元，到明清的演进过程，以及社会主义企业产权制度的建立与改革，研究中小企业集聚及其产权规模结构变动趋势，研究调查待购企业经营状况、核查待购企业财务报表和提高企业收购谈判效果等产权交易技巧。本书被中国国家图书馆收藏，其图书编号：006408126。

十二月

12月1日 发表论文《科技信用制度建设的纵向考察》(《科技管理研究》，2005年第12期)，被马佰莲、谢婧的《近十年国内科研诚信研究述评》(《齐鲁师范学院学报》，2012年第6期)引用。此后，引用该论文的有：①张守凤、常相全、张进智的《基于"4C"模式的科技信用评价体系研究》(《价值工程》，2014年第27期)；②赵明珠、张勘的《科研诚信的挑战与思考》(《中国卫生资源》，2014年第6期)；③罗潇的《诚信在科研不端治理中的转向研究》(《青春岁月》，2015年第13期)；④叶小刚、蔡桂兰的《广东省科技计划项目承担单位科技信用评价指标构建》(《科技创新发展战略研究》，2017年第1期)。另外，还被王其和的博士论文，以及陈胜的优秀硕士论文引用。

12月4日 下午，张明龙副校长主持召开分管教学院长会议。会上，杜才平通报了期中检查情况，指出提高课堂教学质量仍是当前学校面临的主要任务。鲍思伟通报了实验室建设与教学、教育实习和专业实习，以及学生竞赛等方面的情况，指出加强学生实践环节是教育改革的方向。张永炬传达了省教育厅有关文件精神，谈了人才培养模式改革的进展情况，要求各学院按照新专业目录的课程体系，调整和完善各年度的教学安排。张明龙对会议做了简要总结。

12月5日 参加校学术委员会会议，评选本年度校级优秀科研成果奖。

12月8日 台州学院在临海校区风雨球场举办2013届大型毕业生招聘会，为毕业生搭建就业推荐平台，加强学校与用人单位的合作交流。校领导十分重视本次招聘会，副校长张明龙等领导多次了解招聘会准备情况，并亲临现场指导，慰问现场工作人员。各学院相关负责人也深入招聘会现场，与用人单位招聘人员进行深入交流，介绍学生情况，为学生与用人单位之间搭建又一道沟通的桥梁。

12月10—11日 浙江省高校社科联工作会议在湖州隆重举行。省社科联党组书记陈荣、主席蒋承勇、副巡视员周鹤鸣，省社科联秘书长、规划办主任谢利根，湖州师范学院党委书记刘剑虹等出席会议，湖州市委常委、宣传部长胡菁菁到会致辞。张明龙代表台州学院社科联做主题发言，题目是：《搭建社科联工作平台，积极为地方经济文化发展服务》。

12月12日　上午，在衢州冠发君悦大酒店，参加2013年浙江省普通高校毕业生就业工作会议，听取教育厅副厅长蒋胜祥做的主题报告：《积极进取，开拓创新，全面完成2013年全省高校毕业生就业工作目标任务》。

12月15日　出版专著《区域发展与创新》（中国经济出版社，2010年），被高尚荣的《论高职院校创新文化的构建》（《淮海工学院学报·人文社会科学版》，2012年第23期）引用。此后，引用该著作的有：①付航的《电子文件管理区域化协作博弈之道》（《档案》，2012年第5期）；②热孜燕·瓦卡斯的《援疆对南疆三地州产业发展作用分析》（《新疆师范大学学报·哲学社会科学版》，2014年第6期）；③黄昌盛、臧丽丽的《抢抓产业承接，助推县域经济转型——以安徽省十强县芜湖县域经济发展为例》（《企业改革与管理》，2014年第9期）；④夏永的《宿州市埇桥区区域经济发展研究》（《科技经济市场》，2016年第10期）等10多篇论文。同时，还被10多篇博士论文和优秀硕士论文引用。另外，经过文献检索发现，本书出版以来，被图书引用的有李平、陈耀主编的《中国区域经济学前沿：2011—2012资源型城市转型与区域协调发展》（经济管理出版社，2012）、宋煜萍著的《生态型区域治理中地方政府执行力研究》（人民出版社，2014）、寇大伟著的《中国区域协调机制研究》（光明日报出版社，2017）等10多部。

同日　发表与张琼妮合作的论文《增强自主创新能力的科研信用制度创新》（《西北工业大学学报·社会科学版》，2012年第4期）。论文认为，自主创新活动的信用缺失行为，大多出现在科研项目的执行过程中。因此，要增强自主创新能力，必须推进科研信用制度创新，全面健全科研信用制度。科研信用制度是整个科技信用制度的核心部分，它贯穿于科研项目运行的全过程，要求在项目立项、招投标、预算审查、成果验收等关键环节，事前必须对有关机构和个人的信用状况进行查询或评价，并作为重要参考依据。当前，要消除自主创新活动中出现的信用缺失行为，稳定提高自主创新能力，宜着重健全项目审批和成果鉴定制度、项目经费监管制度、创新人员信用评价制度，以及失信行为惩戒制度。

12月17—22日　在浙江省委党校，参加省管领导干部学习班，集中学习党的十八大精神。

12月24日　主持召开校教师教学发展中心指导委员会工作会议，筹划发展中心工作。中心指导委员会全体成员出席。在会上指出，教师教学发展中心的成立，对提高教师特别是中青年教师的教学能力，满足教师个性化专业化发展需要具有重要意义。中心要坚持"服务教学工作、促进教师发展"宗旨，通过开展教师培训、教学经验交流、建立网络平台、提供咨询服务等多种途径，为教师的专业化个性化发展服务；要从学校实际出发，整合利用现有教学资源，先易后难，逐步推进各项工作的开展。

12月28日　晚上，接待越南朋友阮英秀、阮氏垂星夫妇。阮英秀在浙江师范大学区域经济学专业获得硕士学位，张明龙在其就读的班上讲授专业课《区域经济学》；阮氏垂星现任台州学院越南留学生班翻译课教师。

12月31日　浙江省委组织部、省人力资源和社会保障厅《关于公布浙江省事业单位专业技术二级岗位聘任人选的通知》（浙人社发〔2012〕360号）文件公布，张明龙为专业技术二级岗位聘任人选，即晋升为二级教授。

第二节　二〇一三年：六十一岁

一月

1月8日　英国格林尼治大学代表陈华鹏博士来台州学院访问，洽谈土木工程专业"3+1+1"合作办学事宜。至此，张明龙率队访问英国期间谈妥、签订的两校合作办学合同，开始生效。该校拥有本科、硕士和博士等多层次的人才培养体系，是教育部推荐的出国留学大学。

同日　下午，副校长张明龙主持召开分管教学院长会议。张永炬简要回顾本学期完成的主要教学任务，着重谈了如何做好各学院教学工作业绩目标考核事项。杜才平针对新版人才培养方案，提出进一步完善教学内容和课程体系的思路。鲍思伟布置期末考试和学期各项涉及教务的工作。张明龙做总结时强调，严格期末考试考查制度，做好期末结束的相关工作。仔细排查毕业生信息，继续完善新版人才培养计划，努力提高学生的动手操作能力，注重教学标志性项目的培育，加强专业建设并进一步优化专业结构。同时，还要完善教学管理与质量监控体系。

1月14日　下午，主持召开分管招生就业的领导会议。林才溪传达省教育厅有关文件精神，通报2012届毕业生就业率指标完成情况，并谈了制订2013届毕业生就业率指标的依据和设想。接着，布置报送毕业生职业发展与人才培养质量跟踪调查信息的工作。张明龙在会上强调，高度重视毕业生信息的真实性，确实保证毕业生信息的准确性，努力做到毕业生信息的完整性，还要虚心向毕业生信息工作先进学校学习有关经验。

1月15日　发表与徐璐（第一作者）合作的论文《产业空间集聚与城市化的互动关系研究》（《北方经济》，2006年第3期），被沈飞、俞武扬的《产业集群与区域城市化进程关联的固定效应模》（《经济与管理》，2013年第1期）引用。此后，引用该论文的有：①李贞的《上海临港地区产业集聚与城市化发展互动关系研究》（《上海城市规划》，2014年第1期）；②王丽君、张文君的《产业集聚与城市化互动发展的机理分析》（《现代经济信息》，2014年第12期）；③张廷海、戴倩雯的《产业集聚与城市化互动研究述评》（《现代管理科学》，2015年第4期）；④蔡军波的《专业市场空间规律变迁——基于城市化进程的视角》（《商业经济研究》，2018年第16期）；⑤易艳春、高爽、关卫军的《产业集聚、城市人口规模与二氧化碳排放》（《西北人口》，2019年第1期）。另外，还被熊国宝、史主生和蒋俊的优秀硕士论文引用。

1月18日　台州市委组织部副部长蔡周钧，组织部人才处处长、市委人才办副主任杜学中，人社局人才开发和市场处处长李新建，组织部人才处副处长於海雅一行5人来校慰问高层次人才。台州学院副校长张明龙等10名高层次人才参加座谈会。

1月19日　赴杭州参加浙江省《资本论》与社会主义经济研究会，2013年专题学术研讨会暨常务理事会。本次会议的主题是：贯彻落实党的十八大精神，建设"两富"现代化浙江；总结学会2012年工作，研究

2013年工作思路与重点；研究学会领导机构的换届问题。汪小波会长主持会议，张明龙做主题发言。

1月20—21日　率张永炬、罗文花、李跃军等人向有关专家汇报本校"旅游管理"本科专业申报情况，并根据专家意见进一步充实、完善材料。

1月22日　下午，校园一卡通项目启动协调会在临海校区召开。副校长张明龙主持会议并介绍项目的资金来源、前期准备等情况。经过多方协商之后，张明龙强调，要求相关部门责任落实到人，指定专人负责项目联系协调，齐心协力推进项目建设，建成高质量的一卡通系统。

1月24日　《河南科技大学学报·社科版》王栾生主编，为庆贺张明龙六十华诞，发来电子邮件，作藏头五律诗一首：

贺张明龙先生六十华诞

贺兰山顶草，张与九霄通。

明地应新月，龙池满旧宫。

六来沙岸鸟，十度雪楼钟。

大火乘天正，寿比夕阳红。

1月25日　台州市委组织部、台州市人力资源和社会保障局联合发文：《关于公布张明龙等5人为专业技术二级岗位聘任人选的通知》。[①] 文件说，根据浙江省委组织部、省人力资源和社会保障厅《关于公布浙江省事业单位专业技术二级岗位聘任人选的通知》（浙人社发〔2012〕360号）文件，经省委组织部、省人力社保厅核准，我市张明龙等5人为专业技术二级岗位聘任人选，现予以公布，请按照岗位设置管理的有关规定办理聘任手续。

1月25日　发表与张琼妮合作的论文《推进园林生态城市建设——浙江省东阳市城市化经验调查》（《城市》，2013年第1期），作为重要文章列入封面。

二月

2月8日　母亲从三门医院出院，与夫人章庆平、大妹张明彩、妹夫郑成林和女婿黄凌峰等一起接回家中静养。

---

① 台州市委组织部、台州市人力资源和社会保障局.关于公布张明龙等5人为专业技术二级岗位聘任人选的通知 [z] 台人社发〔2013〕15, 2013-01-25.

2月25日 新学期开学第一天，全校教学秩序井然有序。上午，副校长张明龙在教务处和相关二级学院负责人陪同下，巡视临海校区开学情况。

2月26日 下午，副校长张明龙主持召开分管教学院长会议，布置新学期教学工作任务。教务处负责人、各二级学院分管教学院长参加会议。在会上强调：①要按照教育部新的专业目录修订人才培养计划；②要优化专业结构，加强专业建设；③要以专业核心课程为重点加强课程体系建设；④要提高教材建设质量；⑤要加强实践教学环节；⑥要推进教学方法研究；⑦要做好各项教务管理工作；⑧要加强教学监督检查工作；⑨要保持各校区教学工作顺利运转。

2月28日 上午，副校长张明龙在教务处长张永炬、人事处长李仲斐及医学院院长梁勇、书记潘世杰等陪同下，赴附属市立医院检查临床学院教学工作。

同日 下午，浙江省委教育工委副书记、省教育厅副厅长蒋胜祥，省教育厅宣教处处长薛晓飞来台州学院考察调研。调研会上，校党委书记潘璋德着重就学校开学工作情况、去年主要工作、今年工作要点等做了简要汇报。截止到2月27日，本校学生报到率98.35%，学校开学工作平稳，师生思想稳定，各项工作有序推进。校长龚建立主持调研会，校领导张明龙、张辉、冯尚申、王培军、王正，以及校相关学院和职能部门负责人参加调研会。

三月

3月5日 发表与陈昭明、张琼妮合作的论文《增强自主创新能力的科技信用环境创新》（《中外企业家》，2013年第3期）。论文指出，为了有效遏制科技信用缺失行为，增强自主创新能力，需要进行科技信用环境创新。其主要措施是：把握宣传舆论导向，使它能形成促进自主创新人员诚实守信的激励机制。提高学科带头人诚实守信的示范效果，促使其他科技人员在仿效过程遵守科技信用规则，并茁壮成长。完善职业道德基础，确保科技信用制度能够建立在良好的职业道德基础上。同时，通过制定科技政策，变动经济参数等方法，确保科技人员做到诚实守信。

3月6日　上午，台州市2013年普通高等学校招生计划编报会议，在本校椒江校区第一会议室召开。台州市发改委、市教育局有关领导及本市四所高校分管领导出席会议。副校长张明龙简要介绍学校招生计划总体情况。

同日　下午，来到台州科技职业学院，参加市社科联四届三次常务理事会会议。

3月8—9日　8日下午，来到浙江师范大学。晚上，与姜新旺、李淑梅、肖金萍、林燕、王水嫩、吴月芽、郭金喜、王晓玲等一起聚会。9日上午，召集在培的硕士研究生来家中举行读书会，对如何修改开题报告和毕业论文，给予具体指导。

3月10日　下午，在杭州海外海国际大酒店，参加中国人民大学浙江校友会2013年年会。本次会议主题是："洞察机遇，迎接挑战——浙江中小企业发展论坛"。全省各界校友、特邀嘉宾等650多人参加，省校友会常务副会长、人大浙商校友促进会会长楼国庆主持，浙江省人大副主任、省校友会会长王永昌讲话。会上遇见原杭州大学蒋自强、薛克诚、边鹏飞等老师，致以诚挚的问候，并进行了亲密交谈。

3月12日　下午，在台州市经济开发区滨海展示馆，参加台州商人研究会第五次会长会议。

3月14日　浙江树人大学副校长叶时平，率教务处长金劲彪、副处长任条娟等一行五人来台州学院，就校院二级管理、应用型人才培养、校企合作、教学示范中心建设等工作进行考察交流。副校长张明龙热情接待考察组并主持交流会，校教务处、设备管理处相关负责人出席。张明龙对客人表示热烈欢迎，并详细介绍了本校在应用型人才培养、校地合作等方面的探索历程。

3月15日　出版主笔合著《中国经济前沿三研究》（群言出版社，2004年），被许彦华、高晚欣的《企业诚信文化基因病变、危机及对策研究》（《理论探讨》，2013年第2期）引用。此后，引用该著作的还有谢东明的《促进行政区经济向经济区经济转变——以环渤海经济圈为例》（《中外企业家》，2015年第22期）。

第三篇 年谱续编
第九章 六十岁至六十二岁

同日 发表与高文欢、万方合作的论文《中小企业所有制结构变动趋势研究——以浙江省为例》(《浙江师范大学学报》，2013年第2期)。论文指出，分析浙江规模以上工业中小企业可知，企业所有制形式多彩纷呈，其中内资企业构成主体部分，国有企业和股份有限公司数量少规模大，私营企业数量多规模小，外资企业规模大于平均水平。从不同所有制工业中小企业变动趋势看，股份有限公司和私营企业呈现持续增长趋势，近年没有出现负增长，已成为中小企业的主体部分。另外，国有企业仍然占有较大份额，是构成中小企业的基本部分之一。

同日 发表论文《欠发达地区提升工业化水平的思考》(《理论导刊》，2002年第9期)，被朱磊的《脱嵌抑或嵌入：生态文明建设中的欠发达地区工业化——以浙江省丽水市为区域性案例》(《浙江社会科学》，2013年第3期)引用。

3月18日 发表论文《日本运用长期发展规划推动科技创新》(《学理论》，2009年第19期)，被张越的优秀硕士论文《黑龙江省八大经济区发展的政策研究》(哈尔滨商业大学，2013)引用。此后，还被赵嘉的优秀硕士论文《青岛市海洋科技创新体系优化研究》(中国海洋大学，2015)引用。

3月20日 上午，医学院举行2012年度党政领导班子民主生活会。副校长张明龙出席会议，医学院班子全体成员参加，学院党总支书记潘世杰主持会议。

同日 张明龙副校长是台州学院社科联主席，根据浙社科联〔2013〕10号文件，台州学院社科联被评为2012年度全省社科联系统先进集体。

3月25日 下午，图书馆举行2012年度党政班子民主生活会，副校长张明龙教授出席并做总结发言，充分肯定图书馆过去一年所取得的工作成绩，认为图书馆党政班子是务实、团结而富有成效的班子。他同时对图书馆今后工作提出要求。

3月27—29日 率招生就业处林才溪处长，以及王凌强、梅娇、金彩云、马斌等赴江西南昌工学院，慰问和看望2012年录取的37名少数民族预科生。在南昌工学院16栋1610会议室举行座谈会。张明龙介绍了台州学院办学历程、发展现状和主要特色，勉励预科班同学圆满完成学习任务，顺利进入台州学院。

3月28日　恰逢张明龙60周岁生日，由林才溪、马斌和王凌强等人策划制作成一部《精彩人生——一位基层学者的十年剪影》，作为赠送张明龙的生日礼物。

四月

4月1日　出版专著《经济学基本理论研究》（中国文史出版社，2002年），被优秀硕士论文宋洋的《宁夏回族自治区经济开放研究》（中央民族大学，2013）引用。此后，还被刘陶、陈雅雯、付正义、魏巍等多篇优秀硕士论文引用。

4月2日　中共浙江省委组织部发文：《关于张明龙同志工资问题的批复》指出，根据国人部发〔2006〕56号、59号和浙人薪〔2006〕307号文件规定，同意张明龙同志的岗位工资从2011年9月起升为专技二级，薪级工资从2012年1月起升为49级。① 该文件表明，张明龙二级教授晋升时间可以推算到2011年9月。

4月8日　发表论文《区域经济发展模式的比较与思考》（《郑州经济管理干部学院学报》，2002年第2期），被朱一鸣的《我国行政区经济制约城市圈发展的问题与对策》（《当代经济》，2013年第7期）引用。

4月10—11日　率计划财务处、设备管理处、后勤管理处、信息技术中心等部门负责人赴杭，考察调研"一卡通"项目建设等情况，受到中国计量学院陶伟华、蒋家新，浙江财经学院卢新波，杭州电子科技大学孙玲玲、郑宁等校领导及有关部门负责人的热情接待。在考察交流会上，双方就一卡通相关技术、管理中心人员安排、规章制度建设、财务结算运行流程、相关设备采购、场地装修等方面进行了深入交流。相关部门负责人进一步做了对口业务交流。考察组还实地参观考察了各校的"一卡通"充值办卡窗口、"一卡通"机房等处。

4月12日　下午，与其他校领导一起，出席在椒江校区举行的市高校中层干部轮训班闭幕式。

---

① 中共浙江省委组织部. 关于张明龙同志工资问题的批复 [z]. 浙组批〔2013〕115, 2013-04-02.

第三篇 年谱续编

第九章 六十岁至六十二岁

4月15日 与教务处、设备处、信息中心和办公室等有关领导一起，研究本校标准化考点视频监控系统的建设。集中讨论了标准化考点建设的必要性的建设任务的紧迫性，建设标准化考点的需要投入的设备及经费，需要完成标准化考点改造的教室数量，标准化考点教室建成后的管理与合理使用等问题。

4月19日 下午，台州市副市长、民建台州市委会主委赵跃进，民建市委会专职副主委徐怀生就党派组织建设和发展工作来台州学院进行专题调研。张明龙出席调研座谈会。

4月23日 下午，校园"一卡通"项目建设协调会在临海校区第五会议室召开，副校长张明龙主持会议。会上，校信息技术中心主任应国良、计财处处长杨珊珊就"一卡通"项目新增加的需求情况、卡中心办公地点、装修图纸设计、工作人员到岗时间等情况，做了具体介绍。与会代表就"一卡通"卡片图案等重点问题，进行集中讨论，达成统一意见；同时还就圈存机的安装、消费机安全、设备备用方式等问题进行讨论，并讨论确定新增的一批子系统。要求加强与解决相关技术问题所涉及的职能部门沟通联系，相关部门注重落实，齐心协力推进项目建设，建成高质量的"一卡通"系统。

4月25日 张明龙指导的万方、高文欢两位区域经济学专业二年级学生，从浙江范大学接来台州学院学习。

同日 发表与张琼妮合作的论文《低碳经济条件下我国中小企业的转型升级》（《生态经济》，2011年第4期），被周骏宇、杨军的《广东外贸企业的困境、转型升级路径和政策需求——基于结构方程的实证分析》（《国际经贸探索》，2013年第4期）引用。此后，引用该论文的还有：①戴发山、曹江琴的《低碳经济时代中小企业发展探讨》（《中小企业管理与科技（上旬刊）》，2014年第9期）；②翟中亮的《浅谈生态经济背景下中小企业升级问题的分析》（《商场现代化》，2014年第29期）；③王超宏的《低碳经济下的企业转型导入机制分析》（《现代商业》，2017年第36期）。同时，被李倩男、刘毅斌、成楠、周明、顾婷婷和黄天华的优秀硕士论文引用。

4月28日　发表与张琼妮合作的论文《以色列高效创新运行机制揭秘》(《科技管理研究》，2010年第23期)，被孔祥浩的《以色列技术转移机制和模式研究的作用》(《价值工程》，2013年第12期)引用。此后，引用该论文的有：①竺雅莉的《以色列的科技管理及全球链接的形成》(《昌吉学院学报》，2014年第1期)；②阮项的《全球城市的跨越式创新——上海与以色列科创合作若干策略探析》(《华东师范大学学报》，2017年第6期)；③胡海鹏、袁永、邱丹逸和廖晓东的《以色列主要科技创新政策及对广东的启示建议》(《科技管理研究》，2018年第9期)；④吴兆明的《以色列科技创新驱动对区域经济创新发展的启示研究——基于无锡市的实证分析》(《科技和产业》，2018年第11期)。同时，还被高飞的优秀硕士论文引用。

4月　发表与陈昭明、张琼妮合作的论文《〈考工记〉反映的手工业专业分工及其发展》(《时代经贸》，2013年4月下半月刊，总第275期)。论文指出，春秋战国时期出现的《考工记》一书，反映我国古代手工业已经出现周密的专业分工，各种工匠都有自己的专门化技术。同时，反映我国古代手工业已经发展到相当高的水平，在产品的原料选配、生产技术、制造工艺、质量检验和系统计量等方面都做出严格规定，并严格按照这些规定的要求组织手工业生产。

五月

5月3日　下午，与外事处施安全一起，在临海校区第二会议室，同亚洲金融协会大中华区分会联席主席潘静商谈，中心议题是拓展本校国际办学空间问题。亚洲金融协会成立于1984年，属于金融专业协会，地址在美国纽约百老汇大街32号1701室。出席商谈会的还有温岭市的沈素云老师等。

同日　发表论文《美国国家实验室的创新实力考察》(《西北工业大学学报·社会科学版》，2009年第3期)，被吴维库、孔茗的《产业升级条件下企业"实验室经济"模式发展与管理》(《科技进步与对策》)，2013年第17期)引用。此后，引用该论文的有：①王婉娟、危怀安的《国家重点实验室创新网络演化与协同创新能力提升的探索性案例研究》(《科技管理研究》，2016年第6期)；②杨洋、欧阳汉斌、柯荔宁和黄文华的《解剖学研究生跨学科培养模式的探讨》(《基础医学教育》,2016 年第 12 期);③钱万强、林克剑、闫金定、李美、孙勇和魏琦的《主要发达国家基础研究发展策略及对我国的启示》(《科技管理研究》,2017 年第 12 期)。同时,还被李彬钰、王莹的优秀硕士论文引用。

5月9日　上午,在临海校区第二会议室主持召开教学督导工作会议,要求全体督导委员多关注学校发展战略规划,多关注人才培养模式改革趋势,多关注教学业绩考核评价体系改革,多关注教学标志性成果的培育,多关注课堂教学质量的提高。

同日　主笔专著《促进区域繁荣——以浙江为例》获得台州市政府第十四届哲学社会科学研究优秀成果奖一等奖。[①]

5月10日　发表论文《论所有权与产权的区别》(《经济评论》,2002年第3期),被龙登高、林展、彭波的《典与清代地权交易体系》(《中国社会科学》,2013年第5期)引用。同时,还被多篇优秀硕士论文引用。

5月11日　与林才溪、马斌、赵坚等一起陪同浙江师范大学曹荣庆教授考察临海桃渚古城和火山遗迹。桃渚古城是明代东南沿海,为抗倭而建的41个卫所中,至今仅存的最为完整的所城。桃渚白垩纪火山遗迹,已由国土资源部评审后,列为我国第二批国家地质公园。

5月14日　下午,"台州学院人才培养模式改革"专题研讨会在临海校区第一会议室召开。副校长张明龙主持会议,各二级学院分管领导、教学秘书及教务处全体人员参加。

张明龙对各学院实施的人才培养模式改革给予充分肯定,认为前一阶段的改革进展基本顺利,改革成效初步显露,每个学院的改革都有值得总结和思考的亮点,共同之处都是围绕学生成长和就业推进教学方法改革,加强实践环节提高学生实践和创新能力,尤其值得肯定。

5月15日　上午,台州市教育局副局长童文兴率队对本校机械设计制造及其自动化、土木工程、护理学三个市级区域优势特色专业进行中期检查。副校长张明龙主持检查汇报会;校教务处、相关学院领导,各专业负责人及教师代表参加会议。

[①] 台州市人民政府. 关于公布台州市第十四届哲学社会科学研究优秀成果获奖名单的通知 [Z]. 台政办发〔2013〕68, 2013-05-09.

张明龙副校长在会上表示，学校重视专业建设，将认真按照市里的要求继续做好区域优势特色专业建设工作，通过教学业绩考核、人才培养模式改革等抓手，重点培育专业特色优势。

5月16日　中共浙江省委教育工作委员会下发《关于张明龙同志延长退休年龄的批复》。经研究，同意张明龙同志延长退休年龄至2015年1月退休。① 此间，台州学院安排其继续担任校督导委员会主任等工作。

5月18—22日　与曹荣庆教授等一起赴江西吉安井冈山大学，参加第十六届"全国经济地理研究会年会"，在会上做"新型城镇化与区域经济发展"的主题报告。

5月25日　张明龙应浙江师范大学经济与管理学院邀请，担任该院2013届区域经济专业硕士学位论文答辩主席，顺利完成本组8位同学的答辩任务。在另一组，张明龙指导的张龙与陈超两位同学，也顺利完成学位论文答辩，获得硕士学位。

5月27日—6月1日　参加台州市高层次人才疗养活动。

5月28日　发表论文《区域发展理论演进的纵向考察》（《云南社会科学》，2002年第2期），被王伟兵的博士论文《促进开发区产业集聚的财税激励政策研究》（财政部财政科学研究所，2013）引用。此后，引用该文的博士论文有：①张秦的《科学发展观视域下的区域可持续发展能力研究》（内蒙古大学，2013）；②孙洪磊的《哲学视域下的京津冀区域协调发展》（中共中央党校，2014）；③赵海凤的《四川省森林生态系统服务价值计量与分析》（北京林业大学，2014）；④谢念的《互联网背景下的区域传播力提升研究》（武汉大学，2015）。同时，还被梁丹妮、李建刚、刘畅和陈彦霓的优秀硕士论文引用。

同日　发表与章亮、张琼妮合作的论文《巩固促进科技创新的法律基础——〈科技进步法〉修改内容研究》（《河南科技大学学报》，2010年第5期），被张翔、王璨的《国内农业科技资源共享研究的文献述评》（《中国科技资源导刊》，2013年第5期）引用。

5月30日　发表与徐璐合作的论文《专业化产业区发展动力机制的实

---

① 中共浙江省委教育工作委员会文件. 中共浙江省委教育工作委员会关于张明龙同志延长退休年龄的批复［Z］. 浙教育工委干〔2013〕40，2013-05-16.

证研究》(《生产力研究》，2007年第19期)，被李毅和顾延生的《制度嵌入性视角的产业集群发展研究——以青海藏毯产业集群为例》(《青海社会科学》，2013年第3期) 引用。同时，还被高博的博士论文，以及吕飞、王海彦的优秀硕士论文引用。

5月　出版与张琼妮合著的《美国生命健康领域的创新信息》(知识产权出版社，2013年)。本书以美国21世纪以来的科技创新活动作为考察对象，集中分析其在生命科学与医疗健康领域取得的创新成果。本书分析了美国在基因、蛋白质和细胞等生命基础领域的创新信息，分析了美国在微生物、植物和动物等生物体领域的创新信息，还分析了美国在防治癌症、艾滋病、心血管疾病，包括神经病、精神病、阿尔茨海默症、帕金森症和癫痫在内的神经系统疾病，以及免疫系统疾病、呼吸系统疾病、消化系统疾病、泌尿系统疾病、糖尿病、妇产科疾病、器官移植、骨科病、五官科疾病、虫媒传染病和遗传病等领域的创新信息。本书被中国国家图书馆收藏，其图书编号：006666265。

六月

6月2日　农历4月24日，偕同夫人章庆平，回到三门县海游镇湘山村老家，与妹妹张明彩、张明霞和张媛芝，以及妹夫郑成林、陈世昌和叶启君一起，庆祝母亲90寿诞。

6月3日　出版主笔合著《促进区域繁荣—以浙江为例》(知识产权出版社，2010年)，被优秀硕士论丘民明的《论"一产三产化"的经营与发展》(浙江师范大学，2013) 引用。

6月4日　出版《经济理论与实践研究》(中国文联出版社，2001年)，被优秀硕士论文王德宇的《珲春国际合作示范区发展研究》(延边大学，2013) 引用。

6月5—6日　率领万方、高文欢两位硕士研究生考察、了解台州社会经济与自然状况。

6月8日　随同校教学督导组一起交流考察。主题是校院两级教学督导运行机制研讨。

6月14—16日　入住哈尔滨翰林凯悦大酒店，参加由中国社会科学院经济研究所主办、黑龙江大学承办的第十五届"中国政治经济学论坛"。

本次会议的主题是"重要领域和关键环节改革",主要议题有政府与市场关系、收入分配改革、国有经济改革、利益集团治理、垄断行业改革、生产要素市场改革、民营经济发展。

15日上午,作为大会发言评论人,分别对孔陆泉、郭正模两人的发言进行现场点评,由于点评准确、精彩,获得会议代表好评。

同日下午,针对所有制改革,在大会做专题报告。该报告以浙江省规模以上中小工业企业为例探讨了企业所有制结构的变动趋势,认为我国企业所有制改革发展到现阶段,形成了十来种不同所有制企业共同繁荣的格局,规模以上中小工业企业形式多彩纷呈,其中国有企业和股份有限公司数量少规模大,私营企业数量多规模小,外资企业规模大于平均水平。从不同所有制中小工业企业变动趋势看,股份有限公司和私营企业呈持续增长趋势,成为中小企业的主体部分。

同日　出版《经济学新问题求解》(中国经济出版社,2007年),被石君、胡正昌的《小产权房的法律治理问题探析》(《湖南工业职业技术学院学报》,2013年第3期)引用。

6月19日　到浙江师范大学,与万方、高文欢、刘娜、周剑勇、赵坚等一起欢送张龙、陈超两位2013届硕士毕业生,祝贺他们顺利完成学业。

6月20日　发表与张琼妮合作的论文《美国科技高投入政策促进创新活动的作用》(《西北工业大学学报·社会科学版》,2012年第2期),被蓝晓霞、刘宝存的《美国政府推动产学研协同创新的路径探析》(《中国高教研究》,2013年第6期)引用。此后,引用该论文的有:①蓝晓霞的《美国产学研协同创新保障机制探析》(《高等工程教育研究》,2014年第4期);②易显飞、杨娜、陈万球的《近20年来国内关于美国科技创新研究》(《湖南工程学院学报》,2017年第2期)。同时,还被邱慧敏、石留的优秀硕士论文引用。

6月21日　下午,在临海校区第一会议室,参加台州学院重点学科建设经验交流会暨科研机构授牌仪式。

6月25日　发表与陈昭明、张琼妮合作的论文《中小企业运行状态的财务比率分析》(《经济研究导刊》,2013年第18期)。该论文指出,向中小企业投资是机会和风险都很大的现代市场交易活动。要想尽量减少收购企业的风险，必须在仔细审核财务报表各种账目的同时，运用财务比率分析企业的运行状态。本文着重研究，运用流动资产比率、速动资产比率和应收账款周转率分析待购企业的偿债能力，运用负债比率、长期负债比率、利息保付率和债务保付率分析待购企业的负债压力，运用存货周转率、固定资产周转率和总资产周转率分析待购企业的经营效率。

6月　出版《政治经济学研究（2013卷，总第14卷）》（社会科学文献出版社，2013年）。该书收入张明龙等人撰写的论文《运用科技进步政策跨越"中等收入陷阱"》。论文认为，跨越"中等收入陷阱"一项重要措施是，制定推动科技进步的政策法规，形成政策支持体系，通过政策的导向力量，不断增强我国的自主创新能力。半个多世纪以来，我国通过运用各种推动科技进步的政策法规，在提高科技创新能力方面取得了显著成效。今后，运用科技进步政策体系促进创新活动的基本思路是，通过进一步健全科技进步政策体系的内涵要素，使其形成矢量相加的共同导向机制，促进基础研究，攻克前沿技术，突破重大关键技术，提升产业整体竞争力。

七月

7月1日　发表与张琼妮合作的论文《区域合作的一种可行模式：产业链式化转移与承接》（《贵州社会科学》，2012年第7期），被李思纯、张东生的《论高新区与腹地经济的互动效应》（《河北学刊》，2013年第4期）引用。另外，还被朱允卫的博士论文，以及陈超、陶瑞妮、王昊的优秀硕士论文引用。

7月2日　督导主任张明龙负责接待南昌工学院陈宇副校长来访。陈宇率该校民族教育学院副院长曾晓辉及教学骨干一行7人，来台州学院交流少数民族学生培养经验。

同日，在临海校区第一会议室，召开该校预科班升入台州学院的少数民族学生座谈会，林才溪主持会议。陈宇副校长通报了学校发展近况，以及正在讨论的分层教学改革新方案，并鼓励学生在台州学院取得好成绩。参加座谈会的每位学生都根据会议主题谈了自己的想法。张明龙在会上强调，要努力实现："赣江情，台州谊，共育民族精英。"

7月12—14日　与章庆平、曹荣庆一起到兰州西兰国际大酒店参加"西部地区经济转型与跨越式发展研讨会暨第七届中国经济理论与管理前沿论坛"。

13日上午，张明龙做主题报告，他把我国发达地区浙江省经济发展的基本经验与中国西部发展的现实紧密结合，分析了西部地区跨越式发展与经济转型的实现路径。

14日上午，张明龙主持论坛闭幕式。下午，参加甘肃省社会科学院副院长刘进军教授主持的专题座谈会。

7月31日　上午，参加市决策咨询委举行的台州海洋经济发展研讨会，在综合经济组做主题发言，认为发展台州海洋经济，首先要做好台州港口资源开发。为此，要分级归类，按照主力港口、潜力港口、县域物资集散港口，以及乡镇物资集散港或小渔港，形成四类功能互补的组合港口群。同时，要分类开发，促使各类港口共同繁荣。主力港口可以考虑大胆采用BOT方式，吸引浙中、浙西等内地投资商共同开发。潜力港口要舍得划出最好最有开发价值的深水岸线，促使国内外投资者前来开发。另外，要加强陆上联系，沟通江海航道，发挥三大港口群的整体优势。

八月

8月4日　与章庆平一起来到安徽省马鞍山市参加在安徽工业大学召开的第二十六届"全国高校经济理论教学改革研究会论坛"。会议主题为"经济理论创新发展"。

本次会议选举产生了新一届"全国高校经济理论教学改革研究会"领导班子，徐奉臻任会长，张明龙等任副会长。张明龙做大会专题报告，其题目是：《幸福指数与低碳经济》。主要内容有：经济发展对生活幸福的影响，低碳经济有利于创造幸福未来，按照低碳经济要求推进产业升级。

8月8日　在台州学院椒江校区第一会议室参加台州市社科联第四届第四次常务理事会。张明龙作为东道主致辞，介绍台州学院发展近况，重点强调台州学院实现了三大跨越：从专科学校向本科学校跨越，从单纯的师范类高校向综合类高校跨越，从服务于课堂理论教育向全面服务于地方经济社会发展跨越。

8月15日　发表与张磊合作的论文《实现行政区经济向经济区经济的转变》(《浙江万里学院学报》，2003年第4期)，被肖锭的《中山市域经济协作区发展的策略研究》(《佳木斯教育学院学报》，2013年第8期)引用。此后，还被谢璐遥、季晶晶的优秀硕士论文引用。

同日　上午，应台州市人力资源和社会保障局邀请，张明龙在台州市图书馆二楼报告厅讲授专业技术人员继续教育公需课：《创造幸福未来的低碳经济》。内容包括：经济发展对生活幸福的影响，低碳经济有利于创造幸福未来，按照低碳经济要求推进产业升级。据悉，开设这门公需课的目的是，为了促进本市专业技术人员树立低碳意识，培养低碳习惯，把握低碳机遇，创新低碳技术，从而充分认识发展低碳经济与创造幸福生活的关系。

同日　发表论文《德国创新政策体系的特点及启示》(《理论导刊》，2008年第2期)，被任亚磊的《国外装备制造业技术创新发展经验与启示》(《产业与科技论坛》，2013年第15期)引用。此后引用的有：①郑云龙的《德国促进企业创新政策浅析及借鉴》(《智富时代》，2014年第10期)；②史世伟、向渝的《高科技战略下的德国中小企业创新促进政策研究》(《德国研究》，2015年第4期)。同时，还被顾惠、项浚宁和李欣的优秀硕士论文引用。

8月　出版主笔合著《产业升级与创新——以浙江为例》(企业管理出版社，2013年)。本书从我国经济结构调整的现状出发，运用规范分析与实证分析相结合的方法，分别通过一个市域的视角、一个省域的视角和全球价值链的视角，研究产业结构升级问题。同时，对典型创新型国家运用产业创新促进产业结构升级的经验进行总结，以供学习和借鉴。具体内容包括：义乌制造业集群转型升级，依托技术进步推进浙江产业升级，全球价值链视角下区域产业集群升级，促进产业创新的国际经验。本书阐明了许多大胆而新颖的观点，拓宽了对产业结构理论研究的思路。本书撰稿者有张明龙、徐应红、张龙、陈超、陈骝。本书被中国国家图书馆收藏，其图书编号：006834640。

引用的论文主要有：①唐德森的《新工业革命与互联网融合的产业变革》(《财经问题研究》，2015年第8期)；②杨蔚琪、胡逸成的《基于文献计量的浙江党校"八八战略"研究分析》(《图书馆研究与工作》，2016年第5期)；③焦雪姿的《服务业升级与我国城市精准扶贫》(《时代经贸》，2017年第3期)；④郑忠义的《舟山石油化工全产业链发展研究》(《浙江国际海运职业技术学院学报》，2018年第2期)。同时，引用本专著的还有10多篇博士论文和优秀硕士论文。另外，经过文献检索发现，本书出版以来，被图书引用的有吴红雨著《价值链高端化与地方产业升级》(中国经济出版社，2015)、莫秀蓉著《建国以来中国产业结构思想演进研究》(中国人民大学出版社，2016)、杨保军著《产业集群战略营销研究》(经济管理出版社，2017)等。

九月

9月3日 下午，浙江省教育厅副厅长韩平来台州学院考察调研。校党委书记潘璋德主持调研会，校领导龚建立、包国强、金则新、张辉、冯尚申、金先龙、陈光亭、张明龙、王正出席调研会。省教育厅基教处副处长方红峰、台州市教育局副局长童文兴陪同调研。会上，张明龙提出三点建议：①学生培养政策，要有利于弱势院校学生成才；②专业学科培育政策，要有利于地方特色专业学科成长；③人才引进政策，要有利于高校师资队伍稳定发展。

9月4日 根据党的群众路线教育实践活动安排，在人事处长李仲斐和组织部林霖陪同下来到教师教育学院召开领导班子座谈会。

9月5日 出版与张琼妮合著的《中小企业创新与区域政策》(知识产权出版社，2011年)，被聂广睿的《安阳市中小企业自主创新能力提升策略》(《经济研究导刊》，2013年第25期)引用。此后，引用该著作的有：①刘诗霖的《协同创新视角下的中小企业技术创新机制研究》(《江西科技学院学报》，2016年第2期)；②赵景凡的《中小企业创业创新概念与途径研究》(《纳税》，2017年第32期)；③赵景凡的《中小企业创新创业的区域政策研究》(《大众投资指南》，2017年第10期)。同时还被李洁然、文怀子、杜卓、巫贤雅、崔强强和嘎乐森的优秀硕士论文引用。

9月15日 发表论文《产业集群的溢出效应研究》(《科技管理研究》，2006年第10期)，被晁明娣的《基于集群知识溢出效应的图书馆联盟建设研究》(《情报探索》，2013年第9期)引用。同时，还被阴芳子、杨青青、于瑞夏、沈放和张亚平的优秀硕士论文引用。

9月15—17日　中国经济出版社编辑室主任、资深编辑刘一玲来浙江组稿、考察。

16日下午，刘一玲编审到椒江校区经贸管理学院，给教师做《书籍的组织、编辑与出版》专题报告。

17日上午陪同刘一玲编审去浙江师范大学经济与管理学院，就作者、编者与读者为主题，召开组稿座谈会。

9月16日　发表论文《关于台州港口资源开发的思考》（《咨询建议》，2013年第12期）。该论文分析了台州港口群中的主力港口、潜力港口、县域物资集散港口和乡镇物资集散港口或小渔港等四类港口资源，提出了分类开发、形成功能互补的组合港口群的构想，并建议沟通江海航道，充分发挥台州湾、三门湾和乐清湾三大海湾港口群的整体优势。供台州市委、市政府领导决策参考。

9月25日　全国大中城市社科联第二十四次工作会议主席团研究决定，授予台州学院社科联"全国先进社科组织"荣誉称号。本校社科联自2009年11月成立以来，由张明龙教授担任主席。他领导校社科联积极履行"认识世界、传承文明、创新理论、咨政育人、服务社会"职责，充分发挥社科联学术性、联谊性和服务性的综合优势，大力开展学术研究、学术交流、服务地方、社科普及等活动，为促进地方社会科学繁荣发展、开创地方院校社科事业新气象做出积极贡献。本校社科联还曾被浙江省社科联授予"2012年度全省社科联系统先进集体"荣誉称号。

9月　2012年，为庆贺张明龙教授60华诞，曹荣庆、林才溪、郭金喜在企业管理出版社出版了《一位基层学者的精彩人生》。现在，他们仨人由林才溪牵头又合作出版了《飘韵播慧集》的续作，专门介绍张明龙教授的诗词作品和经济学论著。本书由《飘韵篇》与《播慧篇》两部分组成。《飘韵篇》分析张明龙教授的诗词作品，包括两章内容：一是诗意与欣赏，介绍格律诗；二是词意与赏析，介绍格律词。《飘韵篇》简要介绍张明龙教授经济学论著，由两章内容组成：一是主要著作简介；二是代表性论文摘要。

十月

10月10日 发表论文《我国就业政策的六十年变迁》(《经济理论与经济管理》,2009年第10期),被侯晓宇、朱文莉的《中国经济周期中的就业问题研究》(《商业时代》,2013年第28期)引用。此后,引用该论文的还有:①赖友新的《以促就业为目标的大学生就业机制现状与反思》(《山东商业职业技术学院学报》,2014年第2期);②吴有锋的《我国经济转型背景下就业公共政策分析》(科幻世界杂志社主办的《商》周刊,2015年第26期);③康艳文的《我国再就业政策体系的现状及对策》(《企业改革与管理》,2017年第18期);④莫荣、刘永魁和陈云新的《中国成立70年就业发展历程与未来展望》(《中国劳动》,2019年第11期),⑤周展锋的《大数据视角下就业政策嬗变——以1949—2016年〈人民日报〉词频研究为例》(《大众标准化》,2021年第2期);⑥蒲实、袁威的《中国共产党的百年反贫困历程及经验》(《行政管理改革》,2021年第5期)。同时,还被于庆华、方浩、蒋牧宸、于建华、苏礼和、刘中海的博士论文,以及李青青、鲁锦涛和张娟娟等10多篇优秀硕士论文引用。

10月14日 上午,应椒江区委党校常务副校长黄米富邀请,给区中青年干部培训班做报告,题目是《台州制造业升级与经济发展转型》。报告内容从台州经济概况及制造业现状入手,分析台州制造业集群的构成与特征,以及存在的主要问题。同时,提出按照低碳经济要求,推进台州制造业升级与经济发展方式转变。

10月16日 下午,参加台州市哲学社会科学规划项目评审会议,从申报的100多个课题中评选出25项,作为市社科规划办立项课题。

10月17日 下午,到椒江新世纪集团参加市决策咨询经济组会议,针对台州市下半年经济发展形势展开讨论。在主题发言中指出,制造业在台州经济发展中具有举足轻重的地位,必须高度重视制造业的发展。为此,要抓紧发展现代制造业技术,加快传统工业的信息化改造,推进制造业基地建设。

10月21日 上午,在椒江校区走访经贸管理学院、生命科学学院和医药化工学院等单位,了解二级学院教学督导的运行机制,以及进一步完善的对策。

10月25—28日　在贵州财经大学经济学院，参加第二十七届"全国高校社会主义经济理论与实践研讨会"。本次会议主题为：经济结构战略性调整的难点与对策、重点领域改革的思路与对策、共同富裕实现的机制与道路，以及中国经济学创新的方向与方法。提交的入选论文是《企业所有制改革及其结构变动趋势研究》。张明龙在讨论发言时指出，我国当前经济结构调整的重点是产业升级，而产业升级的重点是制造业升级，接着以台州为案例，分析制造业转型升级的主要路径，引起与会代表的较大反响。

十一月

11月1—3日　与浙江师范大学曹荣庆教授等近300人入住安徽蚌埠市锦江大酒店，参加安徽财经大学承办的"第12届全国区域经济学学科建设年会"。张明龙发言时，联系台州现状谈了区域发展的有关理论与实践问题。

11月5日　发表与章亮合作的论文《新加坡促进创新活动的主要对策》（《浙江师范大学学报》，2009年第6期），被肖久灵、汪建康的《新加坡政府支持中小微企业的科技创新政策研究》（《中国科技论坛》，2013年第11期）引用。此后，引用该论文的有：①邵利敏、郝问裕的《中小企业创新发展与资源型经济转型研究》（《中国市场》，2015年第47期）；②李鸿阶、张元钊的《韩国与新加坡科技创新政策及其成效的启示》（《亚太经济》，2016年第5期）；③张雯的《政府主导型的科技创新中心建设研究——以新加坡为例》（《江苏科技信息》，2017年第35期）；④纪慰华的《全面开放战略引导下新加坡全球城市建设对上海的经验参鉴》（《全球城市研究·中英文》，2021年第3期）。另外，还被郭建军的优秀硕士论文引用。

11月6日　下午，台州市档案馆举行张明龙教授手稿捐赠仪式。仪式上，张明龙教授向档案馆无偿捐赠了保存多年的恩师宋涛先生的珍贵手迹3件，同时将本人《企业产权的演进与交易》等8册书籍及《减少购买企业风险的若干对策》的手稿赠予台州市档案馆。市档案局（馆）长吴志刚、副局（馆）长罗超英向张明龙颁发捐赠档案资料收藏证书。吴志刚馆长说，此次珍贵手迹及重要著作的进馆，丰富了馆藏名人档案资源，填补了台州市档案馆关于经济学类档案资料的不足。

11月29日 中共台州市委人才工作领导小组，发出《关于公布台州市第三批名师名医名家工作室的通知》，确定建立名师工作室3家，名医工作室6家，宣传文化名家工作室3家，体育名师工作室2家。[①] 其中包括在台州学院建立宣传文化领域的张明龙名家工作室。

11月 出版与张琼妮合著的《国外电子信息领域的创新进展》（知识产权出版社，2013年）。本书以新世纪国外电子信息领域的创新活动为探索对象，着手从科技成果管理部门及媒体报道中搜集和整理资料，博览与之相关的论著，在充分占有原始资料的基础上，抽绎典型材料，细加考辨，取精用宏，实现同中求异，异中求同，精心设计成研究国外电子信息方面创新进展的分析框架。本书分析了国外在微电子及其元器件、电子元器件、光电子元器件及设备、电子仪器与设备、计算机、人工智能产品与机器人、广播电视与通信网络等领域的创新进展状况。本书被中国国家图书馆收藏，其图书编号：006954960。

十二月

12月5日 发表与张琼妮（第一作者）合作的论文《以色列高效创新机制对我国的启示》（《经济理论与经济管理》，2011年第2期），被张彩云、毕诚的《以色列创新人才培养战略及其启示》（《中国教育学刊》，2013年第12期）引用。此后，引用该论文的有：①柳莉的《以色列"创新经济"及其对我国的启示》（《学理论》，2014年第31期）；②燕贵成、唐春根、胡永盛的《以色列农业物联网发展基本经验与启示》（《世界农业》，2016年第9期）；③胡海鹏、袁永、邱丹逸和廖晓东的《以色列主要科技创新政策及对广东的启示建议》（《科技管理研究》，2018年第9期）；④罗元义的《激励企业研发创新税收政策的国际借鉴研究》（《国际税收》，2018年第10期）；⑤杜丽雅、张志娟、陆飞澎和陈雪迎的《以色列创新体系视角下颠覆性技术培育研究》（《全球科技经济瞭望》，2020年第3期）；⑥刘贻新、冯倩倩、张光宇、许泽浩、欧春尧的《基于ST理论的国家视角下颠覆性创新管理机制研究》（《广东工业大学学报》，2021年第1期），以及林平凡、刘城、陆丽娜、李旭东、王利军、王有志、崔玉亭、

[①] 中共台州市委人才工作领导小组. 关于公布台州市第三批名师名医名家工作室的通知[Z]. 台人才领〔2013〕11, 2013-11-29.

李鸿炜、于薇和徐世宏等在期刊上发表的论文。另外，还被周梦玲、许斌丰的博士论文和魏巍的优秀硕士论文引用。

12月11日　下午，与李大兴一起在台州市政府第二办公区9楼会议室参加市社科联工作座谈会。会议内容是，总结各县市区、高校社科联及学会2013年工作，交流2014年工作思路。在会上谈了台州学院社科联本年度工作成效及明年工作计划，并认为台州学院社科联工作是在市社科联指导下完成的，是市社科联工作的有机组成部分，因此，市社科联的工作总结要把台州学院的情况归纳进去。

12月12日　与李建军一起到宁波大学参加第四片组高校社科联工作会议。在会上做题为《探索地方院校为地方服务新路子》的重点发言。认为主要措施是，创设为地方服务的社科研究机构，培养为地方服务的社科研究人员，承担为地方服务的社科研究课题，建立为地方服务的科技普及平台。

12月21日　下午，由林才溪联系和安排，与包国强、韩建飞、王培军、李茂珍、李钧敏、马斌、王凌强等一起，考察双港乡村社会经济发展现状。

12月30日　上午，到台州市委宣传部签订"台州市宣传文化名家工作室"协议书。

第三节　二〇一四年：六十二岁

一月

1月15日　发表论文《瑞典高效的创新政策运行机制揭秘》（《科技管理研究》，2010年第6期），被檀慧玲的《世界主要创新型国家教育创新政策的特点及启示》（《内蒙古大学学报》，2014年第1期）引用。此后，引用该论文的还有：①霍慧智的《以京沪深为样本的创新驱动政策研究》（《科技管理研究》，2016年第11期）；②张强、刘维成的《科技创新意识与创新的质量和效益》（《干旱气象》，2017年第3期）；③田倩飞、张志强、陈云伟的《瑞典研究理事会的组织特点及评审评估机制研究》（《世界科技研究与发展》，2018 年第 6 期）。另外，被陈婷婷的优秀硕士论文引用。

1 月 17 日　发挥名家工作室积极服务社会的功能。通过海游叶博客为基础建立工作室网络平台，推进区域经济学的科普活动。当天，由张明龙名家工作室供稿，在海游叶博客日志中发表区域经济学科普文章 4 篇：《区域经济学的研究基础》《区域经济学的研究对象和主要任务》《古代文献中有关区域经济活动的记载》和《区域经济学的起源与发展》。

二月

2 月 13 日　下午，台州市民政局为了鼓励和吸引社会力量兴办养老服务机构，邀请上海禹杉投资公司领导前来台州市档案馆大楼六楼会议室商谈有关事项。出席会议的有台州市民政局局长陈哲敏、副局长陈仁伟，上海禹杉投资公司董事长唐荣汉、管理合伙人叶琪祥，台州市沿海高速公路工程建设指挥部副总指挥茅日晶等人。张明龙应邀出席。商谈双方态度积极，取得许多共识，大家希望在深入调研的基础上，进一步推动这项工作。

2 月 15 日　发表与张琼妮合作的论文《美国专利制度演变的纵向考察》（《西北工业大学学报·社会科学版》，2010 年第 4 期），被王健海的《强化计算机专业专利教育的改革研究》（《电脑知识与技术》，2014 年第 5 期）引用。此后，引用该论文的有：①李晓秋、刘少谷的《供给侧改革与专利制度的创新契合》（《重庆大学学报》，2016 年第 6 期）；②杨永的《生物医药产业知识产权集群管理的问题分析与对策》（《扬州教育学院学报》，2017 年第 1 期）；③李晓秋、刘少谷的《基于产业政策论专利侵权入刑的可行性》（《西南民族大学学报》，2017 年第 8 期）。同时，还被肖志松、刘李栋、邵梅、向玥、陈子龙、蓝玉、王志朋、徐梦真和庞骊洁的优秀硕士论文引用。

2 月 23 日　来到浙江师范大学参加师生新春联谊会。到会人员有李淑梅、姜新旺、郭金喜、林燕、王建阳、王水嫩、吴月芽、林云、王晓玲等。

2 月 26 日　出席在杭州召开的省社科联六届五次理事会议。会议由省社科联党组书记郑新浦主持，省社科联主席蒋承勇做了《省社科联六届常务理事会工作报告》。

2月27日　上午，本校在临海校区学术报告厅召开群众路线教育实践活动总结大会，暨2013年度干部选拔任用工作评议会。校督导主任张明龙应邀出席。

2月　张明龙、张琼妮、高飞、陈超等共同完成的课题成果：《科研诚信与学术道德建设的长效机制研究》，被浙江省科学技术协会评为"优秀软课题研究"成果。

三月

3月10日　下午，浙江省社科联副巡视员周鹤鸣率"深入基层　走亲连心"调研组来台州学院，就高校社科联工作进行专题调研指导。校社科联主席张明龙出席调研会。台州市社张明龙从组建社科研究机构、培养社科研究人员、承担地方社科研究课题、建立为地方服务科技普及平台等方面，具体汇报了本校社科联近年的工作。

3月11日　下午，到浙江大学台州研究院，参加市决策咨询委员会综合经济组第五次全体会议及开展台州全面深化改革专题调研活动。张明龙发言时认为，台州在全面深化改革过程中，要着重做好三件事：一是着力增强龙头企业市场竞争力；二是大力培育文化产业和服务产业；三是努力推进台州市主城区建设。

四月

4月1日　发表论文《交易费用、社会成本与科斯定理》（《南方论刊》，2000年第3期），被刘梦珂的优秀硕士论文《郑州市"城中村"问题研究》（华中师范大学，2014）引用。此后，又被张江峰的博士论文《岷江上游民族地区旅游小城镇研究》（西南民族大学，2020）引用。

4月3日　参加台州市政府第二届决策咨询委员会第三次全体会议。会议指出，当前台州发展正处于改革攻坚、转型突破的关键时期，发展中有许多问题都需要做出前瞻性的思考和谋划。咨询委集聚了大批经验丰富的老领导和水平突出的专家学者，有着智力密集的优势，希望咨询委精选课题，加强调查研究，进一步发挥优势建言献策，为台州转型跨越再立新功。

4月4日　上午，"张明龙宣传文化名家工作室"授牌仪式，在临海校区大学生活动中心举行。这是台州市首家侧重社会科学研究的名家工作室。

2013年，台州市委宣传部开展了台州市名家工作室成员选拔工作。根据台州市委人才工作领导小组《关于公布台州市第三批名师名医名家工作室的通知》文件，台州学院张明龙教授领衔的工作室被授予"宣传文化名家工作室"称号。

授牌仪式上，经贸管理学院院长杜才平宣读工作室成立相关文件。张明龙教授和台州市经济发展研究院负责人罗文花教授为工作室揭牌。

张明龙在致辞中表示，工作室成立以后，将依托台州市经济发展研究院，致力于建设一支具有良好业务素质、结构合理的学术梯队，培养一批理论基础扎实、能为我市经济发展和社会进步服务的高层次人才，开展紧密联系区域经济发展的研究和探索，并获得一批具有较大经济社会效益和较高学术水平的成果。

4月5日　发表与张琼妮合作的论文《构建有序竞争的市场规则体系》（《中外企业家》2014年第4期），被作为重要文章列入封面。该论文认为，为了确保市场竞争有序开展，必须完善市场规则，健全市场规则体系。市场规则，通常指市场活动当事人共同遵守的行为准则和道德规范。市场规则体系，由市场主体规则和市场客体规则两类组成。就宏观角度来说，建立有序竞争的市场规则体系，需要采取一系列行之有效的措施。

4月10日　发表论文《加快浙江城市化进程的思考》（《浙江经济》，2000年第2期），被优秀硕士论文赵羚琳的《浙江省城市化与城乡收入差距的实证研究》（华东政法大学，2014）引用。

4月11—13日　到武汉中国地质大学参加第十七届"全国经济地理研究会年会"。本次会议主题是，城乡发展一体化与生态文明建设。根据会议主题，向大会提交《推进园林生态城镇建设的实践与成效》。会上，主持"生态文明建设"专题报告会，并做重点发言。

4月20日　与章亮合作的论文《俄罗斯运用政策促进创新活动》（《学理论》，2009年第28期），被尹云的优秀硕士论文《金融危机以来俄罗斯创新政策路线图研究》（黑龙江大学，2014）引用。

4月21日　由张明龙名家工作室供稿，在海游叶博客日志中发表区域经济学科普文章5篇：《区域利益规律》《区域非均衡发展规律》《区域阶段性发展规律》《区域主导产业优先发展规律》和《区域周期性波动发展规律》。

4月26—29日　在河南省新乡市参加第十六届"中国政治经济学论坛"。本届会议以"完善社会主义市场经济体制"为主题，由中国社会科学院经济研究所主办、河南师范大学商学院承办。张明龙在大会上做了《构建有序竞争的市场规则体系》的发言，由于语言简洁生动，案例贴近实际，引起与会者一致好评。

五月

5月6—7日　到浙江师范大学，指导一、二年级硕士研究生。要求一年级同学在完成学位课程的基础上，为学位论文选题做准备，抓紧搜集材料，确定合适的写作题目。要求二年级同学，根据开题报告会上各位老师提出的意见，修改、完善学位论文撰写方案。此后，把二年级的刘娜、周剑勇接到台州学院培养。

5月8—9日　为进一步提高党外代表人士参政议政、建言献策和组织管理能力，推进统一战线工作创新，原副校长张明龙率领校内各民主党派、知联会负责人，赴温州大学、丽水学院等兄弟高校考察学习。

5月13—14日　本校金先龙、胡正武教授领衔的台州市重点创新团队——台州山海文化传统及其当代价值研究创新团队，积极响应浙江省社科联号召，开展"社科专家基层行"活动，走访相关县市调研台州海岛的历史文化及开发现状。走访活动专门邀请了校社科联主席张明龙教授同行指导。

5月20日　论文《企业无形资产的分类考察》（《长白学刊》，1996年第3期），被高喜超博士论文《碳无形资产视角下的企业低碳竞争力系统评价》（西南交通大学，2014）引用。

5月21日　下午，台州市委副秘书长、市委政策研究室主任颜邦林，副主任周霖一行来本校椒江校区进行专题调研，就台州城市发展定位和发展战略专门听取学校相关领域专家的对策建议。本校区域经济学专家张明龙教授及经贸管理学院、建筑工程学院、基建管理处等部门有关领导和老师参加调研座谈。

张明龙教授在发言中，具体分析了台州产业和城市发展值得肯定的五个方面工作及存在的主要问题,并提出立足三区现有基础,推进主城区一体化建设等七方面的对策建议。

5月23日　下午,台州市经济学会第七届会员代表大会在台州花园山庄隆重举行。会议表决通过了经济学会第七届理事会理事名单,选举产生第七届理事会,台州学院教学督导委员会主任张明龙当选为第七届理事会会长,并做热情洋溢的讲话。

接着,张明龙做"构建有序竞争的市场规则体系"专题报告。报告分析了我国社会主义市场经济建设中市场规则的不完善现状,强调市场规则在市场经济建设中的重要作用,阐述了市场规则的构成内容、市场主客体规则体系,提出了积极开展有利于健全市场规则的制度创新,制定适宜的经济政策,完善经济法规,变动经济参数,加强道德规范特别是职业道德建设,健全市场监督体系,综合运用示向性引导措施等健全市场规则体系的对策建议。

5月24日　上午,浙江人文大讲堂台州分讲堂暨台州社科讲堂(第21讲)在台州市图书馆二楼报告厅举行。主讲人张明龙教授做了《台州制造业升级与经济发展方式转变》的专题演讲。他指出,台州制造业区域特色鲜明,发展态势良好,已出现一批具有一定影响力和竞争力的产业集群。接着,他针对台州制造业存在的一些问题,提出依托现有制造业,促使经济发展方式转变的对策措施。

台州社科讲堂属于纯公益性人文社科知识普及讲座,由台州市社科联、台州市经济信息研究会主办,台州市图书馆、中国移动台州分公司协办,以人民群众关注的社会热点、难点问题为重点,结合台州经济、地方特色文化的宣传,突出内容的通俗性与听众的广泛性,真正使广大市民在聆听中有所收获、有所教益。

同日　下午,张明龙带领刘娜、周剑勇两位硕士生来到三门县蛇蟠岛"在水一方"农家乐会堂,参加"海游中学七七届高中一班37周年同学会"。

在重温上课情景时,张明龙以当年英语教师身份,先在黑板上写出《Lesson Five My Mother》全部课文,再简要讲述课文内容,并教同学把全文念了一遍。接着,张明龙做《幸福指数与低碳经济》的专题报告。

5月25日　上午，与刘娜、周剑勇等一起参观三门县海啊集团在蛇蟠岛的现代化水产养殖基地。下午，考察三门县城新城区建设现状。

　　同日　出版与林才溪（第一作者）合作主编的《地方性高校招生就业问题研究》（知识产权出版社，2009年），被宋建强的《浅析当代大学生就业指导和职业生涯规划》（《现代妇女》，2014年第5期）引用。此后，引用该著作的有由敏的《以就业为导向的独立学院会计专业课程群建设研究》（《科学大众》，2016年第7期）。同时，还被夏延峰、温娟、魏佳、王宝才和左飞龙的优秀硕士论文引用。

　　同日　出版与杜才平（第一作者）合作主编的《地方性高校专业结构调整研究——以台州学院为例》（知识产权出版社，2010年），被师艺的《高校学科专业结构优化与区域经济互动发展分析——以陕西省A学院为例》（《新西部·理论版》，2014年第1期）引用。此后，引用该著作的有：①刘浩博、赵振勇、邓飞的《高职院校专业设置评估指标体系构建研究》（《职业教育》，2015年第12期）；②赵冬、张彩云的《高校就业与专业：协同预警与改革思路》（《内蒙古师范大学学报·教育科学版》，2018年第5期）；③陈伟、吴志强、李景保的《地方院校专业结构调整与招生就业联动机制的构建》（《高教论坛》，2020年第9期），以及赵秀元、张敬全、张晞、顾永安、张根华、邱竹等在期刊上发表的论文。另外，还被黄建雄的博士论文和苏金秋的优秀硕士论文引用。

六月

6月1日　出版《走向市场经济的思索》（企业管理出版社，2014年）。该书以我国"市场取向"的改革和发展为基本背景，采取规范研究与实证探索相结合的方法，广泛吸取国内外经济理论研究的有关成果，深入探索了市场竞争的性质与作用、市场及其运行机制、计划与市场的关系、产权与委托代理、企业资产运行与管理、产业集聚与产业转移、就业、工资与宏观调控、经济区划与区域发展、科技信用缺失与治理、国外创新管理与创新政策等问题，阐明了许多大胆而新颖的观点，拓宽了经济理论研究的思路。被陈连艳、罗敏的《契约式治理：当代政府治理变革》（《云南行政学院学报》，2017年第3期）引用。本书被中国国家图书馆收藏，其图书编号：007175210。

同日 发表论文《进一步完善区域创新政策支持体系的建议——以台州为例》(《时代经贸》，2008年第8期)，被张琼妮的博士论文《网络环境下区域协同创新平台模式与机制及政策研究》(浙江工商大学，2014)引用。另外，还被杨美的优秀硕士论文《江西省战略性新兴产业发展中政府职能研究》(江西财经大学，2014)引用。

6月5日 专程从临海前往浙江师范大学，欢送万方、高文欢两位2014届硕士毕业生，并与其他学生一起拍照留念。万方、高文欢已在5月24日举行的区域经济学专业论文答辩会上顺利完成学位论文答辩，获得硕士学位。

同日 下午3时，张明龙向浙江师范大学图书馆赠送《区域发展与创新》《区域政策与自主创新》《中国区域经济前沿研究》等7种20多册图书。

6月12日 发表论文《依托技术进步推进台州产业升级的建议》(《咨询建议》，2014年第7期)。该论文认为，依托技术进步促进产业升级是台州当前经济结构战略性调整的重点。为此，提出了依托技术进步引导和促进产业结构高级化、产业加工程度高度化、产业价值链高端化和产业组织与管理高效化的具体建议。

6月15日 下午，中国人民大学浙江校友会、中国人民大学浙商校友促进会2014年会在杭州梅苑宾馆隆重举行。台州学院张明龙教授是第三届省校友会理事会副会长，在第四届省校友会理事会换届选举中，再次当选为副会长。

同日 晚上，前往浙江大学西溪校区教师公寓，看望在杭州大学进修期间的指导教师蒋自强教授和师母周之瑜老师。

6月16日 专程前往上虞凤鸣山庄，看望郭庆祥老师。此间，两人互换刚出版的新专著，郭老师送《放浪山水——陆游的旅游历程》，张明龙回赠《走向市场经济的思索》。

6月17日 下午，同林才溪、杨跃民、王凌、马斌等一起，与华和重工、浙江华和叉车公司施华平总经理率领的人事小组座谈。企业方面谈了华和重工公司参与的企业集群平台运作方式，以及它可提供的就业岗位和目前急需的人才。台州学院方面谈了本校外贸、财务、管理、电子、机械等专业的学生培养过程,以及当前的毕业生就业情况。同时,双方商议,下半年由企业集群平台牵头,举办毕业生专场招聘会。

6月24日 下午,浙江师范大学数理与信息工程学院数学系主任钱立新,以及杨文善、陈胜敏、徐秀斌等一行8人来本校数学与信息工程学院考察交流。晚上,张明龙应邀参加座谈会,与浙师大老朋友畅叙友情。

6月26日 张明龙带领刘娜、周剑勇两位区域经济学二年级研究生,考察了临海伟星拉链、百士迪科技和正特集团三家企业。考察期间,先以座谈形式,听取三家企业领导各自介绍企业的发展现状,自身特色和竞争优势,面临的挑战和困难,以及未来的发展思路和对策。接着,深入车间了解一线工人的产品制作过程,增强了对企业生产工艺流程的感性认识。两位同学对企业家克艰攻难、锐意进取的精神,深为敬佩,也深受鼓舞,表示要以深入调查研究为基础,努力写好学位论文。

6月 出版与张琼妮合著的《美国纳米技术创新进展》(知识产权出版社,2014年)。本书以新世纪美国纳米技术领域的创新活动为研究对象,着手从媒体报道和科技成果管理部门搜集和整理资料,博览与之相关的论著,在充分占有原始资料的基础上,抽绎典型材料,细加考辨,取精用宏,实现同中求异,异中求同,精心设计成美国纳米技术创新进展的分析框架。本书分析了美国在纳米原理、纳米性质、纳米结构与功能、纳米制造及产品、纳米技术与设备等方面取得的创新成果,并分析了美国在电子信息、光学、材料、能源、生命健康、航空航天和环境保护等领域纳米技术的创新进展状况。本书被中国国家图书馆收藏,其图书编号:007353561。

七月

7月15日 发表与万方合作的论文《中美贸易与人民币实际汇率关系的实证研究》(《河北经贸大学学报》,2014年第4期)。该论文运用VAR模型的Johansen协整分析和CM的Granger因果关系检验,分析了中美贸易与人民币实际汇率的长期和短期关系。变量间长期均衡关系分析的结果表明,中美实际汇率对中国进口的影响要远大于对中国出口的影响。变量间短期动态关系分析的结果表明,人民币实际汇率是中对美出口的Granger原因,却不是中对美进口的Granger原因。脉冲响应和方差分解的结果也证实了这一结论。此外，对人民币实际汇率外生性的分析也表明，人民币实际汇率不存在人为操纵。

7月17日　参加台州市哲学社会科学发展规划工作会议，针对本年度申报课题的情况提出四点建议：一是国内外研究现状述评要紧扣论题，通过清本溯源为课题研究奠定基础；二是课题研究思路要清晰且合乎逻辑，观点要鲜明而富有新意；三是方法要科学合理，技术路线要切实可行；四是参考文献要体现与课题相关已有成果的代表作品。

7月27—30日　张明龙与曹荣庆、冯潮前一起出席在兰州大学召开的"第十三届全国高校区域经济学学科建设年会"。

本次年会主题是，构建区域城市发展新格局，推进经济带建设。议题主要集中在区域经济学的理论与方法、区域城市发展的理论与实践、城市发展与区域协调发展、经济带建设理论与丝绸之路经济带建设等四个方面。

会议安排张明龙做大会报告："园林生态城市建设的理论与实践"。该报告以浙江东阳市为例，指出东阳市从20世纪90年代开始，根据历史沿革及社会、经济、文化特点，全面审视区位资源状况，综合分析当地在全省区域分工体系中的地位和作用，因地制宜，扬长避短，逐步走出一条富有特色的城市化道路：以当地的人文景观和生态环境为基础，稳定推进园林生态城市建设。

八月

8月5—7日　第二十七届"全国高校经济理论教学改革研究会论坛"，在长春市吉林大学南湖会馆召开。台州学院张明龙、林伟、马斌3人应邀出席本届会议。

张明龙在会议上做了"完善社会主义市场规则体系的研究"主题发言。他指出，为了确保市场竞争有序开展，必须完善市场规则，健全市场规则体系。市场规则通常指市场活动当事人共同遵守的行为准则和道德规范。市场规则体系由市场主体规则和市场客体规则两类组成。完善社会主义市场规则体系，需要采取一系列行之有效的措施。

8月23—24日　到金华参加浙江师范大学政教801班毕业30周年同学会。张明龙作为教师代表，在讲话中指出，同学们毕业30年，大多已经进入中年的后期，建议大家逐步做好三个转换：一是人生角色逐步从父辈型转换为祖辈型；二是工作内容逐步从紧张型转换为轻松型；三是生活方式逐步从粗放型转换为精细型。

九月

9月1日　发表与张琼妮（第一作者）合作的论文《构筑科研人员信用信息共享平台的研究》（《贵州社会科学》，2014年第9期）。该论文认为，建立科研人员信用信息共享平台，可以进一步规范科研人员的信用行为，有利于增强自主创新能力。要做好这项工作，其中主要任务是设计出一种科研人员信用信息的专用号码，并以此为基础建立科研人员信用信息档案。创设科研人员信用信息评价指标体系，使它能同时覆盖科研项目执行者、评价者和管理者三个不同对象。建立科研人员信用信息共享平台系统，推进科技信用数据库的标准化。

9月5日　张明龙把150多本书捐赠给三门县图书馆。在一次会议上，他了解到三门县图书馆馆藏图书不足，回来后找出自己撰写的《中国区域经济前沿研究》《产业集群与区域发展研究》《区域政策与自主创新》等130多本书；又找出别人撰写的20多本书，一并捐赠。

同日　发表与官仲章合作的论文《产业集群突破生命周期拐点的关键》（《开发研究》，2008年第6期），被王玲的《基于集群生命周期的大连产业集群发展策略研究》（《环渤海经济瞭望》，2014年第9期）引用。此后，引用该论文的有刘娜、周红波、赵慧的《产业集群与区域经济发展研究——基于江西中药产业集群分析》（《商场现代化》，2014年第30期）。同时，还被刘益诚、朱俏俏的博士论文，以及张丽君、祁晓清和邱婷辉的优秀硕士论文引用。

9月10日　上午，到台州市府大楼13层东会议室参加台州市社会科学工作者座谈会。张明龙在发言中，着重介绍了本校社会科学工作者为地方服务取得的已有成效和具体措施。同时提出，哲学社会科学研究要刻意创新，要突出特色，要贴近实际，要拓宽视野，要壮大队伍。

9月15日　发表与周剑勇、刘娜合作的论文《杜能农业区位论研究》（《浙江师范大学学报》2014年第5期）。该论文认为，杜能通过一系列假设条件，把研究对象确定为一个与世隔绝的孤立国。在此基础上，建立同心圆模式，提出孤立国全境的生产布局以城市为中心，由内向外依次排列着六个不同圈境，每个圈境都有自己的主要产品，以及相应的耕作制度。决定各圈境农业土地利用和经营方式的，除了土地资源的性质外，更主要的是它与农产品市场之间的距离。杜能由此创建的农业区位论，它对后来的区位论产生了深刻影响。但杜能的理论也存在偏离实际和某些观点前后矛盾等问题。

9月20日　发表与章亮（第一作者）合作的论文《中小企业资产负债表的审核》（《中外企业家》，2010年第10期），被赵连灯的《企业资产负债表的编制及审核探究》（《技术与创新管理》，2014年第5期）引用。此后，又被李璐的《中小企业破产兼并的财务问题研究》（《全国商情》，2016年第1期）引用。

十月

10月18—20日　与曹荣庆等一起到山东财经大学燕山校区参加"泰山学术论坛暨第八届中国经济理论与管理前沿论坛"。本次会议由山东省教育厅主办、山东财经大学承办及《经济理论与经济管理》杂志社、《光明日报》理论部协办。会议主题是：市场的决定性作用与公共政策创新。

会议安排张明龙教授在18日下午做专题演讲。他演讲的题目是"完善现代市场规则体系的研究"。他认为，市场规则是任何市场都有的，市场规则从古到今一直都存在，关键是如何健全和完善。他认为，市场规则通常指市场活动当事人共同遵守的行为准则和道德规范。它可以分为主体规则和客体规则两大类。他说，当前，进一步完善市场规则，建立更有效的市场规则体系，重点在于积极开展有利于健全市场规则体系的制度创新。其中，企业能否进入市场、如何进入市场，在市场上运作不行的企业，如何让它退出市场，这是确保现代市场规则体系有效运行的很重要方面。

10月21日　发表与张琼妮（第一作者）合作的论文《加强科研项目信用管理的制度创新》（《经济研究导刊》，2008年第9期），被张艳艳、江荣辉、金晓明的《医学科研项目管理者的科研诚信建设》（《中华医学科研管理杂志》，2014年第5期）引用。此后，引用该论文的还有：①高亮、宋伟、徐胡昇的《科研经费信用管理若干问题探析》(《中国高校科技》,2014 年第 8 期);②周莉、古丽米热·依沙木丁、赵燕、李向华的《科研信用体系建设现状与发展思路探讨》(《标准科学》,2017 年第 3 期);③李雪佳、姜橙、肖菲喆等的《新形势下医学科研诚信建设探讨》(《中华医学科研管理杂志》,2019 年第 5 期)。

10 月 29 日　下午,张明龙教授出席台州市社科联四届七次常务理事会和四届四次理事会暨学会工作会议。

十一月

11 月 7 日　张明龙手稿捐赠仪式在台州市档案馆举行。捐赠仪式上,张明龙把本人新出版的著作《走向市场经济的思索》《国外电子信息领域的创新进展》《美国纳米技术创新进展》3 册书籍,以及《政治经济学》讲稿赠与市档案馆。该局(馆)长吴志刚、副局(馆)长罗超英参加了捐赠仪式。张明龙是台州市档案馆建档名人之一,收藏其著作、手稿已有 30 余件。此次,张明龙再次把本人 20 世纪 80 年代《政治经济学》的讲稿捐赠给市档案馆。讲稿共分四章,500 多页,体现了张明龙早期对经济学的研究思路,具有一定珍藏价值和研究价值。

11 月 13—14 日　到天台后岸村参加台州市政府决策咨询委员会综合经济组第六次全体会议。会议议程主要是为本市明年经济社会发展及"十三五"规划建言献策。

张明龙在综合经济组讨论发言时提出,为了加快台州市"十三五"期间的发展,应着重做好以下几方面工作:一是从现有三区发展现状出发,千方百计增强三区的向心力,大力推进主城区一体化建设;二是以壮大优势企业为重点,促进主导产业升级,进一步优化区域产业结构;三是以建立规范的现代企业制度为导向,推动企业制度创新,完善企业集群的组织结构;四是从加强先进适用技术研发开始,支持企业突破技术瓶颈,促使企业全面推进科技创新;五是舍得以出让优势资源如港口资源为代价,吸引外地或国外的直接投资,增强区域综合开发的整体实力。

11 月 15—18 日　在北京大学经济学院,参加第二十八届"全国高校社会主义经济理论与实践研讨会"。

张明龙提交的入选论文是:《政府在构建市场规则体系中作用》。论文认为，要构建有序竞争的市场规则体系，政府必须运用一切为社会主义市场经济制度所允许使用的手段，坚持深化改革与加强法制建设并举，标本兼治，边整边改，着力治本，通过制度创新、完善经济政策和经济法规等措施，按照有序竞争的要求，确定政府、生产者、中间商和消费者各方面的权利、义务和责任，使各级政府管理、指导市场活动有统一的行为规范，使参与市场活动的单位或个人有统一的行为准则。

11月20日　发表与万方合作的论文《中美贸易与人民币实际汇率关系的实证研究》（《河北经贸大学学报》，2014年第4期），被陆前进、卢庆杰《汇率价格传递、需求价格弹性和中国的贸易收支》（《中南财经政法大学学报》，2014年第6期）引用。此后，被阎素仙的《美联储基准利率的选择及其对美国经济发展的影响》（《河北经贸大学学报》，2015年第6期）引用。另外，还被周莉、邱梦妮和刘杨星的优秀硕士论文引用。

11月22—23日　到江苏徐州江苏师范大学参加第六届"中国空间经济学研究会年会"。本次年会主题是："空间经济学与城乡区域创新发展"。

张明龙在会上做"空间视角下台州港口资源开发思考"的专题发言。他认为，台州各港口，根据其空间自然资源优势和当地社会经济技术条件，就大体趋势来说，以头门港和海门港为代表的台州湾港区宜发展成工商贸为主，兼顾煤、油、渔的综合性港口群；以健跳港为代表的三门湾港区宜逐步发展成与"中国电力城"相配套的港口群；以大麦屿为代表的乐清湾港区宜以深水中转港为主要目标，并继续发展油港、渔港建设，形成中转型多用途港口群。

11月28日　上午，台州市委宣传部常务副部长胡韶光来校考察，专题调研指导创新团队、名家工作室建设工作。校纪委书籍金先龙主持调研会，校创新团队和名家工作室负责人及核心成员参加。市委宣传部干部洪晨焰陪同调研。张明龙、李建军、王波和郑士龙分别汇报了校创新团队和名家工作室成立以来的工作，总结了各自在社科研究、文化传承创新、书法创作与教育、水彩画创作与教育等方面取得的成绩，规划了未来的发展前景，明确了今后的奋斗目标。

11 月　出版与张琼妮合著的《国外环境保护领域的创新进展》（知识产权出版社，2014 年）。本书以本世纪国外科技活动为基本背景，集中分析其在环境保护领域取得的创新成果。本书采用取精用宏的方法，对搜集到的材料细加考辨，实现同中求异、异中求同，精心设计出环境保护方面创新进展信息的分析框架。本书分析了国外在治理大气污染、水体污染、固体废弃物污染、噪音污染和辐射污染领域的创新信息，分析了国外研制节能环保产品、环保材料与药剂的新成果，还分析了国外环境生态保护和清洁能源开发领域取得的新进展。本书适合环保人士、环保工作者、高校师生、政府管理人员阅读。本书被中国国家图书馆收藏，其图书编号：007599874。

十二月

12 月 6—7 日　6 日下午，参加浙江师范大学中文系同届同学毕业 35 周年同学会。本次同学会采用集中与分散相结合的方式，先由三个班级合在一起开大会，接着分班活动。本班同学大部分接近退休或者已经退休，会议主题与以往有所不同，由原来谈事业、谈工作为主，转向谈养生、谈休闲为主。大家一致认为，人生苦短，应倍加珍惜。

7 日上午，会务组组织到会同学，参观人文学院，感受浙师大中文专业的飞速发展；游览老文科楼，回味学生时代听课的美好场景；考察缤虹星城，分享同学艰辛创业的成功喜悦。张明龙给每位同学赠送一本刚出版的新书《国外环境保护领域的创新进展》。

12 月 8—9 日　参加校关工委组织的考察活动。

8 日，前往余姚市梁弄镇，入住红枫山庄。抗日战争时期，梁弄是浙东根据地的领导中心，有"浙东小延安"的美誉。本次考察团参观了浙东区党委、浙东行政公署和浙东抗日军政干校旧址，瞻仰了四明湖革命烈士纪念碑，接受革命传统教育。

9 日，游览河姆渡遗址。该遗址总面积达 4 万平方米，叠压着四个文化层。经测定，最下层的年代为 7000 年前，是我国已发现的最早新石器时期文化遗址之一。

12 月 9 日　出版《企业产权的演进与交易》，获得台州市第七届文化曙光奖。

12 月 15 日　发表与张琼妮合作的论文《完善知识产权保护制度的对策研究》(《经济纵横》2009 年第 12 期)，被唐平、黄晓霞的《环境试验数据资源建设的思考》(《装备环境工程》，2014 年第 6 期) 引用。此后，还被他俩的《环境试验数据共享与保护的现状及探索研究》(《装备环境工程》，2015 年第 1 期) 引用。同时，还被多篇优秀硕士论文引用。

第十章　六十三岁至六十六岁

张明龙担任台州学院教学督导委员会专职主任，主持召开校教学督导工作会议，强调教学督导工作要始终促进教学质量的不断提升，积极参与教改课题的研究落实。认真做好实践性教学环节的督查指导，严格把关课程考核环节的基本规范，切实推动毕业设计（论文）质量的继续提高。并要求督导工作安排上，应该考虑不同校区的具体情况，以及在期初、期中、期末三个时间节点统筹安排以保证教学秩序的正常运行。此间，还对校内各学院主要教学环节档案开展专项督查。

接受浙江省教师教育质量监控中心的邀请，被聘为督查组组长，负责对丽水学院和衢州学院的教师发展学校建设情况、"三位一体"招生改革推进情况，以及重点建设教师培养基地项目建设实施情况等进行督查。还带领督查组对湖州师范学院和嘉兴学院平湖校区的师范生培养质量，开展专项督查工作。

领衔的名家工作室在建设过程的年度考核与管理期终结性考核中，连续两次被评为"优秀名家工作室"。专著《走向市场经济的思索》获台州市第八届文化曙光奖。

出版经济类个人专著、两人合著和主笔专著 3 部：《政治经济学原理及教学研究》《新中国经济与科技政策演变研究》和《区域产业发展前沿研究》。出版信息类两人合著 13 部：《英国创新信息概述》《德国创新信息概述》《日本创新信息概述》《俄罗斯创新信息概述》《国外材料领域创新进展》《国外生命基础领域的创新信息》《国外生命体领域的创新信息》《国外能源领域创新信息》《国外宇宙与航天领域研究的新进展》《国外光学领域的创新进展》《美国材料领域的创新信息概述》《美国生命科学领域创新信息概述》和《美国电子信息领域的创新进展》。

发表论文 10 多篇，其中主要有：《"十三五"时期多元化区域创新政策体系研究》（《发展研究》2017 年第 3 期），被《国务院发展研究中心网》"区域经济栏"2017年10月18日分上下两部分全文转载;《空间视角下台州港口资源开发的思考》(《开发研究》,2015年第1期);《产业结构与经济增长关系的实证研究——以浙江省金华市为例》(《浙江师范大学学报》,2015年第5期);《我国就业管理制度演变的纵向考察》(《浙江师范大学学报》,2018年第6期)。

此间,发现有些以往发表的论文被其他学者反复引用,其中被引用次数较多的论文有:《区域发展理论思维脉络探索》《产业集群生命周期运行机理分析》《科技项目的失信行为与治理对策》和《通过健全科研信用制度增强自主创新能力》等。

重视学术研究成果交流,积极参加经济理论和区域经济学方面有影响的学术会议。主要出席过第十七届"中国政治经济学论坛",以及第十八届和第十九届"中国特色社会主义政治经济学论坛年会";第二十九届和第三十届"全国高校社会主义经济理论与实践研讨会";二十八届、二十九届、三十届和三十一届"中国高校经济理论与思政教改研究会论坛";第二十五届、第二十六届和第二十七届"中国高校经济理论与思政研究会论坛";第十八届、第十九届、第二十届和第二十一届"全国经济地理研究会年会";第七届、第九届"中国空间经济学研究会年会"。

第一节 二〇一五年:六十三岁

一月

1月8日 下午,台州学院社会科学联合会第二次会员代表大会在临海校区举行,校社科联第一届理事会主席张明龙出席。

张明龙代表校社科联第一届理事会做工作报告。报告内容包括四个方面:①抓好学术研究,推动社科事业发展繁荣;②全面服务地方,促进区域经济社会发展;③推动学术交流,充分发挥桥梁纽带作用;④做好社科普及,提高师生科学文化素质。报告总结了校社科联过去五年的工作及所取得的成绩,并希望校社科联再接再厉,为开创地方院校社科事业新气象、促进地方社会科学繁荣发展做出新贡献。

1月15日　发表论文《促进创新活动的区域政策体系建设——以台州为例》(《黑龙江史志》,2009年第2期),被张英杰的《增强台州市民营企业自主创新能力的区域政策支持体系建设》(《经济研究导刊》,2015年第2期)引用。此后,还被张韵的博士论文《中国区域创新政策有效性研究》(华中科技大学,2020)引用。

1月31日　下午,到浙江省委党校文欣校区13号楼2楼会议室,参加省《资本论》与社会主义经济研究会常务理事会。会上,秘书处通报了本学会2014年工作总结初稿,并提出2015年的基本工作思路。由于换届工作没有按计划完成,又对新一届理事会会长、副会长、常务理事和秘书长建议人选进行讨论,并在会议上获得通过。

二月

2月10日　上午,台州市委宣传部副部长卢红菊、台州市社科联主席茅玉芬专程来台州学院,看望慰问台州市名家工作室负责人张明龙教授,并致以新春祝福。

卢红菊副部长充分肯定张明龙名家工作室成立以来,在社会科学研究领域取得的突出成绩;并希望张明龙教授带领工作室团队继续努力,更好地服务于台州市经济社会发展和"一都三城"战略定位。

张明龙教授感谢市委宣传部、市社科联一直以来的关心和支持。表示将积极带领工作室团队,紧扣台州经济社会发展现状和"一都三城"战略定位的具体实施,介绍国际国内前沿科技成果信息;发挥团队优势,重点在区域经济学、制造业智能化发展、台州港口资源开发等方面深入开展课题研究,力争多出成果,为市委市政府决策提供参考。

2月26日　发表与张琼妮合作的论文《中国建立科研诚信长效机制的探索》(《中外企业家》,2012年第3期),被董文琦、张春锋、胡木强的《农业科技创新的管理机制分析》(《农业科技管理》,2015年第1期)引用。此后,引用该论文的还有陈丽丽、蔡桂兰、李明国的《交通行业科技信用管理问题及对策》(《科技资讯》,2017年第4期)。

三月

3月7日　下午,全校中层干部学习会在临海校区学术报告厅召开。校党委书记潘璋德主持会议并通报学校2014年度民主生活会情况;校长龚建立做 2014 年工作总结并部署 2015 年工作；校纪委书记金先龙做党风廉政建设专题报告。校领导冯尚申、张辉、赵小明、王正、包国强、李大兴、牟惠康，督导主任张明龙出席会议，全体中层干部参加。

3月12日　以浙江师范大学台州校友会会长身份，与秘书长罗超英等一起接待来访的母校党委副书记张先亮、组织部长邵国平和校友办主任金凤华，并确定地点举行台州部分校友座谈会。座谈会上，张先亮通报了母校快速发展现状，并对校友致以新春祝福和问候。台州市委组织部长蔡永波校友主持会议，到会的校友还有吕新景、马红骏、陈肖力、孙鑫、陈朝毅、方政强和丁梅芳等人。

3月16日　晚上，张明龙教授应邀做客丽水学院"三岩讲堂"，与丽水学院师生共话"创造幸福未来的低碳经济"。张明龙学术报告内容主要包括：人们认真学习，努力工作，往往是为了追求幸福生活。不过，同样的生活质量对于不同人可能有不同的幸福感，因为幸福感受到等多种因素的影响。但对幸福感强的一般表现，许多人的看法都是一致的。经济发展可以提高幸福指数，经济发展也可以降低幸福指数。低碳经济有利于提高幸福指数，有利于创造幸福未来。当前，我国和世界经济都已进入一种前所未有的新常态。在此条件下，必须按低碳经济要求推进产业转型升级，增强内生动力。为此，宜着重做好：通过发展微型系统制造、超精密加工和省耗绿色制造，架构现代制造业基础；通过产品、装备、工艺流程和产业组织的信息化改造，全面振兴传统制造业；通过建立多种类型的制造业基地，节省资源并获取集聚经济。由于讲解细致入微、深入浅出，赢得在场师生掌声连连。

3月17—18日　到浙江师范大学指导周剑勇、刘娜两人修改硕士毕业论文，同时对卢双、余俊平如何在开题后做好论文写作提出建议。18日晚上，参加师生新春联谊聚会。

3月23日　下午，台州学院教学督导工作会议在临海校区第一会议室召开，集中研讨学期工作要点。校教学督导委员会主任张明龙教授主持会议。他强调教学督导工作要始终促进教学质量的不断提升，积极参与教改课题的研究落实，认真做好实践性教学环节的督查指导，严格把关课程考核环节的基本规范，切实推动毕业设计（论文）质量的继续提高。他同时要求督导工作安排上须考虑椒江、临海两个校区，期初、期中、期末三个时间节点，统筹安排以保证教学秩序的正常运行，并希望督导委员珍视自身的荣誉和威望，珍惜自己代表一线教师表达工作意见的机会，结合实践多提中肯的教学工作建议。

3月30日　发表与官仲章合作的论文《产业集群生命周期运行机理分析》（《天府新论》，2007年第5期），被贺斌的《基于生命周期的产业集群知识扩散演化机制分析》（《商业经济研究》，2015年第9期）引用。此后，引用该论文的有郭达的《产业集群生命周期演化进程中高等职业院校发展研究》（《职教通讯》，2019年第5期）。另外，还被刘娟的博士论文和李佩的优秀硕士论文引用。

四月

4月8—9日　因安平、林峰等人邀请，来到三门琴江山庄，参加海游中学部分师生联谊会。本次联谊会的主题是欢迎周玉环老师回三门视察。20世纪70年代，周玉环老师曾在海游中学任政治教师，后来调到杭州工作，先后担任浙江省公安厅法制处处长、浙江警察学校校长。周老师的爱人张秀夫将军也一起前来参加联谊会。张秀夫将军曾任中国人民武装警察部队政委、司法部常务副部长。

4月10—12日　修改研究生学位专业课《区域经济学》提纲。课程内容中的专题名称由原来的5个增加为9个，充实了主要教学内容，并对主要参考文献做出调整，删除较陈旧的资料，增加近年出版的新著作。

4月17日　下午，到市府大楼会议厅参加台州市政府决策咨询委员会二届四次全体会议。会议结束后，参加在市府大楼8楼西会议室举行的综合经济组讨论会，针对本市提出打造"国际智造名城"，谈了一些自己的看法。

4月19日　应邀出席在杭州广银大酒店举行的中国人民大学浙江校友会2015年会。省校友会年会内含"银企对接"论坛。

五月

5月1日　发表论文《欠发达地区跨越式发展思索》（《经济学家》，2005年第4期），被优秀硕士论文引用的有：①刘小龙的《欠发达地区经济跨越式发展研究》（贵州大学，2015）；②蒋美丽的《衡阳市蒸湘区招商引资情况调查研究报告》（南华大学，2019）。

5月9—10日　张明龙到杭州市下沙浙江财经大学学术交流中心，参加第十七届"中国政治经济学论坛"。开幕式上在前排就座，并在大会上做专题报告。本届年会由中国社会科学院经济研究所主办、浙江财经大学经济与国际贸易学院承办。张明龙教授和浙江财经大学东方学院张琼妮博士向大会提交的论文是：《运用产业政策促进经济发展的研究》。他们认为，我国在运用产业政策促进经济发展方面，已积累了不少经验。为了进一步运用产业政策促进经济发展，应提高产业政策体系的整体合力，形成导向机制，以有利于优先发展主导产业，运用信息技术改造传统产业，培育和发展高新技术产业，发展基础产业和产业集群突破生命周期拐点。

5月12日　到浙江师范大学指导二年级硕士研究生撰写学位论文。要求他们根据开题报告会上各位老师提出的意见，修改、完善学位论文写作方案。接着，把卢双、余俊平两位同学从金华的浙师大接到台州学院培养。

5月18日　布置名家工作室展示室。展示室有2个展示柜，一个展出本室成员历年出版的专著；另一个展出本室成员获得的学术成果奖励证书和荣誉证书。还有4个三门书橱，陈列着本室成员近年出版的新书，这些新书大多是用来进行学术交流的。

5月20日　张明龙带着卢双、余俊平两位硕士生，从临海驱车到达三门县蛇蟠岛，前往海啊集团水产养殖基地，听取南美对虾引进和养殖的情况介绍，接着到精养池参观。

5月24日　张明龙应邀赴浙江师范大学经济管理学院，参加2015届区域经济学专业第二组硕士研究生论文答辩，顺利完成本组7位同学的答辩任务。在第一组，张明龙指导的刘娜与周剑勇两位同学也顺利完成学位论文答辩，获得硕士学位。

5月27日　发表与徐立（第一作者）合作的论文《浙江专业市场型村落演化的一般过程及其启示》（《乡镇经济》，2007年第8期），被常梦竹的优秀硕士论文《义乌市专业市场与城镇化互动关系研究》（浙江师范大学，2015）引用。

5月28日　发表论文《经济发展规律概论》（《浙江树人大学学报》，

2001年第2期），被周剑勇的优秀硕士论文《浙江省产业结构变迁与经济增长关系研究》（浙江师范大学，2015）引用。

5月29—31日　张明龙教授应邀来到成都，参加西南民族大学主办的的第十八届"全国经济地理研究会年会"。本次会议主题是经济新常态下的中国经济地理。张明龙教授依据会议主题要求，向大会提交《建立促进区域经济发展的产业政策融合机制》。该论文提出，要让产业结构政策、产业组织政策和产业布局政策，形成一个浑然一体的产业政策整体融合机制，再由这种产业政策整体融合机制产生的导向力，推动区域经济快速发展。会议安排张明龙教授做大会主题发言，引起较大反响。

六月

6月1日　发表论文《科技项目的失信行为与治理对策》（《科学管理研究》，2006年第3期），被向荣艳、谭远顺的《高校科研信用缺失现象浅析》（《大学教育》，2015年第6期）引用。此后，引用该论文的有：①邵邦、杨拓的《国家科技计划多元协作治理的博弈研究》（《工业技术经济》，2016年第11期）；②李强、赵一方、黄岑的《基于关键词演进的我国科技评价学科发展研究》（《科学学与科学技术管理》，2019年第1期）；③何兴的《论高校科研经费财务信用评价及监管》（《浙江工业大学学报》，2021年第3期）。另外，还被李平、张琼妮的博士论文和钱新芬的优秀硕士论文引用。

同日　发表论文《我国科技信用管理制度建设纵向考察》（《科学管理研究》，2008年第4期），被向荣艳、谭远顺的《高校科研信用缺失现象浅析》（《大学教育》，2015年第6期）引用。此后，引用该论文的还有张丽丽的《我国科研信用管理体系建设研究》（《中国高校科技》，2018年第6期）。另外，还被曹文昊的优秀硕士论文引用。

6月3日　到椒江方远大酒店参加市社科规划年度课题专家评审会。本次评审的是2015年度台州市第二批哲学社会科学规划课题，共有22项课题被立项。本次立项课题分重大委托、重点、一般资助、立项不资助课题等四大类别。市哲学社会科学发展规划工作领导小组要求，各课题的承担单位应加强对课题研究工作的管理，为课题研究提供必要的支持，保证课题研究工作的顺利进行。

6月4日　发表与张琼妮合作的论文《瑞典生物科技产业集群的特征与优势》(《科技管理研究》,2012年第2期),被刘娜的优秀硕士论文《基于平衡计分卡的专业市场商户电子商务绩效评价与影响因素研究》(浙江师范大学,2015)引用。

6月5日　与张琼妮合作的论文《国外氢能开发新进展概述》(《生态经济》,2011年第12期),被李培俊、曹军、王元华、徐宏、钟杰和刘波的《甲烷水蒸气重整制氢反应及其影响因素的数值分析》(《化工进展》,2015年第6期)引用。同时,还被张明明的博士论文,以及刘敏、廖满生、马贵鹏和周婷的优秀硕士论文引用。

同日　带领卢双和余俊平两位研究生考察了浙江伟星实业和浙江正特集团两家企业。浙江伟星实业公司是中国服装辅料行业中的龙头企业,是目前全球最大的钮扣生产商,拥有五大生产基地,伟星股份大洋工业园是其中之一。浙江正特集团是户外休闲用品专业制造商,集团公司下辖9家子公司,产品涉及遮阳伞、凉篷、窗篷、汽车篷、户外家具、烧烤炉、健身器材等七大系列300多个品种。

6月10日　向卢双和余俊平两位研究生介绍台州的历史演变过程和人文社会发展现状。接着,带领他们对台州进行实地考察。

6月11日　晚上,医学院举行首届五年制临床医学专业、医学检验专业毕业晚会。督导主任张明龙,应邀出席。张明龙在会上发表热情洋溢的讲话,并为毕业学子送上最诚挚的祝福。

6月12日　张明龙教授及其指导的研究生卢双和余俊平考察了浙江省化学原料药基地临海园区和头门港港区。

6月29日—7月3日　校教学督导委员会在椒江、临海校区分组开展期末巡考工作。

教学督导们逐一巡视考场,重点督查监考教师执行《监考守则》和考试学生遵守《考场规则》的情况。巡考过程中还对学生复习资料与当前考试题目的相关性进行了抽查。考试结束后将巡视中发现的问题反馈给教务处予以及时通报。

期末巡考标志着本学期教学督导工作已进入尾声。开学以来,校院两级督导组织紧锣密鼓地落实了各项督查任务。校教学督导委员会先后开展了随机听课督查、课改项目过程评价、课程考核材料抽查、实验教学专项检查、毕业论文抽查等既定工作，并完成了课程建设项目验收、教改项目评审等事项。外国语学院、物理与电子工程学院等二级学院督导组结合教学工作实际开展了"外籍教师课堂教学质量专题调查""教学督导对接主题班会"等一系列有特色有成效的具体工作，彰显了督导队伍在教学质量保障方面发挥的积极作用。

6月　出版与张琼妮合著的《国外材料领域创新进展》（知识产权出版社，2015年）。本书从本世纪国外创新活动实践出发，以现代材料科学原理为指导，系统考察国外新材料研究与开发领域取得的成果，同时博览与之相关的论著，细加考辨，取精用宏，在充分占有原始资料的基础上，抽绎出典型材料，精心设计出新材料研究与开发进展信息的分析框架。本书分析了国外在金属材料、无机非金属材料、有机高分子材料和复合材料领域的创新信息，还专门考察了材料研制与开发的新技术进展状况。本书以通俗易懂的语言，阐述新材料研发的前沿学术知识，宜于雅俗共赏。本书被中国国家图书馆收藏，其图书编号：007937764。

七月

7月11日　台州晚报《人文周刊》"院校名师"栏目记者陈剑以《著作等身的教授》为题，并以《创建了浙江省第一个"区域经济学"省级重点学科》为副标题，用整个版面篇幅，报道了张明龙教授取得的丰硕研究成果。

7月18—19日　到省委党校新校区参加浙江省《资本论》与社会主义经济研究会第七届会员代表大会。19日上午，学会通过换届选举，产生新一届领导班子。王祖强任会长，李炯、程惠芳、张明龙、张宗和、谭劲松、徐小洪和王明琳任副会长，李涛任秘书长。本次会议的主题是马克思主义经济学与经济新常态学术问题。会议邀请省委政策研究室原副主任郭占恒研究员做专题报告，其题目是《习近平生态思想——绿水青山就是金山银山的重大理论和实践意义》。

19日　下午，学会举行学术交流，安排张明龙等四位专家做专题发言。

7月28日—8月1日　与夫人章庆平、马斌和林伟等一起，到哈尔滨工程大学，参加二十八届"中国高校经济理论与思政教改研究会论坛"。自本届开始该论坛的主办单位"全国高校经济理论教学改革研究会"，改名为"中国高校经济理论与思政教改研究会"。哈尔滨工程大学，源于1953创建的中国人民解放军军事工程学院，即著名的哈军工，1970年哈军工分建，以原海军工程系为基础组建哈尔滨船舶学院，1994年改称现名。

29日　上午举行开幕式，教育部、黑龙江省教育厅，以及哈尔滨工程大学有关领导出席并讲话，会长徐奉臻致辞开幕词。哈尔滨工程大学马克思主义学院院长陈坤主持。开幕式结束后，由研究会副会长张明龙主持报告会，北京师范大学党委副书记、教育部高等学校社会科学发展研究中心主任王炳林教授做主题报告。

本次会议由于前期准备充分，学术交流活跃，大会安排张明龙等10多位学者做专题发言。

八月

8月4日　接到2015年中国"一带一路"国际学术研讨会邀请函。该会议旨在加快推进"一带一路"战略的实施，推动开展更大范围、更高水平、更深层次的区域合作，共同打造开放、包容、均衡、普惠的区域经济合作架构。本次会议由郑州大学轮值主办。会议公布了9个具体议题，根据议题发去一篇论文《海上丝路视角下台州港口资源开发的思考》。

8月5日　发表与张琼妮合作的论文《国外材料领域科技研发进展概述》（《中外企业家》，2015年第8期）。本文认为，本世纪以来，国外材料领域的科技研发活动非常活跃，进展迅猛，取得了大量新成果。其中主要集中在纳米材料、石墨烯、超材料、生物医用材料和智能材料等前沿材料的开发研制，同时推进高性能复合材料、先进金属材料、新型无机非金属材料和先进有机高分子材料的开发研制。

8月15日　发表论文《我国专利发展现状与趋势分析》（《发展》，2008年第1期），被田海燕、刘丽琴的《基于专利信息分析龙眼产业创新能力研究》（《热带农业科学》，2015年第8期）引用。此后，引用该论文的还有：①高凯月、周芬的《我国血液标本采集、保存、运送护理相关专利发明类文献计量分析》（《护理研究》，2016年第5期）；②张广彬、杨旭、高竞逸的《国内建筑防水行业专利发展概况》（《中国建筑防水》，

2018 年第 9 期）；③孙伟峰的《我国专利发展的方向及其战略研究》（《法制与社会》，2020 年第 19 期）。

8 月 17 日　发表与张琼妮、章亮合作的论文《国外治理"三废"新技术概述》（《生态经济》，2010 年第 2 期），被高志刚、李志祥的《煤气化工艺过程中三废排放的分析探讨》（《天然气化工》，2015 年第 4 期）引用。此后，被李孔燕的博士论文《绿色发展视域下内蒙古自治区节能减排的困境、问题及对策研究》（内蒙古大学，2017）引用。

8 月 25 日　发表论文《加强科技信用制度建设的思索》（《浙江树人大学学报》，2007 年第 5 期），被熊小满的《我国科研信用管理建设现状分析》（《广东科技》，2015 年第 16 期）引用。此后，引用该论文的有陈宇山、熊小满和吕亮雯的《广东科技计划信用管理框架体系构建》（《科技管理研究》，2016 年第 18 期）。此外，还被曹文昊的优秀硕士论文引用。

8 月 27 日　偕同夫人章庆平，回到三门县海游镇湘山村老家，看望母亲。与母亲，以及大妹张明彩、大妹夫郑成林、小妹张媛芝、小妹夫叶启君等一起，过农历七月半节，卷着吃当地特有食品麦蕉。

8 月　出版与张琼妮合著的《英国创新信息概述》（企业管理出版社，2015 年）。本书以 21 世纪英国发展现状为研究对象，集中考察其科技活动的新进展，分析了英国电子信息、纳米技术、光学技术、航空航天、新材料、新能源、环境保护、交通工具、生命科学，以及医疗与健康领域的创新信息。本书被中国国家图书馆收藏，其图书编号：008011885。

引用该著作的主要论文有：①陈静远的《探析有机高分子材料在未来应用中的发展态势》（《化工管理》2017 年第 29 期）；②韩秀的《情感劳动理论视角下社交机器人的发展》（《青年记者》，2020 年第 27 期）。

九月

9 月 14—15 日　前往浙江师范大学检查卢双、余俊平两位三年级硕士研究生的学位论文写作进展，要求早些完成初稿，争取有较宽余的时间可以修改和充实有关内容，提高论文质量。同时，与区域经济学一年级新生巫贤雅见面，给她布置阅读参考书目，提供部分参考书，要求其做好三年学习规划。

9月15日　发表与周剑勇合作的论文《产业结构与经济增长关系的实证研究——以浙江省金华市为例》(《浙江师范大学学报》,2015年第5期)。该论文试图通过虚拟变量把制度因素引入到模型当中,以金华地区为例,对产业结构与经济增长关系进行实证分析,以期探求其三次产业间的关系及与地区经济增长关系。

9月15日　在《中国社会科学网》[①]发表与张琼妮合作的论文《以政策合力促进经济发展》。本文从阐述产业政策基本内容入手,分析了努力提高产业政策体系整体合力的必要性,进而提出运用产业政策进一步促进经济发展的主要思路

十月

10月3日　浙江师范大学政教811班毕业30周年同学会在学院三楼大会议室举行。30余位毕业生重返母校,张明龙等10多位任课教师应邀出席,一起追忆那些年他们在师大最美好的时光。当教师与学生展开亲切交流时,张明龙提议"三个转型":一是身份转型——从父辈到祖辈,要学会放手;二是工作转型——从紧张到轻松,不要给自己施加压力;三是生活转型——从粗放到精细,他叮嘱学生要注重饮食调理,保证身体健康。

10月12日　浙江师范大学台州校友会会长张明龙、副会长章巧民和秘书长罗超英等人分别在台州市档案局和台州广播电视总台举行座谈会,欢迎母校党委副书记张先亮、校友办主任童卫丰等人前来视察和指导工作。

10月16日　上午,校第七届教学督导委员会第四次全体会议在临海校区第一会议室举行。副校长陈光亭出席并向两位新任督导委员颁发聘书;督导委员会主任张明龙主持会议。张明龙做总结讲话时表示,学校对督导工作提出了新要求,督导人员不仅要更好地参与教学质量管理,还要全面关心学校教学工作,推动专业向应用型方向发展。

同日　下午,校教学督导委员会主任张明龙教授率队赴浙江师范大学考察教学督导工作。校督导委办公室主任、教务处副处长陈基根教授参加

[①] 张明龙,张琼妮. 以政策合力促进经济发展 [EB/OL]. 中国社会科学网,2015-09-15.

考察。浙江师范大学督导委员会主任王辉教授、教务处副处长葛永海教授等对台州学院考察组到访表示热烈欢迎。宾主双方就"校院两级督导工作联动机制""督导工作提升教师教学能力途径""督导成果反馈与展示渠道"等议题进行了坦诚交流。

张明龙主任深情回顾了自己在母校 25 年的学习、工作与生活。他表示，浙江师范大学的督导理念、工作重心和创新意识带给我们很大的启发。尤其是以教学专题活动联接校院两级督导组织的工作平台模式，以发展性评价视角促进青年教师成长的听课反馈方式，以定期编印通讯宣传展示督导工作成果等做法，非常值得台州学院学习和借鉴。

10 月 19 日　临海市人大常委会副主任何林辉先生专程来到台州学院张明龙名家工作室，看望本室领衔人，赠送给张明龙一套《禾睦山房集》丛书，共五卷六册，具体内容包括：《府城漫步》《文山踏歌》《学海泛舟》（上下两册）、《艺苑游仙》《色界追影》等。

10 月 25—30 日　参加台州市高层次人才疗养活动。由市委组织部副部长蔡周钧、人才工作处处长於海雅带队，成员有张明龙、颜文俊、朱坚胜等 30 多人。疗养活动地点集中在云南大理。

10 月 31 日—11 月 1 日　到浙江外国语学院的芳草苑宾馆参加同年级一二两班共同举行的同学会。

10 月　吉林大学出版社出版茅玉芬主编的《台州社科讲堂》（第一辑）收入张明龙的报告稿《台州制造业升级与经济发展方式转变》。该报告稿是根据 2014 年 5 月 24 日讲座的录音整理的，其内容主要是：首先从制造业角度分析台州经济发展概况，介绍了台州汽车摩托车及配件、医药化工、电力热力、缝制设备、家用电器、模具塑料、工艺礼品、食品饮料和鞋帽服装等产业集群及其特色。接着指出台州制造业存在能源消耗大、缺乏核心技术和自主知识产权、产品档次低，以及劳动生产率不高等问题。据此认为，台州制造业必须转型升级。转型升级的方向就是按照低碳经济要求，发展现代制造技术，运用信息化促使传统制造业，以制造业集群为基础加强制造业基地建设，促使产品走向价值链和技术链的高端。

10 月　出版主笔专著《区域产业发展前沿研究》（企业管理出版社，

2015年)。本书针对区域产业发展中值得探索的若干前沿问题,着重分析区域产业结构与经济增长的关系、区域产业集群综合竞争力、经济技术开发区产业集群的运行与发展、区域专业市场电子商务绩效评价,以及国外清洁能源产业创新进展信息等。本书被中国国家图书馆收藏,其图书编号:008126745。

十一月

11月5日 发表与张龙合作的论文《依托技术进步构建区域产业升级新模》(《中外企业家》,2015年第5期)。该论文认为,经济结构调整是转变经济发展方式的重要内容,而产业结构优化和产业升级又是经济结构调整的重点。产业升级一般是在技术进步的基础上并通过技术进步来实现的。当前,我国要顺利跨越"中等收入陷阱",必须建立区域产业升级新模式。为此,要依托技术进步引导产业结构高级化,依托技术进步促进产业加工程度高度化,依托技术进步促进产业价值链高端化,依托技术进步促进产业组织与管理高效化。

11月10日 发表与张琼妮(第一作者)合作的论文《构筑科研人员信用信息共享平台的研究》(《贵州社会科学》,2014年第9期),被杨静的《国家自然科学基金信誉体系构建及评价方法研究》(《科技进步与对策》,2015年第21期)引用。此后,引用该论文的还有:①钟劲松的《科技信用缺失的治理机制研究》(《洛阳理工学院学报》,2016年第3期);②赵金国、朱晓红的《基于科研人员特征的科研诚信比较分析》(《中国高校科技》,2018年第12期)。

11月27—29日 入住深圳市南山区圣淘沙酒店(桃园店),到深圳大学参加第二十九届"全国高校社会主义经济理论与实践研讨会"。本次会议主题是:中国经济新常态的理论与实践,"一带一路"战略与新一轮高水平对外开放,中国经济学的创新与发展。提交的入选论文题为《经济新常态下提高产业政策的导向合力》。学术交流时,安排在分组讨论会上做重点发言。由于发言提供了较大信息量,引起不少与会学者的兴趣,纷纷前来交换名片,期望建立长期交流关系。

十二月

12月10日 发表论文《提高自主创新能力背景下的人才队伍建设》(《科

技管理研究》，2007年第1期），被郭爱芳、范莲莲、周天明的《我国企业自主创新能力缺失的成因及对策——基于技术学习的重新审视》（《浙江理工大学学报》，2015年第12期）引用。另外，还被范莲莲的优秀硕士论文引用。

同日　参加台州市社会科学界联合会第五次代表大会。

12月11—13日　入住芜湖希尔顿逸林酒店，到安徽师范大学参加第七届"中国空间经济学研究会年会"。本届年会的主题是"空间经济学与中国区域经济新常态"。主持"产业、金融和公共政策"组讨论，并做"空间视角下的产业链式化转移与承接"的发言。

12月17日　上午，先在台州市府大楼二楼西会议室参加市政府决策咨询委员会全体会议，听取市发改委张锐敏主任做《台州市"十三五"规划纲要》（征求意见稿）说明。接着参加经济组评议。张明龙对规划纲要做出充分肯定，并提出以下修改建议：①通过加强基础设施建设等措施，着力推进主城区一体化建设；②充分发挥港口资源优势，主动融入国家"一带一路"发展战略；③加强区域政策合力导向，大力培育和发展高新技术产业；④准确理解自主创新内涵，着重推进先进适用技术创新；⑤加强企业家队伍建设，再创民营经济新辉煌。

同日　下午，台州学院椒江校区学术报告厅举行题为"应用型建设与课堂教学创新"的大型教学论坛。科学院院士、北京大学原校长许智宏教授应邀做主题报告。督导主任张明龙应邀出席。

12月23—24日　根据中期答辩要求，审阅卢双和余俊平两位硕士生的学位论文初稿。卢双论文的题目是：《信息网络条件下产业集聚与城镇化互动发展研究》；余俊平论文的题目是：《基于复杂网络的平台市场竞争机理及竞争策略研究》。细细看过两篇论文后，觉得从总体上来说，还写得不错，但如果要进一步提高质量，仍然需要不小的努力。为此，分别在两篇论文的初稿中，用红字写出了几条修改意见，供其参考。

12月31日　发表论文《促进我国城乡经济协调发展的制度创新》（《学术交流》，2008年第1期），被鲁钊阳的《城乡金融制度差异化对城乡经济协调发展的影响研究》（《制度经济学研究》，2015年第4期）。此外，还被赵大朋的博士论文，以及王言文、孟霞和卢双的优秀硕士论文引用。

12月31日　完成名家工作室年度工作总结，并及时发送给市委宣传部洪晨焰处长。总结认为，一年来，本室通过网站、微信、博客、电子邮件，以及电话和短信等通信方式，加强各成员之间的日常联系。同时，采取集中外出调研、召开课题会议和有关研讨会、汇集阶段性研究成果等方法，使各成员在合理分工的基础上提升协作能力。

第二节　二〇一六年：六十四岁

一月

1月10日　检查浙江师范大学区域经济学一年级课程论文进展情况，督促各位同学按规定要求完成学习任务。

1月13日　上午，常熟理工学院发展规划处处长顾永安、校教学督导组组长徐肖邢一行21人来台州学院考察交流。校教学督导委员会主任张明龙、党校办、教务处、发展规划处负责人在临海校区第一会议室接待了来宾。

座谈会上，张明龙教授介绍了台州的历史概况、经济发展现状和本校的办学历程和发展情况。顾永安教授对台州学院升本以来取得的成绩表示赞赏，特别在社会服务和人才培养等方面有很多经验值得兄弟院校学习和借鉴。常熟理工学院和台州学院在办学上有很多相似之处，他希望两校双方进一步增进沟通了解，共促发展。会后，访问团一行人员参观了张明龙名家工作室。

1月19日　上午，收到浙江大学张旭昆教授邮寄赠送的《西洋经济思想史新编》，该书分上下两卷，共计156万字。这套煌煌大作是源头最远，也最全面的思想史，大致浏览一遍，已觉获益匪浅。同时收到的还有张教授的《思想市场论》专著。

1月25日　下午，在浙江省委党校老校区13号楼参加省《资本论》与社会主义经济研究会常务理事会。会议论题主要有：①学习贯彻十八届五中全会及中央和省委经济工作会议精神；②学习讨论中国特色社会主义政治经济学的源流与发展；③审议2015年工作报告，制订2016年工作计划。讨论时，就如何创建中国特色政治经济学理论体系问题，谈了一些自己的看法。

二月

2月18日　应邀出席浙江师范大学部分三门籍校友召开座谈会。

2月　中国社会科学出版社出版王振中与胡家勇主编的会议论文集：《政治经济学研究——中国经济新常态：动力、结构与制度》，该书259～268页收录张明龙与张琼妮合作的论文《运用产业政策促进经济发展的研究》。

同月　出版与张琼妮合著的《国外生命基础领域的创新信息》（知识产权出版社，2016年）。本书分析了国外在基因生理、基因破译、基因重组和合成、基因种类，以及基因治疗方面的创新信息。分析了蛋白质生理、蛋白质种类、酶，以及蛋白质开发利用方面的创新信息。还分析了细胞与干细胞生理，以及运用细胞和干细胞治疗疾病等方面的创新信息。本书被中国国家图书馆收藏，其图书编号：008319468。

三月

3月2日　由林智理副教授陪同考察调研临海江南街道旅游景区开发情况。通过实地考察后谈了一些自己的想法，认为应该充分利用周边现成的山林，景点设施建造要尽量避免损伤绿化树木。同时，要着眼于综合利用，多方位、系统性开发，吸引不同类型的游客，特别是有些项目可以吸引既有时间又有支付能力的老年游客。

3月11日　下午，本学期教学督导工作会议在临海校区第一会议室召开。校教学督导委员会主任张明龙教授主持会议，校教学督导委员、教务处有关负责人出席。会议对教学督导队伍建设及主要工作情况进行了回顾和总结。张明龙主任积极肯定了过去一年里教学督导们的辛勤付出，建议教务部门认真研究教学督导意见。他强调教学督导工作应重点关注教学秩序稳定、教学行为规范和教学改革推进。在工作中分析影响教学秩序稳定的因素，发现规章制度不完善或执行不到位的问题，及时提醒教学管理人员查漏补缺。要全力为各项教学改革保驾护航，让学生真正受益。他表示当前督导工作还应该在保障教学激励机制充分发挥作用和教学经费合理规范使用等方面做好监督和指导。

3月17日　上午，到天台县白鹤镇龙穿峡景区参观考察当地开发进展情况。

同日　下午，参观考察浙江银轮机械股份有限公司、浙江永贵电器股份有限公司。银轮机械公司是我国汽车零部件散热器行业龙头企业，也是我国内燃机散热器行业标准牵头制定单位，主导产品机油冷却器、中冷器是中国名牌产品。永贵电器公司是国内轨道交通连接器制造的龙头企业之一，产品主要应用于铁路机车、客车、高速动车组、地铁、磁悬浮等轨道交通车辆上，其中"车端连接器及接线箱集成装备"获省优秀工业新产品奖。

3月18日　到天台沸头和园等处参加台州市决策咨询委员会专题调研活动。本次会议主题是，针对台州经济社会发展的实际，围绕"找准短板，补齐短板"，深入开展调研，在此基础上建言献策，提出补齐短板的建议意见。在分析制约台州产业发展的"短板"时，认为主要有三个方面：一是大多数企业缺乏自主创新形成的核心产品；二是缺乏处于技术链高端的高技术产品；三是缺乏多种技术集成的综合总装产品。

3月20日　发表论文《企业偿债能力的财务比率分析》（《学术论坛》，2005年第8期），被汪高、杨秀刚的《出口能力、汇率变动及对纺织上市企业经营绩效影响的研究》（《时代金融》，2016年第8期）引用。另外，还被韩新杰、王一冲的优秀硕士论文引用。

3月24日　到台州市委宣传部东头会议室汇报名家工作室两年来的建设进展情况。内容主要包括：①建立和健全工作室组织机构；②积极实施与主管部门签订的协议书；③制订工作室系列规章制度；④本单位对工作室发展的大力支持；⑤已经取得的工作进展及成果；⑥学员培养工作按计划有序推进来。经过考核评估，本室被评为"优秀名家工作室"。

3月28日　下午，杭州师范大学教学督导工作委员会主任卢正芝教授、教务处副处长章瑞智率教学督导考察组一行14人来本校，就教学督导及质量保障工作进行专题考察交流。校教学督导委员会主任张明龙教授、教务处副处长陈基根及部分督导委员热情接待了考察组。张明龙主任简要介绍了本校的办学历史和转型发展。他希望两校教学督导面对面坦诚交流，在具体工作上相互取经产生共鸣，便于今后开展更多的教学合作。卢正芝教授对台州学院教学督导工作的许多方面表示赞赏。她深情回忆起20世纪80年代初在本校前身台州师专工作时的美好时光,并带考察组一行饶有兴致地参观了本校广文路老校园及张明龙名家工作室。

3月　发表文章《关于提高产业政策整体合力的建议》(深圳大学主办的《建议活页》,2016年3月第1期)。该文提出,应该根据实际需要,制定促进经济发展的统领性产业政策,使其能够对整个区域企业的发展与创新活动发挥总控制、总协调的作用。制定促进经济发展的系统性产业政策,努力扩大产业政策的作用范围,使其能够覆盖区域不同系统企业经营管理的方方面面。制定促进经济发展的多样性产业政策,不断提高产业政策调节机制的针对性,使不同类型的区域企业都能加强发展与创新活动。制定促进经济发展的互补性产业政策,充实和完善不同系统、不同范围和不同时差产业政策的功能,使它们能够发挥更好的调节效果。制定促进经济发展的交替性产业政策,抓紧推出体现新目标的新产业政策,及时取代已经过时的旧产业政策,使产业政策具有强烈的时代性特点,能够按照时代要求促进区域企业的发展与创新活动。

四月

4月8日　上午,给三门裘桂妹老师打去电话,代表学校有关部门对她表示衷心感谢!裘老师在整理杨士桂老师遗物时,发现一份本校前身台州师范学校1958—1968年的毕业生名册,这是台州学院重要的历史档案材料。裘老师经与张明龙联系,已经寄送给台州学院校史办公室归档。

同日　下午,在名家工作室召开"台州民营经济创新发展"课题研讨会。主要讨论课题研究的视角和重点、最终成果形式、参加调查研究和撰稿的人员,以及主要研究活动安排等内容。

4月15日　下午4时到达金华,入住浙江师范大学国际交流中心。晚上,先与浙江大学姚先国教授、北京师范大学唐任伍教授见面叙谈,接着参加浙江师范大学法政学院举行的校友会。

4月16日　上午,参加浙江师范大学60周年华诞庆祝大会。60年砥砺耕耘,一甲子桃李芬芳,来自五湖四海的8000余名浙江师范大学校友,汇集到新落成的校内文化广场上,大家欢聚一堂,共襄盛典。中午,在法政学院举行的招待会上,见到姚高员、蔡永波等优秀学生代表。下午,在浙江师范大学大学生活动中心一楼多功能厅，参加校友会会员代表大会。会后，又分别到法政学院和人文学院等处参加有关庆祝活动。

五月

5月1日　发表论文《增强经营者年薪制的激励和约束功能》（《经济学家》，2003年第3期），被袁建勇的优秀硕士论文《湖南省S学院维修中心基层员工激励研究》（南华大学，2016）引用。引用该文的优秀硕士论文还有：①易帆的《湖南省农业发展银行青年员工激励机制改进研究》（湖南大学，2017）；②张林海的《M专科医院后勤保障人员激励体系优化研究》（山东财经大学，2018）。

5月2日　应邀作为评委，参加丽水学院省重点学科区域经济学建设评审会。"十二五"期间，该学科在队伍建设、人才培养、科学研究、学术交流、地方服务和管理制度建设等方面取得了长足进展，特别是在区域生态经济研究方面取得了明显业绩。

5月5日　发表与张琼妮合作的论文《我国宏观调控及其政策变迁纵向考察》（《中外企业家》，2016年第13期）。该论文认为，新中国成立以来，国民经济经历了十次紧张和波动，相应进行了十次大的宏观调控，并出台了相关的宏观调控政策。该论文还系统考察这些宏观调控的原因和措施，进而揭示我国宏观政策的变迁规律，对于早日建成适应社会主义市场经济的新宏观调控体系，是有较大参考价值和借鉴意义的。

5月6—9日　到南宁广西大学商学院，参加第十九届"全国经济地理研究会年会"。本次会议的议题主要有：区域经济协调与发展、供给侧改革与区域经济增长、区域精准扶贫、城市群发展、"一带一路"大开放与地缘经济、区域协同创新发展，以及区域经济空间格局优化等。

张明龙作为第一分会场的评论人，对6位报告人的发言做出综合评价。同时，还提出以下建议：①希望把理论研究作品努力转化为实际应用成果；②希望不断提高对策措施的可操作性；③希望以理论观点统帅和选择研究方法，不能把大量笔墨仅仅用在研究方法的推导上。

5月20日　上午，在市政府行政大楼2楼西会议室，参加台州市政府第二届决策咨询委第五次全体会议。分组讨论时，针对"找准短板，补齐短板"的话题，认为影响台州城市化和社会经济发展的最重要短板是主城区首位度不够高，缺乏强大的向心力、吸引力和辐射力。

5月21日　指导的研究生余俊平在浙江师范大学经济管理学院工商管理专业论文答辩会上，顺利完成学位论文答辩，获得硕士学位。在此一周前，指导的研究生卢双已在区域经济学专业论文答辩会上顺利通过，获得硕士学位。

5月　出版与张琼妮合著的《美国材料领域的创新信息概述》（企业管理出版社，2016年）。本书从21世纪美国创新活动实践出发，着重分析其开发技术链高端金属材料、高技术新型无机非金属材料、高性能先进有机高分子材料、特殊功用复合材料，以及纳米材料、石墨烯、超材料、生物医学用材料和智能材料等前沿新材料。同时，还专门考察了材料研制与开发的新技术进展信息。本书被中国国家图书馆收藏，其图书编号：008468608。

六月

6月2日　下午，出席台州学院第七届教职工代表大会第四次会议。

6月3日　上午，出席在台州学院召开的省教育厅教学巡回诊断检查工作反馈会。

6月14日　专程从临海来到位于金华的浙江师范大学，为指导的学生卢双和余俊平举行送行酒会，邀请同门学子一起参加，并与他们拍照留念。卢双和余俊平是浙江师范大学经济管理学院2016届毕业生。

6月28日　发表论文《通过健全科研信用制度增强自主创新能力》（《科技管理研究》，2009年第5期），被钟劲松的《科技信用缺失的治理机制研究》（《洛阳理工学院学报》，2016年第3期）引用。此后，引用该论文的有：①袁尧清的《科研行为信用评价与管理研究》（《科学管理研究》，2016年第5期）；②周莉、赵燕、刘碧松和江洲的《科研信用标准化建设与体系框架研究》（《标准科学》，2017年第3期）；③周莉、古丽米热·依沙木丁、赵燕和李向华的《科研信用体系建设现状与发展思路探讨》（《标准科学》，2017年第3期）。另外，还被任伟超、蔡瑞的优秀硕士论文引用。

七月

7月3日　上午，在浙江省委党校新校区综合楼2楼学术报告厅，参加"中国特色社会主义政治经济学:理论创新与实践探索"学术研讨会,主持大会发言。

7月4日 下午,在三门县委党校二楼教室给三门县青年干部班做专题讲座,题目是:《发展低碳经济,创造幸福未来》。讲座内容包括三个部分:一是经济发展对生活幸福的影响;二是低碳经济有利于创造幸福未来;三是按照低碳经济要求推进产业升级。

7月29日—8月2日 与夫人章庆平一起来到山城重庆,入住沙坪坝区西永大道圣荷酒店,出席由重庆师范大学承办的二十九届"中国高校经济理论与思政教改研究会论坛"。

7月30日上午,研究会副会长张明龙在大会上做学术报告,题目是:《"十三五"时期多元化创新政策体系研究》。张明龙认为"十三五"时期的多元化创新政策体系,是网络环境下协同创新机制的重要组成部分,它表现为各种具体创新政策的总和。影响它的因素主要来自覆盖面、时效性、调节功能和主次地位等方面。

八月

8月17日 作为区域经济学专家应邀参加"彩虹连心基地"授牌仪式,该基地由台州学院民革支部与玉环县港航分局共同建立。

建立"彩虹连心基地"是申报"玉环国家级对台交流合作试验区"基础工作的重要一环,对优化国家对台交流战略布局、促进长三角地区及浙江省经济转型、加速台州海洋经济开发战略破题、推动两岸经济文化交流和民间交往等方面具有重大作用与深远意义。

8月19—20日 到北京河南大厦参加中国社会科学院经济研究所主办的第十八届"中国特色社会主义政治经济学论坛年会"。本次论坛入选会议交流论文65篇,共分"中国特色社会主义政治经济学建设""社会主义市场经济理论""经济发展新常态和供给侧结构性改革""社会主义公平正义与共同富裕"4个专题。张明龙与张琼妮撰写的论文《我国就业制度演变的纵向考察》是论坛入选论文之一。

根据会议安排,张明龙参加"社会主义公平正义与共同富裕"专题讨论。

8月 出版《政治经济学原理及教学研究》(中国社会科学出版社,

2016年)。本书从我国社会主义市场经济的实践出发,广泛吸取国内外学者有关政治经济学的研究成果,阐明自己许多大胆而新颖的观点,拓宽对政治经济学探索的视野。本书深入探索了政治经济学新体系、供求量影响因素、价值信号机制、资产获利权能及其制度安排、准确量化企业资产价值、国有企业改革、产业集群发展、市场类型与结构、计划与市场结合方式、区域发展规律、区域发展模式,以及收入分配与宏观调控等问题。本书被中国国家图书馆收藏,其图书编号:008610852。

同月　出版与张琼妮合著的《德国创新信息概述》(企业管理出版社,2016年)。本书分析了德国电子信息、纳米技术、光学技术、天文与航空、新材料、新能源、环境保护、交通运输、生命科学,以及医疗与健康领域的创新信息。本书被中国国家图书馆收藏,其图书编号:008633557。

九月

9月24日　受三门县图书馆邀请,参加浙江省"百名回乡教授"走进文化礼堂活动。到三门县海游街道善岙杨村文化礼堂,为村民做讲座:《幸福生活要求发展低碳经济》。讲座中指出,低碳经济有利于创造优美环境,减少温室气体,创造更多就业机会,推动技术进步,提高经济效率。为了提高生活的幸福指数,应该加快发展低碳经济。

9月28—29日　受浙江省教师教育质量监控中心的邀请,参加省2016年师范生培养质量专项督查工作。本次专项督查重点是教师发展学校建设情况、"三位一体"招生改革推进情况,以及重点建设教师培养基地项目建设实施情况,同时对2015年督查整改情况进行复核。本督查组由张明龙任组长,在丽水学院督查时,张明龙在专家反馈会上提出如下改进建议:一是进一步加强教师教育发展新规律的研究;二是进一步健全教师教育学院发展的体制与机制;三是进一步做好教师教育发展研究项目的材料积累与提练。

9月29—30日　以张明龙为组长的专项督查组来到衢州学院。在提前审阅相关材料的基础上,根据督查计划,通过听取学校汇报,进一步查阅资料和询问有关情况,同时召开学校有关人员座谈讨论会等,针对了解的情况,督查组召开反馈会。张明龙在主持反馈会的过程中,谈了三点改进建议:①希望继续加强师范生培养新模式的探索与研究;②希望继续深化与教师发展学校的合作机制；③希望继续完善"三位一体"招生改革方式。

9月　出版与张琼妮合著的《国外生命体领域的创新信息》（知识产权出版社，2016年）。本书与2月出版的《国外生命基础领域的创新信息》是姐妹篇。本书分析了国外在原核生物、真核微生物和非细胞型微生物方面的创新信息；分析了植物生理与生态、粮食作物和经济作物等方面的创新信息；还分析了动物生理与生态、哺乳动物、鸟类、爬行动物与两栖动物、鱼类、节肢动物，以及其他无脊椎动物等方面的创新信息。本书被中国国家图书馆收藏，其图书编号：008670057。

同月　出版与张琼妮合著的《国外能源领域的创新信息》（知识产权出版社，2016年）。本书分析了国外在含锂电池和燃料电池，以及其他电池方面的创新成果；分析了制氢催化剂，以及制氢、储氢和用氢的新方法；分析了开发生物燃料和生物电能的新成果和新技术；分析了太阳能电池和太阳能发电技术的新进展；分析了风能、核能、地热能、海洋能、动能、热能，以及其他能源开发的新进展，还分析了高效节能环保产品的新成果。本书被中国国家图书馆收藏，其图书编号：008718227。

十月

10月5日　浙江师范大学政教82级毕业30周年同学会在学院三楼大会议室举行，60多位毕业生重返母校，强羽旼、张关钊、郭庆祥、吕瑞芝、张明龙、陈红儿、陈小克、周伟林、王珉、郑祥福、陈勇、陈官忠等10多位教师应邀出席，共同回忆当年他们在大学学习的美好时光。张明龙在发言时说："这一年级同学有'三多'的特点：从事教育工作者多，具有高级职称者多，担任高级别干部者多。"

10月8日　发表论文《论市场机制的运行特点及完善对策》（《长白学刊》，1993年第4期），被郑淼茜、曹阳、郑向平的《基于市场机制的区域质量监测指标初探》（《现代商业》，2016年第28期）引用。

10月13日　上午，校第七届教学督导委员会举行工作研讨会，校教学督导主任张明龙教授主持会议，全体教学督导委员、教务处负责人参加。

张明龙强调，教学督导要切实做好听、查、议三方面工作。要特别关注需重点帮助的教师，通过评课反馈促进教师反思和提高教学水平；适当拓展教学检查范围，延伸工作链条，将实验实习等实践教学环节尽可能参与进来；评议工作要结合具体问题进行深入研讨，提炼出切实可行的对策措施。他还就招生制度改革、师范生培养、学科专业优化等高教动态和政策概念做了通报和阐述，希望教学督导为学校教学改革发展多做调查研究。

10月14日　带领校教学督导委员会委员成员到杭州师范大学考察学习。杭师大教务处副处长章瑞智教授对考察组到访表示热烈欢迎，全面介绍了该校的督导组织机构、职责权利、工作制度等情况。杭师大教学督导工作紧密结合学校发展，围绕"为学生成才服务"做好教学质量监控与保障，成为推动教学工作持续发展的重要力量，在长期的实践探索中形成了自身特色和诸多亮点。尤其是将标准化考场设备硬件与云录播系统软件整合成远程听课网络平台，方便了教师在线观摩课堂教学实况，顺应时代发展需要。

张明龙主任表示，杭师大督导工作目的明确、任务清楚、方法多样，让我们深受启发。利用现代技术手段远程听课，对实践教学环节进行现场督导，参与教学型教授职称评审，以项目形式提交督导调研报告等督导工作，非常值得我们学习和借鉴。

10月15—16日　入住南京新纪元大酒店，在南京大学鼓楼校区安中大楼经济学院，参加第三十届"全国高校社会主义经济理论与实践研讨会"。本次会议的主题是：①成功跨越"中等收入陷阱"的经济学分析；②新发展理念的理论与实践；③供给侧结构性改革的理论与实践；④开拓中国当代马克思主义政治经济学的新境界。提交的入选论文题为《通过多元化创新政策推进供给侧结构改革》，学术交流时，被安排在第三组做重点发言。

10月16日　下午，浙江师范大学政教系82级校友王林辉，现在江苏省安全厅任职，得知大学就学时的经济学老师来南京开会，从苏州出差回来后，马上前来看望，并设晚宴招待。席间，师生畅谈人生感受，不知不觉过去三个多小时，才相互挥手道别。

10月18日　上午，与台州学院学报编辑部主任胡正武、校档案馆馆长王婉萍一起来到三门海游，拜访省春蚕奖获得者、三门中学退休的裘桂妹老师，对她给本校捐赠珍贵档案材料表示衷心感谢！

10月20日 发表论文《区域发展理论思维脉络探索》（《长安大学学报》，2002年第2期），被冯英杰、朱爱孔的《脆弱性及其在区域发展能力理论中的拓展》（《石家庄经济学院学报》，2016年第5期）引用。另外，还被赵海凤的博士论文，以及方忠强、颜华、潘星和冯英杰的优秀硕士论文引用。

十一月

11月5—6日 给浙江师范大学区域经济学专业硕士生集中授课时，分析了当前值得研究的10个重要问题。例如区域产业问题，认为研究重点主要集中在区域产业结构调整与优化，区域产业结构优化与竞争力培育；区域战略性新兴产业选择与发展路径，产业集聚与产业集群，产业转移与承接；资源产业可持续发展，环保产业与区域发展；新型工业化与区域资源环境承载力等。

11月21—22日 张明龙被浙江省教师教育质量监控中心聘为督查组组长，前往湖州师范学院开展师范生培养质量专项督查工作。督查组听取了湖州师范学院马志和副院长代表学校做的汇报，接着召开师范生培养工作座谈会、查阅资料并询问有关情况。张明龙在专家反馈会上，提出下述改进建议：①继续完善教师发展学校的制度建设；②逐步优化师范专业的结构与布局；③加快推进教师培养基地建设；④进一步提高"三位一体"招生的效率。

11月22—23日 以张明龙为组长的督查组来到嘉兴学院平湖校区。督查该校师范学院举办的学前教育、小学教育2个本科专业和学前教育专科专业。督查组听取了周珊副院长代表学校做的汇报，并按照督查工作日程安排，完成座谈、询问和查阅等事项。嘉兴学院盛颂恩院长出席专家反馈会并做表态发言。张明龙在反馈会上提出以下建议：①加强嘉兴学院对平湖校区管理的职能延伸；②加强师范学院师资队伍建设；③不断完善教师发展学校的双向交流机制；④积极开展"三位一体"招生工作，⑤提高教师的教育和教学科研水平。

十二月

12月2日 在浙江正特股份公司会议室，临海市发改局组织临海市经信局、财政局等部门及相关专家,对该公司董事长陈永辉负责的国家投资重点产业振兴和技术改造项目:"年产6万吨全环保木塑复合材料(废木质纤维和废塑料再生利用)",召开竣工验收会议,会议聘请张明龙为验收专家组组长。验收专家组听取了实施单位的项目总结汇报,经过现场实地考察和资料审核,形成以下验收意见:该项目已经完成了各项建设任务,达到年产6万吨全环保木塑复合材料的生产能力;产品质量优于国家标准,生产设备、工艺装备、检测手段和环保措施等均能满足批量生产要求;产品安全、环保、消防、档案等符合国家相关规定和要求,技改专项资金做到专款专用,同意通过竣工验收。

12月8日 到临海市涌泉镇涌泉山庄参加市决策咨询委综合经济组全体会议。会议主题是讨论台州民营经济创新发展问题,并要求针对本市社会经济现状提出加快发展的对策建议。会议期间,安排考察临海市民营企业。于是,随队来到头门港新区,参观了吉利集团临海豪情汽车制造基地,发现该企业自动化、智能化水平大幅度提高,组装生产线安装了多台机器人。特别是冲压车间,已实现整条生产线全部自动化,车间里几乎见不工人。

12月11—12日 在浙江师范大学经济管理学院担任研究生答辩委员会主席,主持4场研究生论文答辩。

12月16日 下午,出席在临海校区学术报告厅举行的校第二届"台州学院教学论坛"。

12月24日 下午,到浙江省委党校老校区文欣大厦206会议室,参加省《资本论》与社会主义经济研究会召开的——浙江经济发展新方位学术研讨会暨常务理事会。会议内容包括学习中央经济工作会议精神,探讨浙江经济发展重大问题,同时筹划明年本学会的工作安排。讨论时,提议把民营企业去产能与经济结构调整,列为明年年会的论题之一。

12月30日 上午,参加市决策咨询会议,在经济组讨论时说,国家强调发展实体经济,给以制造业为产业重点的台州带来了机遇。国家强调深入推进供给侧改革,又给中小企业为主的台州带来了挑战。要想把挑战也转化为机遇,必须趁着供给侧改革之机,去除高能耗、高污染、低档次的过剩产能,实现产品结构调整。为此,要引导企业积极开展技术创新和工艺改造，大胆开发和应用新材料，促使技术链高端产品的比重不断提高。

12月 《三门史志》，2016年第2期，"三门风采"栏，发表叶崇兴的文章《首个"区域经济学"省重点学科的创建者——张明龙教授》。文章长5000多字，配有张明龙与导师宋涛合影、与全国区域经济学学会会长陈栋生研究员合影，以及考察台州山区和台州企业的照片。

第三节 二〇一七年：六十五岁

一月

1月20日 到浙江师范大学批阅硕士研究生专业课《区域经济学》的课程论文，共17份。内容涉及区域产业结构调整与发展、产业集群可持续发展、"一带一路"开放战略、区域专业市场、区域开发与规划等方面。论文大多经过独立思考撰写而成，有一定新意，比较注重格式规范。

二月

2月11日 晚上，参加浙江师范大学同门学友新春联谊会，共庆元宵节。

2月17日 出版《走向市场经济的思索》获台州市第八届文化曙光奖。台州市为鼓励文化工作者多出精品力作，开展了第八届文学艺术、社会科学、新闻作品等3个类别的文化曙光奖评选，该著作获得社会科学类奖项。

三月

3月1—2日 1日上午，乘车前往温岭坞根蒋山村，参加市决策咨询委综合经济组和建设环保组联合召开的工作会。下午，由住宿地点出发来到坞根镇，寻访红十三军二师活动遗迹，在红十三军二师纪念馆听取革命传统教育。2日，按照会议安排，先集中布置近阶段决策咨询工作任务，接着分组讨论开展调查研究和撰写决策建议等具体事项。

3月16日 下午，出席在椒江校区学术报告厅举行的学校本科教学评建工作动员会。

3月20日 发表与张琼妮合作的论文《"十三五"时期多元化区域创

第三篇　年谱续编
第十章　六十三岁至六十六岁

新政策体系研究》(《发展研究》，2017年第3期)。该论文认为，"十三五"时期的多元化区域创新政策体系，是网络环境下协同创新机制的重要组成部分，它表现为各种具体区域创新政策的总和。影响它的因素主要来自覆盖面、时效性、调节功能和主次地位等方面。从影响因素角度考察，它的构成要素主要包括系统性政策、交替性政策、多样性政策和统领性政策。要健全"十三五"时期的多元化区域创新政策体系，必须使其内含的各种具体政策相互支持、密切配合，有机地融合为一个整体，并以强大的矢量合力形式，促进创新主体努力开展研发活动。

该论文被《国务院发展研究中心网》"区域经济栏"，2017年10月18日分上下两部分全文转载。

3月23—24日　参加台州市决策咨询委考察调研活动，本次调研主题是进一步加快大陈岛资源开发。23日上午，参与活动的决策咨询委成员来到台州临海头门港区码头，乘海政专用船途经著名的一江山岛，登上美丽的上大陈岛。在当地干部的引导下，沿上大陈岛环岛公路，一边观看一边询问，了解该岛的开发进程和远期规划。下午，来到下大陈岛。发现这里不仅自然景观美不胜收，而且人文底蕴要远远厚于上大陈岛。我们沿着山道与引导员一路交谈，了解到许多鲜为人知的内容。实地考察之后，入住悦榕别墅酒店。24日，集中开会，先听当地领导报告，然后自由发言，各位委员开始贡献自己的聪明才智，提出对策建议。

3月27日　下午，校教学督导工作会议在临海校区第一会议室召开。校教学督导委员会主任张明龙主持会议，督导委员和教务处负责人参加。张明龙强调，教学督导要紧扣"应用型、地方性"办学定位，积极参与迎接审核评估相关工作，为规范专业建设和完善课程体系多提建议；加强对实践教学环节的分析，持续推进课堂教学改革。要及时督查关键教学节点，统筹两校区和期初、期中、期末三阶段的工作，重点做好开课、考试、毕业设计等质量监控工作。

四月

4月5—6日　参加三门中学72届同学毕业45周年同学会。

4月20日　出版与张琼妮合著的《国外环境保护领域的创新进展》(知识产权出版社，2014年)，被宋旭、孙士宇、张伟、陈瀛的《"水污染防治行动计划"实施背景下我国水环境管理优化对策研究》(《环境保护科学》,2017年第2期)引用。此后,引用该著作的还有:①优秀硕士论文蔡丽花的《浅析我国环境保护税法》(延边大学,2017);②优秀硕士论文刘晶的《我国环境保护税收政策执行偏差研究》(延边大学,2019)。

4月28日　发表与周剑勇合作的论文《产业结构与经济增长关系的实证研究——以浙江省金华市为例》(《浙江师范大学学报》,2015年第5期),被孙银、李丽的《产业升级、城镇化对经济增长的影响效应——基于省际面板数据的实证分析》(《池州学院学报》,2017年第2)引用。此后,引用该文的有魏鸿吉、刘红琨、张涵的《河南省产业结构对经济增长影响的实证研究——基于地级市面板数据》(《时代金融》,2020年第36期)。另外,还被崔昕、马赛美、INTHAPHONH Manida(马妮达)的优秀硕士论文引用。

4月29—30日　与夫人一起,应邀前往浙江师范大学,参加政教83级同学毕业30周年同学会。本次会议在热烈而隆重的氛围中举行,其中安排了一个特别的项目:由女同学向老师献鲜花,由男同学向老师献长寿酒,而且酒坛上事先把老师的名字烧制上去,这酒便富有收藏价值了。张明龙在发言中对本届同学的成长成才给予充分肯定,认为从大家现有的职业岗位分析,是与本专业培养目标高度一致的,本届同学还创造了浙江师范大学特别是政教专业,在高端人才培养方面最成功的案例之一。

五月

5月1日　发表论文《政治经济学原理值得研究的若干问题》(《长白学刊》,2006年第1期),被燕云的优秀硕士论文《新中国政府工作报告经济思想研究》(海南大学,2017)引用。

同日　发表与章亮(第一作者)、张琼妮合作的论文《美国灵活有序的科技创新组织体系分析》(《西北工业大学学报·社会科学版》,2010年第1期),被徐松的博士论文《中国医药产业技术创新研究》(武汉大学,2017)引用。

5月4日　到台州市委宣传部会议室,参加台州市名家工作室终期考核汇报会。汇报内容包括以下几方面:①名家工作室目标完成与执行情况;②制度建设与执行情况;③单位对工作室发展的大力支持;④领衔人能力、水平及完成工作情况；⑤创作研究内容完成情况；⑥学员培养工作按计划有序推进。对照《协议书》规定，本室承担科研项目、发表学术论文、出版学术专著、培养专业人才、开展学术交流、发表科普文章等方面全部超额完成有关指标。本室再次被评为"优秀名家工作室"。

5月6日　参加中国人民大学浙江校友2017年会暨母校成立80周年庆祝活动。作为副会长应邀在会场第一排就座。

本次年会，由会长楼国庆做主题报告，常务副会长吴思明做财务工作通报。由于今年恰逢母校成立80周年，会务组邀请母校党委常务副书记张建明出席并做重要讲话。接下来老中青校友代表分别上台发言，并由校友会合唱团演唱《中国人民大学校歌》。最后，浙江省第12届人大常委会副主任、中国人民大学浙江校友会名誉会长王永昌做总结性讲话。

5月11日　下午，台州职业技术学院党委委员、宣传部长陈国峰率队前来名家工作室考察，一起交流加强学校名家工作室工作的经验和措施。同时，在本室展示柜中，选择了一些可用于他们学校图书馆收藏的图书。

5月12日　上午，临海市人大副主任、党组副书记卢如平、台州市社科副主席张永红、临海市博物馆馆长陈引奭、原馆长徐三见等前来名家工作室参观考察，并提出加强本室建设的一些建议和措施。

5月15日　出版《走向市场经济的思索》（企业管理出版社，2014年出版），被陈连艳、罗敏的论文《契约式治理：当代政府治理变革》（《云南行政学院学报》，2017年第3期）引用。

5月18日　下午，出席台州学院教风学风建设推进会暨2016年度优秀师生表彰大会。

5月23日　发表论文《论市场信号机制》（《贵州社会科学》，1993年第5期），被张玉玲的优秀硕士论文《现代文化市场体系的运行机制研究》（武汉轻工大学，2017）引用。此后，还被余周洋的优秀硕士论文《新〈反不正当竞争法〉下数据获取的正当性研究》（上海交通大学，2019）引用。

5月26日　下午，浙江省公路管理局办公室副主任张磊率队来本室考察交流。他们两位团队成员惊奇地发现了张磊撰写的著作：《中国区域经济前沿研究》。2001年，张磊考入浙江师范大学法政学院就读硕士研究生，导师是张明龙教授。2003年上半年,张明龙把他与郑丽一起带到台州学院培养。从此,台州学院翻开了在本校培养研究生的史页。

5月　出版与张琼妮(第一作者)合著的《新中国经济与科技政策演变研究》(中国社会科学出版社,2017年)。本书以新中国成立为起点,从国民经济发展和科技创新活动的实际出发,广泛吸取学术界的有关研究成果,采用分层探索与系统研究相结合的方法,按照时间顺序,对传统体制阶段、改革开放初期和建立社会主义市场经济时期的政策演变状况,展开追踪式的连续纵向考察。着重研究了国有企业政策、财税政策、金融政策、就业政策、工资政策和宏观调控政策等经济政策的运行轨迹,以及知识产权政策和科技创新政策等演变过程。本书试图通过系统研究这些政策的产生原因及其调节功能,进而揭示它们的变化规律,以利于早日建成适应社会主义市场经济的新型政策体系。本书被中国国家图书馆收藏,其图书编号:009233551。

六月

6月1日　出版与张琼妮合著的《新兴四国创新信息》(知识产权出版社,2012年),被刘春浩的优秀硕士论文《山东半岛城市群创新能力时空差异与协同发展研究》(鲁东大学,2017)引用。此后,引用该著作的还有李晔梦的优秀硕士论文《以色列科技研发体系的演变研究》(华东师范大学,2018)。

6月1—2日　南京师范大学副校长傅康生教授担任组长的评估专家组,对台州学院临海校区开展专业评估工作。

6月13—15日　到浙江师范大学对巫贤雅、沈伟和代少婷3位在培硕士生进行专题辅导。二年级着重分析撰写毕业论文中遇到的困难,并嘱咐其初稿完成日期尽量往前赶,留出较多的进一步修改时间,努力争取提高论文质量。一年级主要针对准备撰写开题报告,回答有关提问。要求他们根据自己的已有基础和兴趣,选择合适的题目。

6月29日　下午,来到三门县图书馆。由阮音波馆长主持,举行了简单的图书捐赠仪式。本次向该馆捐赠《政治经济教学研究》《走向市场经济的思索》《走向区域繁荣的思索——以浙江为例》《英国创新信息概述》和《德国创新信息概述》等12种,每种5本,共计60本图书。三门县图书馆发给《捐赠证书》,并表示感谢!

七月

7月8日 到杭州参加省《资本论》与社会主义经济研究会主办的"深化供给侧结构性改革"研讨会。会议认为,当前,我国经济运行面临着一些显性矛盾和突出问题,虽然有周期性、总量性因素,但根源是重大结构性失衡,导致经济循环不畅,因此必须从供给侧、结构性改革上想办法,努力实现供求关系新的动态均衡。上午,举行开幕式,应邀在主席台就座。下午主持学术交流会,每人讲完后均有互动时间进行答疑,同时主持人对每个人的发言内容做出综合评议。

7月14日 应邀参加省、市知识产权局组织的专家组,主持对台州路桥区2015年和2016年省区域知识产权示范区建设工作进行验收。

专家组首先听取了王侃副区长代表区政府所做的工作汇报,随后就这两年的创建工作查阅相关资料、现场质询和提问了解相关情况,最后专家组经过讨论同意路桥区通过省区域知识产权示范区复核,并认定成绩为优秀。

7月18—25日 按照"中国高校经济理论与思政教改研究会"会长办公会的提议,写一篇有关本会30年办会特色的总结。经过思考,提炼出本会办会的主要特色有:①注重会议主题的时代性;②注重教学改革的创新性;③注重理论研究的学术性;④注重学术交流的平等性;⑤注重讨论议题的广泛性;⑥注重实践运用的操作性。

7月28—31日 参加由湖南工业大学主办的第30届"中国高校经济理论与思政教改研究会论坛"。

29日上午开幕式,张明龙作为研究会副会长应邀在主席台就座。

在大会主题报告环节,张明龙做了《运用产业政策合力优化区域供给侧结构》的报告,认为产业政策体系含有产业结构政策、产业组织政策和产业布局政策等多种具体政策。要优化区域供给侧结构,必须使产业政策体系内各个政策的作用力相互融合,以矢量相加的方式形成一个浑然一体的融合机制,并由这种融合机制通过整体合力的导向功能,对区域厂商及企业产生综合调节作用。当前,为了及时去除各地的落后产能和过剩产能,消除区域供给侧结构性失衡现象,产业政策合力应该形成以下导向机制：有利于重点培育和发展高新技术产业，有利于运用信息化改造传统产业，有利于发展现代制造技术，促使区域供给侧攻克更多的技术链和价值链高端领地。

7月　出版与张琼妮合著的《美国生命科学领域创新信息概述》（企业管理出版社，2017年）。本书以现代生命科学理论为指导，系统考察美国生命科学领域的创新成果，分析了美国在基因生理、种类与基因治疗，蛋白质生理、酶及蛋白质利用，细胞、干细胞及干细胞治疗，微生物、植物和动物的生理、生态和种类等方面的创新信息。本书被中国国家图书馆收藏，其图书编号：009227133。

同月　出版与张琼妮合著的《日本创新信息概述》（企业管理出版社，2017年）。本书从日本近期社会经济发展现状出发，集中研究其科技活动的进展信息，分析了日本电子信息、纳米技术、光学技术、天文观测与航空航天、新材料、新能源、环境保护、交通运输、生命科学，以及医疗与健康领域的创新信息。本书被中国国家图书馆收藏，其图书编号：009315717。

八月

8月3日　应临海市发改局邀请，参加对《浙江头门港经济开发区医化园区产业发展规划》的评审。评审时，对完善规划提出三点建议：①充分认识头门港经济开发区医化园区的区位优势；②积极做好入园企业的引进工作；③大力支持园区企业开展科技创新活动。

8月8日　应邀参加台州市理论界座谈会，学习贯彻习近平总书记7月26日在省部级主要干部专题研讨班上重要讲话的精神。会上张明龙做了发言："习总书记的讲话提出了新的思路、新的战略、新的举措，为党的十九大胜利召开提供了重要的政治基础、思想基础和理论基础。我们一定要牢固树立中国特色社会主义的道路自信、理论自信、制度自信和文化自信，沿着既定的目标坚定不移地走下去。作为理论工作者一定要加强学习，深入研究，做好参谋、咨询工作，为实现伟大复兴的中国梦、促进台州发展，提供台州经验。"

8月31日　发表论文《运用产业政策促进科技创新的建议》（《台州社会科学》，2017年第4期）。该文提出，近日台州市委决定开启科技新长征，以创新驱动台州裂变扩张、赶超发展，加快建设制造之都。为此，提出以下建议：①努力提高产业政策体系的整体合力；②形成有利于优势产业加强创新活动的产业政策合力；③形成有利于运用新一代信息技术改造传统产业的政策合力；④形成有利于重点培育和发展高新技术产业的政策合力；⑤形成有利于加强发展基础产业的政策合力。

九月

9月1日　早上，外孙黄江岳高高兴兴地背着书包上小学，成为一名小学生了，这是家中的一件大事。

9月13日　下午，在台州市档案馆一楼举行捐赠仪式。仪式上，张明龙教授向档案馆无偿捐赠了本人专著和俩人合写的著作《政治经济学原理及教学研究》《国外材料领域创新进展》和《新中国经济与科技政策演变研究》等13种书籍。市档案局（馆）长朱建新向张明龙颁发捐赠图书收藏证书。

9月15日　接到台州市人民代表大会常委会办公室的邀请函，受聘为《台州市人民代表大会志》（评审稿）评审专家。提出的评审意见是，编写组提供的评审书稿内容完整、材料齐全、图文规范，符合评审要求。书稿忠实记录和系统总结了台州市人大的奋斗历程，它遵循台州市人大的运行机制和前进路径，详细记录了相关的工作业绩、历史信息和统计数据，特别是系统总结了市人大的工作经验，这对进一步加强本市的民主法治建设、完善权力机关管理，具有重要的决策参考价值。提出的修改意见是，进一步规范标题序码的编写，进一步规范有关专业词汇，进一步校对涉及的重要地点名称。

9月22—23日　应邀来到上海淮海中路622弄7号上海社会科学院101会议室，参加纪念《资本论》第一卷出版150周年暨中国特色社会主义政治经济学理论研讨会。在专题讨论时，作为点评专家对5位演讲人进行评述。接着，对沈开艳有关政治经济学学科划分的提问做出解答。认为，政治经济学不宜分成资本主义与社会主义两部分，理由是：①这种划分源自苏联教科书而缺乏科学性；②社会主义政治经济学缺乏自己的专有术语；③马克思没有按照社会制度差别建立理论体系；④社会制度不是划分学科的典型标志。会议期间，遇见阔别30多年的浙江师范大学原同事傅尔基教授。

9月26—28日　应邀出席台州职业技术学院主办的"台州产业科技创新论坛暨两岸产业融合发展研讨会"。与会专家围绕传统产业改造提升的路径、新产业新动能的培育渗透机制、创新主体和科创人才的成长壮大规律，以及创新平台和各种科技服务保障体系的有效运作模式等论题，以深圳的创投发展经验与理念、深港粤澳大湾区建设前瞻以及台湾科技产业发展成就为标杆，着眼于重构城市创新体系进行了深入研讨。张明龙做报告的题目是：《制造业升级与创新方式研究》。

十月

10月12日　上午，应邀来到台州湾循环经济产业集聚区办公大楼报告厅，给中层以上干部做《我国产业转型升级主要途径研究》的报告。报告指出，当前，构成我国产业核心的制造业，其产品大多处于技术链和价值链的低端。为此，要正确处理制造业产品数量与质量的关系，把数量扩张为主转变为质量提高为主，加快发展现代制造技术，促使制造业更多地进入技术链高端领域，提高技术链高端产品在总产品中的比重；加快信息化改造传统产业，促使传统制造业更多地进入价值链高端领域，提高价值链高端产品在总产品中的比重；加快发展高新技术产业，促使制造业同时向技术链和价值链高端挺进，从而有效去除落后的过剩产能，从根本上扭转供给侧结构性失衡的格局。

10月13—14日　参加三门县亭旁镇、横渡镇乡村旅游发展现状及对策专题调研。在两天的调研期间，调研组与乡镇领导详细交流，了解亭旁镇、横渡镇未来乡村旅游的发展思路和发展愿景；也与村干部、村民和游客交谈，了解当地乡村旅游的发展现状及面临的瓶颈问题。调研组肯定了亭旁镇的红色旅游、横渡镇的潘家小镇现代乡村旅游的良好发展态势，并就乡村旅游产品设计与传播等提出建议。

调研组还考察了横渡镇即将开发的东屏村、岩下村、桥头村等3个古村落，针对目前3个古村落的现状，提出了古村落区域的重点性开发、古村落文化的差异性开发、古村落旅游产品的互补性开发，并与潘家小镇现代乡村旅游一起，构建横渡镇全域旅游发展的关键节点，带动横渡镇乡村旅游的全面发展。

10月18日　发表论文《国有企业无形资产的内涵、量化与保护》(《中国社会科学》，1996年第6期)，被关楠耀的《探析国有企业人事管理中出现的问题与相应的应对措施》(《现代商业》，2017年第29期)引用。此外，还被高喜超的博士论文《碳无形资产视角下的企业低碳竞争力系统评价》(西南交通大学，2014)引用。

10月20—22日　从路桥乘直达长途汽车前往江苏省盐城市，参加由中国空间经济学研究会主办，盐城师范学院承办的第九届"中国空间经济学研究会年会"。会上张明龙做了主题报告，其题目是《运用产业政策合力优化空间供给侧结构》，提出通过产业政策整体合力的导向功能，对各个区域内厂商及企业产生综合调节作用，积极发展现代制造技术和高新技术产业，及时去除落后产能和过剩产能，从而消除空间供给侧结构性失衡现象。

10月26日　下午来到丽水市现代广场大酒店参加同班同学会。晚上，在丽水白云山明珠山庄明珠厅举行座谈会。会议议题主要集中在如何安排好退休后的生活。张明龙在发言时说，读书时争做"五好"学生，现在争做"五好"老人：吃得好一点，穿得好一点，住得好一点，睡得好一点，玩得好一点，开开心心每一天。大家比较赞同这个观点。

十一月

11月3日　应本校医化学院邀请，前往三门县亭旁镇初级中学，看望在这里实习的化学教育专业学生，并参加师生座谈会。会上，杨天焕校长介绍了亭旁镇初级中学的发展历史及现状，介绍了作为台州学院实习机构的运作模式，还着重介绍了对本届实习生的指导情况。张明龙对实习学校表示感谢，并鼓励学生虚心向实习指导老师请教，努力克服实习中遇到的各种困难，争取早日成为一名合格的教师。

同日　下午，来到三门县委宣传部会议室，与部长俞茂昊、副部长林毅等交流学习党的十九大文件精神体会，认为要从当地实际出发，遵循自身发展的逻辑，增强道路自信、理论自信、制度自信和文化自信。同时，联系三门社会经济发展现状，针对如何去除落后的过剩产能，扭转供给侧结构性失衡，谈了一些自己的看法。

11月8日　下午，出席台州学院教师干部大会。大会上，宣布浙江省委关于台州学院领导班子调整的决定。省委决定：崔凤军同志任台州学院党委委员、书记；潘通天同志任台州学院党委委员、副书记。

11月17日　上午，校党委书记崔凤军在党委委员、组织部长李大兴的陪同下，专程来到临海名家工作室看望慰问校督导主任张明龙，向他致以亲切的问候和美好的祝愿。崔书记与张明龙促膝交谈，关切地询问他身体和生活情况，详细了解其困难和愿望。同时，感谢他多年来为学校发展所做出的贡献，希望其保重身体，发挥余热，为学校的改革、发展、稳定建言献策。张明龙感谢崔书记的关心慰问，表示将积极支持新班子的工作，也相信在新班子的带领下，学校一定能够抢抓机遇、乘势而上，使学校各项事业取得跨越式发展。

11月24—26日　参加中国社会科学院经济研究所主办、南京财经大学承办的第19届"中国特色社会主义政治经济学论坛年会"。本次会议主题是，结合学习党的"十九大"精神，从政治经济学视角深入研讨中国供给侧结构性改革。在学术交流时，张明龙以"加强优化供给侧结构的产业政策合力"为题做了发言，认为要建设一个能够优化供给侧结构的产业政策体系，必须充实和完善产业结构政策、产业组织政策和产业布局政策，进而理顺三大政策各自内在体系和运行机制。再通过各个体系产业政策机制之间的相互融合，形成一个浑然一体的产业政策整体融合机制，并由这种产业政策整体融合机制，对厂商的行为以及企业的发展与创新，产生综合的调节作用。

11月30日　下午，出席台州商人研究会2017年度工作会议，会议由会长、台州市政协原副主席郑荐平主持。张明龙发言时，建议在商人研究会内设立企业家俱乐部沙龙，适时召开小型会议，为企业家提供智慧碰撞和交融的机会，帮助企业解决一些实际问题，促使本市企业健康快速发展。同时，给每位会议代表赠送一本《德国创新信息概述》。

11月　出版与张琼妮合著的《国外宇宙与航天领域研究的新进展》（知识产权出版社，2017年）。本书分析了国外在宇宙物质与结构、宇宙射线、引力、暗物质与暗能量、银河系性质、内含天体及演变、太阳系特征及其内含大行星、矮行星、小行星和彗星、恒星、矮星与超新星的演化、黑洞本质与影响、系外行星与遥远星系等方面的探测成果，分析了航天器、航天发射设备和天文仪器的研制进展，分析了开发利用太空资源的创新信息。本书被中国国家图书馆收藏，其图书编号：009450524。

十二月

12月8日 参加台州市地厅级老干部到临海的考察调研活动，旨在"走基层、看变化、促发展"。台州市委常委、临海市委书记蔡永波，临海市委常委、组织部长邱蓉，市委常委、浙江头门港经济开发区党工委副书记、管委会常务副主任胡新民等陪同。本团队先考察了头门港码头、浙江头门港经济开发区规划展览馆、吉利汽车临海产业园。接着，来到台州府城文化旅游区创5A建设、临海城市规划展览馆、灵湖等地，实地考察了临海市文化旅游产业发展现状。考察期间，大家为临海的蓬勃发展势头感到由衷高兴，并对其今后工作提出一些供参考的意见和建议。蔡永波向老干部们介绍了临海经济社会和产业发展情况。他指出，今年以来，临海多项主要经济指标走在台州乃至全省前列，希望老同志们一如既往地关心、支持临海的发展。

12月13—22日 台州学院进行校内各学院"主要教学环节档案专项督查"。校教学督导主任张明龙教授先后到经贸管理学院、数信学院、人文学院、体育学院、艺术学院、机械学院、物电学院、医学院、教育学院和外国语学院等教学单位，开展现场督查工作。督查内容主要有：①课程考核试卷，包括命题审批、组织考试、阅卷程序、试卷格式、参考答案、评分标准等环节，以及试卷分析材料的完整性及装订归档情况；②毕业设计和毕业论文，包括选题、开题、指导过程和中期检查，以及结题评阅等环节标准，相关材料或电子文档的完整性及装订归档情况；③实验报告，包括近5年实验报告目录，最近年度的实验报告归档材料；④教学基本文件，包括课程名称代码规范、教材选用、教学大纲、任务安排、任课教师、教案，以及作业（实验报告）批改等工作要求。

12月14日 下午，台州学院第三届教学论坛在临海校区学术报告厅举行，特邀上海大学著名专家顾晓英教授、顾骏教授，以及本校医药化工学院院长韩得满教授做专题报告。校教学督导委员会主任张明龙出席。

12月20日 发表与张琼妮合作的论文《增强自主创新能力的科研信用制度创新》（《西北工业大学学报》，2012年第4期），被袁军鹏、淮孟姣、潘云涛和许震的《我国科研诚信研究发展概述》（《科学计量学视角》，2017年第6期）引用。此后，引用该论文的还有：①姚丽波、王媛媛、高文红和杜君等的《中国医学科学院肿瘤医院临床科室科研信用评价体系的建立》（《中国医院》，2018年第8期）；②兰福音、温余远的《商业生态系统理论视角下科研诚信体系建设研究》（《科技创业月刊》，2020年第7期）。

12月21日　下午，出席台州学院第七届教职工代表大会第五次会议暨十四次教学工作会议。

12月28日　晚上，浙江财经大学东方学院人力资源部发布《关于对2017年拟聘任中高级专业技术职务人员公示的通知》，获知女儿张琼妮顺利评上副教授。有关信息显示张琼妮简介：浙江财经大学东方学院信息分院教师，2014年获博士学位，英国格林威治大学商学院访问学者，主要研究方向为企业管理信息化和创新管理。

第四节　二〇一八年：六十六岁

一月

1月2日　参加台州市委召开的座谈会。对《在中国共产党台州市第五届代表大会第二次会议上的报告》（征求意见稿）展开讨论，并提出一些修改意见。

1月5日　到台州市政府办公大楼8楼东会议室参加《台州市政府工作报告》（征求意见稿）座谈会。台州市市长张兵主持会议。张明龙发言时认为，这份《政府工作报告》充分肯定了已经取得的成绩，客观分析了仍然存在的问题，明确提出了奋斗目标和对策措施。同时，针对《政府工作报告》中有关"大力推动传统产业优化升级"问题，谈了自己的一些看法。

1月7日　参加省《资本论》与社会主义经济研究会常务理事会。与会代表讨论了本学会2017年的工作总结，认为一年来主要完成了三大任务：①积极开展多种形式的学术活动；②进一步加强学会组织建设；③积极开展政治理论学习。同时，对2018年的工作思路也进行了讨论，比较一致的意见是：发挥本会的特色和优势，开展适应新形势的学术研究活动；举办"深化经济体制改革，再创浙江体制机制新优势"的理论研讨会；积极参加浙江省社联牵头举办的科普周活动。

1月12—13日 到江西省南昌市前湖迎宾馆，参加第二十届"全国经济地理研究会年会"。13日上午，在大会做《运用产业政策合力优化区域供给侧结构》的主题报告，认为当前去除过剩产能、扭转供给侧结构性失衡是区域经济发展必须破解的一道重要命题。为此，应进一步优化产业结构政策、产业组织政策和产业布局政策，使它们以矢量相加的整体合力形式对区域厂商及企业产生综合调节作用，达到缓解或消除供给侧结构不合理现象。

1月14日 与部分会议代表一起参观小平小道。该景点位于江西省新建县望城岗，是一个集教育纪念、休闲为一体的纪念性公园，整个区域共占地面积187.9亩，建有小平小道纪念馆区、革命史迹浏览区、小平车间、小平会场、休闲广场等多处建筑。小平小道本是一条连着新建县拖拉机配件修造厂和南昌步兵学校的田间小道，长1.5千米。在1969年10月到1973年2月期间，邓小平经常在这条小道上来回行走，后来人们把它称作"小平小道"。2016年12月，小平小道陈列馆入选《全国红色旅游景点景区名录》。

1月15—16日 到浙江师范大学批阅区域经济学专业一年级硕士生课程论文。本届学生课程论文选题，主要集中在区域产业结构优化与调整、区域新兴产业选择与发展路径、"一带一路"发展战略与对策、推进城市群的规划与建设、新型城镇化发展模式、专业市场与区域产业的互动发展关系、城乡一体化与城乡经济协调发展等方面。从涉及内容看，能够做到理论联系实际，能用所学的区域经济学理论分析和探索区域发展遇到的一些新问题。

1月18日 在临海校区参加台州学院期末考试考风建设检查。通过对人文学院、外国语学院、教育学院、数信学院，以及体育学院等考场的巡视，发现教师监考认真，学生严格遵守规定并努力答题，考场秩序良好。

1月31日 新春佳节即将来临，台州学院办公室金松主任与杨跃民、蔡海江、周良奎三位副主任一起，来临海大洋社区张明龙家中走访慰问，感谢其一年来对学校工作的关心和支持，并对其致以节日的问候。

二月

2月1日　台州市委常委、组织部长吕志良率慰问组来临海大洋社区，对张明龙致以亲切的慰问和美好的祝福，关切地询问其身体、生活和家庭状况。同时，希望张明龙能够继续发挥优势、奉献余热，为党和人民事业增添正能量。张明龙对吕志良的慰问表示感谢，并表示对台州的未来发展充满了信心，会继续全力支持市委市政府的各项工作，为全市经济社会各项事业的改革发展献一份智、尽一份心、出一份力。

2月13日　应邀出席三门县海游街道举办的"第二届乡贤联谊会"。海游街道丁志元书记向与会乡贤致欢迎词，并介绍去年取得的工作业绩，以及今年的主要任务。他希望乡贤们经常回乡看看，相互之间多联系，并共同为家乡的发展添砖加瓦，共谱家乡美好蓝图。

2月16日　是大年初一，张明龙、章庆平夫妇考察三门县美丽乡村建设。上午，先往北走，穿过海游岭山洞，沿着旗门港南岸来到笔架山下的曼岙村，参观了该村的叶氏宗祠，以及周边的绿化环境，真切感受到当地农村的巨大变化。接着，往东南行，经过六敖镇、凤凰山农场，抵达潘家村。这里，村道、廊桥、溪边、水池、山径上全是游人，可见其特有的乡村景色，已有相当高的知名度和吸引力。下午，往西北返回，顺道一路欣赏湫水山峡谷风光，出山口后，经过亭旁镇到达县城。

2月19日　上午8时许，来自全国各地的海游街道参加乡贤活动，齐集梅村村口的大桥旁，沿着珠游溪南岸栽种凌霄花，推进当地正在建设的"百村万院海上大花园"活动。大家抡锄头、挥铁锹，挖出两尺深的一个个小坑，再放入树苗，铲土入坑，填实新土，共同种植"乡贤林"。张明龙与蒋明诚搭档，一个挖坑，一个放苗填土，从桥头往东第一棵树开始，一气种了十多棵。据统计，当天全县10个乡镇或街道共有上千名乡贤参与植树活动，共同为建设美丽三门出力添绿。

三月

3月3日　元宵节刚过，匆匆忙忙赶到浙江师范大学，参加同门学友新春联谊会。会上，大家畅谈一年来的工作体会和种种见闻。

3月5日　是临海校区学生开学第一天，张明龙名家工作室就迎来参观考察的客人，他们是本校4位教师，在参观展厅陈列的有关展品时，看着各种获奖证书，询问有关奖项的来历及其申报程序等情况。接着，在用于赠送的著作中，挑选了自己喜欢的书。

3月7日　台州市社科联主席茅玉芬、副主席张永红一行仨人在王正副校长陪同下，来到台州学院临海校区视察张明龙名家工作室。对工作室取得的成绩给予充分肯定，并对进一步做好有关工作提出指导性意见。她们参观展厅时，发现了一本新出版的著作：《国外宇宙与航天领域研究的新进展》，觉得有些阅读价值，于是在用于赠送的书柜里，每人选了一本，并要求张明龙在书上签名。

3月13日　应邀来到三门县城关海游街道办公大楼11楼"企业家大讲堂"，对该街道辖区内企业家讲解《我国产业转型升级的主要途径研究》。主要观点是，目前我国制造业生产的产品大量处于技术链和价值链的低端。代表制造业发展方向和技术水平的装备制造业落后状况尤其明显，大多数装备生产企业没有核心技术和自主知识产权。为此，应着重做好以下工作：发展高新技术产业促使制造业向科技前沿领域挺进，发展现代制造技术促使传统产业向技术链高端升级延伸，运用信息化促使传统制造业向价值链高端拓展，加强政策合力促使产业通过创新实现转型升级。

3月14—22日　台州学院进行校内各学院"主要教学环节档案第二次专项督查"。校教学督导主任张明龙教授先后到医药化工学院、生命科学学院和医学院等教学单位开展现场督查工作。本次督查主要任务是在上学期工作的基础上，进行重点抽查，发现问题，及时通报并马上整改，内容涉及课程考核试卷、毕业设计和毕业论文、实验报告，以及教学文件等。

3月16日　上午，台州商人研究院成立大会暨揭牌仪式在台州学院椒江校区第一会议室举行。台州市政协原副主席、台州商人研究会会长郑荐平，校党委书记崔凤军出席会议并为研究院揭牌。张明龙当选副院长。下午，出席2017年度台州学院二级学院院长教学述职评议会。

3月20日　下午，在韩得满院长陪同下巡视台州生物医化产业研究院。该院是浙江"千人计划"建设项目之一，在全省率先尝试市场化运作模式和开放灵活的运行机制，主要目的是为台州生物医化企业提供精准服务，助推台州产业转型升级。生物医化产业是台州的支柱产业，全市拥有规模上医化企业153家，上市医化企业13家，有4家企业列入中国医药工业百强企业，化学原料药出口占全省1/3、全国1/10。

3月22日 上午，在梁勇院长陪同下巡视医学院临床技能中心。近日，该中心将承办"浙江省第九届大学生医学竞赛总决赛"。这项赛事的目的在于：进一步推动医学教育改革，创新实践教学体系，加强医学生基础理论、基本知识、基本技能培养，提升医学生临床思维、实践能力、创新精神和团队合作意识，全面提高医学生的综合素质和人才培养质量。

四月

4月8日 下午，新学期校首次教学督导工作会议在椒江校区第一会议室召开。副校长陈光亭出席并向新任督导委员颁发聘书；教学督导委员会主任张明龙主持会议，第七届校教学督导委员、教务处负责人出席。陈光亭充分肯定教学督导委员会在教学质量保障提升环节所发挥的重要作用，并希望教学督导继续关注课堂改革，聚焦本科教学工作审核评估多提宝贵意见；职能部门要及时梳理督导建议，认真研究落实，协调各部门做好教学服务保障工作。与会人员针对本学期督导工作要点进行研讨。督导主任张明龙做总结时表示，大家围绕课堂教学改革、毕业设计（论文）、课程考核要求、教学管理与服务工作等进行了充分讨论并达成一些共识，想出了不少好办法，全体督导要按照学校提出的新要求进一步做好相关工作。

4月13—14日 参加"三门中学高中同学杭州春季聚会"。

4月17—18日 第一天，到浙江师范大学，把区域经济学二年级研究生沈伟、代少婷接到台州学院学习。在工作室，讨论他俩日后的学习计划。次日，带领他俩考察临海北固山下的郑广文纪念馆，还考察了戚继光祠、古城紫阳街等处。

4月20日 发表论文《科技信用制度建设的回顾与展望》（《科技进步与对策》，2005年第11期），被邱舟强、周宏虹、蔡桂兰和叶小刚的《科技信用管理：动因、主题与路径选择——基于省级科技信用政策文本的分析》(《科技管理研究》,2018年第8期)引用。此后,引用的论文有何成娣的《科技信用评价指标体系构建及实证分析——基于AHP法》(《科技和产业》,2020年第9期)。同时,还被张琼妮的博士论文和曹文昊的优秀硕士论文引用。

4月20—22日 到郑州参加在河南财经政法大学召开的第二十一届"全国经济地理研究会年会"。300余位专家、教师和学生代表齐聚一堂,围绕经济地理学和区域经济学转型发展、乡村振兴、产业转型升级、新型城镇化、区域协调发展等热点论题展开研讨。在会议开幕式上,河南财经政法大学校长高新才致欢迎辞,对来自全国各地的专家学者表示热烈欢迎。在学术讨论时,张明龙发表了《促进区域产业转型升级主要途径》的研究成果。

4月22日 下午,到郑州市农业路8号的河南博物院观看"佛像的故乡——犍陀罗佛教艺术展",感受域外佛像艺术的魅力。展览共分为5个板块,内容包括:本生、因缘与佛传的故事;佛陀与菩萨像;其他诸神与众生像;舍利容器与佛塔;贵霜帝国钱币等。这里,展出了60余件艺术珍品,其时间跨度从公元1世纪一直到公元5世纪,反映了犍陀罗佛教艺术的不同形式和题材,有利于观众直观地了解犍陀罗佛教艺术的特有价值。据介绍,犍陀罗佛像艺术是中国佛像艺术的源头,从我国新疆、敦煌、大同等地的早期佛教石窟中都能看到受其影响的痕迹。

4月25日 上午,带领沈伟、代少婷抵达椒江区,来到台州档案馆,先在第一展厅参观纪念马克思诞生200周年图书和图片展览。再到第二展厅,参观台州改革开放40周年辉煌业绩回顾展览。参观结束后,前往台州学院椒江校区。在王秀萍馆长安排下,两位学生进入图书馆藏书楼,查找区域经济学参考书。

同日 下午,在台州市府大楼东会议厅,出席"再创民营经济新辉煌"座谈会。与会代表有来自杭州的专家,还有张明龙等当地学者共30余人。与会专家围绕加快台州传统产业优化升级、再创民营经济新辉煌,以及促进区域经济高质量发展等问题,提出相关思路和对策建议。

同日 与张琼妮合著的《美国材料领域的创新信息概述》(企业管理出版社,2016年),被吴迪、何嘉武、谭俊、郑晓辉、杜建华的《超声辅助喷射电沉积 Ni-Gns 复合镀层制备工艺》(《哈尔滨工业大学学报》，2018 年第 5 期) 引用。

4 月　出版与张琼妮合著的《俄罗斯创新信息概述》(企业管理出版社，2018 年)。本书分析了俄罗斯微电子与电子信息、纳米技术、光学及激光技术、宇宙星辰与航天器、新材料、非常规能源、环境保护、交通运输工具、生命基础与生物体，以及医疗与健康领域的创新信息。被中国国家图书馆收藏，其图书编号：009675170。

引用该著作的有蒋菁的论文《俄罗斯科技创新体系的构建与发展》(《俄罗斯东欧中亚研究》，2021 年第 5 期)。

五月

5 月 11 日　下午，在市总工会五楼会议室，张明龙出席台州商人研究院召开《台州经济史》编写组第二次全体会议。参加讨论各编分组提交的提纲，研究下阶段编写工作和研究课题申报工作。

5 月 23 日　因获悉母校三门中学筹办 80 周年校庆，正在征集校友材料，于下午送去 48 册书。其中包括第一部专著《经济运行与调控——计划与市场结合模式研究》，以及刚出版的《俄罗斯创新信息概述》等 45 部个人专著、两人合著或主笔专著。受到三门中学陈欢阳校长的热情接待。同时，顺路给三门县图书馆，捐赠近两年出版的《新中国经济与科技政策演变研究》《日本创新信息概述》著作 5 种，每种 5 册，共 25 册。

5 月 27 日　指导的区域经济学硕士生巫贤雅在浙江师范大学经济与管理学院组织的答辩会上顺利完成硕士学位论文答辩，获得硕士学位。为此，与夫人章庆平一起来到金华，同巫贤雅及她的师弟师妹一起叙谈，并表示祝贺。

六月

6 月 1 日　来到台州图书馆，向其捐赠 2014 年以来出版的著作 16 种，每种 2 册，共 32 册。其中包括《走向市场经济的思索》《政治经济学原理及教学研究》《英国创新信息概述》和《区域产业发展前沿研究》等。

6 月 7—8 日　参加台州市组织的老干部赴天台县开展"走基层、看变化、促发展"活动。两天时间里，实地考察苍山产业集聚区、天台和合人间文化园、天台山旅游集散中心、浙江永贵电器股份有限公司、始丰湖公园、浙江银轮机械股份有限公司等地，详细了解天台经济发展情况。在实地考察并听取相关工作汇报后，大家对天台县经济社会发展取得的成就表示充分肯定，认为天台大干快上、真抓实干，跑出了经济社会发展的加速度。大家希望天台再接再厉，着眼历史新方位，科学锚定"名县美城"战略目标，找准差距，拉高标杆、争先进位，努力推动各项工作迈上新台阶。

6月15日　上午，台州市委常委、宣传部长叶海燕来本工作室视察并指导工作。叶部长听取工作室进展情况汇报后给予充分肯定，并希望工作室成员继续努力，为研究台州经济问题取得更大成绩。

6月22日　上午，前往位于天台山景区的琼台书院，为其捐赠各类专著40多册，受到书院创建人、原台州市政协副主席娄依兴的热情接待。娄主席在陪同观看周边景色时介绍道，琼台书院"唐诗之路大讲堂"已于4月28日正式开讲，首位主讲人为中国道教协会副会长、天台山桐柏宫张高澄道长。张道长曾代表中国道教协会远赴欧洲参加各类演讲，不久前他还在博鳌亚洲论坛"宗教领袖对话"中精彩论道。

同日　中午，参观天台山桐柏宫，瞻仰中国道教南宗祖庭。桐柏宫位于天台县城西北12.5千米的桐柏山上，九峰环抱，碧溪前流，连山峨峨，四野皆碧。它由孙权遣葛玄在公元238年的吴赤乌元年开创，鼎盛时期为唐代和宋代。当时，楼台争耸的宫观有36处，有千僧万道的规模。21世纪初，确定重建祖庭的大体框架，新的桐柏宫由同济大学建筑学院龚华教授按照宋代建筑风格进行精心设计，道观规模宏大，殿宇众多，配套设施齐全，宗教文化功能完备，可谓当今国内屈指可数。

6月25日　晚上，给临海市公安局大洋派出所民警做讲座：《我国产业转型升级的主要途径研究》。

6月30日　到杭州参加省《资本论》与社会主义经济研究会举办的学术年会。在改革开放40周年到来之际，为了回顾改革历程，展望改革前景，推动深入学习贯彻习近平新时代中国特色社会主义经济思想，确定本次年会的主题是："深化经济体制改革，再创浙江体制机制新优势"。按照会议议程，主持当天上午两位专家的主题报告。

七月

7月7日　参加支部党员活动，主题是学习和弘扬艰苦创业、奋发图强、无私奉献、开拓创新的大陈岛垦荒精神。凌晨5时，集中乘车前往金清轮渡码头，再乘船到达大陈岛。大家参观了浪通门、甲午岩以及思归亭、大陈岛垦荒精神展览馆之后，抵达大陈岛青年垦荒纪念碑。此刻缅怀与观景同在，望着象征岛民精神的石牛雕像、大片生机盎然的油绿草坪，眼前自然浮现出当年垦荒的场景。大陈岛垦荒精神将激励大家主动担当、积极进取，为本校培养高素质应用型人才做出贡献。

八月

8月6日 下午，台州学院保卫处长朱先敢来电话，要求本工作室给临海市下赵村文化礼堂捐赠一些图书。本室主持人张明龙欣然应允，通知管理人员打开存书库房，下赵村来客挑选了《区域政策与自主创新》《中国区域经济前沿研究》《走向市场经济的思索》《企业产权的演进与交易》和《新中国经济与科技政策演变研究》等25本书。

8月24日 下午，《台州经济史》编写组第四次全体会议在市社科联会议室召开。郑荐平会长和台州商人研究院副院长李一、台州学院原副院长张明龙、《台州商人》杂志社总编谢绍银、市委政研室副调研员颜小将，以及来自台州学院、台州职业技术学院的编写组负责人参加会议。会上，根据各编写组提交的提纲进行讨论，郑荐平、李一、张明龙针对存在的问题提出了指导意见。

8月 出版与张琼妮合著的《美国电子信息领域的创新进展》（企业管理出版社，2018年）。本书分析了美国在微电子及其元器件、电子元器件、光电子元器件及设备、电子仪器与设备、计算机、人工智能与机器人、广播电视与通讯网络等领域的创新进展信息。本书适合电子信息学科的研究开发人员、准备前往美国留学和培训人员等阅读。本书被中国国家图书馆收藏，其图书编号：009901586。

九月

9月26日 参加讨论和审定《台州学院教学督导工作条例征求意见稿》，认为该条例体现现代教育思想，工作目标明确，整体框架合理，操作措施具体，切合本院教学工作实际，可以发布施行。同时，为确保文件质量，对个别用词进行推敲，并提出修改意见。

9月 出版与张琼妮合著的《国外光学领域的创新进展》（知识产权

出版社，2018年）。本书分析了国外在光现象及本质、光子和激光原理方面的探索进展，分析了光学材料及元器件、光学仪器设备，以及光学技术的研发成果，分析了开发利用光源的新信息。本书被中国国家图书馆收藏，其图书编号：009897637。

十月

10月9日　在椒江校区行政大楼教务处办公室，与邱战洪处长、李银丹和吴丽华两位副处长等一起座谈。话题涉及专业建设与管理、专业认证申报工作、课程建设与管理，教学改革项目管理、实验实践教学、教学奖惩及管理，招生计划编制、招生宣传、各类招生管理工作，以及教学督导、质量监控与保障管理工作等问题，并有针对性地提出一些参考建议。

10月16日　指导代少婷修改学位论文初稿。主要修改意见是，国内外文献述评部分增加近5年的理论观点，每章小结要准确概括其中的核心观点，图表制作应符合规范要求并做到全文统一，论文结论部分需增加"政策建议"的内容。同时，要求沈伟抓紧完成学位论文初稿。

10月19—21日　与夫人章庆平一起参加由桂林理工大学主办的第三十一届"中国高校经济理论与思政教改研究会论坛"。会上，哈尔滨工业大学教授徐奉臻会长做主题报告。台州学院张明龙教授等8位学者分别做了学术报告。会后，组织与会代表参观桂林市兴安县的湘江战役纪念馆。湘江战役是中央红军长征突围以来最壮烈、最关键的一仗。经过历时七天的湘江战役，中央红军最终突破了国民党反动派精心设置的第四道封锁线，为长征和中国革命的最终胜利打开了前进的通途。

10月25—27日　参加台州学院关工委组织的大陈岛垦荒精神专题培训班考察学习。安排的现场教学内容有：海岛赤子陈显坤事迹报告、两岸一家亲讲解、艰苦创业永担当报告等；还有体验教学：走新时代垦荒路。

十一月

11月6日　上午，作为台州市老干部局经济专家组成员，本着聚焦民营经济、助推民营经济高质量发展的精神来到仙居县，先后考察了浙江竺梅进出口集团公司、仙居奋达工艺公司。在随后召开的座谈会上，就企业提到的技术人员评职称难、新建厂房扩展用地难，以及稳定技术和管理人员队伍难等问题做出分析和解答，并提出一些可行的建议。

下午，随队来到临海市，考察了伟星集团公司和正特股份公司。在两家企业分别召开的座谈会上，对他们取得业绩给予充分肯定，并对企业提出的有关问题进行讨论分析，帮助寻找解决的办法。

11月11—16日　参加台州市"不忘初心教育读书会"。会议安排听讲两堂课：《永远的红船精神》《"八八战略"的内涵与意义》。会议还安排现场教学项目：考察千年古城盐官的保护与建设，参观中共一大嘉兴南湖会址及南湖红船和南湖革命纪念馆，参观嘉兴市秀洲区高新区规划展览馆、光伏科技馆及浙江美丽宜居示范村潘家浜村，赴桐乡乌镇参观考察互联网大会会址等，考察南湖区梅花洲乡村保护开发及建设运营状况，参观平湖市社会经济发展规划展览馆，体验嘉兴月河老街生活情趣。

11月15日　发表与张琼妮（第一作者）合作的论文《我国就业管理制度演变的纵向考察》（《浙江师范大学学报·社会科学版》，2018年第6期）。该论文认为，我国就业管理制度，从纵向角度考察，大体经历了三个阶段：一是建立与计划经济相适应的就业管理制度，它具有计划经济的特有性质及其弊端；二是改革计划经济模式的就业管理制度，先通过广开门路形式促使就业多元化，再通过确立双向选择关系在新增劳动力中建立新型就业机制，接着通过全员劳动合同制促使劳动力合理流动，最终通过剥离企业富余人员，彻底冲破传统就业模式的束缚；三是创建符合社会主义市场经济要求的就业管理制度。通过确立制度创新目标，规范劳动力市场管理制度，同时通过进一步做好就业和再就业工作，妥善解决高校毕业生、进城务工人员和残疾人等就业问题，形成政府宏观调控下的市场竞争就业机制和相应的管理制度。

引用该论文的有杨晶的文章《知识经济时代劳动就业管理体制创新探索》（《合作经济与科技》，2021年第19期）。

11月18日　母校三门中学迎来80周年校庆。为庆祝学校的80周年华诞，三门中学邀请一些知名校友回校开展专题讲座。53届校友陈洪渊院士为学生们带来了一场名为"少年立志　蔚为国光"的讲座。72届校友张明龙教授结合自己的研究体会，以"我国制造业转型升级的主要途径分析"为题，给学生们做了一场深入浅出的讲座。

11月27—28日　到浙江师范大学经济管理学院对两位区域经济学硕

士研究生的学位论文进行中期检查。听过学生论文写作汇报后,针对存在的问题做出具体分析,要求他们从文献综述、理论创新、模型设计、框架结构、论证材料和案例,以及图表、引证和注释规范化等方面做出系统修改。

十二月

12月13日　参加台州市地厅级老干部到三门县的考察调研活动,旨在深入了解台州民营经济发展和北部湾区建设情况,并为民营经济高质量发展建言献策。

在座谈会上,考察成员充分肯定了三门县近年来在乡村建设、红色教育、企业发展等工作上取得的成绩。大家希望三门县抓好台州再创民营经济新辉煌历史机遇,做好招商引资,坚持不懈地发展好实体经济;进一步优化营商环境,做好引进人才和留住人才工作,加强创业创新队伍建设,促进企业进一步发展壮大。

12月18日　下午,在台州市政府办公大楼8楼东会议室参加《台州市政府工作报告》(征求意见稿)座谈会。台州市代市长张晓强主持会议,市府秘书长林金荣、市府研究室主任林贤杰出席。张明龙发言时,先对《政府工作报告》做出综合评述,认为它系统全面地总结了一年来取得的成绩,实事求是地分析了当前存在的主要问题,思路清晰地阐述了来年的工作安排和具体措施。接着,对其中有关产业转型升级、培育创新主体和优化创新环境、利用港口优势推进大湾区建设、提高中心城市首位度,以及加强教育特别是高等教育发展等问题,提出自己的看法和建议。

12月19日　下午,应邀参加临海乡村振兴学院专家座谈会。张明龙发言时,针对该院培训对象、培训时间、专题名称、培训内容等方面提出自己的观点和建议。认为课程设置要包括三个部分:时事政治与法规政策、乡村振兴战略与发展规划,以及学员关注度较高的热门课题,如专业合作社、网络营销、果品栽培等。同时,要安排一定时间用于现场教学或先进示范村考察。

12月21日　下午,在台州市政府办公大楼一楼东会议室,张明龙参加《在中国共产党台州市第五届代表大会第三次会议上的报告》(征求意见稿)座谈会。台州市委书记陈奕君主持会议,组织部长吕志良、纪委书记张加波、市委秘书长周凌翔和市委办公室主任颜邦林等出席。张明龙从着力推进现代化大湾区建设、充分发挥港口资源优势、积极发展现代制造技术、加强先进适用技术研发、增强中心城市集聚与辐射功能等方面谈了自己的看法和建议。

12月25日 上午，张明龙受临海市政府聘请担任专家组组长，在临海市远洲国际大酒店主持《浙江头门港经济开发区南洋片区（医化园区）产业发展规划（讨论稿）》评审会议。与会评审人员听取了规划组实施工作总结等报告，并仔细阅读了规划讨论稿全文，查阅了相关材料，经质询和讨论，认为该讨论稿经过修改可以通过评审。张明龙发言时，提出以下修改意见：进一步完善规划依据的内容，进一步认识头门港经济开发区的区位优势，进一步加强入园企业引进工作的对策措施，进一步设法支持园区企业开展产品创新活动。

12月26日 下午，再次给三门县图书馆捐赠图书。本次捐赠的图书主要是今年出版的，以及往年出版存留复本较多的图书，主要有《美国电子信息领域的创新进展》《国外光学领域的创新进展》《国外材料领域创新进展》《企业产权的演进与交易》和《经济学基本理论研究》等8种，每种5本，共40本图书。

第十一章　六十七岁至七十岁

继续主持名家工作室工作，在原有项目研究基础上努力向前推进。出版经济类俩人合著 1 部：《产业发展与创新研究——从政府管理机制视角分析》。出版信息类两人合著 8 部：《法国创新信息概述》《澳大利亚创新信息概述》《加拿大创新信息概述》《意大利创新信息概述》《北欧五国创新信息概述》《美国环境保护领域的创新进展》《国外交通运输领域的创新进展》和《国外纳米技术领域的创新进展》。

发表的论文主要有：《企业管理人员之间的溢出效应及其影响》(《浙江师范大学学报》，2020 年第 1 期》)；《推进浙江山区竹类资源开发的对策》(《中外企业家》，2021 年第 4 期)。期间，发现有些以往发表的论文被其他学者反复引用，其中被引用次数较多的论文有：《杜能农业区位论研究》《韦伯工业布局论的结构考察》《美国运用政策体系促进创新活动》《努力实现行政区经济向经济区经济转变》和《"十三五"时期多元化区域创新政策体系研究》等。

在微刊《当代琼崖文学》发表七绝《银子岩溶洞》《到俞源》《磐陀石》《江城子·送毕业生》《一剪梅·台风利奇马突袭临海古城》和《一剪梅·参加浙师大中文 762 班同学会》等诗词。其中，两首当日被《凤凰网》转载。还在三门县传媒中心旗下的《掌上三门》，发表《七律·海游望海楼远眺》，也被多家媒体转载。

2020 年入选中国哲学社会科学最有影响力学者排行榜。重视社会经济发展状况的调查研究，经常深入企业、学校、农村和社区进行实地考察，为理论研究积累丰富的实际材料。继续担任中国高校经济理论与思政教改研究会副会长、全国经济地理研究会常务理事等，重视学术成果交流，积极参加经济学方面有影响的学术会议。主要参加过二十一届"中国特色社会主义政治经济学论坛年会"；三十二届、三十三届和三十四届"中国高校经济理论与思政教改研究会论坛"；二十三届和二十四届"全国经济地理研究会年会"。

第一节 二〇一九年：六十七岁

一月

1月2—3日　应邀出席中共台州市第五届代表大会第三次会议。本次大会的主要任务是：高举习近平新时代中国特色社会主义思想伟大旗帜，认真贯彻落实党的十九大精神，以习近平总书记在庆祝改革开放40周年大会上的重要讲话精神为指针，总结2018年工作，部署2019年工作，引领全市上下把握大势强定力、勇立潮头强担当，在改革开放再出发的新起点上，大力弘扬大陈岛垦荒精神，奋力推进现代化湾区建设，谱写新时代高质量发展新篇章。

1月4日　在亭旁初级中学，参加台州学院思想政治教育实践基地授牌仪式。会议由三门县教育局长金有生主持，三门县常委、宣传部长俞茂昊、台州学院党委宣传部长金松、台州学院医化学院总支书记胡志伟、亭旁初级中学校长杨天焕等出席。张明龙作为教学督导主任在发言时指出，县、局领导亲临现场，表明对此次活动的大力支持与重视，希望当地政府一如既往地支持亭旁初级中学的发展。希望这个实践基地通过两校共同努力，能够具有越来越大的影响力。同时，希望亭旁初级中学能进一步提炼自己的办学特色，突出红色文化，创造出更适宜、更优美的校园环境。

1月8日　在《当代琼崖文学》发表《七绝·银子岩溶洞》。

1月9日　上午，台州学院党委委员、纪委书记吴国庆，率党委组织部常务副部长潘瑛等人到临海大洋社区张明龙家中，代表学校致以新年问候，并致以美好祝愿！吴书记在关切地问过张明龙身体和家庭情况后，又仔细地询问名家工作室的运行状态，希望其能够继续多出成果，并表示适当时候将专门到工作室视察。

1月17日　上午，受临海市杜桥镇政府聘请担任专家组组长，主持《临海市杜桥镇南工业城产业规划（送审稿）》评审会议。与会领导和评审专家认真听取了规划组的汇报，并认真审阅了规划成果，经质询和讨论，认为规划组深入分析了杜桥镇南工业城产业发展现状与存在的主要问题，研究了战略机遇与主要挑战，在此基础上提出了重点产业发展规划设想，空间布局的总体框架和功能分区，地块产业发展的导引方式，以及确保规划实施的保障措施。规划工作基础扎实，分析预测方法科学，整体框架结构合理，所提出的规划思路和对策措施具有较大的决策参考价值。建议对以下几方面做进一步完善：强化科技创新导向；加强相关规划与周边区域发展规划对接；考虑基础、消防安全、环境保护、职业健康等协同管理要求。评审专家组认为，该送审稿经过充实完善可以通过评审。

1月19日　到杭州费尔曼铂金大酒店桂雨厅参加浙江省《资本论》与社会主义经济研究会常务理事会。本次会议的主题是总结2018年学会工作，谋划2019年学会活动。同时，针对"浙江经济高质量发展"展开学术研讨。依据会议主题谈了一些自己的看法，认为应该加强对当地企业的调查研究，及时了解其发展现状及亟须解决的问题，并提出有针对性的对策措施。

1月23日　在《当代琼崖文学》微刊发表《七绝·到俞源》。

1月26日　台州市副市长经希军率慰问组来临海大洋社区，对张明龙致以亲切的慰问和美好的祝福，关切地询问其身体、生活和家庭状况。同时，希望张明龙在新的一年里多保重身体，老有所为、老有所乐，幸福安康，并希望继续为台州经济社会发展发挥余热、建言献策、贡献力量。张明龙对经希军的慰问表示感谢，并表示对台州社会经济的发展充满了信心，将一如既往地关心和支持台州各项事业的发展。

二月

2月1日　上午，应邀来到三门县图书馆三楼会议室参加该馆举行的作者、读者新春座谈会。三门县图书馆阮音波馆长主持会议，简要介绍了该馆的发展概况和现状，并说明召开本次会议的目的是为了加强作者与读者之间的联系，实现面对面的交流和沟通，提高图书阅读兴趣。张明龙作为作者之一，向到场的读者代表每人赠送了一本《新中国经济与科技政策演变研究》，并谈了一些自己对读书的看法。

同日　发表论文《区域经济发展模式的选择》（《浙江树人大学学报》，2002年第5期），被张晋的优秀硕士论文《京津冀区域经济一体化发展评价研究》（天津理工大学，2019）引用。被优秀硕士论文引用的还有魏巍的《胶东经济圈产业一体化发展背景下诸城产业发展策略研究》（山东科技大学，2020）。

2月25日　今天是台州学院学生新学期上课第一天，校党委书记崔凤军就来到张明龙名家工作室考察指导，了解本学期工作计划及进度安排，并鼓励做好相关工作，充分体现了校领导对工作室的关心与支持。工作室领衔人张明龙表示，将继续完成有关研究任务，争取获得更多高质量的成果，为学校办学上层次添砖加瓦。

2月26—28日　根据硕士生沈伟、代少婷在预答辩中遇到的问题，进一步帮助他们修改学位论文，着重推敲论文摘要、各章小结、全文总结，以及对策建议与研究展望。同时，对格式和规范方面存在的不足也一一给予指正。

三月

3月7日　下午，《台州经济史》编辑修改会议在台州学院商学院大楼201会议室召开。台州商人研究会郑荐平会长和本会学术顾问、台州学院原副院长张明龙，市委财经委办公室副主任周霖，《台州商人》杂志社总编谢绍银，市文化研究中心原主任周琦，以及来自台州学院、台州职业技术学院的编写组负责人参加会议。经过多次会议的讨论与修改，在各位编写者的努力下，《台州经济史》初稿已基本完成。会上，张明龙针对书稿中存在的问题，提出要处理好三个关系：纵向时间考察与横向区域考察的关系、史实记叙与评价议论的关系、典型案例与一般例证的关系。

3月21日　在《当代琼崖文学》微刊发表《七绝·磐陀石》。

3月26日　台州市建设局邵华、台州市机关事务管理局刘蔚来名家工作室考察参观。她们受绍兴读者崔凯委托，在工作室展示厅选取了《国外宇宙与航天领域研究的新进展》《国外能源领域创新信息》《国外光学领域的创新进展》《美国生命科学领域创新信息概述》和《美国电子信息领域的创新进展》等书。

同日　发表与张琼妮合作的论文《美国运用政策体系促进创新活动》（《西北工业大学学报》，2011年第2期），被厉琴慧、陈永法的《美国创新药物政策运行机制及对我国的启示》（《广东药科大学学报》，

2019年第2期）引用。另外，还被王牧天博士论文《中国创新驱动发展若干问题研究》（中共中央党校，2017年）引用。

3月27日　出席校第八届教职工代表大会第一次会议暨第十二届工会会员代表大会。

四月

4月6日　参加三门中学高中部七〇级（1）班同学会。

五月

5月1日　上午8时，张明龙发现母亲呼吸急促，脚底出现小块黑色淤血。9时，脚底淤血斑块明显增大，鼻翼扇动，张口急促喘粗气。于是，召集家庭成员和亲友10多人围绕母亲床前，为其临终送别。10时58分，辛勤劳动一辈子的母亲，选择在劳动节开始永远休息，驾鹤西去，享年96岁。母亲走时十分安详平和，咽气后嘴角微微上翘，恰似含笑睡着了。

5月15日　下午，前往名家工作室，看到办公桌上堆满信件和报纸，于是工作就从整理杂物开始。

5月29—30日　张明龙作为台州市地厅级老干部考察调研组成员来到玉环市。先后走访了浙江双环传动机械股份有限公司、浙江苏泊尔股份有限公司、龙溪镇山里村、浙台（玉环）经贸合作区、漩门湾国家湿地公园、海山乡等地。考察时，步入生产车间了解企业转型升级、技术提升等细节，踏入田间地头探访玉环美丽乡村建设与生态旅游开发现状。

从全球生产规模最大的齿轮散件生产商之一的企业，到正在创建国家级美丽宜居示范村的乡村振兴样本，从对台直航的大麦屿港到正在建设中的海山国际旅游岛，考察组一行边走边看边听，感受玉环经济社会发展的良好势头。

在活动期间举行的座谈会上，考察组成员对玉环撤地设市以来的经济发展给予肯定。大家表示，近年来，玉环冲破交通桎梏，产业发展日新月异、城乡面貌持续改善、乡村振兴步伐稳健，正朝着高速发展的方向稳步迈进。同时，希望玉环抢抓历史发展机遇，不断加强产业发展，以工业为基石，以旅游业为特色，全力建设现代化湾区城市。

5月31日　台州学院党委书记崔凤军来临海校区，在教师教育学院书记赵校民陪同下，专程看望工作室领衔人张明龙，关切地询问领衔人的生活和身体状况，以及工作室的年度计划进展情况，希望工作室为学校提升办学层次、多出优质成果。张明龙对校领导的关心和支持表示衷心感谢。

六月

6月1日　出版与张琼妮（第一作者）合著的《新中国经济与科技政策演变研究》（中国社会科学出版社，2017年），被秦亚欧的优秀硕士论文《郑州市金水区推动众创空间高质量发展的政策研究》（郑州大学，2019年）引用。此后，引用该著作的论文还有樊潇潇的优秀硕士论文《国家重大科技基础设施宏观规划管理与决策机制研究》（中国科学技术大学，2020年）。

6月14日　前往浙江师范大学参加经济管理学院部分硕士毕业生座谈会。指导的区域经济学专业硕士生沈伟、代少婷五月中旬顺利通过硕士学位论文答辩，获得硕士学位。

6月15日　到杭州参加推进高校学科建设座谈会。参加对象是浙师大区域经济学硕士点部分在杭州工作的毕业生，了解毕业生的工作情况及有关建议，为加强硕士点建设积累资料。

6月21日　因《当代琼崖文学》微刊约稿，在其上发表《江城子·送毕业生》词一首，当天即被《凤凰网》转载。

6月　出版与张琼妮（第一作者）合著的《产业发展与创新研究——从政府管理机制视角分析》（中国社会科学出版社，2019年）。本书研究了产业成长与发展趋势、产业布局与非均衡发展、溢出效应对产业发展的影响、重要产业的创新进展，以及激发产业创新内在活力、加强产业创新微观基础和优化产业创新宏观环境的国际经验，进而借鉴国际经验阐明加强我国产业创新的基本思路。本书被中国国家图书馆收藏，其图书编号：010350171。

同月　出版与张琼妮合著的《法国创新信息概述》（企业管理出版社，2019年）。本书分析了法国微电子与电子信息、纳米材料与纳米设备、光学设备与光学技术、宇宙天体与航天设备、新材料、新能源、环境保护、交通运输、生命科学，以及医疗与健康领域的创新信息。本书被中国国家图书馆收藏，其图书编号：010412332。

七月

7月6日　到浙江省委党校参加省《资本论》与社会主义经济研究会

举办的学术年会。本次年会主题是"发挥萌发地优势,推动浙江经济高质量发展"。主持大会学术交流活动。

7月10日　浙江师范大学法政学院副教授周功满博士来到名家工作室办公室,与领衔人张明龙教授热情交流学术观点,又详细询问了工作室人员组成、管理运转机制、最近工作重点,以及年度计划进展状况等。接着,前往成果展示厅,浏览新出版的专著,并在赠书柜中选了一些自己需要的书籍。

7月13日　出版主笔合著的《区域产业发展前沿研究》(企业管理出版社,2015年),被罗景峰的《中国服务经济时空分布研究》(《西部经济管理论坛》,2019年第4期)引用。另外,引用该著作的还有优秀硕士论文赵美怡的《资源型地区产业结构优化升级与经济发展:贵州与山西比较研究》(贵州财经大学,2018年)。

7月17日　乘109路公共汽车到台州市中心医院,看望在此任书记的老同事胡平法。送给他两本自己出的书:《政治经济学原理及教学研究》和《新中国经济与科技政策演变研究》。

7月31日　发表与周剑勇、刘娜合作的论文《杜能农业区位论研究》(《浙江师范大学学报》,2014年第5期),被杨应科、袁子茹的《珠江东岸城市群交通创新协同思考》(《交通与运输》,2019年第S1期)引用。此后,引用该论文的还有:①张合林、祝茜茜的《放活我国农村宅基地使用权的实现机制研究》(《改革与战略》,2020年9期);②王争的《区位论视角下寿光市土地利用战略研究》(《现代营销(下旬刊)》,2020年12期);③卢秋润、潘奕帆的《立体TOD下的城市轨道交通枢纽站点立体化设计策略研究——以成都东站为例》(《江苏城市规划》,2021年3期);④范燚芊的《农村人居环境整治模式文献综述》(《居舍》,2021年16期)。同时,被李全峰、杨彧和刘超的博士论文,以及郭媛媛、曹燕菲、张阳阳、王英蓉、王哲和胡莉等60多篇优秀硕士论文引用。

八月

8月1日　发表与张琼妮合作的论文《韦伯工业布局论的结构考察》(《浙江树人大学学报》,2008年第5期),被王钰浩、徐驰、韩宜珊的《浅谈近代区位理论对山东工业区位分布影响》(《风景名胜》,2019年第8期）引用。同时，被胡宇琛、唐繁和周琳的优秀硕士论文引用。

8月5日　张明龙在阅读微信作品时，发现婉兮写的《学会做饭，就是学会谋生和谋爱》一文，赞同其"柴米油盐也是一种成长与修行"的观点，于是在朋友圈内转发。不料，点赞多多，好评连连。看来，会做饭作为生存必需的本领是得到人们普遍认同的。据悉，过去农村长大的男子只需学会干农活，不必学做饭，所以，张明龙成家后才开始在夫人指导下学炒菜。经过多年实践，其做出的"鲞焖子排""爆炒虾仁""干蒸蟛蜞"等菜，还是很受家人和来客欢迎的。

8月14日　在《当代琼崖文学》微刊上发表《一剪梅·台风利奇马突袭临海古城》。

8月29日　在微信上看到何林辉先生发来的两篇文章，分别点了"在看"。同时，在《不敢问洪水》文末写下留言：洪水让我们失去许多，也让我们获得许多，它带给我们的启迪，只有亲身经历才能深刻体会其中滋味。对《荆州不大意》的留言是："大意失荆州"，大概是古城荆州留给世人的最著名典故。粗心大意，大者可以失去城池，小者可以丢了饭碗，凡事宜细心谨慎。

8月　出版与张琼妮合著的《美国环境保护领域的创新进展》（企业管理出版社，2019年）。本书分析了美国在治理大气污染、水体污染、固体废弃物污染、噪声污染和辐射污染领域的创新信息，分析了美国研制节能环保和清洁产品、环保材料与药剂的新成果，还分析了美国生态环境保护领域取得的新进展。本书被中国国家图书馆收藏，其图书编号：010675225。

九月

9月22日　出席中国人民大学浙江校友会在杭州致远大酒店召开的"庆祝中华人民共和国成立70周年大会"。会议给张明龙等8位知名老校友每人送上一束鲜花，以表示敬意和节日慰问。

9月25日　上午7时39分，女儿张琼妮在浙江大学医学院附属邵逸夫医院，顺利生下外孙女黄婧琛，重7斤。

十月

10月10—12日　前往景色秀丽的楠溪江畔岩头镇金泰大酒店参加大学毕业40周年同学会。楠溪江风景区是国家4A级旅游区，属于雁荡山世界地质公园西园区。南距温州市区 26 千米，东与雁荡山毗邻，西接缙云仙都，北与神仙居景区接壤。本次同学会除安排一场座谈会外，还有诸多游览和考察活动。

张明龙给每位与会同学赠送一本刚出版的新书《法国创新信息概述》。在座谈会发言时，吟词一首：《一剪梅·参加浙师大中文 762 班同学会》。

10 月 19—20 日　出席由河南工程学院主办的"中国高校经济理论与思政教改研究会"第 32 届论坛。副会长张明龙教授在大会上做"马克思主义政治经济学理论值得研究的三个问题"的学术报告，还有一些学者进行了大会交流发言。

10 月 21 日　中国高校经济理论与思政教改研究会组织与会代表，赴河南兰考参观人民好书记焦裕禄纪念馆和他种下的"焦桐"，参观兰考四面红旗纪念馆，参观毛主席 1952 年考察黄河的纪念亭，习近平总书记 2014 年考察河南兰考的张庄村。

10 月 26—27 日　应邀前往位于金华婺城区的浙江师范大学法政学院，出席政教 85 级毕业 30 周年同学会。从院党委书记的介绍可知，经过多年努力，政教专业获得快速发展，已在全国师范院校名列前茅。师生座谈时，张明龙做了简要发言，他首先充分肯定本届同学取得的非凡业绩，同时，根据大多数同学的实际情况，提出以下三点建议：一是实现人生角色转换，由父母辈转换为祖父母辈；二是实现事业阵地转换，由一线事业阵地转换为二线事业阵地；三是工作性质转换：由紧张忙碌状态转换为轻松休闲状态。

10 月 29 日　上海禹闳投资管理有限公司董事长唐荣汉博士率队到台州学院临海校区走访名家工作室，专程看望领衔人张明龙教授，交流有关产业创新方面的新见解。上海禹闳成立于 2007 年 7 月，是一家专业从事股权投资的管理公司，目前管理着禹杉、禹康、禹彪、弘康、弘泰等合伙基金或公司。其是中国影响力投资理念的早期践行者，致力于支持、投资旨在规模化解决社会和环境问题的创新企业。

10 月　出版与张琼妮合著的《国外交通运输领域的创新进展》（知识产权出版社，2019 年）。本书由 7 章内容组成，分别分析了国外在陆上交通运输工具、水中交通运输工具、空中交通运输工具、航天器及发射工具、交通工具配套用品、交通技术及智能系统、运输设施与交通管理等领域的创新进展信息。本书被中国国家图书馆收藏，其图书编号：010559706。

十一月

11月11—16日　到东阳市横店镇，参加2019年台州市地市级离退休干部"不忘初心、牢记使命"主题教育读书会。通过集中听专家授课，学习了《中国共产党人的初心和使命》《信仰的味道》等课程，并以自学形式学习了《习近平谈治国理政》等著作。同时，还有丰富多彩的现场教学，如考察专业市场运行，参观东阳的"中国木雕城"；考察高新区建设，参观义乌光源小镇；考察爱国主义教育基地，参观《我和我的祖国》拍摄基地明清宫苑、圆明新园，并观看国内大型实景电影《火烧圆明园》，还参观了浙江省廉政教育基地：浦江江南第一家；考察古民居开发保护建设，参观全国重点文物保护单位：东阳卢宅。

11月24日　浙江师范大学经济研究所副所长曹荣庆教授率郭金喜副教授等5人，来到名家工作室，参与专题工作会议。与会人员先依次察看了本室的办公和成果展示场地。接着，在会议室召开加强制度建设工作会议，对现行的学习交流制度、学术研究制度、调研考察制度、档案管理制度和考核评估制度等进行讨论，并提出一些完善措施。

11月29日—12月2日　到长沙参加中国社会科学院经济研究所主办、湖南师范大学承办的"中国特色社会主义政治经济学论坛第21届年会"。在学术交流时，张明龙以"促进我国制造业高质量发展研究"为题做了发言，提出发展高新技术产业促使制造业向更高质量的前沿领域挺进，发展现代制造技术促使制造业向更高质量的技术链高端延伸，运用数字化信息技术促使传统制造业向更高质量的价值链高端拓展。

十二月

12月18日　与张琼妮合著的《国外电子信息领域的创新进展》(知识产权出版社，2013年)，被金国强、陈征洪的《电子信息产业质量基础设施国际比较研究——基于法律法规、战略规划、市场监管研究》(《计量技术》，2019年第12期)引用。

12月24日　上午，参加名家工作室的捐书仪式。本次向台州学院教育实习基地三门亭旁中学捐赠《区域政策与自主创新》《政治经济学教学研究》《产业发展与创新研究——从政府管理机制视角分析》和《国外宇宙与航天领域研究的新进展》等25种著作，每种5册，共计125本。杨天焕校长率亭旁高级中学与初级中学两套领导班子成员参加，对捐赠图书表示感谢。同时，表示将进一步加强教育实习基地建设，精心安排对台州学院实习生的指导与管理工作。

12月26日　参加台州市有关部门组织到温岭的考察活动。加深了对温岭生态建设与民营经济发展情况的了解，有利于推进台州现代化湾区建设。在短短一天时间里，考察了横峰大道两侧全域土地综合整治与生态修复工程项目、九龙汇公园与城市新区建设现场、浙江省"千人计划"（台州温岭）产业园，还考察了台州市欧港鞋业公司、台州市富岭塑胶公司和利欧集团股份公司等企业。

第二节　二〇二〇年：六十八岁

一月

1月4日　下午，参加浙江省《资本论》与社会主义经济研究会常务理事会。

1月5日—2月5日　完成《加拿大创新信息概述》书稿的最后修改润色工作。该书稿把21世纪以来，特别是近10年加拿大的社会经济与科技活动作为考察对象，集中分析其取得的创新成果。

1月15日　发表与张琼妮（第一作者）合作的论文《企业管理人员之间的溢出效应及其影响》（《浙江师范大学学报·社会科学版》，2020年第1期）。该论文认为，企业管理人员投入管理要素产生的业绩，不仅依靠自己同时受到其他管理人员投入要素的影响，而且当其投入要素也会影响其他管理人员业绩时，管理人员相互之间就产生了积极溢出效应。实际上，这种积极溢出效应是参与者有机会共享管理智慧和经营经验所获得的，没有增加个人和社会成本。充分利用管理者相互之间的积极溢出效应，可以相对增加社会边际产品、提高社会平均利润率，也可以节省社会资源的耗费。

1月30日　出版与杜才平（第一作者）合著的《地方性院校专业结构调整研究——以台州学院为例》（知识产权出版社，2010年），被薛应珍的论文《陕西民办本科高校学科专业结构调控评价机理分析》（《新西部》，2020年第3期）引用。此后，引用该著作的论文还有：①陈伟、吴志强和李景保的《地方院校专业结构调整与招生就业联动机制的构建》（《高教论坛》，2020年第9期）；②魏冬冬的优秀硕士生论文《产业转型升级背景下辽宁省高等教育学科结构优化研究》（沈阳师范大学，2021年）。

二月

2月7日—3月29日　完成《澳大利亚创新信息概述》书稿的最后修改润色工作。澳大利亚拥有高水平的科技研究队伍，拥有世界一流的研究型大学，拥有实力雄厚的国家科研机构，科技创新能力相当强大，特别是基础研究与应用基础研究成效显著。

三月

3月6日　发表论文《论浙江竹类资源开发的优势与竞争艺术》（《浙江师范大学学报》，1988年第1期），被吴婕妤、陈红、费本华、马欣欣、张露文的《浙江地区竹编工艺特色概述》（《林产工业》，2020年第3期）引用。

四月

4月1—17日　完成《国外纳米技术领域的创新进展》书稿的最后修改润色工作。纵观国外纳米技术的发展，特别是梳理近10年来该领域取得的创新成果，可以发现以下主要特色：注重纳米材料机理的研究，注重纳米粒子与纳米材料的开发，注重纳米产品的研制，注重纳米技术的探索。

4月21日　临海市老干部局郭鑫局长率慰问组，代表临海市委和市政府领导来临海大洋社区，对张明龙教授致以亲切的慰问和美好的祝福，关切地询问疫情期间生活上有无遇到困难，并表示有困难可随时寻求他们帮助。当得知生活如常时，又关切地询问身体和家庭状况。同时，希望张明龙能够继续发挥优势、奉献余热，为当地社会经济发展增添正能量。张明龙对郭鑫局长的慰问表示感谢，并表示对临海的未来发展充满了信心，会继续全力支持市委市政府的各项工作，为全市各项事业的改革发展献一份智、尽一份心、出一份力。

五月

5月14日　参加台州市助推民营经济发展智囊团活动。本次活动的主题是，围绕当前全球疫情加剧，台州企业外贸订单萎缩、物流受阻、回款延迟等困境，通过深入企业走访、调研和座谈等形式，传递市委市政府的政策扶持和关心关爱，了解企业发展中的所需和所盼，帮助企业积极主动迎接挑战，寻找机遇，为奋力实现规划目标鼓劲提气。

上午，考察走访浙江维泰橡胶公司。该企业坐落于东海之滨的三门湾畔，2014年5月建成年产10万吨低温乳化聚合丁苯橡胶生产线。丁苯橡胶生产线工程被列入浙江省政府2012年度的重点项目。在座谈会发言时提出建议：加强更有利的细分市场研究，努力延长产品链以改变产品单一状况，提高生产过程的智能化与数字化水平。

下午，考察走访了两家企业。一是浙江天皇药业公司，它是国内最早从事铁皮石斛栽培、研发、生产与销售的高新技术企业，也是国内唯一通过国家GAP与GMP双认证的铁皮石斛产品生产企业。二是浙江新维土生物科技公司，它严格按照制药GMP标准并在符合D级洁净区的厂房内生产，是台州市首家向欧美出口膳食营养补充剂的食品生产企业。在座谈会发言时提出建议：及时更新设备与工艺，重视研发未来主产品，做好环境保护工作，接轨国际保健品标准。

5月15日　中午，台州学院党委书记崔凤军、校长陈光亭、副校长王正在临海校区综合办主任林才溪陪同下来工作室考察指导。他们关切地询问疫情期间工作室的运转情况，是否遇到麻烦和困难，当得知一切如常时，深表欣慰。同时亲切地提醒领衔人保重身体，合理安排工作与休息，争取为学校学科专业发展继续添砖加瓦。

5月15日　下午，省社科联党组书记郭华巍、副主席兼秘书长谢利根和科普处处长王三炼等一行，在校党委书记崔凤军陪同下来工作室考察指导。郭华巍听取了工作室的简要汇报，仔细观看了样书陈列柜和获奖证书展示柜，当看到省政府哲学社会科学优秀成果一等奖奖状时，称赞说："获得这个奖项非常不容易。"他对台州学院积极扶持工作室建设表示肯定与赞赏，并希望工作室进一步发挥自身特色和优势，提升研究水平，加强交流合作，为推动"社科强省"建设做出应有的贡献。

六月

6月10日　由中国人文社会科学评价研究中心发布的《中国哲学社会科学最有影响力学者排行榜：基于中文学术成果的评价（2020版）》，张明龙教授入选管理学榜单。这份榜单从区域入选人数看，浙江省共有81人，张明龙排名第36位。在管理学二级学科"科学研究管理（2020版）"榜单全国入选者105人中，张明龙排名第59位。

据悉，本研究以对科研成果在其学术领域及同行间影响力的评价为基础，突破简单计数的办法，综合衡量学者学术成果其所在学术领域的贡献程度。数据主要来源于中国引文数据库（CNKI），超星发现等数据，以中国引文数据库的学科分类作为二级学科排行榜划分的依据，最终形成20个一级学科排行榜，81个二级学科排行榜和5个交叉学科排行榜。

七月

7月　出版与张琼妮合著的《澳大利亚创新信息概述》（企业管理出版社，2020年）。本书分析了澳大利亚电子信息与量子技术、纳米技术、光学现象与光学仪器设备、宇宙天体探测、交通运输、新材料、新能源、环境污染治理与生态环境保护、生命科学，以及医疗与健康领域的创新信息。本书被中国国家图书馆收藏，其图书编号：010840705。

九月

9月19—20日　由全国经济地理研究会和云南大学主办的第23届全国经济地理研究会在昆明市举行。张明龙向大会提交的论文是《促进我国制造业高质量发展的研究》，提出要正确处理制造业产品数量与质量的关系，把数量扩张为主转变为质量提高为主，进而提升技术链高端高质量产品在总产品中比重，同时提升价值链高端高质量产品在总产品中比重。

9月21日　台州学院电子与信息工程学院（大数据学院）党总支书记王奎东来本室探访，察看了办公室和展示厅。当他在样书陈列柜中看到《国外电子信息领域的创新进展》《美国电子信息领域的创新进展》《国外能源领域创新信息》和《国外光学领域的创新进展》等书时说，这些书不仅有利于了解科技发展动态，了解高新技术产业发展趋势，而且对我们大数据学院的师生来说，也很有参考价值。

9月22日　本室领衔人张明龙教授图书捐赠仪式在台州市档案馆举

行。在捐赠仪式上，张明龙将本人近年出版的著作《国外宇宙与航天领域研究的新进展》《俄罗斯创新信息概述》《美国环境保护领域的创新进展》《国外交通运输领域的创新进展》和《产业发展与创新研究——从政府管理机制视角分析》等 10 册书籍赠与档案馆。市委副秘书长兼市档案局局长郑志敏、副馆长陈洁参加了捐赠仪式。张明龙是台州市档案馆建档名人之一，此前市档案馆收藏其著作、手稿 30 余件，及其本人 20 世纪 80 年代的《政治经济学》500 多页讲稿。

9 月　出版与张琼妮合著的《加拿大创新信息概述》（企业管理出版社，2020 年）。本书分析了加拿大电子信息与网络技术、纳米材料与纳米产品、光学技术及光学设备、宇宙天体与航天设备、新材料、新能源、污染防治与生态保护、交通运输、生命科学，以及医疗与健康领域的创新信息。本书被中国国家图书馆收藏，其图书编号：010912329。

十月

10 月 10 日　发表与张磊合作的论文《努力实现行政区经济向经济区经济转变——长江三角洲区域经济整合分析》（《中国发展》，2004 年第 2 期），被张凯、张文静的《巢湖跨界旅游区整合发展驱动机制研究》（《新余学院学报》，2020 年第 5 期）引用；此后，还被张凯、张文静、闻飞和王娟的《基于行政区划调整的跨界旅游区—区域经济耦合关联分析——以巢湖旅游区为例》（《商丘师范学院学报》，2021 年第 9 期）引用。同时，还被刘刚的博士论文和吕小楠的优秀硕士论文引用。

10 月 15 日　发表与张琼妮合作的论文《"十三五"时期多元化区域创新政策体系研究》（《发展研究》，2017 年第 3 期），被鲁华君的《县域科技创新体系建设的困境与思考》（《云南科技管理》，2020 年第 5 期）引用。同时，还被张朕铭、王岭会和王子明的优秀硕士论文引用。

10 月 17 日　上午，前往杭州武林广场瞻仰抗战英烈。从杭州地铁云水站出发，到武林广场环城北路出口上来向右转，仅十几步路，就看到了浙江省展览馆东门左侧的《抗战英烈》雕像群。这里以方柱式内墙砌成四面体，每面树立一位背靠墙脸朝外的英烈雕像，共有 12 座。其中朱程将军是大学同班同学朱赛玲的爷爷。在《抗战英烈》雕像群中，发现陈安宝、王禹九和谢升标三位是台州籍将军。

10月23日 在三门县传媒中心旗下的《掌上三门》，发表《七律·海游望海楼远眺》。

10月24日 "中国高校经济理论与思政教改研究会"第33届论坛在陕西省杨凌召开。张明龙给该论坛提交的论文是：《进一步加强我国产业创新的微观基础》。该论文提出必须综合运用调控机制，增强企业创新的活力与后劲，增强科研机构特别是国家重点实验室的创新实力，加强多种类型创新人才队伍建设，从而建立稳固的产业创新微观基础。

10月26—31日 到温州参加2020年台州市地市级离退休干部建设"重要窗口"理论学习读书会。通过集中听专家授课，学习了《习近平谈治国理政（第3卷）》《"重要窗口"建设》等课程。同时，安排了内涵丰富的现场教学，其中主要有：参观英国驻温州领事馆旧址，考察鹿城区五马街历史文化街区建设，视察瓯海区三垟湿地保护工程项目，领略南塘夜间经济现状，参观温州规划展示中心和温州博物馆，考察文成县刘基庙和天圣山文化园建设工程、永嘉书院文化园建设项目，以及雁荡山大龙湫景区整修工程等。

十一月

11月14日 出席浙江省《资本论》与社会主义经济研究会第8届会员代表大会。

11月19日 下午，出席在路桥召开的台州商人研究会2020年年会。在座谈交流时，张明龙在发言中提出，台州商人创造了大量实际业绩，其业务活动范围和影响力也越来越大，但台州商帮的整体知名度，却远没有宁波帮和温州帮那么高。于是，建议研究会深入探索和大力宣传台州商人特色，如和合精神、硬气性格、守信互助、经世致用、义利并举、创新理念、垦荒拓展和共赢意识等，促使台州商帮名扬四海。

11月26日 上午，参加台州市有关单位组织的主城区规划与建设进展状况考察活动，来到其三大主城区之一路桥。先参观亚欧汽车制造（台州）有限公司，它是浙江吉利集团投资，按照沃尔沃标准建设的现代化工厂，由沃尔沃汽车集团负责运营，遵循沃尔沃汽车全球统一的制造及质量管理标准。接着视察浙江方林二手车市场，它已成为集二手车交易、车贷融资、检测评估、维修服务、高端车辆展示、汽车文化等于一体的二手车产业集群，2019年成交额达105亿元，是国内最大的二手车市场之一。最后，考察螺洋街道水滨村，这里整村由碧水环绕，绿树成林，环境优美，是远近闻名的生态湿地，休闲水乡，已建成台州市美丽乡村的精品村。

十二月

12月17日 下午，出席台州市老干部情况通报会。市委书记李跃旗向老干部们通报今年以来全市经济社会发展情况。市委常委、组织部部长赵海滨主持会议。李跃旗说，今年是新中国历史上极不平凡的一年，在新冠肺炎疫情的冲击下，台州经历了一场前所未有的大战大考。全市上下迎难而上，统筹推进了疫情防控、"六稳六保"、小康补短、村社换届、环保整治等一场又一场硬仗，疫情防控赢得阶段性胜利，经济报表实现逆势向上，开放接轨取得积极成果，制造之都更显实力活力，幸福台州更具内涵品质，全面从严治党不断走向纵深。成绩殊为不易，凝聚着全市上下共同的努力与付出，也离不开各位老领导、老同志的关心和支持。

12月 出版与张琼妮合著的《国外纳米技术领域的创新进展》（知识产权出版社，2020年）。本书分析了国外在纳米材料性质、纳米材料结构、纳米材料功能、纳米粒子、纳米产品、纳米技术和纳米设备等方面取得的创新成果，同时分析了国外在电子设备与通信网络、光学材料与光学仪器、金属材料、无机与有机材料、电池与太阳能开发利用、污染防治与环境保护，以及生命健康等领域纳米技术的创新进展状况。本书被中国国家图书馆收藏，其图书编号：011134876。

第三节 二〇二一年：六十九岁

一月

1月6—7日 应邀出席中共台州市第五届代表大会第五次会议。

1月8日 上午，台州学院离退休党总支书记梁华定率队来张明龙家走访慰问，致以新年祝福，并关切地叮嘱疫情期间要多加注意，尽量减少出省参加学术活动。座谈中，得知张明龙今年又出版了《澳大利亚创新信息概述》《加拿大创新信息概述》两本新书，于是，来到书房看看。张明龙把这两本新书分别赠送给每位客人,并希望给予指正。

1月12日 上午,到三门县图书馆。由陈文春副馆长主持,举行个人图书捐赠仪式。本次捐赠的图书有:《产业发展与创新研究——从政府管理机制视角分析》《法国创新信息概述》《美国环境保护领域的创新进展》等6种,每种5本,共30本。

同日 下午,给三门亭旁中学捐赠图书。本次向该校捐赠了《国外交通运输领域的创新进展》等7种图书,每种3册,共21本。杨天焕校长及其领导班子成员对捐赠图书表示感谢,同时,表示将进一步加强与台州学院的联系,做好师范生的教育实习基地建设。

1月14日 上午,应邀参加《台州市政府工作报告》征求意见座谈会。台州市市长吴海平主持会议,市府秘书长陈春、市府研究室主任林贤杰出席。张明龙发言时,主要针对《政府工作报告》中工作措施部分提出一些看法,认为要鼓励创新平台优先发展先进适用技术,要加强台州商人商帮概念和意识的培育,要抓紧发展提高制造业质量的现代制造技术,要把健跳港、头门港和大麦屿港共同建成台州组合港,要大力增强椒江、黄岩和路桥3个主城区的向心力和凝聚力。

1月16日 在微信"和睦山房"公众号发表稍做修改的《父亲的激励——纪念慈父百年诞辰》。文中写道,父亲的激励没有任何刻意设计的痕迹,不知不觉地渗透在日常生活中,通过潜移默化的作用激发我的好奇心和求知欲,诱导我形成勤思考多琢磨的学习习惯。该文深受读者喜欢,阅读量一路攀升,3天后便超过2400多人,并有300多人点赞,其中50多人留下各种精彩的感言。

1月19日 上午,台州学院广文书院胡正武院长、学生处马斌副处长一行4人来本室考察交流,认为广文书院应该充分利用名家工作室的科研成果和相关资源。据悉,为进一步推进人才培养模式改革,探索和创新富有台州学院特色的学生教育管理体制,进一步构建育人新格局,学校从2020年开始实施书院制,分别在椒江校区、临海校区设立心湖书院、广文书院。已选聘首批书院导师,录取书院第一期学员。

1月21日 上午,台州学院研究室(高等教育研究所)周良奎主任率队来到名家工作室。在座谈时,围绕高等教育有关问题展开讨论,话题主

第三篇　年谱续编
第十一章　六十七岁至七十岁

要集中在跨学科人才培养、复合型人才训练，以及高校教育学课程演变与改革等问题。接着，到本室成果展示厅参观，他们根据自己的兴趣分别在赠送柜中选取了有关德国、法国、俄罗斯、加拿大和澳大利亚等国创新信息概述方面的著作。

　　1月22日　上午，台州学院胡韶光副校长在组织部陈鸿胜陪同下，来到张明龙家中走访慰问，致以新年美好的祝福，关切地询问身体健康状况，了解工作和生活中需要帮助解决的问题。同时，告知学校近年经费投入大幅增长，教学和科研工作业绩显著，申请硕士学位点取得突破性进展。接着，问起名家工作室的发展情况，张明龙做了简要汇报，出示了部分新成果，并表示已有新的选题将继续做好有关研究工作。

　　1月23日　同村好友叶崇兴用微信告知，老家湘山村文化礼堂外形布置已经基本完成，但是缺乏文化内涵，如果能够存放一些书刊，那是最好不过，希望能帮助提供一些。于是，在名家工作室选取了《国外能源领域创新信息》《国外宇宙与航天领域研究的新进展》《国外光学领域的创新进展》等复本较多的本室著作30种，每种3册；《产业集群与区域发展研究》《新中国经济与科技政策演变研究》等复本较少的本室著作12种，每种1册。同时，选取其他学者的一些著作，共计150本。另外，还捐赠《新华文献》《相约健康》《药物与人》等期刊156本。当天上午送书到老家。湘山村老年协会在礼堂前广场举行图书捐赠仪式，会长叶以考主持，村支书兼主任叶未满代表村里接收图书，并致辞表示感谢，村支部、村委会及老年协会成员参加。

　　1月25日　上午，台州学院办公室主任蔡海江与王胜、曹仁海两位副主任一起，来张明龙家中走访慰问。他们致以新年祝福和问候后，坐下一起聊天。大家谈起学院发展情况，对做好专业论证，推进重点专业和重点学科建设，加强硕士学位点培育等充满信心。同时，谈起办公室本年度完成的主要任务和明年的工作思路，也谈起名家工作室的近期打算和计划。接着，来到书房，询问最近出版的新书，张明龙给予简要答复，并给每人送上两本新书。

二月

　　2月25日　利用春节期间，与女儿张琼妮一起完成《意大利创新信息概述》全部初稿的书稿。意大利是机械制造大国,其产品质量过硬,性价比高,品种规格繁多,花色款式齐全,销售遍布世界各地。因此,其创新成果大量集中在机械制造领域。这样,仅仅搜索学术期刊很难获得所需材料。于是,拓宽视野,注重农业机械、轻工业机械和重工业机械三大系列的各类报道,从中提取信息,再追溯其成果来源,从而比较全面地反映这方面的创新进展状态。从全书内容来看,机械制造领域的创新信息约占全书总量的1/4。

三月

3月18日 台州学院教务处吴丽华副处长率领郭晓江等招生办公室人员来本室走访和视察,并与张明龙探讨招生新方式。他们谈到,随着台州学院办学知名度提高,外界影响力扩大,对考生的吸引力不断增强,近年招生情况一直保持稳定而良好的局面。同时聊到,由于三位一体综合评价招生、专科升本科招生等不同招生方式的出现,使招生工作程序更多,也变得更加复杂。张明龙听后,鼓励他们再接再厉,更加认真细致地做好这项工作。

四月

4月12日 发表与张琼妮(第一作者)合作的论文《推进浙江山区竹类资源开发的对策》(《中外企业家》,2021年第4期)。该论文认为,浙江山区竹类资源丰富,优质名牌竹制品众多,竹制品生产技艺精湛,竹制品集散通道便捷,拥有竹类资源开发利用的产业优势。多年来,浙江山区竹类资源开发已卓有成效。为了进一步推进这项开发,今后的工作重点是,加强竹林抚育管理以确保竹壮笋旺,瞄准消费热研制适销对路的竹材新品,尽力设计出艺术性和实用性兼有的竹制品,建立可以顺畅传递竹类开发信息的共享平台,创设科研机构以加强竹类开发科技队伍建设。

4月16—19日 应朱赛玲和任柏强夫妇邀请参加"老同学游世界矾都"活动。

4月30日 在微信"和睦山房"公众号发表稍做修改的《母亲的祝福——纪念慈母仙逝两周年》。题记写道,母亲辛苦劳动一辈子,恰在2019年5月1日国际劳动节仙逝,享年96岁。特以此文悼念母亲。该文受到读者欢迎,发表不久,阅读量上升到1300多人,并有200多人点赞,其中 40 多人写下自己精彩的感言。

五月

5月12日　发表论文《中小企业负债压力的财务比率分析》(《中外企业家》，2011年第10期)，被冯琴荣的优秀硕士论文《农业类上市公司财务压力识别研究》(兰州理工大学，2021) 引用。

5月18日　上午，台州学院离退休党总支书记梁华定率领王伟等人前来视察名家工作室，听取本室近3年进展情况汇报。接着，来到成果展示厅，观看有关获奖成果和荣誉证书，并要求本室领衔人提供退休后所得获奖证书的复制件。经过在电脑存档资料中搜索找到两份。他们说，为了纪念中国共产党建党百年，离退休党总支正在筹办离退休人员创作和研究成果展，需要征集一些材料。于是，他们又向领衔人要去两首词：《水调歌头·嘉兴南湖烟雨楼凭眺》《水调歌头·秋收》。同时，在成果陈列柜中，选取了《产业发展与创新研究》《国外纳米技术领域的创新进展》等20多本著作。

5月28日　下午，台州学院召开第八届教职工代表大会第三次会议。

开幕式后，16个代表组围绕学校工作报告、《台州学院"十四五"事业发展规划（草案）》进行深入讨论。张明龙参加机关二组讨论发言时指出，要完成校发展规划提出的目标任务，应着重做好三项工作：一是学科向更高层次挺进；二是专业向更优结构调整；三是服务向更宽领域拓展。

六月

6月10日　上午，在台州学院学生处马斌副处长陪同下，参观修葺一新的广文书院。该书院建于临海校区，是学校实施书院制改革的产物。其提出的理念是：引领有高度，教育有深度，服务有温度；其院训是：让优秀成为习惯。广文书院的主要特色是采用导师制方式培养学生。通过导师给学生进行全方面和个性化指导，把全员育人、全过程育人与全方位育人落到实处，并积极为学生成长搭建平台，提供学生展示自我的机会，不断提高学生的综合素质和整体竞争力。

6月22日　晚上，台州学院庆祝中国共产党成立100周年表彰大会在椒江校区大会堂隆重举行。党史学习教育台州第九巡回指导组组长陈政明、副组长张建平，校党政领导班子成员，以及老领导张明龙、夏崇德等出席。

七月

7月8—10日 到松阳县应邀出席省《资本论》与社会主义经济研究会举办的"忠实践行八八战略，奋力推进山区共同富裕"学术研讨会。根据会议主题，提供了一篇用于交流的论文：《推进浙江山区竹类资源开发的思索》。

八月

8月 出版与张琼妮（第一作者）合著的《意大利创新信息概述》（企业管理出版社，2021年）。本书分析了意大利在农业、轻工业和重工业机械设备制造、电子设备与计算机及机器人、光学设备与激光技术、宇宙射线与星球探测、新型材料与纳米材料、太阳能光伏发电与聚光太阳能热发电、环境污染治理与生态环境保护、生命科学与生物技术，以及医疗与健康领域的创新信息。本书被中国国家图书馆收藏，其图书编号：011439621。

同月 出版与张琼妮合著的《北欧五国创新信息概述》（企业管理出版社，2021年）。以前出版过多个国家创新信息集中在一起的书稿，如《八大工业国创新信息》《新兴四国创新信息》。这里，又把北欧五个国家的创新信息集中在一起，使其成为一个整体加以考察。本书分析了北欧五国在微电子与电子信息技术、光学技术与光学仪器设备、宇宙天体探测、交通运输工具、新材料、纳米技术、电池与可再生能源、环境污染治理与生态灾害防御、生命科学与生物技术，以及医疗与健康领域的创新信息。本书被中国国家图书馆收藏，其图书编号：011439633。

九月

9月10日 张明龙被台州学院商学院聘为资深教授。

十月

10月27日 校教师教育学院（体育学院）原副院长陈于清，与书法教师刘波亮一起来本室考察走访。他们在成果展示厅参观时，看到陈列柜里有许多关于科技信息类的著作，非常感兴趣。问到为什么在研究经济理论和区域经济问题时，又研究科技发展呢？对此，张明龙解释说，当年在中国人民大学跟宋涛教授学习的过程中，导师叮嘱过，研究经济问题特别是研究产业问题，首先必须搞清楚科技发展趋势，因为许多前沿产业都是通过科技成果转化而来的。自此开始，在研究区域产业集群等问题都会密切联系科技发展现状，尽量收集科技前沿信息。后来，把这些多年积累的科技信息材料，用书稿格式加以系统化，就形成柜子里这些书了。

10月　发表论文《由劳动收入视野推进共同富裕》（《台州商人》，2021年第10期）。该论文认为，实现共同富裕是社会主义的本质要求，也是我党始终坚持的奋斗目标。从多年研究经济问题的感悟中，深深觉得推进共同富裕具有重要的社会意义。分析表明，影响共同富裕的主要因素是：区域差距、城乡差距、部门行业差距和劳动收入差距等。要稳步推进共同富裕，需要着力解决这些差距问题。从消除不合理劳动收入差距来说，必须确保劳动贡献与劳动报酬对称。

十一月

11月1日　原台州学院椒江校区综合办公室主任金台政、校团委副书记钟秉谕等人来本室考察走访。他们在办公室座谈时，表示关心和支持工作室的发展。同时，一起讨论了如何加强学生思想政治教育，如何完善学生日常管理措施，如何做好中小学教师培训事项，以及如何推进学科专业建设。接着，他们来到成果展示厅，在样书陈列柜里选取了《国外生命基础领域的创新信息》《国外生命体领域的创新信息》等书。

11月5—7日　全国经济地理研究会第24届年会在江西财经大学召开。5日晚上，全国经济地理研究会第九届理事会换届大会顺利召开，张明龙再次当选为常务理事。他向大会提交的论文是《产业集群的溢出效应及其社会影响》，认为产业集群为企业彼此频繁接触形成良好条件，可使集群内各企业产生多方面溢出效应。这有利于增加社会边际产品价值，有利于提高平均利润率，有利于增加家庭消费效用，还有利于促使公共经济产出效率提升。

十二月

12月7日　上午，出席三门县档案馆举行的捐赠仪式。向三门县档案馆无偿捐赠了保存多年的恩师宋涛教授珍贵手迹2件。同时捐赠的还有：本人单独撰写的《经济运行与调控》、合作撰写的《产业发展与创新研究》，以及曹荣庆等撰写的《一位基层学者的精彩人生》等著作60册，主要学术成果获奖证书和主要荣誉证书的彩印件32张。梅表翔局长主持捐赠仪式，并颁发了捐赠档案资料收藏证书。

同日　下午，参加台州学院教育实习基地亭旁中学发展座谈会。杨天焕校长代表学校做工作汇报，他总结了亭旁中学近年取得的主要工作业绩，分析了存在的主要问题，并提出进一步发展的基本思路。到会的领导对亭旁中学的办学成效给予充分肯定，表示继续给予多方面支持。张明龙发言时，针对存在的问题提出三点建议：一要尽力挖掘优良的办学传统；二要优化组合现有的师资力量；三要优先从内涵角度提高学生素质。

12月12日　"中国高校经济理论与思政教改研究会"第34届论坛在集美大学召开。论坛由中国高校经济理论与思政教改研究会和集美大学马克思主义学院联合主办，张明龙提交的论文是：《我党运用马克思主义创建劳动就业制度的百年探索》。该论文认为，百年来，我党运用马克思主义创建劳动就业制度大体经历了三个阶段：一是建立与计划经济相适应的劳动就业制度；二是改革计划经济劳动就业制度；三是创建符合社会主义市场经济要求的劳动就业制度，逐步形成政府宏观调控下的市场竞争就业机制和体制。

第四节　二○二二年：七十岁

一月

1月9日　同乡学友叶维军发来两份宗谱照片，并用微信告知：从这个谱里看，你们张家是临海城里炭行张氏，迁居到海游镇下叶村的。谱上说始祖张津，讳六一，来台州通判。但查嘉定赤城志，张津第二年去严州当知府。不过，谱上未说此事。当问其是从哪里拿到这本宗谱时，他回复说，在椒江塘里张村查宗谱发现的，那儿还有民国戊寅谱18本，但由于保存不善，已开始破损。于是，把此消息转告老家族人供参考。下叶村原有的张姓宗谱在文革期间烧毁，现据族中老人口头相传，本姓是从临海城里小弓店迁来的。有关疑问，可能要到重修宗谱才会厘清了。

1月11日　下午，在台州市政府办公大楼一楼东会议室，参加《在中国共产党台州市第六届代表大会第一次会议上的报告》（征求意见稿）座谈会。台州市委书记李跃旗主持会议，纪委书记张加波、组织部长赵海滨和市委办公室主任颜邦林等出席，张明龙建议报告结构做些调整，使三大历史任务形成经济繁荣、城市美丽和人民幸福三个依次递进的层次。同时提出以下建议：注重发展当地急需的先进适用技术，鼓励采用现代制造技术提升台州制造业竞争力，大力支持优势企业上规模成长为龙头企业，全面推进三大主城区相向发展增强中心城市首位度，积极培育以和合硬气为基础的台州文化认同意识。

1月25日　知识产权出版社王辉副编审来电话告知，新书稿《农作物栽培领域研究的新进展》已通过选题评审，列入该社2022年的出版计划。这部书稿早在两年前就着手从有关方面收集材料，准备以现代生物工程与技术理论为指导，系统考察国内外农作物栽培领域的研究成果，近日已完成分章初稿。全书安排三章内容：第一章阐述国内外在植物生理、植物生态和农作物栽培及利用等农作物栽培基础研究的新信息；第二章阐述水稻、麦类、玉米及其他谷类、豆类作物和薯类作物等粮食作物栽培研究的新信息；第三章阐述蔬菜、花卉、瓜类、果品、纤维作物、油料作物、糖料作物、饮料作物、嗜好作物、药用作物以及其他经济作物栽培研究的新信息。

1月26日　上午，台州市老干部局金韶光副局长率领杨淑坚、黄正森等人前来临海大洋社区张明龙家中走访慰问，他们代表台州市领导向张明龙送上美好的新年祝福！座谈时，话题广泛，涉及身体、生活、家庭、业余爱好、教育发展、书稿写作、名家工作室，以及某些社会热点等。接着，又到书房欣赏中国书法家协会副主席潘善助的早期创作，这是一幅写于1986年的罕见小楷书法作品。同时，欣赏明代书画大师沈周、唐寅和仇英山水画的水印作品，以及仿宋代张择端《清明上河图》的丝织画、仿唐代韩滉《五牛图》的金箔画等。

1月31日　微刊《禾睦山房》推出《字画印，庆新春》（二）专辑，选用张明龙一幅书法作品。其内容来自《七律·黄山迎客松》的自作诗句：毅然挺立峭崖邻，昂视天庭瞰激津。用行书字体书写。

三月

3月15日　今天完成了与张琼妮合写的《农作物栽培领域研究的新进展》书稿统稿事项。通过邮件，把封面、作者简介、内容提要、前言、目录；包括第一章至第三章的三章正文内容、参考文献和资料来源、后记等，还有两位作者的照片，一起发送给知识产权出版社王辉编辑。该书分析了国内外在植物生理、植物生态和农作物栽培技术等农作物栽培基础研究的新信息；分析了水稻、麦类、其他禾谷类、豆类和薯类等粮食作物栽培研究的新信息；还分析了蔬菜、花卉、瓜类、水果、纤维作物、油料作物、糖料作物、饮料作物、嗜好作物、药用作物，以及其他经济作物栽培研究的新信息。

3月22日　下午，应邀参加《台州市政府工作报告》征求意见座谈会。台州市府秘书长陈春主持会议，市府办公室主任林贤杰出席。张明龙发言时提出，要提高发明在专利中的比重，加强专利成果转化，及时把发明专利转化为优势产品。大力培育光电子、新能源、新材料、航空航天、生命健康等新兴产业，并以它们为基础形成较高层次的新引擎产业，推动主导产业升级，促使产业集群向优质高端方向拓展技术链和价值链。同时，他强调，要提高台州人的文化认同感，认为台州文化有以下特色：和合理念、硬气性格；创新精神、垦荒拓展；经世致用、义利并举；守信互助，同荣共赢等。

3月24日　上午，《台州经济史》初稿第三次讨论会在市社科联会议室召开。由台州商人研究会联合台州学院、台州职业技术学院以及市委政研室等共同编撰的《台州经济史》已完成第四稿。郑荐平会长主持会议，张明龙、谢绍银等专家学者和编撰人员参加会议。会上，与会人员就《台州经济史》第四稿存在的一些问题进行交流讨论，并对需要增补和完善的内容及相关条目的修改达成统一意见，完成了和市相关部门就有关资料和数据索取的衔接工作，确定了下阶段编撰工作的进程安排。

3月28日　七十岁生日。由于疫情期间不宜外出，也不宜聚集，家人在临海居所举行了一个简单的庆祝活动。外地亲朋好友，特别是散居全国各地的同门学友通过各种方式，纷纷发来贺信和贺电，衷心祝贺古稀寿诞！

后 记

 2019年11月,应台州学院商学院邀请,我与浙江师范大学经济研究所副所长曹荣庆教授等一行5人前往该院进行学术交流。事后,在商学院院长杜才平教授、该院办公室王可玉主任陪同下,与台州学院临海校区办公室主任林才溪、学生处副处长马斌等一起来到张明龙名家工作室,参加专题工作会议。与会人员先依次察看了工作室的办公和成果展示场地。接着,在会议室召开加强制度建设工作会议,对工作室现行的学习交流制度、学术研究制度、调研考察制度、档案管理制度和考核评估制度等进行讨论,并提出一些完善措施。然后,喝茶座谈,大家海阔天空地聊着各自感兴趣的话题。

 座谈时,林才溪主任说:"张明龙先生花甲之年,我们举行过专题学术报告会和一系列庆祝活动,还撰写过《一位基层学者的精彩人生》(上下册)。这部书的三位署名作者是曹荣庆、我和郭金喜。不久,又由我为第一作者,仨人一起撰写了《飘韵播慧集》。眼看张明龙先生马上到了古稀之年,我们仨人应该由郭金喜为第一作者再撰写本书续集,日后用作庆祝活动的一部分。"

 与会人员一致赞同林主任的提议,于是,这部《一位基层学者的精彩人生(续集)》就由我牵头撰写了。

 此后,我们撰写成员通过电话、微信和电子邮件等各种联络方式,讨论如何设计全书框架、安排章节内容,以及如何搜集材料。同时,与张明龙先生本人也进行过反复协商和沟通。等到各方面意见达到大体一致后,才拟定写作思路:本书与前面两本描述张明龙先生人生的作品,既不能断然分离,也不能过多重复,应该更多地展现其作为著名学者的风采。这样,初步勾勒出全书轮廓,确定安排三篇内容：《代表论文》《诗词释义》和《年谱续编》。

《代表论文》由20多篇论文组成，它们是从张明龙先生已发表的360多篇论文中精选出来的，通过分门别类构成六章内容，涉及企业产权、计划机制、市场机制、产业集聚、产业转移、经济区划、区域政策、科技管理、创新机制、就业制度和宏观调控等研究论题。这些入选论文，有的获得过学术成果奖，有的由其他刊物多次转载，有的被其他论文反复引用，在学术界产生了较大影响。

《诗词释义》以《飘韵播慧集》的飘韵篇为基础，增加张明龙先生近10年新创作的诗词，按照统一格式，对绝句律诗和不同韵格及长短的词逐一进行分析，尽可能用简洁明快和通俗易懂的语言，解释其中深奥的含义，便于读者理解和阅读。

《年谱续编》以时间为标尺，记录张明龙先生花甲至古稀间10年的生命轨迹。这一篇，依据事情发生的时间顺序，逐年逐月以至逐日进行记录，便于清楚显现张明龙先生思想和活动向前发展的具体过程。参与该篇原始材料搜集和整理的人员，除了编写组成员外，还有重点学科成员、名家工作室成员、项目组成员、部分学生，以及张明龙先生的亲朋好友，年谱信息主要来自名家工作室网站新闻栏、台州学院网站新闻栏、百度新闻网、中国知网和读秀学术搜索引擎等。

我们在撰写这部书稿的过程中，得到浙江师范大学、台州学院等有关高等院校的支持和帮助，不少方面还直接得益于师长、同事和朋友的赐教。为此，向所有提供过帮助的人，表示衷心的感谢！这里，还要感谢企业管理出版社诸位同志，特别是刘一玲编审，他们为提高本书质量倾注了大量时间和精力。

限于笔者水平，书中难免存在一些错误和不妥之处，敬请广大读者不吝指教。

郭金喜

2022年3月30日